KB155864

EDUCATIONAL
PSYCHOLOGY

1st edition

교육
심리학

Bruce W. Tuckman & David M. Monetti 공저
강갑원·김정희·김혜진·이경화·최병연 공역

박영story   CENGAGE Learning

CENGAGE
Learning®

Educational Psychology,
1ˢᵗ Edition

Bruce W. Tuckman
David M. Monetti

ISBN-13: 979-11-952242-4-1

Cengage Learning Korea Ltd.
Suite 1801 Seokyo Tower Building
133 Yanghwa-Ro, Mapo-Gu
Seoul 121-837 Korea
Tel: (82) 2 322 4926
Fax: (82) 2 322 4927

Cengage Learning is a leading provider of customized learning solutions
with office locations around the globe, including Singapore, the United Kingdom,
Australia, Mexico, Brazil, and Japan. Locate your local office at:
www.cengage.com/global

Cengage Learning products are represented in Canada by Nelson Education, Ltd.

For product information, visit **www.cengageasia.com**

Printed in Korea
1 2 3 4   18 17 16 15

교육심리학

EDUCATIONAL PSYCHOLOGY

-제1판-

Bruce W. Tuckman, David M. Monetti 공저
강갑원, 김정희, 김혜진, 이경화, 최병연 공역

Andover • Melbourne • Mexico City • Stamford, CT • Toronto • Hong Kong • New Delhi • Seoul • Singapore • Tokyo

역자 약력

강갑원
중앙대학교 대학원 교육학 박사(교육심리학 전공)
대진대학교 교육대학원 교수(현)
인간의 동기(2011, 공역, 시그마프레스)
상담심리학-이론과 실제(2013, 양서원)

김정희
University of Southern California 철학 박사(교육심리학 전공)
홍익대학교 교수(현)
정서지능 101(2014, 역, 시그마프레스)
천재 101(2011, 역, 시그마프레스)

최병연
고려대학교 대학원 교육학 박사(교육심리학 전공)
전주교육대학교 초등교육과 교수(현)
최신교육심리학(2011, 공저, 학지사)
영재교육의 기초(2013, 공역, 학지사)

김혜진
중앙대학교 대학원 교육학 박사(교육심리학 전공)
대전대학교 교직부 교수(현)
교육심리학(2007, 공저, 서현사)
경험연구에 기초한 영재교육(가정 교실 학교에서의 전략)
　　(2008, 공역, 시그마프레스)

이경화
숙명여자대학교 대학원 교육학 박사(교육심리학 전공)
숭실대학교 평생교육학과 교수(현)
교육심리학(2010, 교육과학사)
창의성-사회, 문화, 교육(2014, 학지사)

교육심리학 제1판
Educational Psychology, 1st Edition

초판인쇄 | 2014년 6월 30일
초판발행 | 2014년 7월 7일

공저자 | Bruce W. Tuckman, David M. Monetti
공역자 | 강갑원, 김정희, 김혜진, 이경화, 최병연

발행인 | 안 상 준
발행처 | ㈜박영story
　　　　서울특별시 금천구 가산디지털2로 53
　　　　등록 2014.2.12. 제2014-000009호
전　　화 | 02)733-6771
팩　　스 | 02)736-4818
이 메 일 | pys@pybook.co.kr
홈페이지 | www.pybook.co.kr

정 가　　20,000 원　　　　　　ISBN　979-11-952242-4-1　　(93180)

역자 서문

이 책은 Bruce W. Tuckman, David M, Monetti(2011)가 지은 Educational Psychology를 번역한 것이다. 이 책은 국제판으로서 그 내용은 보편적으로 모든 국가에 적용할 수 있다. 교육심리학 번역서가 많이 사용되고 있지만 일반적으로 번역서는 자칫 다음과 같은 문제점을 갖기 쉽다.

첫째, 대체로 분량이 많다. 이러한 경우 독자는 지루함을 느끼고 수업하는 교수는 수업 설계할 때 부담을 느낀다. 도서의 비용도 가중된다.

둘째, 여러 명이 나누어 번역하는 경우 각 역자마다 독특한 문장 서술 방식 등으로 인해 장절간 표현 방식이 다르고 용어의 통일이 잘 되지 않아 가독성을 떨어뜨린다.

셋째, 한국 현실에 맞지 않은 내용이나 불요불급한 내용이 아닌 것들이 많이 포함되어 있다. 이 때문에 독자가 흥미를 잃기 쉽고 수업하는 교수는 불편함을 겪는다.

이러한 문제를 줄이기 위해서는 한국 교육 현실에 맞지 않는 내용은 과감히 배제하고, 여러 사람이 번역하더라도 책임 번역자가 번역 전반을 점검하고 지휘하는 것이 요구된다.

이상의 문제점을 조금이나마 해소하기 위하여 본서를 번역할 때에는 한국 실정에 불필요하거나 덜 긴요한 내용은 과감히 삭제하고, 문장도 지나치게 원문대로 번역하기보다는 의미를 손상시키지 않는 범위 내에서 한글 문장의 표현 방식에 맞도록 하였다. 또한 책임 역자를 지정하여 번역 과정을 통괄하고 용어 통일을 비롯하여 전반적으로 조정 기능을 하도록 하였다.

이상의 노력의 결과 본 역서는 지나치게 분량이 많지 않고 문장도 역서의 느낌을 덜 준다. 특히 원서의 내용이 국제판이어서 한국실정에 적용할 수 있는 내용이지만 거리가 먼 것은 삭제하거나 축소하였다. 이 책은 다른 교육심리학의 서적과 달리 중요하지만 잘 다루어지지 않았던 학급 관리, 교실에서의 필요한 구체적 수업 기술 등을 소개하고 있고, 학습 집단 과정은 물론 학생들의 사회적 심리에 관한 내용이 포함되어 있어 학생의 비행이나 집단 따돌림 등의 문제를 해결하는 데에 유용하다. 또한 한국 사회가 관심을 가지고 있는 다문화 교육에 관한 것을 소개하고 있다.

아무튼 본서의 번역은 제 2의 창조라는 입장에서 이루어졌으며 가능한 한국 학생들이 이해하기 쉽도록 하려고 했다. 이 책에 대하여 예비 교사들이 만족하기를 기대하며 이 번역서가 무사히 나오기까지 애써주신 박영사 임직원 여러분께 감사를 드린다.

2014년 7월   역자 일동

서 문

　교육심리학을 배우는 학생은 흔히 교실에서 일어나는 즉각적 문제의 해결책 즉 수업과 같은 것부터 탐색한다. 즉 다양한 교실 상황에서 어떻게 대처해야 하는지 알기를 원한다. 이들은 바로 가르치는 것에 관심을 두고 직접 실제 수업 능력을 향상시켜주는 지식과 기술을 알기를 기대한다. 교육심리학에서는 예비교사들이 일상 교실에서 효과적인 교사는 "무엇"을 하는지를 알 뿐만 아니라 "왜" 그렇게 해야 하는지도 알도록 하는 데에 도움을 주고자 한다. 교육 행위의 이유를 아는 것은 중요하다. 왜냐하면 오늘날의 학습 환경이 이미 정해진 방법이나 실천에 항상 맞는 것은 아니기 때문이다. 효과적인 교사가 되기 위해서는 자신이 이해한 학습 이론과 학습자의 다양한 학습 욕구와 사회 문화적 욕구를 충족시키는 데에 있어서 최선의 실천을 하여야 한다.

　이 책의 저술 목적은 효과적 교사가 되는 데에 도움이 되는 이론과 실제에 대한 것을 학습하게 하는 데에 있다. 이 목적을 달성하기 위하여 이 책에서는 장래가 촉망되는 교사가 심리학을 교육에 적용하는 방법, 효과적인 수업 모델 적용 방법, 사려 깊은 교사가 되는 방법에 초점을 두었다. 이 책은 학생이 접근하기 쉽도록 설계하였고, 성공적으로 교육심리학을 공부하고 학생을 가르칠 수 있는 방식으로 집필하였다. 이 책의 수업설계나 내용을 통해서 학생들은 성공적인 수업을 위하여 중요한 결정을 내리는 데에 필요한 개념과 기술을 이해하고 적용할 수 있을 것이라고 믿는다. 학생들에게 구체적인 예, 이야기, 가장 좋은 실제나 모델, 연구 결과 등을 제공함으로써 학생들로 하여금 수많은 교육 문제에 대한 대안적 해결책을 찾도록 하는 데 도움이 되도록 하였다. 또한 교육심리학을 학습하는 것에 관하여 학생과 교사가 창의적 역할에 대하여 알 수 있도록 하였다. 즉 학생들에게 탐구와 발견을 하도록 하고 그러기 위하여 이 책에 창의성과 창의성 개발에 대한 내용을 포함시켰다.

　교수가 선택하는 교육심리학 책이 많지만 이 책만큼 내용, 그림, 예를 잘 제시한 책은 보기 드물 것이다. 교수와 학생은 교재를 통해서 의미 있게 통합된 학습 목표가 제시된 책, 수업의 실제에 대하여 비판적으로 생각하도록 하는 책을 읽고 싶어 한다.

　이 책은 모두 14개 장으로 구성되어 있다. 제 1장은 교육심리학의 학문에 대하여 소개하고 있다. 교육심리학이 무엇이며, 왜 연구하며, 교육에 어떻게 적용되는지를 중점적으로 다루고 있다. 제 2장은 인지 발달과 언어 발달을 다루고 있다. 주로 인지 발달의 주요 개념인 인지 발달의 원리, 뇌 생리학, 뇌 기반 학습과 수업을 중점적으로 다루고 있다. 제 3장은 도덕 발달, 성격 발달, 사회성 발달을 다루고 있다. 일차적으로 도덕 발달, 성격 발달에 초점을 두고, 피아제와 콜버그의 도덕 발달, 에릭슨의 심리사회성 발달에서의 중요 개념을 제시하고 있다. 제 4장은 다양한 학습자를 소개하고 있다. 주로 사회 계층의 차이, 인종과 문화의 차이, 비판적 교육, 다문화

교육에 초점을 두었다. 제 5장은 특수 학습자를 다루고 있다. 특수교육법, 영재 교육, 정신지체아, 정서 행동장애아 교육을 중점적으로 다룬다. 제 6장은 학습의 행동주의적 접근을 다룬다. 연합 학습 이론, 조작적 학습이론, 강화, 벌, 행동 수정기법, 사회 인지학습을 중점적으로 다룬다. 제 7장에서는 학습의 인지적 접근을 다룬다. 행동주의 학습이론과 인지주의 학습이론의 비교, 정보 처리 모델을 소개한다. 여기에 의미 부호화, 기억에 영향을 주는 요인, 의미 학습에 영향을 주는 인지 전략, 수업기법, 메타 인지 전략, 공부 기술 등이 포함된다. 제 8장에서는 구성주의, 문제해결, 창의성을 다룬다. 구성주의의 개념, 구성주의에 기반한 교수-학습, 구성주의의 한계, 문제해결, 창의성 등에 대하여 소개한다. 제 9장에서는 수업의 집단 과정을 다룬다. 집단 역동성 모델, 기대가 교사와 학생에게 미치는 영향, 집단 규칙, 교사와 학생 간의 의사소통 등에 대하여 소개한다. 제 10장에서는 학습 동기 유발을 다룬다. 동기 유발에 있어서의 사회 인지적 접근, 자기 효능감, 자기조절력, 귀인, 책임지기, 목표로서의 동기, 동기의 자기 결정 접근 등을 소개한다. 제 11장에서는 효과적인 학습 공동체를 다룬다. 구체적으로 효율적 학습 공동체의 구성과 유지, 비행에 대한 교사의 개입, 학교 폭력 다루기, 문화 반응적 교실관리 등에 대하여 소개한다. 제 12장에서는 수업 설계를 다룬다. 여기에는 교수 학습의 조건, 학습의 결과, 수업 계획 모형, 완전 학습모형, 직접 교수모형, 발견학습 등이 포함된다. 제 13장에서는 학습의 평가를 다룬다. 논문형 문항 구성, 선다형 문항 구성, 포트폴리오평가, 타당도, 신뢰도 등이 소개된다. 제 14장에서는 표준화 검사와 성적 매기기를 다룬다. 여기에는 표준화 검사의 개념, 피검자의 권리, 규준지향평가, 준거지향평가, 표준점수 등이 소개된다.

저자 소개

Bruce W. Tuckman 박사는 오하이오 주립대 교육 및 인간 생태대학의 교육심리학 교수이며 Dennis 학습센터 이사장이다. 이 센터에서는 학생들에게 학습 및 동기전략을 가르친다. 미국 RPI 에서 학사학위를 받고 프린스턴 대학에서 석사와 박사학위를 받았다. "교육연구와 학습 및 동기전략"을 비롯하여 18권의 책을 저술하였다. 이외에 동기, 인지, 수업설계, 측정, 집단개발 부문에서 100편 이상의 논문을 썼으며, 6년간 Journal of Experimental Education 편집장을 지냈다. 미국 심리학회와 미국 교육연구학회 특별회원이다.

David M. Monetti 박사는 미국 발도스타 주에 있는 Dewar 교육대학의 교육심리학 교수이다. 교육심리학, 학습이론, 측정과 평가를 가르치고 있다. 남 플로리다 대학교에서 학사와 석사학위를 받고 플로리다 주립대학교에서 교육심리학 박사학위를 받았다. 중등학교 영어 교사 실습을 마치고 공립학교에서 학교개선을 위한 연구자, 평가 위원으로 참여하고 있다. 그는 봉사학습, 심리측정, 인터넷 사용의 심리적 효과, 형성평가, 학습의 형이상학 연구에 관심이 있으며 조지아 교육연구협회 회장을 역임했다.

요약 차례

차례

CHAPTER 2 · 인지 발달   18

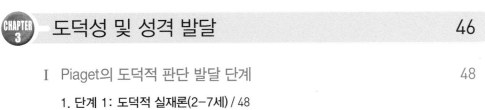

CHAPTER 3 · 도덕성 및 성격 발달   46

CHAPTER 4 — 다양한 학습자   76

CHAPTER 5 특수 학습자   94

CHAPTER 6 학습에 대한 행동주의적 접근　　　116

CHAPTER 7 — 학습의 인지적 접근   138

CHAPTER 8 ─ **구성주의, 문제해결, 창의성**   **158**

CHAPTER 9 ─ **수업에서의 집단과정**   **178**

CHAPTER 10 학습 동기   198

CHAPTER 11 학급 관리   222

CHAPTER 12 교수 설계 240

CHAPTER 13 학습의 평가 260

CHAPTER 14 　표준화 검사와 성적 부여 284

1 | 교육심리학과 교육

학습 목표	주요 내용
1. 교육심리학의 정의와 교육심리학을 교실에 적용하는 방법을 알아본다. 인간 행동을 연구하는 실천적 · 이론적 이유에 대해서도 알아본다.	교육심리학이란 무엇인가? • 인간 행동을 연구하는 이유 • 교사
2. 심리학을 교육에 적용하는 세 가지 방법을 기술한다. (1) 교수 – 학습 과정의 모델 (2) 교실경영의 원리 (3) 행동의 원인에 대한 관점	심리학의 교육적 적용 • 교수 – 학습 과정의 교류 모델 • 학급 관리 • 행동의 원인에 대한 두 가지 관점
3. 교육심리학과 교사의 역할을 설명한다. 특히 새로운 지식의 적용과 관련한 제약과 학교 교육을 실생활 학습과 비슷하게 하는 방법을 알아본다.	교육심리학과 교사의 역할 • 새로운 지식의 적용과 관련한 제약 • 학교 학습 대 실생활 학습
4. 효과적인 교사의 특성을 (1) 생태학적 모델과 (2) 반성적 교수법을 중심으로 논의한다.	효과적인 교사의 특성 • 생태학적 모델 • 반성적 교수법
5. 행동의 심리학적 연구에 대하여 과학의 네 가지 원칙, 사실과 원리와 이론 간의 차이, 이론의 정확성에 대한 판단, 판단의 정확성에 영향을 미치는 요인들을 중심으로 설명한다.	교육심리학과 인간 행동의 연구 • 과학의 원칙 • 사실, 원리, 이론 • 이론의 정확성을 어떻게 판단하는가? • 판단의 정확성에 영향을 미치는 두 가지 요인
6. 연구자로서의 교사의 역할을 설명하고 교사 연구의 한 예를 제공한다.	연구자로서의 교사 • 교사가 주도한 연구의 예 • 교육심리학의 이해 • 교육심리학을 교실에 적용하기 • 다양성

I   교육심리학이란 무엇인가?

🔵 교육심리
교수와 학습 과정에 적용되는 인간 행동에 대한 과학

심리학은 인간의 행동과 정신 과정에 대한 과학적 연구라면, 교육심리학은 인간 행동을 교수와 학습 과정에 적용하는 과학이다. 일반심리학과 마찬가지로 교육심리학 역시 과학이다. 따라서 교육심리학의 연구결과는 과학적인 방법을 사용한 연구를 통해 얻을 수 있으며 연구의 목적은 교육적 환경과 행동에 대한 실제적인 지식을 생산하는 것이다.

교육심리학은 학생들이 어떻게 학습하는지, 학생들을 학습하도록 동기화 시키는 것이 무엇인지, 학습을 최대화 할 수 있는 수업 설계를 어떻게 하는지 알아보는 학문이다. 또한 학생들의 학습과 교육과정의 효과성을 어떻게 평가하는지에 관한 문제들을 이해하는 데 도움을 준다. 교육심리학은 또한 교사가 자신의 사고와 행동을 더 잘 이해하고 자신의 사고와 행동이 다른 사람들에게 미치는 영향을 더 잘 이해할 수 있도록 해준다.

1. 인간 행동을 연구하는 이유

🔵 인간 행동
특정한 상황에서의 개인의 행동

인간 행동이란 특정한 상황에서의 개인의 행동이다. 인간 행동은 작위적인 것이 아니라 어떤 패턴을 따르고 있으며 많은 경우에 예측이 가능하다. 행동은 외적 상황에 대한 반응으로써 예측이 가능하며, 그 반응 행동은 다시 다른 행동을 일으킬 수 있다.

행동에 대한 이런 몇 가지 규칙은 경험을 통해서 쉽게 획득할 수 있으며, 아동이 성장하면서 자연스럽게 배운다. 하지만 모든 규칙을 다 알 수는 없다. 그 이유는 (1) 그 규칙들이 미묘하고, (2) 행동하면서 동시에 사태를 분석하는 것이 어렵고, (3) 대부분의 사람들이 행동과 그 행동의 원인에 대해 생각하는 것을 학습해 본 적이 없기 때문이다. 그밖에, 행동을 설명할 수 있는 요인들은 그 당시에 관찰될 수 있는 외적인 것들보다는 그 사람의 경험에 기초하는 내적인 것들인 경우가 많고, 내적 요인들이 있다고 해도 외적으로 관찰될 수 있게 정확하게 반영되는 것도 아니다. 많은 사람들은 슬퍼도 미소 짓고 재미없어도 웃는다. 그래서 우리가 행동을 체계적으로 이해하고 설명하기 위해서는 심리 과학의 도움이 필요하다.

2. 교사

사람들과 빈번한 상호작용을 하는 직업에 종사하는 사람들에게는 심리학을 공부하는 것이 중요하며 사람들이 가지고 있는 어려움을 어느 정도 관리하는 책임을 맡고 있는 사람에게는 특히 더 중요하다. 교사가 바로 그런 역할을 하는 사람이다. Doyle(1986)은 교실환경의 여섯 가지 특성과 교사의 역할을 확인했다.

● 다차원: 교사는 여러 가지 다양한 특성을 가진 일정한 수의 학생들을 위하여 계획, 관찰, 기록, 반응, 평가 등을 포함하는 많은 다양한 행동을 처리해야만 한다.

- 동시성: 이 모든 유형의 행동이 동시에 발생할 수 있다.
- 즉시성: 학생이 행동을 하면 교사의 반응이 일어나야만 한다.
- 불예측성: 어떤 일이 발생할지 교사가 항상 예측할 수는 없다.
- 교실의 공적인 성격: 교실 공간에서는 교사의 행동을 모든 학생들이 관찰하고 있다.
- 역사: 학생들은 비슷한 상황에서 교사가 했던 행동을 기대하고 종종 그에 따라 반응한다.

교사가 하는 일은 보람 있는 일이지만 결코 쉽지는 않다. 교육심리학은 교사들이 교실에서 어려움을 극복하고 더 효과적인 교사가 될 수 있도록 도움을 주기 위한 학문이다. 교사는 학생들이 교과 내용을 공부하고 이해할 수 있도록 도와주고 동시에 학생들 자신과 학습경험에 대한 긍정적인 태도를 가질 수 있도록 도와주어야만 한다. 또한 학생들의 학습동기를 부여하기 위해 노력한다. 그래서 교사는 학생들이 자신의 능력을 믿고 공부할 수 있도록 해야 한다. 지식과 학습의 본질에 대한 학생의 태도나 신념을 학생의 인식론(epistemology)이라고 한다. 학생의 학습을 최대화하기 위해서 교사는 인간 행동을 이해하고, 어떤 행동을 해야 하는지(혹은 하지 않아야 하는지), 무엇을 탐구하고, 그리고 어디에서 찾을 것인가를 알아야 한다.

> 📖 인식론
> 지식과 학습의 본질에 대한 학생의 태도나 신념

교육심리학은 실천적인 면과 이론적인 면을 동시에 가지고 있다. 이런 지식은 사고하고 학습하는 능력뿐만 아니라 정신 수양과 문제해결 기술을 높여준다. 매우 실제적인 의미에서, 교육심리학적 지식은 교사가 판단하고 결정하는 데에 도움이 된다. 결론적으로, 교육심리학은 교사들에게 학습 동기, 효과적인 특수한 학습 전략 사용, 교실에서의 적절한 대인 간 행동 등과 같은 교육적으로 적절한 행동을 최대화하기 위한 정보와 기술을 제공한다.

Ⅱ 교육에 심리학 적용하기

교육심리학의 이론과 실제가 다르다는 것을 인식하는 것이 중요하다. 성공적인 교사가 되기 위해서는 관련된 중요한 지식을 갖추고 있어야 할 뿐만 아니라 어떤 결정이 가장 효과가 있는지 수업하는 교실에서 항상 실험해야 한다.

1. 교수-학습 과정의 교류 모델

교육심리학은 교사에게 심리학과 교육을 통합하기 위한 틀을 제공할 수 있다. 그중 한 가지가 교수-학습 과정의 교류 모델(transactional model)이다. 이 모델에서는 교사의 행위에 미치는 여러 요인을 상정하고 있다. 예를 들면 지역사회는 교사와 학생의 특성에 영향을 미치고, 학생의 가정환경 요인은 학생의 특성에 영향을 주며, 교사 및 학생 특성은 교사의 행위에 그리고 학생의 특성은 학생의 행위에 영향을 준다. 이 외에 학교와 정부의 교육 정책이 교사의 행위에 영향을 주고 교사의 특성과 학생의 특성은 상호 영향을 주는 것을 상정한다.

> 📖 교수-학습 과정의 교류 모델
> 학생의 성취에 영향을 미치는 교사 및 학생의 특성과 행동을 포함한 요인들을 설명한다

Mayer(1999)는 교수–학습 과정에서 다음과 같은 요인들을 확인했다. (1) 수업 방법(예, 집단 학습 혹은 토론), (2) 학습자 특성(예, 학습자가 사용하는 학습 전략), (3) 학습 과정(예, 정보 조직), (4) 학습 결과(예, 기억), (5) 수행(기억해 둔 것을 검사 결과로 표출).

2. 학급 관리

교육심리학은 교수–학습 과정 이외에 동기, 발달, 학급 관리, 사회적 과정 등도 다룬다. 예를 들면 Tuckman(1999a)은 동기의 세 가지 요인을 제안했다: (1) 특정한 과제를 수행하기 위한 자신의 능력에 대한 믿음과 같은 태도, (2) 특정한 결과를 성취하려고 하는 동기나 욕망, (3) 자신의 목적을 달성하기 위한 전략이나 방법이다.

Good과 Brophy(2003, p 119)는 교실 관리를 잘 하기 위해 필요한 기본적인 네 가지 가정을 제안했다.

- 학생들은 규칙을 이해하고 인정할 때 그 규칙을 준수하려고 한다.
- 학생들이 관심을 가지고 유의미한 활동을 할 때 규율 문제가 최소화된다.
- 잘못된 행동을 통제하려고 하는 부정적인 관점보다는 생산적인 학습 환경을 조성하려고 하는 긍정적인 관점을 가지고 관리해야 한다.
- 교사의 목표는 학생들을 단순히 통제하는 것이 아니라 학생들 스스로 자기통제력을 기를 수 있도록 하는 것이다.

3. 행동 원인의 두 가지 이해 방식

학교 안팎에서 일어나는 행동들은 그 행동의 결과에 기초해서 설명될 수 있다. 예를 들면, 사람들이 길을 건널 때 주위를 잘 살피면 자동차 사고를 피할 수 있다. 이러한 현상들은 자연스럽게 일어나기 때문에, 사람들은 생각하지 않고도 일정한 패턴에 따라 행동하는 경우가 많다. 행동의 결과에 기초해서 행동을 설명하는 것을 행동적 접근(behavioral approach)이라고 한다.

● 행동적 접근
행동의 결과에 기초해서 행동을 설명

하지만 모든 행동을 행동적 접근으로 설명할 수 있는 것은 아니다. 종종 우리는 행동으로 옮기기 전에 먼저 생각을 하고, 행동을 한 후에도 다시 그 행동에 대해 생각한다. 암벽 타기나 수강신청과 같은 어려운 일을 시작하기 전에 성공할 수 있을 것인가를 먼저 생각하고 어떤 행동을 할 것인지 결정한다. 사고를 기초로 해서 행동을 설명하는 것을 인지적 접근(cognitive approach)이라고 한다. .

● 인지적 접근
사고를 기초로 행동을 설명

이 두 접근 중에서 하나는 옳고 다른 하나는 틀린 것인가? 물론 그렇지 않다! 어떤 유형의 설명이 더 정확한가 하는 것은 상황에 따라 다르다. 간단한 두 숫자를 곱셈해야 할 경우에 구구단을 이미 공부했다면, 우리는 생각하지도 않고 답을 떠올릴 수 있다. 하지만 더 어려운 문제가 주어진다면 답을 구하기 전에 오래 생각을 해야 한다. 무엇인가를 어떻게 해야 하는지 방법을 몰라서 시행착오를 하는 행동적 접근을 사용하는 경우도 있지만, 무엇인가를 찾기 위해 논리를 사용할 때는 인지적 접근을 사용한다. 두 접근은 다르지만 같은 결과를 이끌어낼 수도 있다.

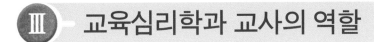

Ⅲ 교육심리학과 교사의 역할

교육심리학을 실제 적용하는 데에 있어서 교사들은 한계에 부딪치는 경험을 할 수 있으며 그 것을 극복하기 위해서는 자신이 가지고 있는 교수법을 최대한 이용해야 한다. 일반적인 두 가지 한계는 아래와 같다.

1. 새로운 지식 적용의 제약

교사는 매우 현실적인 제약 속에서 일한다. 많은 학생들을 학급들로 조직하고 학급이란 공간 속에서 교수와 학습이 이루어진다. 가르치는 교과 내용은 일반적으로 교육과정이라는 형식으로 미리 정해져 있다. 가르치고 배우기 위한 시간은 수업 시간, 일, 주, 학기, 그리고 학년별로 나 누어져 있다.

이런 제약 속에서는 성공적으로 가르치는 공식이 있다고 해도 그것을 따르기가 어려울 것이 다. 시험 문제를 잘 풀기 위해서 혹은 학점을 받고 학위를 따기 위해서 배울 때보다 실제 해결 해야 하는 문제가 있을 때 더 잘 배운다고 교육심리학에서 말하고 있다고 가정해보자. 만일 그 것이 진실이라면, 실제 적용 가능성이 적은 역사나 대수 과목을 가르칠 때에는 교사가 교육심리 학을 적용하기가 쉽지 않을 것이다. 역사 교사나 수학 교사는 그 과목에 관련된 개념들을 가르 치기 어렵다고 하더라도 가르쳐야 할 것이다. 교육심리학의 지식은 이런 어려운 개념들을 어떻 게 가르칠 것인가에 관한 통찰을 제공할 수 있다.

교육심리학을 공부한다고 해서 성공하기 위한 공식이나 비결을 발견할 수 있는 것은 아니며, 그런 공식이나 비결은 있지도 않다. 그런 공식이나 비결이 있다고 하더라도 실생활에 적용하는 것은 불가능한 경우가 많다. 교육심리학은 다양한 상황에서 가장 적절한 방법이 무엇이고 가장 적절한 방법을 어떻게 결정할 것인지 교사들이 생각하는 데에 도움이 될 수 있는 인간 행동의 원리와 이론을 연구하는 학문이다.

2. 학교 학습 대 실생활 학습

학교에서 일어나는 학습 방식과 "실생활"에서 일어나는 학습 방식에는 차이가 있다. Resnick (1987)은 학교 학습에서는 학생들이 개인적으로 평가되고 배우기 때문에 개인적인 수행에 초 점을 맞춘다고 지적했다. 대조적으로 실생활에서는 사람들이 집단 속에서 일하고 최종 결과에 대한 부분적인 영향을 미치기 때문에 사회적으로 공유된 수행에 초점을 맞춘다. 교육심리학에

LWA-Dann Tardif/CORBIS

학교에서는 같은 연령의 아동들로 구성된 집단 속에서 배우지만, "실생활"에서는 어린 아동이 더 나이 많은 아동에게 배우는 경우가 많다. 당신은 학교 학습과 실생활 학습 간에 어떤 차이점들이 있다고 생각하는가?

서 설명하는 집단 학습의 장점에 대한 지식이 있는 교사라면 사회적 공유를 할 수 있도록 하는 교수법을 사용할 수 있을 것이다.

Resnick(1987)은 학교 학습에서는 일반적으로 머리로만 생각하는 것을 강조하는 반면에 실생활 학습에서는 책이나 계산기와 같은 인지적 도구를 사용한다고 주장한다. 그밖에 학교에서는 우선적으로 상징적 사고를 개발시키려고 하는 반면에 실생활에서는 사물과 상황에 사람들이 직접적으로 관여한다. 다시 말해서, 학교 문제는 더 추상적이다. 반면에 실생활에서는 어떤 목적을 달성하기 위한 문제를 해결한다. 학교에서는 문제의 표상을 가지고 해결하려고 하지만 실생활에서는 실제 문제를 가지고 해결하려고 한다. 다행히 최근의 문제해결 방법에 대한 교수법이 발전함에 따라서 도구를 활용할 수 있는 구체적인 실생활 접근법이 소개되고 있다(8장 참조).

Resnick(1987)은 학교 학습이 상황구체적인 실생활에 대한 능력보다는 일반적인 기술과 지식에 초점을 맞춘다고 한다. 예를 들어 원예사는 어떤 나무가 어떤 조건에서 가장 잘 자라는가에 대한 풍부한 지식을 가지고 있어야 하지만 일반 생물학에 대한 깊이 있는 지식을 반드시 가지고 있어야 하는 것은 아니다. 하지만 일반 생물학 교사는 생물학 시간에 전문가 수준의 기술을 가르치려고 할 것이다(8장 참조).

교육심리학은 학교 학습의 성격이 가지고 있는 한계 내에서 교사들을 위한 일반적인 전략이나 접근을 제공한다. 교실 상황에 따라서 매우 다양한 일들이 발생하기 때문에 교사들에게 구체적인 내용보다는 실제로 교육 환경에 적용할 수 있는 일반적인 심리학적 기초를 제공하는 것이 중요하다.

Ⅳ 효과적인 교사의 특성

교육심리학을 공부하는 첫 번째 목적은 효과적인 교사가 되기 위한 것이다. 그렇기 때문에 자연스럽게 "효과적인 교사를 만드는 것은 무엇인가?" 혹은 "효과적인 교사의 특성은 무엇인가?"라는 질문을 할 수 있다. 교육 분야에서 효과적인 교사의 성격, 신념, 행동적인 특징을 밝히기 위한 많은 연구들이 수행되었다. 어떤 사람을 매우 효과적인 교사로 만들고 또 어떤 사람을 덜 효과적인 교사로 만드는 그 "마술"은 무엇인가?

1. 생태학적 모델

효과적인 교사의 특징은 다음과 같다.
- 학생들의 학습에 대한 관심
- 분명하게 의사소통할 수 있는 능력

- 긍정적인 학습 환경을 조성할 수 있는 능력
- 내용에 대한 지식
- 교수 기술
- 효과적으로 조직하고 계획하는 능력
- 자신과 학생들에 대한 높은 기대

　John Dewey(1859-1952)는 환경이 행동에 미치는 효과에 관심을 가질 것을 초기에 주장한 사람들 중 한 사람이다. 그는 개인의 행동을 이해하기 위하여 그 개인을 연구하는 것도 중요하지만 개인의 환경적 조건 내에서 개인의 행동을 연구하는 것도 중요하다고 생각했다. 이것을 생태학적 접근(ecological approach)이라고 부른다. 교육 환경을 연구의 한 중요한 변인으로 초점을 맞추는 것은 Dewey 연구의 강점이었다.

　따라서, 무엇이 효과적인 교사를 만드는가에 대하여 알기 위해서는 교사의 특성뿐만 아니라 개인적인 신념 및 능력과 외적인 교육 환경 간의 복잡한 상호작용을 알아보는 것이 필요하다. 생태학적 접근은 교사의 특성과 그 환경을 조사함으로써 교사가 다양한 교육 환경 속에서 성공하도록 도움을 주는 접근이다.

　전형적인 훌륭한 교사의 내재적 특성으로 확인된 것들에는 교과에 대한 지식과 흥미, 효과적인 의사소통 기술, 인지적 융통성, 공평성, 학생에 대한 배려와 관심의 표현 등이 있다. 하지만 효과적인 교사로 만들기 위한 구체적인 기준은 어느 정도 교육 환경에 달려있다. 교사 효과성에 영향을 미치는 교육 환경의 특성으로는 학급 크기, 학급의 학생 수, 학급 학생들의 동질적인 집단과 비동질적인 집단, 학급 조직, 학생의 연령과 요구, 학생들의 학급에서의 행동, 집단 응집력, 학생들의 흥미와 동기 등이 있다. 효과적인 교사의 특성을 이해하기 위한 생태학적 모델을 그림 1-1에서 보여준다.

　Danielson(1996)은 교수방법의 틀을 개발하여 교사의 전문성을 위해 갖추어야 하는 능력들을 확인했다. 그녀는 22가지 활동을 확인하고 그것들을 다음의 4가지 영역들로 구분했다.

- 계획과 준비-교사가 수업을 설계하고 수업 내용을 개발하고 조직하는 방법. 교사는 자신이 가르치는 내용, 그 내용을 가르치기 위한 기술, 달성하고자 하는 목적과 목표, 수업 설계 방식, 학생들이 배운 것을 평가하는 방법을 알아야 한다.

> **생태학적 접근**
> 개인의 환경적 조건 내에서의 개인 행동을 연구하는 접근

그림 1-1　효과적인 교사의 특성에 대한 생태학적 모델

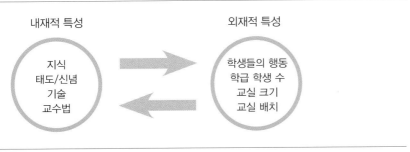

교육심리학은 학생들이 자신감을 갖고 학업적으로 성공하는 데에 도움이 될 수 있는 이론과 학생에 대한 이해를 제공한다.

● 교실 환경-교사가 교실에서 비학업적인 상호작용을 관리하는 방법. 교사는 학생들과 라포를 형성하고, 수업과정과 학생 행동을 관리하고, 물리적인 교실 공간을 조직할 수 있어야 한다.
● 수업-학생들을 가르치고, 다양한 수업 기술을 사용하고, 분명하게 의사소통하고, 피드백을 제공하는 것.
● 전문직업인의 책임-기록하고, 학생 가족과 연락하고, 학교에 봉사하고, 전문성을 개발하는 것.

2. 반성적 교수법

 반성적 교수법
자신의 교수법에 대해 질문하고 답을 찾으려고 하는 과정

전문 교사가 되기 위해서는 자신의 태도, 실천, 결과를 지속적으로 검토할 필요가 있다. 이렇게 자신의 교수법에 대하여 질문하고 답을 확인하려고 하는 과정을 반성적 교수법(reflective teaching)이라고 부른다. 앞으로 교사가 되기 위해 훈련을 받고 있는 예비교사에게 이 반성적 교수법이 큰 도움이 될 것이다.

Schon(1987, 1991)이 행위 중 반성(*reflection-in-action*)이라고 부르는 반성은 어떤 기대하지 않았거나 일상적이지 않은 무엇을 직면할 때 특히 중요하다. 예를 들어, 교실에서 평상시에는 행동이 바른 한 아동이 갑자기 화를 내거나 고함을 치고, 물건을 집어 던지고, 다른 학생을 때린다고 하자. 그 상황을 대처해야 하는 교사로서 당신은 그 학생을 제지시키고 다른 장소로 가 있도록 하지만 그 학생은 진정되지 않는다. 결국 부모에게 연락해서 그 아동을 집으로 데리고 가게 한다. 그 후에 자신이 대처했던 방법이 적절했는지 혹은 더 잘 해결할 수 있는 다른 방법은 무엇이었는지 생각한다. 그리고 그것들에 대해 잘 기록해 둔다. 이후에 이와 비슷한 상황을 만나서 과거 경험과 그것에 대한 반성을 잘 사용한다면 그 상황을 더 잘 처리할 수 있을 것이다.

Ⓥ 교육심리학과 인간 행동의 연구

교육심리학자들은 행동을 연구하기 위한 방법으로 직관이나 비체계적인 관찰에 의존하지 않는다. 대신에 그들은 세상을 알기 위해 오랫동안 다듬어온 매우 특수한 방식을 사용한다. 그런 방식을 과학이라고 한다.

1. 과학의 신조

과학은 자연적으로 일어나는 현상을 확인, 기술, 설명하는 것이다. 교육심리학에서 사용되

는 특수한 과학적 방법과 활동들은 본장의 후반에 상세하게 다룰 것이다. 과학은 관찰, 검증가능성, 반복, 절약이라는 네 가지 일반 원리에 기초한다는 것을 인식하는 것이 중요하다.

첫째, 관찰은 과학의 근본적인 속성이다. 관찰(observation)이란 신뢰롭고 타당한 도구를 가지고 무엇(학생의 시험 불안, 수학 성취도 혹은 동기와 같은)을 기록하는 과정이다. 과학적인 관찰을 더 형

Sean Justice/Photonica/Getty Images

가설이란 연구 문제에 대한 제안된 답이다. 과학자로서 연구하는 사람들은 가설이 옳다는 것을 확신하기 위해서는 여러 번 검증해야만 한다.

식적으로는 경험주의(empiricism)라고 부르기도 한다. 사물을 이해하는 다른 방법들(예, 직관, 철학, 전문가 의견)과 다른 한 가지 주요한 차이점은 과학은 직접적인 관찰에 의존한다는 것이다. 관찰은 질문에 대한 답을 하기 위한 자료를 제공하는 데에 도움이 된다. 그렇다고 관찰을 하는 것이 과학적인 과정의 유일한 방법은 아니다.

둘째, 과학은 연구 문제를 검증 가능한 문제(testable questions)로 구체적으로 서술하는 것을 필요로 한다. 다시 말해서 그 문제는 반증이 가능해야만 한다. 종종 우리는 자신의 아이디어와 신념을 확인하려고 하기 때문에, 자연스럽게 우리의 신념을 확인하는 정보를 탐색하는 반면에 부정하는 정보를 무시한다. 따라서 과학은 과학자들이 자신이 제안한 답이나 가설을 증명하는 대신에, 그것들을 부정하도록 함으로써 의도적으로 확인 편향을 감소시킬 수 있도록 조직되어 있다.

셋째, 과학이라는 조건을 만족시키기 위해서는 연구에서 발견한 결과가 반복되어야 한다. 즉 어떤 연구 문제에 대한 가설이나 제안한 답이 한 연구에서 사실이 아님이 증명된다면, 과학자가 그 결과를 확신하기 위해서는 후속 연구들에서도 사실이 아니라는 것이 입증되어야만 한다. 반복(replication)이란 결과들이 일치하는지 판단하기 위해 어느 기간 동안 독립적인 많은 연구를 수행하고 정보를 수집하는 것을 말한다. 반복은 과학적 발견에서 확신을 증가시키는 데 도움이 된다.

넷째, 절약(parsimony)이다. 절약에 대한 특이한 것은 그렇게 복잡한 세상에서, 과학은 글자 그대로 간단함을 의미하는 결과를 추구한다. 과학은 복잡한 것보다 간단한(절약적인) 설명에 더 가치를 둔다. 하지만 과학자들은 아인슈타인이 말했듯이 "가능한 한 간단하게 하지만 과하지는 않게 하라"는 것을 따르려고 노력한다.

결론적으로 심리학은 자료에 기초를 둔 과학이다. 그러므로 교육심리학에서 중요한 위치를 차지하는 교수학습 원리는 엄격한 과학의 신조에 따른다. 이런 기준들이 그림 1-2에 나타나 있다.

관찰
신뢰롭고 타당한 도구로 무엇을 기록하는 과정

검증 가능한 문제
교수와 학습 과정에 적용되는 인간 행동에 대한 과학

반복
연구결과들이 일치하는지 판단하기 위해 어느 기간 동안 독립적인 많은 연구를 수행하고 정보를 수집하는 것

절약
두 가지 경쟁적인 이론들 중에서 더 간단한 이론이 더 좋은 이론이라는 과학 규칙

그림 1-2	과학의 네 가지 신조

관찰	검증 가능성
반복	절약

2. 사실, 원리, 이론

사실
독립적인 지식과 정보의 조각

원리
몇 가지 사실들을 확대하고 연결시키며 의미를 만드는 데 도움이 되고, 사실들 간에 연합을 형성한다

이론
사실들을 기초로 한 원리들로 구성된 것으로 원리보다 더 일반적이고 더 포괄적이다

인간 행동의 심리학적 연구는 사실, 원리, 이론에 초점을 맞춘다. 사실(fact)이란 독립적인 지식과 정보의 조각이다. 예를 들어 스트레스가 많은 상황은 사람을 불안하게 만들 것이라는 것은 사실이다. 원리(principle)는 몇 가지 사실들을 확대시키고 연결시키며, 의미를 만드는 데 도움을 주고, 사실들 간에 연합을 형성한다. Gagné(1985; Gagne & Medsker, 1996)는 이 연결 혹은 연합을 묘사하기 위해 규칙(원리에 대한 대안으로)이라는 용어를 사용했다(12장 참조). "만약 당신이 둥근 물체를 민다면 그것은 굴러갈 것이다"와 같은 "만약 … 라면"이라는 형식의 문장으로 규칙을 기술한다(원리 혹은 규칙은 "둥근 물체는 구른다"이다). 스트레스가 많은 상황에 자신이 처할 것이라고 생각하는 불안해 보이는 사람의 사례에서의 원리나 규칙은 "기대가 정서에 영향을 미친다" 혹은 더 구체적으로 말하면 "기대되는 스트레스는 불안을 일으킨다"이다.

이론(theory)은 사실들을 기초로 하는 원리들로 구성되며 원리보다 더 일반적이고 더 포괄적이다. 우리 주변의 세상을 이해하기 위해 이론을 사용할 수 있을 정도로 그 적용 범위가 넓기 때문에 포괄적이라고 말한다.

특히 불확실한 상황에서 사람들은 자신의 능력과 기분을 판단하고 이해하기 위하여 다른 사람들을 이용한다는 이론이 있다(사회적 비교 이론 Festinger, 1954; Buunk & Mussweiler, 2001). 이 이론은 학생들이 지각하는 스트레스와 학생들이 다른 사람들과 함께 있고 싶어하는 욕구 간의 관계를 교사가 이해하는 데에 도움이 될 것이다.

때때로 이론이라는 단어를 들으면 이론적이란 단어를 연상하기 때문에 "쓸데없는" 혹은 "추상적인" 혹은 "관련성이 없는"이란 생각을 하는 경향이 있다. 그러나 이론적이란 의미는 추측에 근거한, 즉, 왜 어떤 특별한 사실이나 사실들이 일어나는가에 대하여 설명한다는 뜻이다. 다시 말해서, 이론은 포괄적(comprehensive)일뿐만 아니라 또한 사변적(speculative)이다. 이론은 어떤 것이 단지 존재한다고 지적하는 것이 아니라 그 이유를 설명한다. 학생들이 가끔 불안해한다는 것은 한 가지 사실이다. 학생들은 흔히 시험과 같은 좋아하지 않는 것을 기대할 때 불안해진다. 이것은 또 다른 사실이다. 불안을 느낄 때 많은 학생들은 함께 하기를 좋아한다. 이것은 세 번째의 또 다른 사실이다. 아마도 사회적 비교를 할 수 있기 때문에 불안한 것이 당연하다고 생각할 수 있을 것이다. 이 마지막 진술은 사실이 아니라 설명하는 것이고, 사변적이고, 이론적이다.

이런 이론적인 설명이 불필요하고 무관한 것인가? 그 답은 아니오다-만일 교사들이 교실에

서 스트레스가 많은 상황을 처리하는 데에 그것이 도움을 준다면. 이론은 사실들을 포함하고 또한 그것을 설명하기 때문에 사실들의 수보다는 이론들의 수가 훨씬 적다는 점에서도 실용적이다. 사실들로 백과사전을 채운다면 이론들은 대학교 교재를 겨우 채울 수 있다. 적은 수의 이론을 이해함으로써 교실에서 일어나는 대부분의 행동들이 설명될 수 있다(그리고 인생에 있어서도 마찬가지일 것이다).

이론은 세 가지 기본적 특성이 있다. 첫째, 이론은 종합적이거나 포괄적이며 따라서 각 이론은 많은 사실들을 포함할 수 있다. 둘째, 이론은 폭넓은 기반을 가지고 있기 때문에 적은 수의 이론만 배우면 된다. 셋째, 이론은 사변적이거나 주석적이며, 다양한 상황에서 어떤 일이 일어날지, 왜 일어날지, 일어나면 어떻게 대처할지에 대하여 설명할 수 있다. 따라서 이론을 배우면 정보를 더 잘 조직할 수 있고, 단순히 사실들의 집합을 배우는 것보다 더 쉽게 그것을 사용할 수 있다. 표 1-1은 사실, 원리, 이론 간의 관계를 잘 보여준다.

Ellen B. Senisi/The Image Works

교육심리학을 공부하고 어떻게 교육심리학을 교실 활동에 적용할 것인가 생각함으로써, 교육심리학을 공부하는 학생들은 미래에 교사가 되어서 해결해야 할 문제들에 대해 더 잘 준비할 수 있다.

모든 행동에 적용할 수 있는 하나의 이론이나 원리가 있는 것도 아니고 하나의 모델이 모든 면에서 적용할 수 있는 것도 아니다. 교육심리학에서 쉽게 교정할 수 있는 간단한 비법이란 없다는 것을 기억해야 한다.

어떤 행동이냐에 따라서 더 잘 맞는 이론이 있을 수 있다. 교육심리학 이론들을 공부하면서 어떤 이론은 어떤 행동을 잘 설명하고 어떤 모델은 그 행동을 잘 관리한다는 것을 알 수 있을 것이다.

표 1-1   사실, 원리, 이론

사실	원리	이론
관찰에 기초	추리에 기초	(사실에 대한)사변에 기초
독립적, 구체적, 개수가 많다	사실보다 개수가 적다	종합적이고 개수가 가장 적다
요소적이고 단일적	연결된 사실들로 구성	연결된 원리들로 구성
볼 수 있는 실제 행동	행동들을 서로 연결시키는 것을 돕는다	행동을 설명하는 것을 돕는다

3. 이론이 정확하다는 것을 어떻게 알 수 있는가?

이론은 사실들에 기초하기 때문에 우리는 이론과 관련된 사실들을 수집함으로써 이론을 검증할 수 있다. 이론을 기초로 해서, 어떤 주어진 상황에서 무엇이 일어날 것으로 기대되는지 혹은 어떤 사실이 관찰될 것으로 기대되는지에 대한 가설을 설정하거나 예측을 할 수 있다. 그런 후에 관찰을 함으로써(예, 필요한 사실들을 수집함으로써) 이 가설을 검증할 수 있다. 그 패턴은 다음과 같다.

귀납
특수한 사실들을 사용하여 그 사실들을 설명하는 더 일반적인 이론을 만드는 과정

특수한 사실들을 사용하여 그 사실들을 설명하는 더 일반적인 이론을 만드는 과정을 귀납(induction)이라고 부른다. 교실 상황에서 사람들이 어떻게 행동하는가에 대한 다양한 사실들을 취합해서 그들의 행동이 어떤 특별한 이론에 기초한다고 설명하는 것이 귀납의 한 가지 예다.

일반적인 이론을 사용하여 그 이론을 검증하는 데 도움이 되는 특수한 사실을 이끌어 내는 과정을 연역(deduction)이라고 부른다. 특수한 이론을 사용하여 가설이나 예측을 설정하는 것이 연역의 한 예다. 우리는 사실들로부터 이론을 귀납하고 다시 그 이론의 정확성을 검증하기 위해 필요로 하는 어떤 새로운 사실들을 연역한다.

연역
일반적인 이론을 사용하여 그 이론을 검증하는 데 도움이 되는 특수한 사실을 이끌어내는 과정

연구는 이론이 우리에게 기대하게 하는 것이 실제로 정확한가 아닌가를 검증하는 과정이다. 연구를 한다는 것은 관찰하거나 자료를 수집하는 것을 의미하고, 귀납과 연역은 사고의 방식을 말한다. 연구의 목적은 이론의 설명력에 기초해서 어떤 주어진 상황에서 무엇이 일어날 것인가에 대한 가설이나 예측을 검증하는 것이다. 연구에 의해 수집된 지지하는 증거는 그 검증된 이론이 타당한지 타당하지 않은지 결정하는 데 도움이 된다.

이론을 검증하기 위해 사용되는 접근을 패러다임(paradigm)이라고 한다. 패러다임은 행동에 영향을 미치는 변인들 혹은 요인들 내에서 그 관계를 검증하기 위해 반복적으로 사용될 수 있는 설계 혹은 프레임워크다.

패러다임
행동에 영향을 미치는 변인들 혹은 요인들 내에서 그 관계를 검증하기 위해 반복적으로 사용될 수 있는 설계 혹은 프레임워크

교사들은 교육심리학과 같은 교과에서 배운 연구들을 해석하고 적용도 하지만 직접 연구를 하기도 한다. 지식을 평가하는 데 있어서, 교사들은 그것이 어떻게 발견되었는지 그리고 그것을 사용한다면 어떤 환경에서 적용할 것인지 알 필요가 있다. 교사들은 또한 학생들에 대한 그리고 학생들이 행동하는 상황에 대하여 그들 자신이 결론을 내릴 수 있기 때문에 이 결론들의 타당성에 어떤 요인들이 영향을 미치는지 인식하는 것이 중요하다.

4. 판단의 정확성에 영향을 미치는 두 가지 요인

판단의 정확성에 영향을 미치는 두 가지 요인을 내적 타당도, 외적 타당도 혹은 확실성과 일반성이라고 부른다(Tuckman, 1999b). 내적 타당도(internal validity)란 다른 변인이 아니라 교사나 연구자의 행동이 학생이 다르게 행동하거나 수행하는 원인이라는 결론에 대한 신뢰성을 말한다.

내적 타당도
다른 변인이 아니라 교사나 연구자의 행동이 학생이 다르게 행동하거나 수행하는 원인이라는 결론에 대한 신뢰성

결론에 대한 확신 이외에, 우리는 또한 다른 상황에서도 그 결론이 적용되기를 원한다. 즉 외적 타당도(external validity) 혹은 일반성을 원한다. 만일 한 교사가 그 새로운 읽기 프로그램이 기존의 것보다 더 효과가 있다고 결론을 내린다면, 다른 교사들도 그것을 시도해야만 할까? 그 교사들에게도 마찬가지의 효과가 있을 것이라고 결론내릴 수 있을까? 만일 그 교사들은 원래

외적 타당도
다른 상황하에서도 그 결론이 적용될 수 있는 정도

교사만큼 열정적이지 않거나 학생들이 머리가 나쁘거나 동기 수준이 낮다고 한다면? 그 프로그램이 우수하다고 같은 판단을 할 수 있을까? 그렇지 않다면, 교사들에게 그 새로운 프로그램을 사용하도록 훈련시키거나 학생들에게 그 프로그램을 사용하여 가르치도록 할 필요가 없다.

교육심리학은 앞에서 언급했듯이 학생 행동과 수행에 대한 지식을 발견하고 전달하는 데 초점을 맞춘다. 학생의 행동에 분명히 영향을 미치고 또한 일반성을 가지고 있는 요인들에 대한 정보를 전달한다. 교육심리학이 기초로 하고 있는 연구결과들이 정확성과 일반성을 가지고 있는가를 이해하기 위해서는 연구결과들이 나온 연구방법에 대해 알아볼 필요가 있다.

Ⅵ 연구자로서의 교사

많은 교육 연구는 대학교 연구자들에 의해 수행되며 교실에서 수업을 하는 교사들에게 교수 방법에 영향을 주는 유익한 정보들을 제공한다. 이 정보들의 가치는 그것을 해석하고 비판적으로 평가하는 능력에 달려있다. 연구자들에 의한 이런 연구 이외에도 교사들이 직접 가르치면서 연구한 결과들도 수업에 대한 중요한 정보를 제공한다.

교사의 연구(teacher research)는 교사들에 의한 그들 자신의 학교와 교실 활동에 대한 체계적이고, 의도적인 탐구로 정의된다(Cochran-Smith & Lytle, 1990). 의도적이란 의미는 즉흥적인 것이 아니라 계획적이라는 의미다. 탐구란 "… 의심에서 나오거나 의심을 갖게 하고 교사들의 경험을 이해하려는 교사들의 욕구를 반영한다"(Lytle & Cochran-Smith, 1992, p. 450)는 의미다.

교사들의 일반적인 연구 유형은 관찰/질적 연구다. 단일 피실험자 연구나 상관 연구도 있고 실험 연구들도 있지만 그리 많지는 않다. 관찰/질적 연구는 다음과 같은 특징을 가지고 있다. (1) 자연적인 환경에서 연구할 수 있다, (2) 자료를 수집하는 핵심 "도구"는 연구자다, (3) 산출물이나 결과보다는 일어나는 사건에 더 관심이 있다, (4) 자료가 의미하는 것이 무엇인지 이해하려고 노력함으로써 귀납적으로 자료를 "분석한다", (5) 어떤 사건이 일어나고 왜 일어나는가에 초점을 둔다(Bogdan & Biklen, 2003).

교사로서 수행할 수 있는 연구 자료 수집이나 기록에는 네 가지 종류가 있다. (1) 교실에서 일어나는 사건, 상호작용, 혹은 다른 수업에 관련된 활동에 대하여 기술하고 반추하는 현장 노트와 일지, (2) 학생, 다른 교사들 혹은 부모와 면담한 노트, 녹음테이프나 녹취록, (3) 학생의 자습, 숙제, 시험지와 점수, 교사의 수업 계획서나 유인물과 같은 교실 수업 기록물, (4) 수업 활동, 특별 활동 혹은 발표 등의 테이프(오디오와 비디오).

교사 연구
교사들에 의한 그들 자신의 학교와 교실 활동에 대한 체계적이고 의도적인 탐구

VEER John Giustina/Photonica/Getty Images

한 교사가 수행한 연구에서 필기체로 글쓰기에 대하여 자신의 능력을 믿도록 격려를 받은 학생들이 자신이 원하는 것으로 교환할 수 있는 스티커를 받은 학생들보다 자발적으로 필기체를 더 많이 사용하려고 했다.

1. 교사가 주도하는 연구의 예

2학년 학생들을 가르치는 한 교사가 자기효능감 이론에 대한 글을 읽었다. 그 당시에 그녀는 20명의 2학년 학생들에게 필기체 쓰기를 막 가르치기 시작했다. 필기체로 쓰는 것을 방금 시작했기 때문에 학생들 간 개인차가 거의 없었다. 그녀는 필기체로 글쓰기에 대한 두 가지 다른 접근을 사용해 보기로 했다.

한 가지 접근은 강화 이론으로 그녀가 이미 교실에서 사용해왔던 테크닉이다. 한 줄 안에 최소한 한 글자라도 완전하게 필기체로 쓰면 그 줄마다 스마일 스티커를 붙여주고 "좋아" 혹은 "완벽해"라고 말해주었다. 학생들은 일주일 동안 모든 스티커를 가지고 좋아하는 물건으로 교환할 수 있어서 학생들은 스티커 받는 것을 좋아했다. 한편 자기효능감 이론에 기초한 두 번째 접근에서는 한 줄 위의 글자들이 거의 완벽하게 필기체로 쓰였을 때에만 스마일 스티커를 주었다. 그리고 학생들에게 "정말 잘 쓰는구나!" 혹은 "정말 열심히 하는구나!"같은 말을 하면서 학생들의 능력이나 노력에 대한 칭찬을 했다. 3주에 걸쳐서 그 학급을 두 집단으로 나누어 한 집단은 첫 번째 접근을 그리고 한 집단은 두 번째 접근을 사용했다. 두 집단은 가능한 한 동등하도록 교사가 판단해서 나누었다.

두 집단 모두 필기체 글쓰기에 큰 진전이 있었으며 필기체로 정확하게 쓰는 비율이 거의 비슷해서 두 가지 테크닉이 미치는 영향에 차이가 없는 것으로 나타났다. 하지만 다른 형태의 놀라운 차이가 발견되었다. 3주간의 실험 기간 동안 두 집단의 학생들 중에서 스펠링 시험에서 자발적으로 필기체로 쓰거나 공책에 자기 이름을 필기체로 쓰는(이전에 하던대로 인쇄체로 쓰지 않고) 학생들의 수가 두 번째 접근에서 더 많았다. 그밖에 자기효능감 집단 학생들은 강화 집단 학생들보다 필기체로 쓰는 것을 조금 더 좋아하고, 필기체를 배우는 것에 대해 더 흥분하고, 필기체가 더 쉽다고 생각하고, 필기체로 더 예쁘게 잘 쓴다고 판단하고, 곧 모든 글자를 필기체로 쓸 수 있을 것이라고 생각했다.

실험이 끝나고 그 결과를 본 그 교사는 학급의 모든 학생들에게 그리고 그녀가 가르치는 모든 과목에 대해 자기효능감 접근을 사용하기 시작했다. 자신의 작은 실험을 통해서 그 교사는 실제로 큰 도움을 얻게 되었다.

2. 교육심리학의 이해

이 책은 당신이 교육심리학을 이해하도록 가르치며 이 책의 내용은 중요한 이론들을 상세하게 설명하고 있다. 두 가지 예를 들면 Piaget의 발달 이론은 2장과 3장에서 그리고 Gagné의 수업 이론은 12장에서 상세하게 다룬다. 그밖에 교육심리학에서는 같은 행동을 다른 방식으로 설명하는 이론들이 있으며 이런 경쟁적인 이론들에 대해서도 이 책에서 다룬다. 예를 들면 6장에서는 행동주의를 다루고 7장과 8장에서는 인지주의와 구성주의를 다룬다.

3. 교육심리학의 교실 적용

특히 예비 교사들을 위해서는 더 효과적인 교사가 되기 위하여 교육심리학에서 배운 것을 교실에 적용하는 것이 매우 중요하다. 이런 점들은 이 책의 각 장에 반영되어 있으며, 인지 발달, 언어 발달, 도덕성 발달, 특수학생 수업, 수업 설계, 효과적인 학습 환경, 학습 집단 활용, 학습 동기, 학습 평가 등의 내용 모두에 반영되어 있다. 그밖에 각 장에서 제시한 개념들에 대한 상세한 설명과 많은 예들이 제시되어 있어서 이 책에서 공부한 지식을 효과적인 교수법에 쉽게 적용할 수 있도록 도와준다.

4. 다양성

실생활에서와 마찬가지로 교육에서는 다양한 신체적 능력과 정신적 능력뿐만 아니라 다양한 문화적 그리고 인종적 배경을 가지고 있는 학생들을 이해하고, 관계를 맺고, 가르치는 것이 점점 중요하게 되었다. 다문화적인 지구촌이 되어가면서 사람들 간의 다양한 차이점을 이해하는 것이 중요한 사회가 되었다. 학생들의 모국어나 신념이나 관습, 혹은 기술이나 능력들이 다르기 때문에, 문화, 문화적 관습과 능력의 차이에 대해 교사들은 더욱 민감해져야 한다.

오늘날 교실에서 학생들은 여러 문화적 배경을 가지고 있는 학생들과 협동적으로 공부한다. 미래 교사들이 만일 학생들의 배경을 알고 또 민감하다면 더 좋은 교사가 될 것이다.

2 │ 인지 발달

학습 목표	주요 내용
1. 발달의 일반 원리와 뇌와 인지 발달 간의 관계를 설명한다.	인지 발달과 뇌 • 인지 발달의 일반 원리 • 뇌의 생리학 • 대뇌피질 • 뇌기반 학습과 교수
2. Piaget 인지 발달 이론을 스키마, 동화와 조절과 평형화의 과정, 인지 발달에 영향을 미치는 4요인을 중심으로 적응 과정을 기술한다.	Piaget의 발달심리학 • 인지 조직의 기본 구조: 스키마 • 적응으로서의 지적 발달 • 발달 요인
3. Piaget 인지 발달 모델의 4단계를 설명한다. (1) 감각운동 (2) 전조작 (3) 구체적 조작 (4) 형식적 조작	Piaget의 인지 발달 단계 • 감각운동기 • 전조작기 • 구체적 조작기 • 형식적 조작기
4. Piaget의 인지 발달 개념을 교육 과정에 적용한다.	Piaget 이론의 교육적 적용 • 탐색에 의한 학습 • 학습자 중심 오리엔테이션 • 주제의 사용 • 스키마 발달을 중요시
5. Piaget 이론의 비판과 제한점을 살펴본다.	Piaget 이론에 대한 비판과 개선
6. 사회적 관점, 의미의 사회적 구성, 내재화, 근접발달영역, 비계화 등과 같은 Vygotsky의 인지 발달 이론의 주요 개념과 특징을 설명하고 교육에 적용한다.	Vygotsky의 발달심리학 • 사회적 상호작용: 의미 획득에서 결정적인 역할 • 내재화: 사회적 활동에서 정신적 활동으로 변화 • 언어와 그 외 문화적 도구의 역할 • 근접발달영역과 비계화 • Vygotsky 이론의 교육적 적용

I 인지 발달과 뇌

우선 인지 발달의 네 가지 일반 원리에 대한 설명으로 시작하고 다음에 뇌의 기능과 이 기능들이 교수 및 학습과 어떤 관계가 있는지 알아볼 것이다. 현재까지는 뇌와 교수 및 학습과의 관계에 대해 알려진 것보다 알려지지 않은 것이 더 많지만 앞으로는 인지 발달과 뇌에 대한 관심이 증가하고 더 많은 것들이 밝혀질 것이다.

1. 인지 발달의 일반 원리

1. 아동의 발달 속도에는 개인차가 있다. 연령에 따른 평균적인 발달 수준이 있지만(예를 들어, 사춘기가 소년은 11.5세, 소녀는 10세에 시작한다; McDevitt & Ormrod 2007), 더 일찍 발달하는 아동도 있고 더 늦게 발달하는 아동도 있다. 연령만을 기준으로 해서 개인의 발달 수준을 판단할 수 없다. 그래서 교사들은 학생들의 키, 개인적인 학습 능력, 협동 학습 능력 등과 같은 여러 변인에 있어서 학생들 간의 차이를 확인할 수 있을 것이다.

2. 발달 과정은 지속적이고 순서가 있다. 급 성장기나 완만한 성장기가 있지만, 대부분의 아동의 성장은 돌발적이거나 점프하기보다는 꾸준하다(Berk, 2006). 예를 들어, Piaget의 발달 단계 이론에서 알 수 있듯이 아동은 간단한 아이디어를 이해하는 방법을 배운 후에 더 복잡한 아이디어를 이해할 수 있게 된다. 이것은 뛰는 방법을 배우기 전에 기는 방법을 배우고, 미적분을 배우기 전에 대수를 배우는 것과 같다.

3. 학습, 경험, 사회적 상호작용은 모두 발달에 영향을 미친다. 이것은 아동의 인지 발달에 대한 대표적인 연구자들인 Piaget와 Vygotsky의 연구에서 분명하게 알 수 있다. 아동들이 학교에서 집단 작업을 함으로써 서로 상호작용을 하고, 도서관이나 박물관을 찾는 경험을 하고, 부모가 책을 읽어주는 것을 들으면서 그들의 인지가 발달한다(Siegler & Alibali, 2005).

4. 발달은 유전과 환경 모두의 영향을 받는다. 학교, 가정, 문화를 포함하는 환경은 아동의 유전적 성향과 상호작용하여 발달에 영향을 미친다(Gottleib, 2000). 예를 들어, 아동의 높은 지능(유전 요인)은 발달을 촉진시킬 수 있는 반면에 영양 부족(환경적 요인)은 발달을 지체시킬 수 있다. 유전적 요인보다 환경적 요인을 통제하기가 더 쉽기 때문에 교실 수업에서는 환경적 요인에 더 큰 관심을 가져야 한다.

2. 뇌 생리학

뉴런
뇌와 신경계의 기본 세포: 모든 감각, 움직임, 사고, 기억, 기분은 뉴런을 통과하는 신호의 결과다

뇌와 신경계는 여러 가지 세포들로 구성되어 있지만, 기본적인 세포는 뉴런(neuron)이다. 뇌에는 약 1000억에서 2000억 개의 뉴런이 있는 것으로 추정된다(Berninger & Richards, 2002). 모든 감각, 움직임, 사고, 기억, 기분은 뉴런을 통과하는 신호의 결과다.

뉴런은 세 부분으로 구성된다. (1) 세포체(cell body)는 뉴런이 생존하고 기능하기 위해 필요로 하는 대부분의 분자(molecule)를 생산하는 핵을 포함하고 있다. (2) 수상돌기(dendrite)는 나뭇가지와 같이 세포체에서 뻗어 나온 것으로 다른 신경 세포로부터 정보를 받아들인다. (3) 축색(axon)은 수상돌기로부터 신호를 받고 그것을 뇌에 있는 다른 뉴런이나 다른 기관에 있는 세포로 보낸다(Craig, 2003).

뉴런의 수상돌기가 자극을 받으면 수상돌기는 "전기적으로 충전되고" 충전이 충분하면 그 뉴런은 발화되고 그 결과 "전기 충격"이 축색(실제로는 그것의 말단인 종말 단추(terminal button))에 전해진다. 뉴런은 서로 붙어있지 않다. 뉴런과 뉴런은 시냅스(synapse)라고 하는 아주 작은 공간으로 분리되어 있다. "전기 충격"이 뉴런의 축색을 따라 흐를 때, 그것은 축색의 끝에 있는 종말 단추에서 신경전달물질(neurotransmitter)이 방출된다. 신경전달물질이란 시냅스를 통과하고 연접한 뉴런의 수상돌기를 자극하는 화학물질이다. 하나의 뉴런은 시냅스로 여러 뉴런들과 연결된다. 하지만 필요이상으로 수가 많아서 사용되지 않는 뉴런은 "가지치기"되거나 없어지고 그 결과 인지 발달이 촉진된다(Bransford, Brown, & Cocking, 2000). 자극을 제공하는 환경은 삶의 초기에 가지치기를 해서 성인기에 시냅스를 더 많이 생산할 수 있도록 해준다(Cook & Cook, 2005).

뉴런들 간의 연결의 변화는 기존의 시냅스를 강화하거나, 제거하거나, 혹은 새로운 뉴런을 만들기 때문에 인지 발달을 위해 매우 중요하다. 아직 확인된 것은 아니지만 새로운 학습 경험에 의해 뉴런이 만들어질 수 있다고 한다(Lichtman, 2001).

3. 대뇌피질

사람의 뇌는 소뇌를 제외한 뇌의 구조 전체가 대뇌다. 대뇌의 겉 부분인 대뇌피질(cerebral cortex)은 머리 앞부분인 전두엽, 머리 윗부분인 두정엽, 머리 뒷부분인 후두엽, 귀쪽의 측두엽이라는 네 부분으로 구성되어 있다. 대뇌피질이 처리하는 주요 기능으로는 신체의 움직임과 협응, 신체의 감각, 시각, 청각, 언어, 행동, 복잡한 사고 등이 있다.

피질은 2개의 반구로 분리되어 있으며, 좌반구(left hemisphere)는 주로 언어와 사고를 담당하고 우반구(right hemisphere)는 시각, 공간 개념, 정서를 담당한다(Byrnes, 2001). 좌반구는 신체의 오른쪽을 그리고 우반구는 신체의 왼쪽을 통제하고 있으며, 이렇게 좌우 반구의 통제 기능이 특수화되어 있는 것을 편재화(lateralization)라고 한다. 만일 피질의 한 부분에 예를 들어, 자동차 사고에서와 같은 손상을 입게 되면, 피질의 다른 부분이 손상 입은 영역의 기능을 맡아서 보상하는 경향이 있다. 따라서 어떤 특정한 정신 활동을 뇌의 특정한 부분이 제한적으로 담당하는 것은 아니지만 특화된 기능은 가지고 있다.

4. 뇌 기반 학습과 교수

뇌 기반 학습(brain-based learning)이나 뇌 기반 교육은 "뇌 과학과 상식의 조합"이라고 한다. Caine과 Caine(1994)는 다음과 같은 12가지의 정신/뇌 학습 원리를 확인했다.

세포체
뉴런이 생존하고 기능하기 위해 필요로 하는 대부분의 분자를 생산하는 핵을 포함하고 있다

수상돌기
나뭇가지와 같이 세포체에서 뻗어 나와 있으며 다른 신경 세포로부터 정보를 받아들인다

축색
수상돌기로부터 신호를 받고 그것을 뇌에 있는 다른 뉴런이나 다른 기관에 있는 세포로 보낸다

종말 단추
축색의 끝부분이며 뉴런들로부터 신호를 받는다

시냅스
뉴런과 뉴런 사이의 작은 공간

신경전달물질
시냅스를 통과하는 화학물질로서 인접한 뉴런들의 종말 단추들을 자극한다

대뇌피질
전두엽, 두정엽, 후두엽, 측두엽

좌반구
주로 언어와 사고를 담당하는 피질의 왼쪽 반구

우반구
주로 시각, 공간개념, 정서를 담당하는 피질의 오른쪽 반구

편재화
두 반구가 담당하는 기능이 각각 특수화되어 있는 것

뇌 기반 학습
뇌 과학과 상식의 조합

1. 뇌는 복잡한 적응 시스템이다.

2. 뇌는 사회적인 뇌다.

3. 의미에 대한 탐색은 선천적인 것이다.

4. 의미에 대한 탐색은 패턴화(patterning)를 통해 일어난다.

5. 정서는 패턴화에 결정적이다.

6. 모든 뇌는 부분과 전체를 동시에 지각하고 구성한다.

7. 학습에는 초점적 주의(focused attention)와 부수적 주의(peripheral attention)가 관여한다.

8. 학습에는 항상 의식적 과정과 무의식적 과정이 관여한다.

9. 기억을 조직하는 최소한 두 가지 방법이 있다.

10. 학습은 발달적이다.

11. 도전은 복잡한 학습을 향상시키고 위협은 학습을 방해한다.

12. 모든 뇌는 독특하게 조직되어 있다.

Caine과 Caine은 복잡한 학습을 위한 필요 조건들도 확인했다: (1) 낮은 위협감과 높은 도전감, (2) 여러 가지 복잡한 진짜 경험들의 세밀한 조직, (3) 경험을 통한 의미를 만들어내는 적극적인 처리과정.

Kovlik과 Olsen(2007)은 그들의 주제중심 통합 수업(Integrated Thematic Instruction)모델에서 9개의 뇌 기반 요소들을 확인했다: 위협 부재, 의미있는 내용, 선택권, 학습을 촉진하기 위한 활동, 풍요로운 환경, 적절한 시간, 협동, 즉각적인 피드백, 적용 수준의 숙달.

위의 모델들을 포함한 이와 비슷한 모델들에서 제시하는 원리들은 구성주의 원리들(8장에서 다룬다)과 매우 비슷한 것으로 보인다. 그것들은 분명히 학습자 중심이고 경험적이며 Vygotsky가 제안한 아이디어(본장의 후반부에서 다룬다)를 포함하고 있다. 하지만 이 "뇌 기반"접근은 상당한 갈등을 일으켰다. 현재 알려진 지식으로는 뇌 구조와 심리가 인지 발달이나 학습을 촉진하기 위하여 어떠한 특별한 기능을 하는지 알 수가 없다. 더 정확하게 말하자면 다음과 같은 것에 대한 증거가 아직 없다.

- 초기의 생활 중심적인 경험이 뇌의 힘을 향상시킨다(Thompson & Nelson, 2001).
- 읽기와 수학과 같은 과목을 학습할 때 특별한 발달이 일어난다(Bruer, 1999; Geary, 1998).
- 뇌의 정신적인 성장을 촉진하기 위한 가장 효과적인 특정한 교수 전략이 있다(Byrnes, 2001).

대부분의 심리학자들은 학습과 발달에 대하여 알려져 있는 지식은 뇌에 대한 신경학적인 연구보다는 실제 행동에 대한 연구에서 나온 결과라고 믿는다.

II　Piaget의 발달심리학

스위스 생물학자 Jean Piaget는 인지 혹은 지적 발달(다음 장에서 살펴보게 될 도덕 발달 포함)에 대한 이해에 커다란 공헌을 했다. Piaget는 1980년 84세에 죽을 때까지 60년 동안 아이들이 성장하는 것을 관찰하고 그 결과를 200권 이상의 책과 논문으로 발표했다. Piaget는 생물학과 철학을 훈련받았지만 아동의 인지 발달을 이해하기 위하여 심리학으로 전환했다. 본장에서 먼저 Piaget가 관찰했던 행동을 설명하기 위한 주요 개념과 원리를 살펴보고, 그 다음에 그가 제시했던 네 가지 발달 단계에 대해 살펴볼 것이다. 다음에 몇 가지 Piaget의 실험을 소개하고, 마지막으로 그의 원리를 교육에 적용해본다.

Piaget의 연구방법은 세심하게 관찰한 후에 그가 관찰한 것을 보고하는 방식(1장에서 관찰 연구라고 한 테크닉)이다. 그는 자신의 세 아이들을 관찰하는 것으로 시작해서 나아가 많은 아동과 청소년들을 대상으로 다양한 문제를 주고서 그것을 처리하는 것을 관찰해서 얻은 방대한 자료를 가지고 2장과 3장에서 다루는 발달이론을 개발했다.

1. 인지적 조직의 기본 구조: 스키마

Piaget와 그를 따르는 사람들은 정신적인 조직과 기능을 위해 필요한 기본적인 단위를 스키마(schema)라고 생각했다(스키마에 대한 자세한 논의는 7장과 8장 참조). Piaget(1952; 또한 Flavell, 1963)는 스키마를 "어떤 핵심적인 의미를 중심으로 연결되어 있는 응집력이 강하고 반복적인 일련의 행동"이라고 정의했다. Wadsworth(204)는 스키메타(스키마의 복수)는 입력되는 자극이나 정보를 확인하고 반응하는 방법을 알려주는 뇌 속에 저장되어 있는 "색인 카드"와 같다고 했다. 아동은 잡거나 빠는 것과 같은 반사적 스키마를 표상하는 색인 카드를 가지고 있으며 색인 카드의 크기도 작고 수도 적다. 성인들은 반대로 큰 색인 카드를 많이 가지고 있다. 색인 카드는 각 스키마와 관련된 경험을 기록하고 경험의 결과로 더 정교화되기 때문에 크기도 더 커지고 수도 더 많아진다.

스키마는 사람들이 대상이나 사건을 분류하고 그 대상에 대해 어떻게 행동하고 어떻게 대응할 것인가를 결정하는 데 도움이 된다. 종종, 초기에 필요한 행동은 적절한 반응을 하기 위하여 상황을 명명하거나 인식하는 것이다. 식료품의 단가와 개수가 적혀있는 식료품 리스트를 받고 총 비용이 얼마냐는 질문을 받는다면 당신은 덧셈이 적절한 수학적 과정이라고 인식하도록 하는 하나의 스키마와, 문제를 해결하기 위해 덧셈 과정을 수행하도록 하는 또 다른 스키마를 가지게 된다.

Piaget가 말하는 정신 과정의 발달이란 학습했던 스키마가 더 많아지고 더 복잡해지는 것을 말한다. 일단 학습이 되면, 그 스키마는 그가 마주치는 대상과 사건이 그 무엇이든 그것을 처리하거나 확인하거나 혹은 그것에 반응하는 데 사용될 수 있다.

> 🌀 **스키마**
> 정신적인 조직과 기능을 위해 필요한 기본적인 단위

Farrell Grehan/Historical/Corbis

Jean Piaget 연구에 대한 지식은 연령이 증가하면서 아이들의 지식이 어떻게 변하고 성장하는가에 대하여 교사들이 생각하는 것을 돕는다.

2. 적응으로서의 지적 발달

● 적응
유기체가 환경과 상호작용하는
관계

Piaget 발달 이론의 기본적인 원리는 유기체가 환경과 상호작용하는 관계를 말하는 적응(adaptation)이다. 유기체는 적응하는 과정에서 그 환경에서 지속적으로 기능할 수 있도록 해주는 스키마를 개발한다. 생명의 본질은 유기체와 환경 간의 지속적이고 반복적인 상호작용이다.

기린을 생각해보라. 기린의 목은 키가 큰 나무의 잎을 먹기 위해 길게 진화되었다. 기린에게 있어서 긴 목은 환경의 생존 적응이다. 물론 이런 종류의 신체적인 적응은 지적 적응보다 더 긴 시간이 걸린다. 사다리에 대해 배우기 전에도 당신은 상자를 쌓아 올리거나 의자를 사용하여 부엌 선반에 오르는 것을 배웠을 수 있다.

(1) 동화와 조절

● 동화
새로운 정보를 이해하기 위해
그것을 기존의 스키마에 융합시
키는 과정

Piaget(1952; 또한 Wadsworth, 2004)는 적응을 수행하는 두 가지 메커니즘을 제안했다. 첫째, 동화(assimilation)는 새로운 정보를 이해하기 위하여 그 새로운 정보를 기존의 스키마에 융합시키는 과정이다. 다시 말해서, 우리가 새로운 것을 만나게 되면 기존의 스키마나 행동 계획을 사용함으로써 새로운 것에 대처하려고 할 것이다(예, 인식하거나 대응하기). 결과적으로, 스키마는 본질적으로 변화되는 것이 아니라, 새로운 경험과 그 경험에 대한 반응의 결과를 포함하기 위하여 확장된다.

동화는 자극 일반화(6장에서 논의할 것이다)의 행동 개념과 어느 정도 비슷한 것으로 한 자극에 대한 반응을 배우고 나면 그와 비슷한 다른 자극에 대해서도 비슷하게 반응하는 것을 말한다. 예를 들면, 교사가 손뼉을 치면 주목해야 하는 것을 배운 학생은 교사가 손을 들어도 비슷한 반응을 하는 것을 말한다. 만일 새롭지만 비슷한 새로운 자극에 대한 반응의 결과가 원래 자극에 반응했을 때와 같이 만족스러우면(학생들이 교사에게 주목하는 것) 이 경향성은 증가한다.

당신이 가르치는 학생이 숙제를 안 한 것에 대해서 말도 안 되는 변명을 한다고 가정해보자. 당신은 숙제를 다 하지 않은 학생에 대처하는 스키마를 이미 가지고 있고, 당신은 이 경험을 그것에 동화하고 그 학생에게 추가로 숙제를 줌으로써 그 학생에게 반응한다. 이것은 당신이 환경에 관계없이 숙제를 하지 않은 다른 학생들에게 하는 행동이다. 당신은 기존의 계획을 사용함으로써 새로운 환경에 적응한 것이다. 당신은 새로운 스키마를 첨가한 것이 아니라 기존의 것을 적절하게 사용했을 뿐이다.

● 조절
기존의 스키마로는 정보를 이해
하는 것이 불가능할 때 기존의
스키마를 수정하는 과정

반대로 Piaget의 두 번째 적응 기제인 조절(accommodation)은 기존의 스키마를 사용해서 정보를 이해할 수 없을 때 기존의 스키마를 수정하는 과정이다. 새로운 경험을 하고 있는 사람은 그것에 대처할만한 적절한 스키마가 전혀 없기 때문에 적응적인 반응을 하기 위해서는 기존의 스키마를 변화시켜서 본질적으로 새로운 스키마를 만들어야만 한다. 이것은 8장에서 다루게 될 개념학습이나 문제해결과 비슷한 개념이다. 어떤 상황에서 알고 있는 것이 작용하지 않을 때는 무언가 새로운 것을 시도해야만 한다.

앞에서 스키마를 색인 카드에 비유했던 것을 계속하면, 기존의 색인 카드 중에서 가장 근접하는 것을 찾아내고 그것을 수정하여 새로운 색인 카드를 첨가하는 것이 조절이다. 숙제를 안 한 학생들을 대처하기 위한 스키마가 신임교사에게 없을 수 있지만, 그는 선배 교사가 이 문제를 대처한 방법을 기억하고 자신의 상황에 맞도록 그 방법을 수정할 수 있다. 동화와 조절은 아동이 환경에 지속적으로 적응하고 성장할 수 있도록 해주는 과정이다. 동화는 아동이 그들의 스키마를 더 잘 사용할 수 있도록 도와주고, 조절은 아동이 새로운 상황에 맞도록 스키마를 수정하는 것을 도와준다. 동화는 상황이 기존의 스키마에 맞도록 해주고, 조절은 기존의 스키마를 그 상황에 맞도록 변화시키거나 새로운 스키마를 개발하도록 한다. Piaget(1952; Wadsworth, 2004)에 의하면 놀이(play)는 간단하고 반복적인 활동을 항상 그렇게 해왔다는 점에서 순수한 동화의 한 예로 볼 수 있다. 이에 비해서 모방(imitation)은 다른 사람이 하는 것을 관찰하고 따라함으로써 이전에 해본 적이 없는 것을 한다는 점에서 순수한 조절의 예가 될 수 있다. 그 밖의 모든 다른 경험들은 동화와 조절의 중간 어디인가에 속한다.

Piaget에 의하면 개인과 환경 간의 관계에서와 마찬가지로 동화와 조절 간에도 균형이 있어야만 한다. 놀기만 하면 새로운 것을 배울 수가 없고, 모방만 한다면 자기 자신이나 안정성이 있을 수 없기 때문에 삶이 모두 놀이가 될 수도 없고 모두 모방일 수도 없다. 새로운 상황을 만나고 적응하기 위해서는 충분한 조절이 필요하고 자신의 스키마를 빠르게 그리고 효율적으로 사용하기 위해서는 동화가 필요하다. 다시 말해서, 두 과정 간에 평형이 존재해야만 하고 그렇게 되면 개인과 환경 간에도 평형 상태가 가능해진다. 평형이나 균형이 존재하지 않을 때는 그것을 획득하기 위해 무엇인가가 일어나야만 한다. 그 무엇이 바로 동화나 조절이며 그것은 환경에 따라 다르다. 평형을 회복하기 위해 노력하는 과정을 평형화(equilibration)라고 하며 평형은 Piaget 체계에서 주요한 동기의 원천이다.

아동의 지적 능력이 발달하기 위한 기초가 평형화다. 새로운 경험을 하면서 어린 아동은 조절을 통해서 그것을 대처하기 위한 새로운 스키마를 개발하려고 한다. 일단 새로운 스키마가 개발되면, 어린 아동은 동화를 통해서 그것들을 사용하려고 한다. 새로운 발달이 순차적으로 그리고 점진적으로 후속 발달을 위한 기반을 마련하면서 "색인 카드 파일"은 계속해서 확장된다. 평형 상태는 항상 일시적으로 유지될 뿐이고 새로운 탈평형화가 발생하기 때문에, 평형을 획득하려는 평형화 과정은 유아기를 통해서 인지적 발달을 위한 지속적인 동기 유발자로 작용한다.

(2) 지능

Piaget에게 지능(intelligence)이란 개인이 가지고 있는 모든 스키마의 총체다(Siegler & Alibali, 2005). 스키마는 개인이 환경과 평형을 유지하도록 해준다. 즉, 어떤 사건이 발생하면 그것에 적응하고 대처할 수 있도록 한다. 따라서 지능은 관리하거나 적응하는 힘이고 개인과 개인을 둘러싼 세상 간의 동화나 조절의 결과다. Piaget에게 지능이란 개인이 가지고 있는 지식의 내용이나 지식의 양을 의미하는 것이 아니라, 지식을 사용할 수 있는 구조나 지식이 조직되어 있는 방식을 의미한다. 지능의 특별한 조직 구조가 동화와 조절의 결과로 형성된 스키마다.

지능을 변화하는 환경에 대한 적응력이나 대처할 수 있는 능력으로 보는 Piaget의 관점은 지능을 일반지식이나 특수지식으로 보는 일반적인 관점(4장에서 다룰 것이다)과는 상당한 차이가 있다. Piaget가 말하는 지능은 무엇을 아는 서술적 지식보다는 어떻게 하는 것을 아는 절차적 지식과 더 비슷하다(이런 지식의 유형에 대해서는 7장에서 다룬다).

지능은 동화와 조절의 결과이기도 하고 그 기초가 되기도 하기 때문에 연령에 따라 상당히

놀이
간단하고 반복적으로 항상 그래 왔듯이 하는 활동

모방
다른 사람이 하는 것을 관찰하고 따라함으로써 이전에 결코 해보지 않은 어떤 것을 하는 것

평형화
평형을 회복하기 위해 노력하는 과정이며 Piaget 체계에서 동기의 주요 원천이다

지능
개인이 가지고 있는 모든 스키마의 총합

다를 것으로 생각할 수 있다. 아동이 더 많은 경험을 할수록 환경에 적응하는 데 도움이 되는 스키마가 발달한다. Piaget는 인지적인 도전을 거쳐 평형화를 이루어 나가는 과정을 8단계로 구분하여 지능 발달을 설명한다.

(3) 조작

지능은 무엇을 위해 사용되는가? 다시 말해서, 지능의 결과는 무엇인가? Piaget에게 그 답은 조작(operation)이다. 조작은 사물이나 사건에 대처하는 행동 시스템 혹은 협응 세트다. 확인하고, 덧셈하고, 분류하는 것이 조작의 예들이다. 그 외에 논리 체계나 수학에서 사람이 하는 모든 행동이 조작을 구성한다(Piaget, 1950; Wadsworth, 2004). 아동이 성장하면서 그들의 사고는 더 잘 정의된 시스템으로 조직된다. 즉, 아동이 성장하면서 더 복잡해지고 더 많은 수의 조작들을 수행할 수 있다.

Piaget의 지적 발달의 적응 과정에 대한 개념 복습은 표 2-1이 보여준다.

📙 조작
사물이나 사건을 대처하기 위한 행동의 시스템이나 협응 세트

3. 발달 요인

Piaget이론은 발달 이론이며 연령이 증가함에 따라 나타나는 지능의 변화에 대한 이론이다. 아동은 기존의 스키마를 사용하고 또 새로운 스키마를 개발함으로써 적응하는 방식이 다른 발달단계들을 거쳐 간다. 이 단계들을 설명하기 전에 Piaget(1961; Wadsworth, 2004)가 인지 발달에 영향을 미친다고 하는 네 가지 요인들을 살펴보기로 하자.

첫 번째 요인은 아동의 성숙 속도에 영향을 미치는 유전(heredity) 혹은 천성이다. Piaget에 의하면 성숙이 인지 구조가 발달하도록 하는 것은 아니다. 성숙은 특정한 단계에서 반드시 어떤 구조가 발달한다는 것이 아니라 그 가능성의 범위를 결정한다. 따라서 성숙은 인지 발달에 광범위한 제약을 둔다. 성숙이 특정한 구조가 출현할 수 있는 가능성을 제공하면 실제로 출현할 것인가 아닌가 하는 것은 다음의 세 가지 요인들에 달려있다.

📙 유전
유전형질

두 번째 요인은 환경 속에서의 아동의 행동을 말하는 활동 경험(active experience)이다. 이

📙 활동 경험
환경 속에서의 아동의 활동

표 2-1 Piaget의 지적 발달의 적응 과정

개념	정의	예
적응	개인이 환경 속에서 기능하도록 해주는 스키마 개발	높은 선반에 있는 물건을 꺼내기 위해 사다리 사용하기
동화	새 정보를 기존의 스키마에 통합	놀이
조절	정보를 이해하기 위해서 본질적으로 새로운 스키마를 만들기	모방
평형화	평형을 회복하기 위해 동화와 조절을 수행	동기
지능	개인이 가지고 있는 모든 스키마의 총체	적응력, 무엇을 할지 아는 것
조작	사물이나 사건을 대처하기 위한 행동의 협응	덧셈, 분류

활동은 신체적이거나 정신적일 수 있으며 사물이나 사람과 관련될 수도 있다. 유아기에 풍부한 경험을 하는 아동은 경험 기반이 제한적이거나 부족한 아동보다 각 단계의 특징적인 구조가 더 잘 발달하고 네 가지 발달단계들이 더 잘 진행되는 경향이 있다. 헤드 스타트(Head Start)와 같은 초기 학교 프로그램이나 "세사미 스트리트(Sesame Street)"와 같은 참여하고 모방하도록 하는 TV 프로그램은 특히, 일상생활 속에서 활동 경험의 기회가 부족한 아동에게 활동 경험을 높여줄 수 있다.

세 번째 요인은 사회적 상호작용(social interaction) 혹은 사람들 간의 아이디어 교환이다. 이것은 특히 물리적인 지시대상이 없는 즉, 자유나 공정성과 같은 볼 수도 없고 들을 수도 없는 개념의 발달에 중요하다. 사회적으로 정의된 개념의 발달을 위해서는 사회적 상호작용이 매우 중요하다(이런 발달 측면은 다음 장에서 다루어질 것이다).

> 사회적 상호작용
> 사람들 간의 아이디어 교환

네 번째 요인인 평형화는 앞에서 이미 소개했으며, Piaget(1977)에 의하면 평형화는 다른 세 가지 요인들 간의 협응을 설명한다. 이것 이외에도 평형화는 아동이 새로운 정보를 동화나 조절을 통해 처리하고 항상 환경과의 균형을 향해 나아가도록 해주는 자기조절 장치 역할을 한다.

종합하면, 이 네 가지 요인들은 지속적인 발달 과정뿐만 아니라, 한 발달 단계에서 다음 발달 단계로 나아가는 극적인 변화에도 영향을 미친다.

Ⅲ Piaget의 인지 발달 단계

네 가지 발달 단계를 연령이나 발달 특징에 따라서 엄격하게 구분할 수는 없다. 그것은 앞에서 설명한 4가지 발달 요인들에 의해 발생하는 경향성을 나타낸다. 각 발달 단계에 대하여 기술하고, 그 다음에 교실 적용에 대해 살펴보고 표 2-2로 정리한다. 발달 단계와 교실 적용은 학생들의 행동을 인식하고 이해하며 학생들의 행동에 대해 반응하기 위한 중요한 도움을 줄 수 있기 때문에 상세하게 설명할 것이다.

1. 감각운동기(영아기-걸음마기)

이 발달 단계는 출생에서 언어를 획득하는 시기까지다. 감각운동기의 초기에 신생아는 자신과 주변 사물을 구분하지 못하고 이 단계의 후반에 어린 아동은 자신을 훨씬 더 큰 세상의 한 부분으로 인식한다(Piaget, 1967). 감각운동기의 주요 주제는 대상(자신 이외의 물체들)의 개념과 인과 관계의 점진적인 발달이다. Piaget는 이 단계를 6시기로 나누며 각 시기는 감각(시각, 청각, 촉각)과 실제 움직임이나 신체운동 간의 연결에 관한 더 복잡한 행동이 나타나는 특징을 가지고 있다.

이 단계의 주요 동화 활동은 Piaget(1952)가 말하는 순환반응(circular reaction)으로 아동은 재미있는 사건을 반복하려고 하거나 재미있게 보이는 것을 유지시키려고 한다. 이 사건들의 반

> 순환반응
> 영아는 재미있는 사건을 반복하려고 하거나 재미있어 보이는 것을 유지시키려고 한다

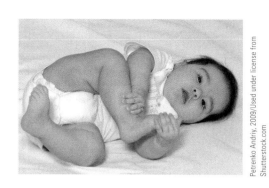

Petrenko Andriy, 2009/Used under license from
Shutterstock.com

사진 속의 영아는 1차 순환반응을 어떻게 나타내고
있는가?

● 1차 순환반응
영아 자신의 신체에 초점을 맞추
고 어떤 대상을 조작한다

● 2차 순환반응 혹은 재생적
동화
재미있어 보이는 것을 계속하기

● 3차 순환반응
목적을 달성하기 위해 적극적으
로 실험하는 방법으로 나타난다

● 대상영속성
보이지 않고 들리지 않아도 물체
가 존재한다는 것을 아는 것

● 인과성
원인과 결과의 관계

복은 특수한 대상의 존재를 지각하고 인과 관계를 이해하는 것과 같이, 영아가 경험을 동화하고 새로운 적응을 할 수 있도록 해준다. 4개월이 될 때까지 1차 순환반응(primary circular reaction)이 나타나며, 영아는 자신의 신체에 집중하고 어떤 대상을 조작한다.

약 4개월에서 8개월에는 2차 순환반응(secondary circular reaction)이 나타나며 Piaget가 재생적 동화(reproductive assimilation)라고 하는 재미있어 보이는 것을 유지시키려는 행동이 분명하게 나타난다. 예를 들어 영아가 요람 밖으로 장난감을 던지고 나서 누군가 그것을 집어주기를 기다리고, 장난감을 돌려받으면 바로 다시 집어 던진다. 이런 절차가 지루해질 때까지 계속 반복된다.

스키마의 협응과 행동의 의도성이 나타나는 시기(8-12개월) 이후에 3차 순환반응(tertiary circular reaction)이 나타나면(12-18개월), 목적을 달성하기 위하여 적극적으로 실험하는 새로운 방법을 만들어낸다. 이때 아동은 비슷한 행동이 같은 효과를 나타내는지 알아보기 위해 의도적으로 조금 다르게 해서 반복적인 행동을 한다. 예를 들어, 고무로 만든 물체를 떨어뜨리고 나서 그것이 튀어 오르는 것을 기다린다. 아동은 물체뿐만 아니라 사람도 자신의 행동과는 완전히 독립적으로 결과를 초래할 수 있다는 것을 발견한다.

감각운동기가 끝날 때쯤(18-24개월), 아동은 말을 배우기 시작하고 사물과 사건에 대한 생각만으로 그것을 정신적으로 표상할 수 있다. 이제부터는 실제 물리적인 실험 없이 사고를 통한 행동의 표상으로 새로운 학습이 가능하다.

감각운동기의 중요한 특징은 물체가 보이지 않고 들리지 않아도 존재할 수 있다는 것을 아는 대상영속성(object permanence)을 가능하게 하는 스키마의 출현이다. 여태까지 아동은 마음 속에 있는 물체를 표상할 수 없었기 때문에 보이지 않고 들리지 않으면 물체는 존재하지 않았다. 이제는 아이디어를 저장할 수 있는 능력이 나타나면서 대상영속성은 현실이 된다. 인과성(causality)도 마찬가지다.

이제 2세가 된 아동은 새로 태어난 영아와 많이 다르다. 유아가 여섯 가지 감각운동기를 거치면서 삶이 요구하는 것을 더 잘 대처할 수 있게 해주는 새롭고 더 세련된 능력들을 가지게 된다. 동화와 조절을 통해 새로운 스키마가 발달하고 사용되는 것은 Piaget가 지능의 발달로 본 적응 과정을 반영한다.

2. 전조작기(유아기-유치원)

아이디어를 단어나 수와 같은 상징과 부호의 형식으로 표상하는 능력은 이 단계에 나타나며 전 단계에서의 감각과 신체의 협응 능력과 구분된다. Piaget는 전조작적 사고의 4가지 핵심적인 특징을 기술한다(Piaget, 1951, 1952; Piaget & Inhelder, 1969).

(1) 자기중심성

자기중심성(egocentrism)은 자신과 자신의 특별한 관점에 사로잡히는 것이다. 자기중심적인 전조작기 아동은 다른 사람의 관점을 받아들일 수 없고 모든 사람이 자신과 같이 보고 생각한다고 믿는다. 전조작기 아동은 반대되는 증거가 제시될 때에조차 자신의 생각을 의심하지 않으며 자신의 아이디어와 관점이 옳다고 믿는다. 따라서 추리는 어렵거나 불가능하다. 전조작기 아동이 혼잣말을 하고 다른 사람의 말에 귀를 기울이지 않는 것은 일반적이다.

자기중심성은 발달을 제한하는 한 요소이며 그 형태는 다를지라도 모든 단계에서 나타난다. 감각운동기 아동이 초기에 자신과 다른 대상을 구분하지 못하는 점에서 자기중심적이듯이, 전조작기 아동은 처음에 자신의 생각과 다른 사람들의 생각을 구분하지 못하는 점에서 자기중심적이다. 이러한 경향은 이 단계가 진행되면서 약화된다.

> **자기중심성**
> 자신과 자신의 특별한 관점에 몰입

(2) 중심화

중심화(centration)는 전조작기 아동에게 시각적 자극을 제시할 때 한동안 모든 주의를 그 자극의 오직 한 측면이나 한 차원에만 집중하는 경향이 있을 때 나타난다. 아동이 집중하는 것은 보이는 모습이기 때문에 어떠한 사고 과제도 보이는 모습에 의한 지배를 받는다. 다음의 두 가지 배열된 모습을 보자.

> **중심화**
> 전조작기 아동이 한동안 시각적 자극의 한 가지 측면이나 차원에만 모든 주의력을 집중시키는 경향성

배열 1   배열 2

어느 쪽의 사과가 더 많은가 물어보면 전조작기 아동은 배열 2의 사과가 더 적다는 것을 안다고 해도 일반적으로 배열 2를 선택한다. 아동은 배열의 길이에만 집중하기 때문에 더 길어보이는 배열 2가 더 많다고 생각한다.

(3) 비변형적 추론

전조작기 아동은 사물이 원래 상태에서 마지막 상태로 변하는 것에 초점을 맞추지 않는다. 두 상태 사이에 일어나는 변화가 아니라, 배열의 요소 혹은 연속적인 각 상태에 초점을 맞추는 비변형적 추론(nontransformational reasoning)를 한다. 예를 들어, 4세 아동에게 한 유리컵에 담긴 물을 불투명한 다른 컵에 따라 부으면 대부분의 아동들은 불투명한 컵에 담긴 물의 양이 원래 컵에 담긴 물의 양과 같다고 정확하게 안다. 하지만 첫 번째 유리컵의 물을 아동이 볼 수 있는 높이가 더 낮고 폭이 더 넓은 유리컵에 부으면, 높이가 낮은 유리컵의 물이 원래 유리컵의 물보다 적다고 모든 아동들이 말한다(Bruner, 1964). 전조작기 아동은 원래 상태와 최종 상태에만 집중하고 그 사이의 변형은 무시한다. 비변형적 추론때문에 논리적 사고가 불가능하게 된다.

> **비변형적 추론**
> 전조작기 아동이 상태들 간에 일어나는 변화에 초점을 맞추지 못하고 배열의 요소나 연속적인 각 상태에 초점을 맞추는 것

(4) 비가역성

Piaget(1954)에 의하면 역으로 생각하거나 원래 시점으로 되돌아가는 추론을 하지 못하는 비가역성(irreversibility)은 이 단계의 가장 중요한 특징이다. 어떤 것의 모습은 변했지만 그 양은 변하지 않았다는 것을 알기 위해서는 머릿속으로 변화의 조작을 뒤집을 수 있고 그 대상을 그것의 원래 모습대로 정신적으로 복원할 수 있어야만 한다. 만일 어떤 사람이 당신 차를 부딪쳐서 차 표면이 움푹 들어갔다고 해도, 당신은 그 차가 당신 차라고 말할 수 있고 움푹 들어가지 않은 차의 모습을 시각화할 수 있다. 이것은 조작적 사고가 사건을 반전시킬 수 있고 거꾸로 생각할 수 있게 해주기 때문이다. 하지만 전조작적 사고는 그렇게 생각하는 것이 불가능하다. 전조작기 아동의 사고는 비가역적이다. 일단 어떤 것이 변하면 그것은 원래 것과는 다른 "새로운" 것이다.

예를 들어, 만일 전조작기 아동에게 8개의 동전을 각각 똑같이 2줄로 배열해주면 그 두 줄의 동전 수가 같다고 말한다. 만일 아동이 보고 있는 중에 한 줄의 동전을 늘려서 배열하면, 그 아동은 더 길어진 줄의 동전이 더 많다고 한다(Wadsworth, 2004). 전조작기 아동은 그 늘어난 줄에 있는 동전들은 더 길게 배열했을 뿐 동전의 수는 마찬가지라는 것을 "볼 수"있도록 그 길이를 전환하거나 원래대로 머릿속으로 생각할 수가 없다. 이 단계의 아동은 행동을 전환할 수가 없으며 그래서 감각이나 외형에만 의존하여 판단하게 된다.

Piaget의 자기중심성, 중심화, 비변형적 추론, 비가역성의 네 가지 개념은 밀접한 관련성을 가지고 있다. 아동이 자신에게만 초점을 맞추고, 한 차원에서만 판단하고, 변형이나 변화를 일으키는 행동을 무시하게 되면 사고를 전환하거나 어떤 것을 예전 모습으로 시각화하는 것이 불가능해진다. 물리적 현실이 일반적으로 한 방향으로만–앞으로–나아가기 때문에 전조작기 아동은 사고를 전환하기 위한 물리적 모델이 부족하다. 성장과 경험이 함께 이런 자기중심적이고, 중심화되고, 비변형적인 패턴을 극복하도록 도움을 줄 때 비로소 가역적 사고가 발달하게 된다.

(5) 보존성: 3가지 유형

보존성(conservation)이란 어떤 것의 모양이나 배열이 변해도 즉 양이나 수와 무관한 그 어떤 차원의 변화가 있다 해도 그것의 양이나 수는 그대로라는 것을 알게 해주는 스키마의 발달이다(Wadsworth, 2004). 보존성은 전조작기에서 구체적 조작기의 사고로 전환을 나타낸다. 한 줄에는 동전들이 촘촘하게 배열되어 있고 다른 한 줄에는 동전들이 띄엄띄엄 배열되어 있어도 두 줄의 동전 수는 같다는 것을 알 수 있을 때 아동은 보존성의 개념을 가질 수 있다(아래 그림에서와 같이). 이것을 수의 보존성(conservation of number)이라고 부른다.

두 가지 물체의 배열된 모습이 달라도(다음 그림에서와 같이) 두 모양의 넓이는 같다는 것을 알 때도 보존성의 개념이 있다고 할 수 있다. 이것을 넓이의 보존성(conservation of area)이라고 부른다.

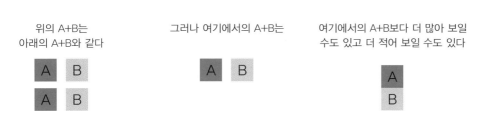

위의 A+B는
아래의 A+B와 같다

그러나 여기에서의 A+B는

여기에서의 A+B보다 더 많아 보일
수도 있고 더 적어 보일 수도 있다

마지막으로 아동이 두 가지 다른 모양의 유리잔에 들어있는 물의 높이가 달라도(아래 그림과 같이) 실제로는 같다는 것을 알 때 보존성의 개념을 가지고 있다고 말할 수 있다. 이것을 부피의 보존성(conservation of volume)이라고 부른다.

이 두 개는 같아 보인다.

높이가 높은 유리잔의 물이 폭이 넓은 유리잔의
물보다 더 많은 것으로 보인다.

전조작기에서 구체적 조작기로 발달하는 과도기에 보존성의 개념이 획득된다. 아동의 사고가 강한 자기중심성, 중심화, 비변형적 추론, 비가역성의 특징을 가지고 있는 동안에는 보존성의 개념이 생기기 어렵다. 이런 유형의 사고들은 논리적이고 사물의 모습과는 독립적인 보존성과 같은 정신적인 조작과는 상반되기 때문이다. 그러므로 보존할 수 있는 능력은 전조작기 후반까지 나타나지 않으며 아동이 구체적 조작기에 들어설 때까지 발달할 수 없다.

따라서 보존성은 서서히 나타난다. 수의 보존성은 약 5세에서 6세에 나타나고, 부피의 보존성이 확고하게 나타나는 것은 약 11세 혹은 12세다. 전조작기에는 넓이와 액체 부피의 보존성이 나타난다(7세에서 8세). 그렇기 때문에 보존성은 두 발달 단계에 걸쳐서 발달한다고 볼 수 있다.

또한 Piaget는 보존 능력은 직접적으로 가르칠 수 없고 그 아동의 발달 수준이 준비가 되어있을 때까지 획득될 수 없다고 주장한다. 그는 보존성의 발달은 보존성이 자발적으로 발달하게 해 주는 성장과 직접 경험에 의존한다. 하지만 어떤 연구자들은 보존성 기술을 숙달하도록 가르치면 어느 정도 가속화될 수 있다는 것을 보여준다(Pasnak, Brown, Kurkjian, Triana, & Yamamoto, 1987; Halford & Andrews, 2006).

넓이의 보존성
두 가지 모양이 다르게 배열되어도 그 영역은 같다는 것을 아는 것

부피의 보존성
다른 모양의 두 유리잔에 들어있는 물의 양이 비록 물의 높이가 다르게 보이지만 실제로 물의 양은 같다는 것을 아는 것

3. 구체적 조작기(초등학교–중학교)

이 단계는 논리적 조작 능력이 발달되는 단계로써 정신적 활동이나 전환 가능한 내재화된 사고의 특징이 있으며 따라서 아동이 논리적 결론에 도달하게끔 해주는 사고다.

Piaget(1970)에 의하면 논리적 조작은 네 가지 특징을 가지고 있다. (1) 논리적 조작은 머릿속에서 수행될 수 있는 활동이다. (2) 논리적 조작은 반전이 가능하다. (3) 논리적 조작은 어떤 불변함 혹은 보존성을 가정한다. (4) 논리적 조작은 시스템의 일부다.

이전 단계까지 아동의 사고는 볼 수 있거나 지각적인 세상에 뿌리를 두고 있었다. 지각과 논리 사이에 갈등이 생기면 어떤 경우에도 지각이 유리한 방향으로 해결되었다. 이 단계에서 논리적 사고가 가능해지고 아동은 그의 머리에서 구체적인 문제를 해결할 수 있게 된다. 구체적 조작기의 사고는 전조작기 사고보다 덜 자기중심적이고 덜 중심화된다. 그밖에 변형되고 반전가능한 사고를 할 수 있기 때문에 아동은 모든 다양한 보존성 문제를 해결할 수 있게 된다.

분명히 구체적 조작기 사고는 전조작기 사고보다 더 발전되고 논리적이다. 하지만 여전히 제한점을 가지고 있다. 그것의 논리는 실제로 눈앞에 있는 관찰가능한 사물에만 적용가능하다(Piaget, 1972; Inhelder & Piaget, 1958). 그 논리는 여러 가지 변인들과 관련되고 추상적인 원리를 적용하는 것과 같은 가설적이거나 추상적인 문제 해결을 위해서는 구체적인 문제만큼 성공적으로 적용할 수 없다.

(1) 전도와 보상

전도
순서나 절차가 있는 문제에 가역성을 적용하기

구체적 조작기 아동이 사용하는 가역성의 한 가지 형식을 Piaget(1967)는 전도(inversion)라고 했다. 전도는 가역성을 순서나 절차가 있는 문제에 적용하는 것이다. Wadsworth(2004)는 첫 번째 검은색, 두 번째 흰색, 세 번째 줄무늬가 그려진 세 가지 색깔의 탁구공을 튜브에 넣는 연구를 했다. 전조작기와 구체적 조작기 아동들은 모두 공들이 그 튜브 안에 있고 넣은 순서대로 튜브를 빠져나온다고 생각했다. 즉 첫 번째 검은색, 두 번째 흰색, 세 번째 줄무늬 공. 그런 후에 튜브를 위에서 아래로 뒤집었다. 전조작기 아동은 여전히 그 공들이 들어간 순서대로 튜브 안에 있다고 생각했고, 구체적 조작기 아동은 뒤집었기 때문에 공이 반대 순으로 즉 줄무늬, 흰색, 검은색 순으로 나온다고 생각했다.

보상
어떤 차원의 손실을 다른 차원의 논리를 사용하여 보충하기

또한 구체적 조작기의 사고는 가역성의 두 번째 유형인 보상(compensation)이라고 하는 특징이 있다. 그것은 어떤 차원의 손실에 대해 똑같이 보충하기 위해 다른 차원의 논리를 반영하는 것을 말한다. 액체를 높이가 낮고 폭이 넓은 병에서 높이가 높고 폭이 좁은 병에 부을 때, 구체적 조작기의 아동은 병의 물높이가 높아진 것은 병의 폭이 그만큼 좁기 때문이며 따라서 물의 양은 같다는 것을 안다. 높이와 폭 간에 부피에 영향을 미치는 관계가 있다. 높이가 올라갈 때 폭이 넓어지는 것으로 보상한다면 부피는 그대로 유지될 수 있다.

(2) 계열화

계열화
크기, 무게, 부피와 같은 어떤 차원에 따라서 요인들을 오름순 혹은 내림순으로 정신적으로 배열하는 능력

계열화(seriation)는 요인들을 크기, 무게, 부피와 같은 어떤 차원에 따라 오름순이나 내림순으로 정신적으로 배열하는 능력이다. 연구자들은 일반적으로 아동에게 막대들을 주고서 길이

순으로 배열하라고 해서 검사한다. 전조작기 아동은 물리적으로 중심화하는 경향이 있기 때문에 아래에서 보여주는 것과 같이 막대의 아래 부분은 거의 무시하고 윗부분에 따라서 막대를 정렬하는 경향이 있다.

전조작기의
계열화

구체적 조작기의 아동은 그림에서 보듯이 아래 부분을 일정하게 유지하고서 정확하게 막대의 크기 순으로 정렬한다.

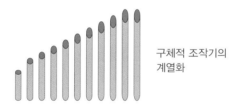

구체적 조작기의
계열화

계열화를 정확하게 수행하기 위해서 아동은 이행성(transitivity)의 원리를 이해해야만 한다. 그림 2-1에서 보여주듯이, 이행성은 만일 B가 A보다 크고 C가 B보다 크면, C가 A보다 크다는 것을 아는 것이다. 이행성을 사용하여 아동은 그림의 예에서 정확하게 작은 것에서 큰 것의 크

그림 2-1　계열화 문제를 해결하는 데 있어서 이행성의 원리를 보여주고 있다(구체적 조작기)

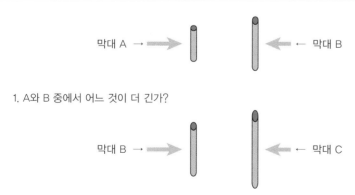

막대 A →   ← 막대 B

1. A와 B 중에서 어느 것이 더 긴가?

막대 B →   ← 막대 C

(막대 A는 숨긴다.)
2. B와 C 중에서 어느 것이 더 긴가?
3. A와 C 중에서 어느 것이 더 긴가?
(아동이 문제 3에 대한 답을 하기 위해서는 이행성이 필요하다. 전조작기
아동은 정확하게 답을 하지 못한다.)

기순서가 A, B, C라는 것을 안다.

(3) 분류

분류(classification)는 기하학적 형태와 같은 비슷한 대상들을 함께 묶는 능력이다(Piaget, 1972; Piaget & Inhelder, 1969). 이 과제를 성취하기 위해, 아동은 같은 종류나 중첩되는 대상들을 통합할 수 있고 한 가지 유목이 가능한 하위 유목들을 포함하는 유목 포함(class inclusion)의 원리를 이해해야만 한다. 예를 들어, 모든 종류의 생선이라고 하는 것과 같이 어떤 점에서 비슷한 것들을 통칭하여 한 개념을 사용하는 것이 분류의 한 예다. Gagné(12장)는 구체적 개념과 정의적 개념 모두를 지적 기술에 포함시켰다.

Piaget(1952)에 의한 한 실험을 살펴보자. 아동에게 갈색 나무 구슬 20개와 흰색 나무 구슬 2개를 주고, 나무 구슬과 갈색 구슬 중 어느 것이 많은가 물어보면, 구체적 조작기 아동은 "나무 구슬"이 갈색 구슬과 흰색 구슬을 포함한다고 생각한다. 나무 구슬 22개(갈색 20개 더하기 흰색 2개)와 갈색 구슬 20개를 비교한다. 상위 유목이 가지고 있는 개수는 각 하위 유목이 가지고 있는 개수를 모두 포함한다. 이것이 유목 포함이다. 이 능력이 없으면 전조작기 아동은 갈색 구슬과 전체 구슬을 비교하지 않고 갈색 구슬과 흰색 구슬을 비교하기 때문에 갈색 구슬이 나무 구슬보다 많다고 믿는다.

구체적 조작기에는 그림 2-2가 보여주듯이 또한 시간과 거리와 같은 차원을 통합할 수 있는 능력이 발달한다.

그림 2-2 거리 = 속도 × 시간이라는 원리를 보여준다(구체적 조작기)

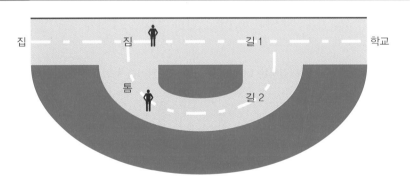

톰과 짐은 형제다. 그들은 같은 시각에 집을 떠나서 짐은 길 1을 택하고 톰은 길 2를 택하는데도 불구하고 같은 시각에 학교에 도착한다. 그들은 같은 속도로 학교까지 가는가? 그렇지 않다면 누구의 속도가 더 빠른가? (전조작기 아동은 정확하게 답을 하지 못한다.)

4. 형식적 조작기(고등학교-대학교)

이 단계에서 학생은 추상적 스키마를 사용하여 논리적으로 추리할 수 있으며 이 추리력을 사용하여 과학적 문제를 해결할 수 있다(Moshman, 1998). 하지만 모든 학생들이 이 논리적인 추리 단계에 도달하는 것은 아니다. 미국 학생들의 약 반만 이 형식적 조작 수준을 획득하고 그 나머지는 그 이전의 구체적 조작기에 머문다(Schwebel, 1975).

구체적 사고는 현재 만질 수 있는 문제의 해결에 국한되는 반면에, 형식적 사고는 경험하지 않은 복잡하고 가설적인 문제해결을 가능하게 해준다. 형식적 조작을 사용하면 일반적이거나 추상적인 원리에 근거한 미래에 일어날 수 있는 가설을 설정할 수 있으며 과학적인 방법으로 그 가설을 검증할 수도 있다.

Inhelder와 Piaget(1958)에 의하면, 형식적 조작기의 스키마가 학생들이 다음과 같은 것들을 할 수 있도록 해준다. (1) 일반적인 전제로부터 구체적인 추론이나 결론을 이끌어 내는 가설적-연역적 추리, (2) 구체적인 사실들로부터 일반적인 결론을 이끌어 내는 과학적-귀납적 추리, (3) 동시에 여러 변인들에 대해 추리하는 조합적 추리. 이 과정들은 구체적 조작기의 스키마로는 수행될 수 없다.

H. Mark Weidman Photography/Alamy

형식적 조작기의 사고는 추상적으로 사고할 수 있는 능력과 연역적으로 사고할 수 있는 능력이 함께 나타나면서 발달한다.

이 단계의 형식적 조작을 보여주기 위해 Piaget와 그의 동료들에 의해 수행된 특수한 실험들이 아래에 묘사되어 있다(Inhelder & Piaget, 1958). 이 실험들은 초등학교 학생들과 중등학교 학생들이 구체적 조작과 형식적 조작을 발견하고 개발하는 것을 돕기 위해 교사들이 수업시간에 사용해볼 수 있다(이 발견 학습 접근은 12장에서도 논의된다).

(1) 상보적 관계

상보의 원리는 구체적 조작기에서 이미 설명했다. 보존성의 문제에서 구체적 조작기의 아동은 한 차원이 증가해도 다른 차원이 그만큼 감소된다면 상보의 원리에 따라 그 양은 변함이 없다는 것을 안다. 형식적 조작기에는 보존성의 원리가 더 복잡한 관계로 확대되어 한 차원이 그것과 동등하면서 그것과 반대되는 다른 차원과 상호적일 수 있다.

구체적 조작기 아동은 자신의 행동과 행동의 결과 간의 구체적인 대응(concrete correspondence)을 발견한다. 예를 들어, 구체적 조작기의 아동은 당구를 칠 때 큐대를 한 쪽 방향으로 더 움직이면 공은 그 각도로 더 많이 간다는 것을 생각할 수 있다. 공을 치는 각도와 튕겨 나오는 각도가 같다는 것을 알려면 형식적 조작이 가능해야 한다. 형식적 조작기의 학생들은 공이 튕겨 나오는 각도 간의 상호적인 관계를 알 수 있다.

> 🌀 **구체적인 대응**
> 행동과 그 행동의 결과 간의 상관관계

(2) 변인들의 분리

여러 변인들이 동시에 가지고 있는 독립적인 효과를 분리할 수 있는 능력이 형식적 조작기에 나타난다. 예를 들면 수영 종목 중 다이빙에 사용되는 보드가 여러 가지 종류로 만들어졌다고 하자. 즉 나무 재질과 강철 재질, 얇은 판과 두꺼운 판, 길이가 긴 것과 짧은 것이 있다고 할 경우, 또한 선수가 도움닫기하는 위치가 보드 끝 부분인 경우와 중간 부분인 경우로 나누었을 때 어느 조건일 때 구름판이 가장 많이 휘는지를 찾아낼 수 있다.

이 경우 전조작기 아동은 보드의 조건을 임의적으로 조합하고, 구체적 조작기 아동은 여러 가지 조합을 해보지만 한 번에 둘 이상의 차원을 변화시키기 때문에 한 차원이 다른 차원을 상쇄시킨다는 것을 알지 못한다. 판이 길고 얇으면 한 차원이 영향을 미치는지 두 차원 모두 영향을 미치는지 모른다. 만일 판이 길고 얇지만 탄력성에 변화가 없다면 실제 두 조건이 모두 영향을 줌에도 불구하고 두 조건이 상보적으로 변화를 일으킨다는 것을 모르기 때문에 두 가지 모두 영향을 미치지 않는다고 생각할 수 있다.

(3) 배제

학생들에게 줄에 추를 달아 진자 놀이를 한다고 하자. 진자의 흔들리는 횟수는 여러 조건에 따라 다르다. 즉 (1) 줄의 길이, (2) 추의 무게, (3) 추를 떨어뜨리는 지점의 높이 (4) 추를 앞으로 미는 힘 등에 따라 다르다. 이 때 흔들리는 횟수에 영향을 주는 조건을 확인할 때 여러 가지 조건을 조합할 수 있다.

이 때 한 번에 하나만 변화시키는 것이 중요하다. 만일 길이를 길게 하고 무게를 줄인다면, 길이와 무게가 서로 보상을 시켜서 결과적으로는 변화가 없기 때문에 그 관계가 결코 발견되지 않을 수 있다. 즉 무게, 끌어당기는 거리, 미는 힘을 일정하게 하고서 길이를 변화시켜야 한다. 그 다음에는 길이, 끌어당기는 거리, 미는 힘을 일정하게 하고 무게를 변화시켜야 한다. 이렇게 각 변인의 영향은 다른 변인들을 통제한 상태에서 확인하여야 한다.

전조작기 아동은 자신의 행동과 무관하게 움직이는 진자의 운동과 그가 미는 힘을 분리할 수가 없다. 예를 들면 "진자를 높이 끌어 당겨서 놓으면 빨리 간다."라고 말한다. 구체적 조작기 아동은 동시에 몇 가지 변인들을 변화시키기 때문에 영향을 미치는 변인과 영향을 미치지 않는 변인의 효과를 분리할 수가 없다. 예를 들면 "높이와 무게에 변화를 주기 위해서 줄을 더 낮게 혹은 높게 해서 추를 밀어야 한다."고 말한다.

다른 변인들을 모두 통제하면서 한 번에 오직 한 변인만 변화를 주어야 한다는 것을 깨닫게

표 2-2	Piaget의 네 가지 인지 발달 단계	
단계	대략 연령	특징
감각운동기	0-2	행동은 주로 손을 뻗어 움켜잡는 것과 같은 행동 스키마와 관련된 운동이다. 순환반응은 반복을 통한 학습을 말한다. 전언어 그리고 전사고. 말기에 대상 영속성을 획득한다.
전조작기	2-7	언어와 전논리적 사고의 발달. 자신의 관점을 변화시키는 능력이 없고 자신과 자신의 관점에만 초점을 둔다. 역으로 조작할 수 없다.
구체적 조작기	7-11	사건과 설명 간의 구체적 대응에 기초한 논리를 적용하는 능력의 발달. 보존 능력이 발달된다.
형식적 조작기	11-15	논리적 추리가 가능하게 되면서 사고 구조가 가장 높은 발달 수준에 도달한다. 변인들을 조합해서 사건들에 대한 설명을 생각해낼 수 있다.

되는 것은 형식적 조작기에서만 가능하다. 그렇게 해서 형식적 조작기 학생들은 다른 변인들이 아닌 바로 줄의 길이만이 진동의 빈도에 영향을 미친다고 하는 배제의 원리를 발견한다. 예를 들면, 형식적 조작기 학생들은 "길이 짧으면 더 빨리 흔들린다."와 같은 설명을 할 수 있다. 제4의 변인인 줄의 길이만이 결과에 영향을 미치기 때문에 변인들 중에서 세 가지 변인들 혹은 성분들은 설명에서 제외되어야 한다. 그리고 이 발견은 성분들이 하나씩 검증되어야만 가능하다.

　Piaget의 네 가지 발달 단계는 유아, 초등학교, 중학교, 고등학교(대학교까지도) 학생들을 가르치는 교사들이 사용할 수 있는 모델을 제공한다. Piaget의 아이디어와 실험들은 학생들이 어떻게 학습하고 성장하는가를 이해하는 데에 큰 도움이 될 수 있다.

　Piaget의 네 가지 발달 단계는 표 2-2와 같다.

Ⅳ　Piaget 이론의 교육적 적용

　Piaget 이론에서 교육에 적용할 수 있는 몇 가지 실천에 도움이 되는 시사점을 제시하라고 한다면 당신은 어떻게 답하겠는가? 여기에서 알아보기로 하자.

1. 탐색 학습

　Piaget(1973)에 의하면, 지적 발달은 실수를 허용하고 여유 시간을 부여할 수 있는 구성적인 활동에 의존한다. 문제 해결 기술은 가르칠 수 있는 것이 아니라 발견해야만 하는 것이기 때문

Piaget 접근을 사용하는 교실은 개인적으로 혹은 소집단으로 특수한 프로젝트를 수행하기 위해 다양한 학습 자료를 활용하고 활동할 수 있는 학습 센터들로 나누어져 있다.

에 동화와 조절은 수동적이지 않은 능동적인 학습자를 필요로 한다(Piaget, 1958). 손으로 직접 할 수 있는 활동은 학생들이 문제 해결 기술을 개발할 수 있는 가능성을 높여주기 때문에 학생들에게 그들의 발달 수준에 적절한 조작을 가르치기 위해서는 손으로 직접 하는 수업 활동이 중요하다(Kamii & DeVries, 1978; Wadsworth, 2004).

탐색은 또한 실험을 의미한다. 무엇을 만들고, 사용하고, 시도해보고, 작동시키고, "가지고 놀고", 어떻게 그리고 왜 작용하는가에 대한 문제에 답을 찾는 것이 발달에 대한 Piaget의 핵심적인 접근이다. 그의 접근과 반대되는 접근은 간단하게 학생들에게 "요리책"같이 말로써 지식을 전달하는 것이다.

Piaget 연구에 기초한 수업 계획은 전달할 내용에 대한 간단한 요약이 아니다. 그것은 아동들이 참여할 활동, 아동들이 관찰하도록 하기 위한 시범, 학생들이 답을 하기 위한 문제들을 포함한다. 학생의 역할은 능동적이고 자기주도적이며, 12장에서 논의되는 직접 교수법이나 다른 모델들이 아니라 발견 학습 모델과 매우 흡사하다. Piaget 접근은 능동적인 학습과 지식의 구성을 강조하기 때문에, Piaget 접근은 구성주의의 가장 적절한 한 예가 될 수 있다(Wadsworth, 2004). 구성주의에 대해서는 8장에서 좀 더 자세히 살펴볼 것이다.

2. 학습자 중심 학습

이 교수 접근에서는 교육과정이나 어떤 국가 수준의 검사 프로그램보다도 학습자의 교실 수업에 중점을 둔다. 숙달해야 하는 엄격하게 계획되어 있는 기술들보다는 개인 학습자가 어떤 발달 단계에 있는가를 반영할 수 있도록 수업이 준비되어야 한다. 학습자 중심 지향은 평가에도 반영되며, 개인적인 평가가 되고 대규모의 판에 박힌 검사 프로그램이 아니라 기본적으로 관찰 방법이 사용되어야 한다. 많은 학습이 전체적인 수업보다는 개인적으로 혹은 소집단 속에서 교사가 개인의 질문에 답해주고 가이드 역할을 하는 다양한 학습 활동이나 과제를 수행하는 과정에서 일어난다.

학습자 중심의 교육과정에서는 학생들이 스스로 학습 자료를 선택하도록 하고, 물리적인 교실 구조는 학생의 활동과 주도성을 향상시킬 수 있도록 설계될 것이다. 학습자 중심 교실은 학생들이 특수한 학습 자료들을 가지고 직접적으로 상호작용을 할 수 있는 학습 센터들로 나누어질 것이다. 학생들은 센터들을 돌아다니면서 여러 아이디어에 노출되고 여러 아이디어를 학습할 것이다.

Kevin Summers/Photographer's Choice/Getty Images

학습 센터는 귀로 듣는 단어들을 눈으로 보는 단어들과 연결시키는 것을 배우면서 학생들이 좋아하는 이야기에 귀를 기울일 수 있는 장소다.

3. 주제의 사용

Piaget 이론을 교육과정에 적용하기 위해서는 개별 과목에 대한 지식보다는 통합적이고 간학문적인 주제를 강조한다. 확률, 나무, 생태계, 가족, 자동차와 같은 주제는 과학, 수학, 사회, 언어 과목을 통합적으로 배우고 사용하기 위한 도구가 될 수 있다. 주제 접근에서 가장 중요하게 생각하는 것은 정보 그 자체가 아니라 정보를 획득하는 과정이다. 다시 말해서, 중요한 기술

그림 2-3　"가족"이라는 주제에 대한 수업 흐름도

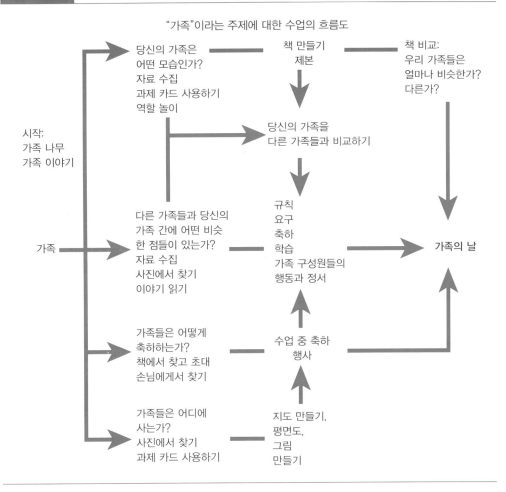

은 "어떻게 하는가"하는 것이다. 그림 2-3이 가족이라는 주제를 가지고 수업하는 흐름도를 보여주고 있다.

4. 스키마 발달에 집중

적절한 발달 시기에 특히 수학과 과학 수업은 아동의 문제해결에 도움이 되는 스키마를 발달시키고 그것을 사용하게 한다(8장 참조). 예를 들어 초등학교 저학년에서는 보존성 문제를 정확하게 해결하는 것을 가르칠 수 있고(Gelman & Gallistel, 1978), 비율 추리와 관련한 문제도 가르칠 수 있다(Fujimora, 2001). 초등학교 고학년과 중학교 초기에는 계열화, 분류, 전도, 보상, 구체적인 대응 사용과 관련한 과제에 개념적인 초점을 맞출 것이다. 중학교 3학년부터 고등학교까지는 사실과 공식에 대한 기계적인 암기보다는 논리적 추리와 비판적 사고를 가르치는 것에 중점을 둘 것이다. 이 모든 경우에 학생들이 그들 주변 세상에 있는 현상들을 이해하고 설명할 수 있도록 해주는 스키마를 개발할 수 있도록 도와주는 것에 중점을 두고 가르쳐야 한다.

그림 2-4   측정과 비교를 통한 구체적인 대응 가르치기 예

셀 수 없어 보이는 것들의
리스트를 만들어서 . . .
그것들 중에 하나를 세어보시오.

         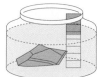

돌의 부피(a)는 3 "스핑크"   돌의 부피(b)는 $4\frac{1}{2}$ "스핑크"

돌(b)이 더 크다 → $4\frac{1}{2}$ 대 3

$4\frac{1}{2} - 3 = 1\frac{1}{2}$

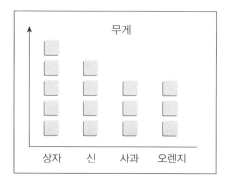

무게

상자   신   사과   오렌지

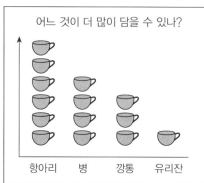

어느 것이 더 많이 담을 수 있나?

항아리   병   깡통   유리잔

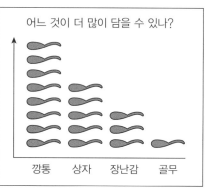

어느 것이 더 많이 담을 수 있나?

깡통   상자   장난감   골무

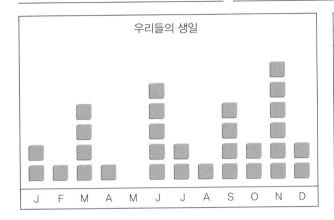

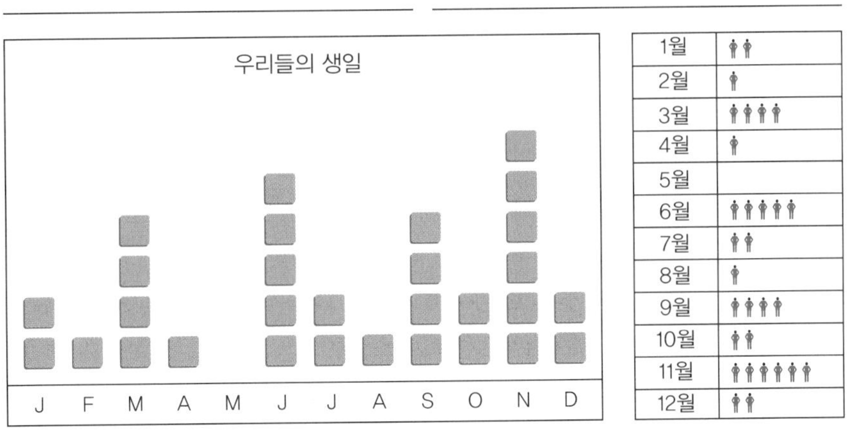

1월	�♦♦
2월	♦
3월	♦♦♦♦
4월	♦
5월	
6월	♦♦♦♦♦
7월	♦♦
8월	♦
9월	♦♦♦♦
10월	♦♦
11월	♦♦♦♦♦
12월	♦♦

초등학교 학생들에게 측정과 비교를 통해서 구체적인 대응을 가르치는 예를 그림 2-4에서 보여준다. 그런 측정하는 활동은 아동이 구체적 조작에 필요한 다양한 스키마를 개발하는 데 도움이 된다.

 # Piaget 이론에 대한 비판과 개선

Piaget 인지 발달 이론은 내용이 풍부하고 광범위한 상황을 다루고 있다. 발달 단계에 대한 개념은 수십 년 동안 검증을 받았고 발달 단계의 여러 개념들은 오늘날까지 사용되고 있으며 그의 연구결과들은 더 최근의 연구에 의한 지지를 받고 있다(Siegler & Alibali, 2005).

하지만 Piaget 이론에서 어린 아동의 인지적 능력에 대한 기술은 새로운 연구에 의한 지지를 받지 못했다. Baillargeon(2004), Cohen과 Cashon(2006), Gelman(1990)과 그 외 연구자들은 대상 영속성과 보존성과 같은 개념들이 Piaget가 제안한 것보다 더 일찍 나타난다는 것을 보여주었다. Piaget는 이 개념들을 정확하게 묘사하는 과정에서 그가 관찰한 연령을 조금 높게 반영하는 경향을 나타냈다.

발달 단계들을 분명하게 나누는 것도 새로운 연구들이 지지하지 않는 그의 이론의 또다른 측면이다. 예를 들면, Siegler와 Alibali(2005)는 잃어버리거나 숨겨진 물건을 찾기 위해 필요한 탐색 기술은 1세에서 4세에 걸친 긴 기간에 걸쳐서 발달한다는 연구결과를 보고했다. 더 발전된 보존성 과제에서, 특징적인 추리 방식은 규정된 연령 범위와 관련이 있지만, 구체적인 문제가 해결되는 연령은 Piaget가 제안한 것보다 더 다양한 경향이 있다. 그밖에, 어떤 연구에 의하면 과제와 제공되는 훈련의 성격에 따라서 Piaget가 말한 것보다 더 많은 것을 배울 수 있다고 한다(Berlin, 1977). 연구들을 검토한 결과, 과제를 단순화시켜서 제시하면 초등학교 수준의 학생들도 추상적인 문제를 해결할 수 있었다(Metz, 1995).

🌙 형식 조작적 사고 기술
추상적 스키마를 사용하여 논리적으로 추론하고 과학적인 문제를 해결하는 능력

또한 연구들은 Piaget가 보고한 것과 비교할 때 오늘날의 고등학교 학생들이 형식 조작적 사고 기술(formal operational thinking skill)을 보여주지 못한다고 한다(Kuhn & Franklin, 2006). 하지만 만일 이 기술들을 훈련시키면 학생들이 Piaget가 보고한 것보다 더 빨리 더 높은 추리 수준에 도달하는 것으로 나타났다(Kuhn, 2006).

마지막으로 문화가 아동의 언어, 경험, 상호작용에 많은 영향을 미치는데도 불구하고 Piaget는 발달에 미치는 문화의 영향을 고려하지 못했다는 비판을 받는다(Halford & Andrews, 2006; Rogoff, 2003). 대조적으로 아래에서 다루게 될 Vygotsky 이론은 문화적 요인들을 강조하고 있다.

🌙 문화의 영향
문화가 아동의 언어, 경험, 상호작용에 미치는 영향

이러한 비판점에도 불구하고, Piaget 이론은 아동의 사고에 대한 분명하고 전체적인 관점을 제공하기 때문에 아직까지 많은 관심을 받고 있다. Piaget 이론은 또한 앞으로 계속 밝혀져야 하는 아동의 인지 발달에 대한 문제를 확인하는 데에 도움이 된다.

Piaget 이론을 개선하기 위해서 Case(1985)는 방대한 연구를 했다. 그가 기술하는 4단계는 Piaget 이론의 단계와 비슷하지만 전조작기를 "표상적 조작기" 그리고 구체적 조작기를 "논리적 조작기"로 명명했다. 그의 발달에 대한 관점은 Piaget의 관점과 비슷하다. 하지만 아동의 사고를 수, 공간, 이야기에 초점을 맞추는 세 가지 중심적인 개념적 구조 혹은 내적인 개념의 네트워크로 생각한다는 점에서 다소 다르다(Case & Griffin, 1990). Case와 Piaget의 가장 큰 차이점은 Case가 정보처리 접근(7장 참조)을 통합했다는 것이다. Case(1985)는 아동이 발달하면서 작동기억의 기능의 효율성이 증가한다고 했다. 그것은 연습의 양과 뇌의 전기적 활동의 변화로 나타나게 되는 생리적 성숙의 영향을 받는다(Case, 1992).

VI — Vygotsky의 발달심리학

Lev Vygotsky는 아동의 사고 발달에 대하여 1920년대부터 그가 37세에 폐결핵으로 죽은 1937년까지 연구했다. 그의 연구는 러시아어가 영어로 번역된 1970년대와 1980년대에야 알려지게 되었다(Vygotsky, 1978; 1987a; 1987b). 그는 아동이 도전적인 과제를 수행할 때 도와주고 이야기를 해줌으로써 성인들이 아동의 인지 발달에 도움을 줄 수 있다고 했다. 특히 Vygotsky는 아동의 인지적 성장을 위한 사회와 문화의 중요성을 강조했기 때문에 그의 접근을 사회문화적 관점(sociocultural perspective)으로 간주한다. 그의 주요 개념들에 대해 살펴보기로 하자.

🌙 사회문화적 관점
아동의 인지적 성장을 위해 사회와 문화의 중요성을 강조하는 관점

1. 사회적 상호작용: 의미 획득에서의 결정적 역할

Vygotsky(1978)는 부모와 교사와 같은 성인들과의 사회적 상호작용을 아동이 사물, 사건, 경

험과 관련된 의미와 문화적인 해석에 대하여 배우는 방법으로 보았다. 특히, 구어든 문어든 관계없이 언어는 마주치는 환경과 그것들이 전달하는 의미 사이를 중재하는 것이다. 음악, 미술 혹은 여러 종류의 상징들도 언어와 같은 역할을 할 수 있다. 이것을 의미의 사회적 구성(social construction of meaning)이라고 하며 이것은 Vygotsky 이론의 기초가 된다.

예를 들어 성인이 아동에게 책을 읽어주면서 설명하고 묻고 답하기를 할 때에, 책 속의 상황, 인물, 행동, 결과 등은 그 사회와 문화 속에서의 의미를 아동에게 전달하게 된다. 이것은 정보와 해석을 전달하는 비형식적인 방법이며 교사가 교실에서 형식적인 수업활동을 통해서 가르치는 것과는 대조된다.

> **의미의 사회적 구성**
> 마주치는 상황과 그것이 전달하는 의미 사이를 중재하는 것

2. 내재화: 사회적 활동을 정신적 활동으로 변화시키기

의미를 배우는 것 이외에, Vygotsky에 의하면 의미를 획득하기 위한 인지적 도구(cognitive tool)도 내재화(internalization) 과정을 거쳐서 사회적 상호작용에서 나온다. 내재화의 결과 아동은 다른 사람들의 지시에 따라 행동해왔는데 이제 자신의 행동을 스스로 지시하기 시작한다. Vygotsky에게 사고와 언어는 어린 아동기에는 독립적으로 기능하지만, 결국 서로 합치게 된다. 다시 말해서, 다른 사람에게 하는 사회적 언어(social speech)에서 시작해서 혼자 말하는 혼잣말(self-talk)이나 사적 언어(private speech)로 변하고 최종적으로 소리 없이 정신적으로 말하는 내적 언어(inner speech)로 변한다.

> **인지적 도구**
> 의미를 획득하기 위해 사용되는 도구

> **내재화**
> 다른 사람들의 지시에 따라 행동하지 않고 아동이 스스로 지시하기 시작함

> **사회적 언어**
> 다른 사람들에게 하는 말

3. 언어와 문화적 도구의 역할

Vygotsky에 의하면, 인간 행동은 사회적 상호작용 외에도 발달이 일어나는 상황을 의미하는 문화의 영향도 받는다(Glassman, 2001). 문화는 세대 간 전달되는 기술적 도구(환경에 작용하는)와 심리적 도구(사고를 촉진하는)를 포함하는 문화적 도구(cultural tools)를 제공한다. 문화적 도구는 아동이 세상을 이해하는 데 도움을 준다.

Vygotsky가 제안한 한 가지 중요한 문화적 도구가 언어다. 언어는 아동이 행동을 조절하고, 문제를 해결하고 자신을 둘러싼 세상을 이해하는 것과 같은 다양한 정신적 기능을 하는 데 사용될 수 있다. 언어, 특히 혼잣말은 아동이 자신의 사고에 대해 반추할 수 있는 도구를 제공한다(Winsler & Naglieri, 2003). 아동이 자신의 경험을 표현하거나 다른 아동의 행동을 설명할 때 학습과 발달 모두에 긍정적으로 영향을 미친다(Pine & Messer, 2000). Vygotsky(1978)는 언어와 활동이 통합되는 시간이 "지적 발달 과정에서 가장 중요한 순간"이라고 주장했다(p. 24).

그밖에 아동이 정보를 조직하고 기억하는 데에 도움을 주는 심리적 도구에는 지도, 수 체계, 프로그래밍 언어, 달력, 시계가 있다. 책, 주판, 묵주, 레고 블록과 같은 자료들도 아동이 심리적 도구로 사용할 수 있다(Siegler & Alibali, 2005).

이제 언어 발달에 대하여 더 자세하게 살펴보도록 하자.

> **사적 언어**
> 자기 자신에게 소리 내어 하는 말

> **내적 언어**
> 소리 내지 않고 정신적으로 자기 자신에게 하는 말

> **문화적 도구**
> 세대 간에 전달되는 기술적 도구(환경에 작용하는)와 심리적 도구(사고를 촉진하는)

4. 근접발달영역과 비계화: 독립적인 수행을 촉진하는 다른 사람들의 역할

Vygotsky는 다른 사람의 도움 없이 아동이 수행할 수 있는 실제적인 발달 수준과 아동이 더 유능한 성인이나 동료의 도움을 받아 수행할 수 있는 잠재적인 발달 수준을 구분했다. 이 두 발달 수준 간의 범위를 Vygotsky는 근접발달영역(zone of proximal development)이라고 이름 붙였다. Vygotsky는 인지 발달의 중요한 기초는 아동의 근접발달영역 내에서 아동이 성공적으로 과제를 완성하게 해주는 성인이나 자신보다 더 능력이 있는 동료와 아동 간의 사회적 협력이다. 근접발달영역과 사회적 협력은 학교 환경을 설계할 때에 고려해야 하는 중요한 요인들이다.

(1) 아동의 성장을 돕는 발판화

아동이 근접발달영역을 통해서 계속해서 그 다음의 잠재적 수준으로 발달하도록 해주는 열쇠는 교사와 같은 성인이나 그 아동보다 더 유능한 동료들이 제공하는 도움이다. 이것은 흔히 발판화(scaffolding)라고 하는 테크닉에 의해 제공된다(발판화와 그 외 테크닉에 대해서 여기에서는 간략하게 소개하고 8장에서 더 깊이 있게 다룰 것이다). 건물을 짓고, 칠을 하고, 유리를 닦을 때 사람들은 "발판"이라고 부르는 나무 프레임 위에 서서 접근하기 힘든 부분들의 일을 한다. 그리고 그 부분의 일이 완성되면 발판은 철거된다. 교사가 아동이 모양을 인식하고, 수수께끼를 풀고, 혹은 어떤 과제를 완성하는 것을 도와줄 때 그는 발판을 제공하고 있는 것이다. 아동이 모양을 인식하고, 수수께끼를 풀거나 과제를 완성할 수 있는 지점에 도착하면, 교사는 더 이상 도움을 주지 않고 따라서 발판은 "철거된다." Vygotsky의 발달 이론에 대한 개념 복습이 표 2-3에 정리되어 있다.

실제적 발달과 잠재적 발달 간의 범위를 근접발달영역이라고 한다. 사진 속의 교사는 발판화라고 하는 지원을 제공함으로써 아동이 근접발달영역을 통과하는 것을 도와주고 있다.

표 2-3	**Vygotsky의 발달 이론**
주요 개념	**뜻**
의미의 사회적 구성	아동이 학습하고 발달하는 것을 돕기 위해 교사, 부모, 동료가 아동과 상호작용하기
내재화: 사회적 활동을 정신적 활동으로 변화시키기	아동이 자신의 행동을 안내하기 위해 스스로에게 지시하는 것. 사회적 언어를 내적 언어로 변환하기
언어와 문화적 도구	문제해결, 반추, 이해를 위한 심리적 도구로써 언어와 문화적 상황을 사용
근접발달영역	아동이 스스로 수행할 수 있는 수준과 도움을 받아야만 수행할 수 있는 수준 간의 발달 범위
발판화	성인 혹은 동료가 아동이 근접발달영역을 통해 발달할 수 있도록 도와주는 것

5. Vygotsky 이론의 교육적 적용

Vygotsky가 생각하는 아동과 성인이 가르치고 배우기 위한 테크닉으로 아래와 같은 것들이 있다.

1. 학습자들에게 도전적인 과제를 제시하라. 시작할 때에는 도움을 받아야만 할 수 있는 과제를 주어야 학생들은 근접발달영역에 처할 수 있고 발판화가 제공될 수 있다.
2. 학습자들이 과제를 협동적으로 수행하도록 하라. 협동하도록 할 때 더 유능한 동료가 덜 유능한 학생을 도울 수 있을 것이다(이것에 대해서는 9장에서 다시 논의한다.)
3. 학습자들에게 인지적 모델을 제공하라. 언어적 지시를 하면서 과제를 수행하는 것을 보여줄 수 있는 교사나 동료가 이런 모델이 될 수 있다. 학습자는 이 지시를 내재화하고 그 지시를 자신에게 할 수 있다(이것은 6장에서 다시 설명할 것이다.)
4. 학습자가 실세계에서 경험할 수 있는 과제를 수행하는 기회를 제공하라(예산을 짜거나 부서진 장난감을 고치기와 같은). 이런 기회는 학습자가 학교에서 배운 것을 실생활에 관련시키는 것을 도와주고 비계화를 위한 부가적인 기회를 제공한다.
5. 학습자들의 문화적 배경을 관련시키는 방식으로 수업하라. Vygotsky는 학습은 학습자의 문화적 상황과 독립적으로 일어나지 않는다고 생각하기 때문에 학습자의 문화적 상황의 관련성을 강조한다. 예를 들어 Tharp(1989)는 하와이인, 앵글로, 나바조 학생들이 다양한 수업 유형에 다르게 반응하는 것을 보여주었다. 하와이 아동은 협동적인 활동을 선호하는 반면에 나바조 아동은 자신의 차례가 올 때까지 기다려서 혼자 하는 것을 선호한다.

Piaget 이론의 적용과 Vygotsky 이론의 적용에 대한 비교는 표 2-4와 같다.

표 2-4 Piaget 이론과 Vygotsky 이론의 교실 적용에 대한 비교

Piaget	Vygotsky
놀이와 상징을 사용한 의사소통을 위한 기회 제공(예, 글쓰기, 그림 그리기)	지도를 받는 참여, 도제, 모델링, 언어적 단서의 사용
개념 학습을 위하여 실제 경험과 구체적인 사물 사용	학생에게 자신의 행동에 대한 책임감을 더 많이 가지도록 하기
학생들에게 자신의 관심과 실험을 추구하도록 격려(예, 직접 해보면서 배우기)	동료를 역할 모델로 사용하고 아이디어 탐색을 위해 협동을 장려하기
학생들에게 자신의 경험에 대한 대안적인 설명을 조사하도록 하고 동료들과 피드백을 공유하도록 자극하기	근접발달영역 내에서 지시적인 지원을 제공하고 서서히 그런 지원을 줄여나가기

3 | 도덕성 및 성격 발달

학습 목표	주요 내용
1. Piaget의 도덕적 판단의 3단계(실재적, 상대적, 자율적)를 정의와 처벌에 대한 개념과 함께 설명한다.	Piaget의 도덕적 판단 발달 단계 • 단계 1: 실재적 도덕성(2~7세) • 단계 2: 상대적 도덕성(7~11세) • 단계 3: 자율적 도덕성(11~15세) • 관련된 접근
2. Kohlberg의 도덕성 발달을 3수준(전인습적, 인습적, 후인습적)과 6단계(처벌과 복종, 개인적 보상, 좋은 사람, 법과 질서, 사회적 계약, 보편적 윤리 원칙)로 나누어 설명한다.	Kohlberg의 도덕적 추론 발달 단계 • 수준 1: 전인습적 도덕성 • 수준 2: 인습적 도덕성 • 수준 3: 후인습적 도덕성
3. Kohlberg 모델의 제한점을 기술하고, 성차를 무시한 점을 비판한 Gilligan이 제안하는 여성의 도덕성 발달 모델을 소개한다.	Kohlberg 이론의 제한점 • 자주 언급되는 세 가지 제한점 • 성별 이슈: Gilligan의 다른 관점
4. 도덕성 발달을 위한 절차를 논의하고, 그 방법을 알아본다.	도덕성 발달시키기 • 훈련 • 교실에 적용하기
5. 사회인지, 자기, 친구의 영향/또래 압력, 양육을 포함한 성격 발달을 기술하고 설명한다.	성격 발달 • 사회인지 • 자기 • 친구의 영향/또래 압력 • 양육
6. Erikson의 8단계 심리사회적 발달을 각 단계에서 경험하는 갈등으로 설명하고, 주도성, 근면성, 정체감을 학교 상황에서 발달시키기 위한 방법을 알아본다.	Erikson의 심리사회적 발달 단계 • 영아기: 기본적 욕구(신뢰감 대 불신감) • 걸음마기: 자기통제(자율성 대 수치 및 의심) • 초기 아동기: 목적(주도성 대 죄의식) • 학동기: 생산성(근면성 대 열등감) • 청소년기: 자기발견(정체감 대 혼미) • 초기 성인기: 공유(친밀감 대 고립감) • 성인기: 양육(생산성 대 침체감) • 노년기: 자기수용(통합감 대 절망감) • Erikson 이론의 교육적 적용

본장에서는 도덕성 발달과 성격 발달을 설명하는 일반적인 접근을 다룬다. 도덕성 발달은 Piaget에 의해 처음 개발되었으며 앞 장에서 다룬 Piaget 인지 발달 이론을 기초로 한다.

 # Piaget의 도덕적 판단 발달 단계

🔎 도덕성 발달
아동과 청소년이 옳은 것과 옳지 않은 것 간의 차이를 이해하는 메커니즘

🔎 도덕적 판단
규칙을 알고 규칙에 따라 행동하는 것에 대한 아동의 생각

🔎 의도성
비도덕적인 행동에 다른 사람을 속이기 위한 의도가 있었는가 혹은 없었는가의 문제

Piaget가 정서 발달에서 우선적으로 초점을 맞춘 것은 도덕성 발달(moral development), 더 상세하게 말하자면, 도덕적 판단(moral judgment)의 발달이었다. 도덕적 판단이란 규칙을 알고 규칙에 따라 행동하는 것에 대한 아동의 생각이다(Piaget, 1932). 연령차에 따라서 아동의 규칙에 대한 개념이 어떻게 다른지 알아보기 위해, Piaget(1932)는 그 당시에 가장 인기가 있었던 구슬놀이를 하고 있는 아동들을 살펴보고 그 게임의 규칙에 대하여 아동들이 어떻게 생각하는지 연구했다.

그는 또한 거짓말하기와 같은 비도덕적인 행동 속에 다른 사람을 속이기 위한 의도성(intentionality)이 있는 내용과 의도성이 없는 내용의 이야기를 들려주고서 이야기 속에 등장하는 아이 중 어떤 아이가 더 나쁜지 그리고 왜 나쁜지 아동들에게 말해보라고 했다.

마지막으로, Piaget(1932)는 아이들에게 아래와 같은 이야기를 들려주고 그 이야기 속의 아이가 벌을 받아야 하는가 그리고 만약 벌을 받는다면 어떤 벌을 받아야 하는가 하는 정의와 벌에 대하여 아동이 어떻게 생각하는지에 대하여 연구를 한 결과 다음과 같은 도덕발달단계를 제시했다(Paget, 1932).

1. 단계 1: 도덕적 실재론(2-7세)

🔎 도덕적 실재론
규칙을 글자 그대로 엄격하게 받아들이고 지켜야만 하는 것으로 생각하는 단계

🔎 객관적 책임성
자신의 잘못에 대해 그 뒤에 있는 의도와 관계없이 책임이 있는 것

🔎 타율적 도덕성
권위자에 의해 만들어지고 전해졌으며 오직 권위자만 변화시킬 수 있는, 신성하고 불변한 것으로 생각되는 도덕성

🔎 속죄의 벌
강하고 자의적인 벌로서 잘못한 사람이 규칙을 위반한 것에 대해 속죄할 수 있도록 해준다.

도덕적 실재론(moral realism) 단계에서 규칙은 글자 그대로 이해해야 하고 반드시 지켜야만 하는 것이다. 아동은 잘못된 행동에 대하여 그것의 의도는 고려하지 않고 객관적 책임성(objective responsibility)을 믿는다. 또한 잘못된 행동에 대한 그 잘못의 크기는 직접적으로 잘못된 행동의 표면적인 크기에 비례한다. 다시 말해서, 더 큰 거짓말일수록 그만큼 더 나쁘다. 규칙은 외부에서 주어지는 것이고 아이들은 무조건 지켜야 하는 것으로 생각한다.

아동들은 권위자가 도덕적 규칙을 만들고 권위자만이 그것을 변화시킬 수 있는 신성하고 불변하는 것이라고 생각한다. Piaget는 이것을 타율적 도덕성(heteronomous morality)이라고 했다. 그밖에 도덕적 실재론 단계에서 행동은 그 동기와는 관계없이 물질적인 결과로 평가된다. 다시 말해서, 결과가 나쁠수록 그 죄가 더 나쁘다는 뜻이다. 또한 도덕적 실재론자는 죄가 더 나쁠수록 벌도 더 무거워야 한다고 믿는다. 도덕적 실재론자는 잘못한 사람은 그 잘못에 대한 심한 자의적인 벌을 받음으로써 속죄할 수 있다고 믿으며 이것을 Piaget(1932)는 속죄의 벌(expiatory punishment)이라고 했다. 더 이상 규칙을 어기는 것을 막기 위해서는 고통스러운 벌이 주어져야 한다고 생각한다.

이런 정의적 관점을 보복적 정의(retributive justice)라고 하며("눈에는 눈, 이에는 이"), 이것은 성인 권위자가 질서와 규칙을 지키도록 규제하는 것이며 법을 어기면 반드시 그에 대한 처벌을 받아야만 한다고 생각하는 아동의 관점에 기반을 두고 있다고 한다(Piaget는 이것을 성인 규제(adult restraint)라고 했다.

보복적 정의와 분배적 정의 사이에 내재적 정의(immanent justice)가 발달하는 단계가 있다. 이것은 만일 당신이 어떤 나쁜 짓을 한다면, 당신에게 어떤 나쁜 일이 일어날 것이라는 관념을 말한다. 다시 말해서 사건이나 행동 그 자체에서 자동적으로 나오는 벌이 있다. 먹지 말라고 하는 과자를 먹으면 복통이 일어나는 것이 그 예다.

2. 단계 2: 상대성(7-11세)

상대성(mutuality)은 평등(equality)이나 남에게 대접을 받고자 하는 대로 남을 대접하라는 "황금률"을 따르는 것을 의미한다. 상대성은 또한 상호성(reciprocity)이나 똑같이 교대하거나 공유하는 것을 의미한다. 만일 공이 울타리를 넘어가면 한 사람이 매번 그것을 가지러 가는 것이 아니라 모든 사람이 번갈아 가면서 가지러 가야 한다. 따라서 상대성은 상호 존중을 의미한다. 그것은 무엇을 한 사람만 가지고 있을 때나 한 사람을 제외하고 모두 가지고 있을 때 그것을 공유하는 것을 의미한다. 초코렛 바 하나를 가지고 두 자매가 나누어 먹어야 한다면 각각 반씩 나누어 가져야 한다.

규칙 준수와 관련하여 상대성은 협동(cooperation)을 의미한다. 속임수가 나쁜 이유는 다른 사람들에게 공평하지 않기 때문이다. 정의와 관련하면, 다른 사람에게 나쁜 짓을 하는 사람은 벌을 받거나 그가 한 만큼 돌려주도록 해야만 한다. 이렇게 하는 것이 상대성을 반영하는 것이다. 구슬치기 게임에서 속임수를 쓰는 소년은 한동안 게임에서 제외시켜야 한다. 규칙을 지키지 않고 얻은 구슬은 정당한 소유자에게 돌려주거나 나머지 다른 선수들에게 나누어 주어야 한다. 힘센 사람이 약한 사람을 착취할 때는 반드시 손해배상을 하도록 해야 한다. 벌은 보복적 정의와 같이 자동적이거나 절대적인 것도 아니고 한 사람이 지은 죄에 대한 보상의 수단도 아니다. 대신에 그것은 모든 사람을 똑같이 대우하고 평등성을 회복하는 방식이다. 이것을 분배적 정의(distributive justice)라고 부른다.

범죄가 발생했는데 가해자를 모를 때, 예를 들어 누군가가 교실 안으로 무엇을 던졌는데 던진 사람이 누구인지 교사가 모를 때, 상대성에 따르면 공평하게 벌을 주는 것이 불가능하기 때문에 아무도 벌을 받지 않는다. 반대로, 도덕적 실재론은 나쁜 짓을 한 사람은 물론 결백한 사람까지도 벌을 받게 되더라도 벌은 반드시 주어져야 하기 때문에 모든 학생들이 벌을 받아야 한다고 본다.

거짓말에 대해서, 상호성 단계에 있는 아동은 공평함이나 다른 사람에 미치는 영향을 고려하기 때문에 의도성에 민감해지게 된다. 앞에 나온 거짓말에 대한 이야기에서 "큰 개" 대 "좋은 점수"에 대하여 이 단계의 아동은 "좋은 점수" 이야기에서의 거짓말이 더 나쁘다고 생각한다.

───

🔖 보복적 정의
벌은 잘못에 대한 값을 치르게 하기 때문에 재발을 방지하기 위해 도덕적으로 필요하다(눈에는 눈, 이에는 이)

🔖 성인 규제
성인 권위자가 주어진 명령과 규칙에 대한 존중을 강요하고 법이 깨어졌을 때는 그 자체가 보복을 받아야만 한다는 아동의 관점

🔖 상대성
사람들 간의 평등성, 상호성, 협동

🔖 분배적 정의
모든 사람을 똑같이 대우하고 평등성을 회복하기 위한 방식; 벌은 자동적이지도 절대적이지도 않고 죄를 보상하기 하기 위한 수단도 아니다

상호성은 공유하거나 교대하는 것을 의미한다. 놀이를 함께 잘 하는 것은 상호성을 나타낸다.

그 이유는 부당한 무엇을 획득하기 위해서 의도적으로 좋은 점수를 받았다고 거짓말을 했기 때문이다.

마지막으로 분배적 정의를 수행하는 데 있어서 이 단계의 아동은 벌과 범죄 간에는 상호성이 있어야 한다고 믿는다. 빵을 사오라는 어머니의 심부름을 하지 않은 아이의 이야기에서, 그 아이는 도움을 요청받았을 때 기꺼이 하지 않았기 때문에 그 아이에게 받을 벌을 선택하라는 것은 도움이 되지 않는다. "범죄에 따라 적절한" 벌이 되어야 하며, 이것은 이 단계의 아동들이 그들의 행동에 어떤 사회적 결과가 따르는지 알고 있다는 것을 나타낸다.

3. 단계 3: 자율성(11-15세)

자율성(autonomy) 단계에서 규칙은 상호합의에 의해 만들어지고 바꿀 수 있는 사회적 관습으로 생각된다. 규칙에 관심이 있고, 행동 수칙으로써 추상적이고 형식적인 것에 관심이 있고, 모든 가능성을 성문화하는 것에 관심이 있다. 규칙은 협력을 보장하는 것 이상의 효과가 있다. 즉, 규칙은 게임의 정신을 유지할 수 있고 구슬치기 게임의 경우에도 그 결과가 운이라기보다는 기술에 의존한다는 가능성을 보장할 수 있다. 따라서 이 단계의 청소년은 성인이 부과하는 현실이나 동료가 부과하는 상호성의 제약으로부터 벗어나 자율적으로 된다. 규칙은 스스로에게 실체가 된다. 규칙은 사람들에 의해 만들어지고 상호 합의를 통해서 바꿀 수 있다. 규칙의 시행은 규제에서 협력으로 협력에서 상호 합의로 변해왔다. 그 규칙은 합리적으로 서로 연결되어 있는 규칙들인 법체계의 일부로써 합리적인 규칙이 된다. Piaget(1932)는 도덕적 실재론 단계의 타율적 도덕성과 대조시켜서 이것을 자율적 도덕성(autonomous morality)이라고 했다.

부당성에 대한 생각이 다음과 같은 기준에서 발달한다.
1. 도덕적 실재론, 혹은 성인이나 게임의 규칙에 의해 금지된 행동
2. 상호성, 혹은 평등성에 어긋나는 행동
3. 형평성, 혹은 성인 사회와 관련한 경제적으로나 정치적으로 부정한 행동

도덕 실재론자에게 금지된 행동은 거짓말, 도둑질, 싸움, 물건 부수기 등이다. 상호성 단계에서 불평등하다는 것은 선택적으로 어떤 아이에게 더 좋은 것을 주고, 차별적으로 어떤 사람에게 더 엄한 벌을 주고, 자신에게 피해를 주지 않은 사람에게 가해를 하는 것이다. 자율성 단계에서 공정하지 못하거나 사회적으로 부정한 사람이란 교사인 경우에는 똑똑한 학생을 똑똑하지 않은 학생보다 더 좋아하는 사람이고, 학생인 경우에는 예쁜 옷을 입지 않은 친구하고는 게임을 함께 하지 않는 사람을 말한다.

따라서 정의는 복종하지 않거나 부당한 행동을 뿌리 뽑기 위해 벌을 줄 필요가 있다고 생각하는 보복적 정의에서, 모든 사람을 똑같이 대우하고 조화를 유지하는 것이 가장 중요하다고 생

🔵 자율성
규칙을 상호협약에 의해 만들어지고 상호협약을 통해 바꿀 수 있는 사회적 관습으로 생각

🔵 자율적 도덕성
도덕을 법체계의 합리적인 일부로 간주하고 사람에 의해 만들어지고 사람에 의해 변할 수 있는 것으로 본다

각하는 분배적 정의를 거쳐서, 어려운 상황을 고려할 수 있는 형평성의 정의로 발달한다.

4. Selman의 접근

Selman(1980, Selman & Schultz, 1990)은 Piaget의 논리적 사고 단계(제2장에서 묘사한)와 비슷하게 단계를 구분하여 사회적 사고 수준의 발달을 기술했다. 가장 낮은 수준인 0 수준(3-6세)의 아동은 자신의 관점과 다른 사람들의 관점을 혼동한다. 그러므로 0 수준 아동은 Piaget의 전조작기 아동과 같이 자기중심적이다. 1 수준(5-9세) 아동은 다른 아동들이 자신과 다른 사회적 사고와 느낌을 가지고 있다는 것은 알지만 이해를 못한다. 2 수준(7-12세) 아동은 자신과 다른 사람들의 태도와 느낌을 고려하고 반추할 수 있지만 그것들을 동시에 고려할 수는 없다. 3 수준(10-15세)에서는 자신과 다른 사람들의 사고와 느낌을 동시에 생각할 수 있으며, 4 수준(청소년-성인기)에서는 개인적인 관점을 넘어서는 일반적인 사회적 관점이 존재한다는 것을 인식한다.

Selman은 아동에게 사회적 딜레마를 제시하고 해결하도록 함으로써, 아동이 자신의 관점에서 벗어나 사회적 관점까지 고려할 수 있게 하는 예를 보여준다. 한 가지 예로, 최근에 잃어버린 개 때문에 슬퍼하고 있는 친구에게 그 친구가 새 개를 원하지 않는데도 불구하고 그에게 생일 선물로 잃어버린 개를 대신할 수 있는 새 개를 사줄 것인가 하는 문제가 있다. 이 딜레마에서 친구를 위해 개를 사주기로 하는 것은 친구가 원하지 않는 행동을 해서 친구를 잃어버릴까봐 두려워서 개를 사주지 않는 것보다 사회성이 더 발달된 반응이다. 개를 선물로 선택한 것은 개를 원하지 않는다는 그 친구의 심정을 깊이 헤아렸기 때문이다. 이것은 우정을 표현하는 행동을 통해서 사람들의 욕구를 변화시킬 수 있다는 인식에 기초한다.

Ⅱ - Kohlberg의 도덕적 추론 발달 단계

Lawrence Kohlberg(1969, 1975, 1981)는 Piaget의 도덕성 발달 이론을 기초로 세분화하고 확대하여 6단계의 도덕적 추론 이론을 발표했다. 그는 아동에게 도덕적 딜레마가 있는 이야기를 제시하고(절대적인 정답이나 오답이 없는) 그 이야기 속의 행동이 정당한지 혹은 부당한지 판단하고 그 이유를 설명하도록 했다. 그렇게 판단한 이유를 분석하여 연령에 따른 도덕적 추론의 특징을 밝혀냈다. Kohlberg가 사용한 대표적인 딜레마는 아래와 같다.

한 부인이 특수한 종류의 암을 앓아 거의 죽어가고 있었다. 그 병을 치료하기 위해서는 한 가지 약밖에 없는 것으로 알려져 있었다. 이 약은 어느 약사가 최근에 발명한 약이었는데 원가가 상당히 비싼데다가 그 약사는 원가의 10배나 되는 2000달러를 약값으로 요구했다. 부인의 남편인 하인츠는 돈을 구하기 위해 모든 노력을 다했지만 그 약값의 절반밖에 안되는 1000달러밖에 마련하지 못했다. 하인츠는 그 약사에게 가서 부인이 죽어가고 있으니 그 약을 1000달러에 팔거나 아니면 외상으로라도 주면 다음에 그 돈을 갚겠다고 간청했다. 그러나 그 약사는 거절했다. 절망에 빠진 하인츠는 결국 약방을 부수고 들어가서 자기 부인을 위하여 그 약을 훔쳤다. 하인츠의 행동은 정당한가 부당한가? 그리고 정당하다고 생각하면 그 이유는 무엇이고, 부당하다고 생각하면 또 그 이유는 무엇인가?

연령에 따라서 아동은 이와 같은 상황에 어떻게 반응할까 그리고 어떤 반응의 패턴이 있을까? 약을 훔치는 것은 절대적으로 잘못됐다고 말하는 단계가 있고 조건부로 그것을 받아들일 수 있다고 하는 단계가 있을까? Kohlberg는 이 질문에 대하여 답을 분석한 결과 도덕성 발달에 세 수준이 있고 각 수준에는 두 단계가 있는 것을 확인했다. 이제 각 수준과 단계에 대해서 살펴보기로 하자.

1. 1 수준: 전인습적 도덕성

이 수준의 도덕 추리는 Piaget의 도덕적 실재론 단계와 일치하고 전조작기 아동에게 일반적이다. 자기중심적이고 다른 사람의 이익은 무시하면서 자신의 이익에 집중하기 때문에, 어린 아동의 선과 악의 판단은 자신에게 이로운가 아니면 이롭지 않은가에 기초한다. 자신에게 이롭다는 것은 우선적으로 벌을 회피하는 것을 의미한다. 만일 행동에 따르는 결과가 두렵다면 권위자의 힘에 복종하고 만일 그 결과가 두렵지 않다면 도덕적 고려를 하지 않을 가능성이 높다. 하인츠가 약을 훔치는 이야기에서, 수준 1에 있는 아동은 잡힐 수 있기 때문에 약을 훔치는 것은 나쁘다고 말한다(혹은, 반대로 들키지 않고 달아날 수만 있다면 약을 훔치는 것이 괜찮다고 말한다).

전인습적 도덕성 수준은 두 단계로 나눌 수 있다.

(1) 1단계: 벌과 복종 지향

이 단계에서는 벌의 두려움에 의해서만 자신의 행동을 제한한다. 의무감이나 개인적인 가치관 혹은 이상 때문에 행동하지는 않는다. 이 단계의 아동은 권력에 따르지 않으면 벌의 위험이 있기 때문에 권력에 복종한다. 벌을 받을 확률이 낮다고 지각된다면 단계 1 아동은 자신이 좋아하는 대로 행동할 것이다.

대부분의 아동은 정상적인 발달 과정에서 이 단계를 거쳐 나간다. 하지만 적절한 역할 모델이 없거나 적절한 사회적 상호작용의 기회가 없는 아동은 이 단계를 결코 벗어나지 못하고 연령이 증가해도 엄한 처벌의 위협이 없다고 생각하면 행동을 통제하지 못한다. 이런 아동들은 "좋다"란 의미는 처벌을 모면하는 것이고 "나쁘다"란 의미는 처벌을 받는 것이라고 계속 믿을 것이다. 결국 "옳음"과 "그름"에 대한 도덕적 판단 기준이 그들에게는 부족하게 될 것이다.

(2) 2단계: 개인적 보상 지향

전인습적 수준에서 단계 1보다 조금 더 발전된 단계 2에서는 제한적인 상호성 개념이 나타난다. 즉, "네가 나의 등을 긁어주면 나도 너의 등을 긁어줄 것이다." 선이란 여전히 "나에게 좋은 것" 즉, 개인적인 욕구 충족으로 정의되지만 "도둑에게도 의리가 있다."와 같은 매우 실제적인 도덕성이 된다. 다시 말해서, 2단계 아동은 그 약사와 거래를 하는 것 혹은 경찰관에게 하인츠가 약을 훔치는 것을 "눈감아 주는" 것에 대한 거래를 생각한다. 아동들은 이 단계를 자연스럽게 거쳐 가지만, 만일 이 단계에 머무르게 된다면 조직적인 범죄를 짓거나 "양심의 가책"을 무시하는 직업을 선택하게 될 가능성이 높은 사람이 된다.

2. 2 수준: 인습적 도덕성

이 수준에서는 다른 사람의 관점을 고려하는 사회적 관점에 초점을 맞추는 도덕적 추론을 한다. 그렇기 때문에 기대되는 행동을 하고, 의무를 이행하고, 다른 사람들을 즐겁게 하고, 결과적으로 사회적 인정을 받으려고 한다. 인습적 도덕성 수준에서는 전통적 가치, 법률과 질서, 다른 사람들에 대한 충성, 사회적 충실성이 중요하다. 이 수준은 대략 Piaget의 상호성 단계에 해당하며 초등학교 고학년과 중학생들의 특성이다.

인습적 수준에서는 개인적인 이익을 넘어서 자신의 행동이 다른 사람들에게 미치는 영향을 고려한다. 자신의 신념과 행동에 대한 인정을 받고 규칙을 지키는 것이 매우 중요하다.

(3) 3단계: 착한 사람 지향

인습적 수준에서의 첫 단계에서는 (1) 친절하고, (2) 인정을 받고, (3) 다른 사람들을 즐겁게 하고, (4) "적절한" 행동을 하고, (5) 상호 기대를 저버리지 않고, (6) 순응하는 것을 강조한다. 이런 것들과 충성심이 중요한 덕목이 되고, "황금률"을 지킨다. 하인츠 이야기에서, 3단계 사람들은 하인츠가 약을 훔치는 것은 그의 아내를 지키기 위한 행동이기 때문에 정당하다고 말한다. 다시 말해서, 단계 3의 도덕적 추론가에게는 의도성이 매우 중요하다. 그러므로 약을 훔치는 것은 그 사람이 사랑하는 사람에 대한 충성심에 기초한 훌륭한 의도라는 점에서 정당하다.

(4) 4단계: 법과 질서 지향

인습적 수준의 두 번째 단계에서는 (1) 권위를 존중하고, (2) 의무를 다하고, (3) 사회적 질서 그 자체를 위한 사회적 질서를 유지하는 것이 중요하다. 가족과 친구라는 밀접한 일차적 집단을 넘어서서 사회적, 국가적, 종교적 가치 인식까지 관심이 확장된다. 하지만 의무감과 "옳은 일을 하고 있다는" 신념과 함께, 응종에 대한 지향성은 여전히 유지된다. 전체적인 체제 유지를 위한 책임을 다하기 위해 법과 질서는 반드시 지켜야 한다. 하인츠의 갈등에 대한 문제에서 법과 질서를 지향하는 도덕적인 사람은 훔치는 것은 법과 질서를 파괴하는 것이기 때문에 조건을 불문하고 약을 훔치는 것은 나쁘다고 말할 것이다.

3. 3 수준: 후인습적 도덕성

후인습적 도덕성은 규칙과 도덕에 대한 더 추상적, 원리적, 개인적인 관점을 나타내고 일반적으로 고등학생이 되어야 비로소 획득될 수 있으며 그 이후에도 획득하지 못하는 사람들도 많다. 후인습적 도덕성 수준은 Piaget의 자율성 단계에 해당한다. 이 수준에 나타나는 도덕 원리는 그 이전의 권위나 집단 정체성 조건과 다르다. 수준 3의 도덕적 추론에서는, 죽어가고 있는 아내를 위하여 모든 노력을 다했지만 훔칠 수밖에 없었던 하인츠가 그의 행동에 대한 책임을 지고 감옥에 가는 고통을 기꺼이 받아들이기로 하고 한 행동이기 때문에 부당하지 않다고 판단할 것이다. 하지만 또한 약사의 권리도 보호받을 필요가 있다고 생각하기 때문에 합법적인 더 좋은 해결 방법을 찾으려고 할 것이다.

(5) 5단계: 사회계약 지향

이 단계에서는 법은 필요하지만 절대적이라기보다 상대적이라고 믿는다. 법은 사회적 기준을 유지하고 개인의 권리를 보호하기 위해 사람들 간의 사회적 합의, 혹은 동의를 반영한다고 믿는다. 법은 전해져 내려오는 것이 아니라 합의적인 것이기 때문에 더 이상 사회적 요구와 맞지 않으면 민주적으로 법을 바꿀 수 있다고 생각한다. 다시 말해서 사회계약 지향 단계에서는 법은 "돌에 새겨져 있는 것"이 아니라 사회 속에서 개인의 권리를 보호해주기 위해 있는 것이라고 믿는다. 법의 목적은 사람들이 조화롭게 살고 공동체 감각을 유지하도록 하면서 한편, 권리장전(Bill of Rights)에 진술되어 있듯이 개인적인 자유를 침범하지 않아야 한다. 법이 정당하지 않을 때는 사회를 더 좋게 개선하기 위하여 법을 수정하거나 폐기해야 한다. 사람을 위해 법이 있는 것이지 법을 위해 사람이 있는 것이 아니며, 개인적인 자유와 같은 상위 수준의 권리를 방해해서는 안된다.

(6) 6단계: 보편적 · 윤리의 원리 지향

이 단계에 도달하는 사람은 소수이며(전형적인 예로 예수, 간디, 마틴 루터 킹 주니어) 그들은 정의와 공평성과 같은 추상적인 도덕적 원리에 대한 분명한 비전을 가지고 있다. 그들은 다른 사람들에게 이 원리를 가르칠 뿐만 아니라 그것을 지키기 위해 필요한 경우에는 자신의 생명을 희생한다. 권리는 편리성이나 상호 합의가 아니라 정의의 보편적 기준에 의해 판단된다. 권리는 구체적이고 도덕주의적인 것이라기보다 추상적이고 윤리적이다(마치 인간의 존엄성과 같이). 평등에 대한 권리가 주요 신념이다.

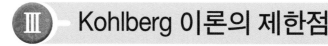

Ⅲ Kohlberg 이론의 제한점

모든 이론들과 마찬가지로 Kohlberg 이론에도 제한점이 있으며 그의 이론을 교실에 적용하기 전에 제한점을 인식하는 것이 중요하다. 그런 제한점은 이론을 부정하는 것이 아니라 제대로 이해하는 데 도움을 준다. 우선 어떤 제한점들이 있는지 살펴보자.

1. 세 가지 제한점

첫째, 도덕적 추론과 도덕적 행동은 다르다는 것을 인식하는 것이 중요하다. Kohlberg 이론은 도덕적 추론에 대한 이론이며, 비록 도덕적 추론이 도덕적 행위와 연관성이 있다고 해도 (Miller, Eisenberg, Fabes, & Shell, 1996; Arnold, 2000) 도덕적 행위로 나타난다는 보장을 하지는 않는다. 도덕적 결정에 영향을 미치는 다른 요인들(예, 불편함, 개인적인 위험, 성역할 지향성, 조망 수용)이 있다(Eisenberg, Zhou, & Koller, 2001).

둘째, 모든 단계 이론에서 그렇듯이, 단계 사이에 어쩔 수 없는 중첩이 있으며 때로는 아래 단계로 퇴행하는 경향도 나타난다. 도덕적인 의사 결정은 여러 가지 요인들이 관련된 복잡한 과정이기 때문에 단계들로 분리한 체계적인 이론으로 설명하기 어려운 점들이 많다.

셋째, Kohlberg 도덕성 발달 단계의 보편성 혹은 일반성에 제한점이 있다. Kohlberg 이론은 특히 사회적·교육적으로 고수준의 서양 문화에 편향되어 있다(Shweder et al., 1990). Shweder 외(1990)는 더 전통적인 문화를 가지고 있는 동양에서는 후인습적 도덕성 원리가 전통적인 믿음과 종교적인 믿음에 기반을 두는 경우가 많은데, Kohlberg의 모델에서는 그런 믿음에 기초한 도덕적 추론을 인습적 도덕성으로 분류한다. 결과적으로 동양 사람들 중에 Kohlberg가 말하는 최고의 도덕성 발달 수준에 도달할 수 있는 사람은 거의 없다.

2. 성별 이슈: Gilligan의 다른 관점

Kohlberg의 도덕성 발달 이론에 대하여 Carol Gilligan은 *In a Different Voice*(1982; 또한 참조 Gilligan, Hamner, & Lyons, 1990)에서 잘 비판하고 있다. 갈등문제를 가지고 있는 여성들과 면접한 결과 그녀는 여성과 남성은 도덕적 판단을 근본적으로 다르게 접근한다고 주장했다. 남성은 흔히 "정의의 도덕성"이라는 접근을 한다. 사람들은 존중을 받아야 하는 기본적인 권리를 가지고 있기 때문에 도덕성은 한 사람이 할 수 있는 것에 대한 도덕적 제한을 부과한다고 생각한다. 한편 여성이 도덕성에 접근하는 방식은 "배려의 도덕성"이다. 즉 사람들은 다른 사람들에 대한 책임이 있기 때문에 도덕성에서 다른 사람을 보살피는 것이 매우 중요하다고 생각하는 접근이다. 하버드 대학 교수인 Gilligan은 더 나아가 전통적으로 도덕성에 대한 논의를 남성이 주도하기 때문에 여성의 도덕성 발달 수준이 낮고 덜 세련된 것으로 보인다고 주장한다.

나아가 Gilligan은 Kohlberg가 제안한 단계와 다른, 여성의 도덕성 발달을 세 단계로 구분했다. 첫 번째 단계는 이기적 도덕성(selfish morality) 단계로 전적으로 자신에게만 집중하는 단계다. 다른 사람들의 이익은 생각하지 않고 자신에게만 이롭도록 행동하는

Thinkstock/Getty Images

보살핌의 도덕성에서는 학생들은 다른 사람들에 대한 책임이 있다고 본다. 예를 들어 어려운 과제를 이해하기 위하여 서로 돕는다.

> 🔵 이기적 도덕성 단계
> 여성 아동이 전적으로 자신에게만 집중하는 단계

것은 옳지 않다고 믿게 되면서 이기적 도덕성은 인습적 도덕성(conventional morality) 전환기를 거쳐서 사회적 도덕성(social morality) 단계로 발달한다. 마지막으로 세 번째는 후인습적 도덕성이 나타나는 원리적 도덕성(principled morality) 단계이며 자신의 이익과 다른 사람의 이익 모두가 무시되어서는 안 된다는 것을 안다. 이러한 생각은 다른 사람들과의 연결에 대한 관심에서 나온다. 예를 들어 관계를 맺은 사람들 중에서 어떤 사람이라도 업신여김을 당하면 그 관계는 해를 입는다고 믿는다. 이것을 Gilligan은 다음과 같이 요약한다.

여성들과의 면담에서 반복적으로 나타나는 도덕적 필수 과제는 이 세상의 "현실적이고 구체적인 어려움"에 대한 보살핌과 책임감이다. 남성에게 도덕적 필수 과제는 다른 사람의 권리를 존중하고 삶과 자기실현의 권리가 방해받지 않도록 보호하는 것으로 보인다... 여성에게는 권리와 책임감 모두가 관계의 심리학적 논리를 통해 나타난다 ... 모든 사람(자신을 포함하는)의 보살핌에 대한 욕구를 주장함으로써. 남성에게는 더 적극적으로 책임감에 대한 욕구를 경험함으로써 나타난다(Gilligan, 1982, p. 100).

Gilligan은 나아가 도덕성 발달에 성차가 생기는 것은 소녀들은 동성인 어머니에 의해 양육되기 때문에 소년들에 비해서 자신이 외부 세계와 단절되지 않은 밀접한 관계를 가지고 있다고 생각한다고 주장한다. 남성성은 분리와 독립으로 정의되는 반면에, 여성성은 애착으로 정의된다. 따라서 남성은 친밀감에 대한 위협을 느끼고 관계에 대한 문제를 가지게 되는 경향이 있는 반면에, 여성은 분리에 대한 위협을 느끼고 개별화(individuation)에 대한 문제를 가지게 되는 경향이 있다. Gilligan에 의하면 여성의 분리 실패는 "남성 심리"로 보면 발달의 실패로 보일 수 있다.

Gilligan은 앞에서 제시한 하인츠 이야기에서 소녀들은 약사가 죽어가고 있는 하인츠의 아내를 관계 네트워크의 공동 구성원으로 생각하지 않는 것을 이해할 수 없다는 반응을 보였으며 (여성의 "보살핌" 관점), 이 문제를 권리의 갈등으로 보는 남성의 "정의" 관점과 대조를 이루는 것을 발견했다. 소년들은 "하인츠가 약을 훔치는 행동이 정당하다"라고 생각하는 반면에 소녀들은 하인츠 아내에게 먼저 약을 주고 하인츠가 돈을 지불하도록 하는 것과 같이 하인츠와 그 약사가 "훔치지 않고 해결할 수 있는 방법을 생각해낼 수 있을 것이다."라고 생각하는 것으로 보인다.

Gilligan(1982)은 또한 청소년기의 소녀들은 남녀 친구들이 함께 있는 상황에서는 자신들의 관점을 강력하게 표현하려는 의지가 약해진다고 주장했다. 이 주장은 소녀들이 어린 나이에는 자신의 도덕적 관점을 편안하게 표현하지만 나이가 들면서 소년들로부터 무시를 당하는 경험을 하게 되면서 소년들이 함께 있는 환경에서는 공개적으로 자신의 관점을 표현하지 않으려고 하는 경향이 있다는 Russell(2007)에 의한 연구의 지지를 받았다.

도덕성 발달의 원인과 결과와 함께 성차를 연구하면서 Gilligan은 주로 동성끼리 하는 게임의 종류와 방법 간의 차이도 살펴보았다(표 3-1 참조).

미국뿐만 아니라 다른 문화에서도 아동의 도덕성 발달은 세 가지 수준을 거친다.

Tim Graham/Tim Graham Photo Library/Getty Images

표 3-1	소년 게임과 소녀 게임의 비교
소년 게임	**소녀 게임**
실외(공공 장소)	실내(사적 장소)
큰 집단	작은 집단
혼합 연령(친밀도 낮음)	종종 가장 친한 짝(친밀도 높음)
경쟁적	순서 교대
장기간 지속	단기간 지속
규칙에 철저	규칙에 관대
논쟁을 해결하는 것을 좋아함	예외를 만들어 수정하면서 논쟁을 회피
논쟁이 일어나면 해결	논쟁이 일어나면 게임 종료

　Gilligan이 Kohlberg 이론에 대하여 잘 비판하고 몇 가지 중요한 차이점들도 강조했지만 대부분의 후속 연구들에서는 후기 청소년기까지의 여성과 남성 간의 도덕적 추론에서 중요한 차이를 발견하지 못했다(Eisenberg, Martin, & Fabes, 1996). 도덕적 성숙에 있어서도 여성과 남성 간의 차이를 발견하지 못했다(Bee & Boyd, 2003). 특수한 상황에 따라서 정의와 보살핌을 반영하는 상대적인 차이는 있지만 여성과 남성 모두 도덕적 판단에 이 두 요소를 반영하는 것으로 보이며 이 결과는 Gilligan 자신도 인정했다(Brown, Tappan, & Gilligan, 1995).

Ⅳ 도덕성 발달시키기

　정상적인 사회화와 발달 과정에서, 전인습적 도덕적 추론(수준 1)은 7세는 거의 대부분의 아동, 13세는 약 1/4, 16세는 약 1/4 미만에게서 나타난다. 인습적 도덕적 추론(수준 2)은 7세의 아주 일부이지만 13세와 16세의 절반 이상에서 나타난다. 후인습적 도덕적 추론(수준 3)은 실제로 7세에서는 볼 수 없고, 16세에서 약 1/4 정도 나타난다. 따라서 7세는 주로 전인습적 수준이고, 13세와 16세의 약 절반은 인습적 수준이고 그 나머지는 전인습적 수준이거나 후인습적 수준이다. 이 결과는 미국의 아동뿐만 아니라 말레이시아 원주민, 터키 시골, 멕시코 도시, 마야 마을과 같은 다양한 장소의 어린이들에게도 마찬가지다(Turiel, 1998). 당신은 이것을 변화시킬 수 있다고 생각하는가? 혹은 교사로서 학생들의 행동을 판단하기 위한 지침으로 이 일반성을 사용하겠는가?

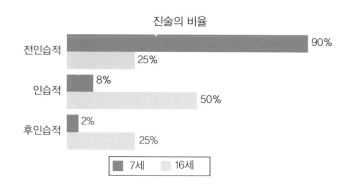

진술의 비율

1. 훈련

Schlaefli, Rest와 Thoma(1985)는 훈련을 통한 도덕성 향상에 대한 55개 연구를 조사했다. 이 연구들은 Defining Issues Test(DIT)라고 부르는 검사를 사용하여 학생들에게 도덕적 갈등을 해결하도록 했다. 피험자들에게 자신이 생각하는 답을 하도록 하는 것이 아니라 대표적인 도덕적 추론 단계를 나타내는 주어진 답들 중에서 선택하도록 하고, 최고 낮은 점수(전인습적 추론 혹은 개인적인 결과 추론)에서 최고 높은 점수(후인습적 추론 혹은 원리적 추론)까지의 도덕적 추론에 대한 점수를 주었다.

DIT를 사용한 연구들은 다음과 같은 결과를 보여주었다. (1) 나이 많은 사람이 어린 사람보다 더 높은 점수를 받았다. (2) 교육 수준이 높은 사람이 교육 수준이 낮은 사람보다 더 높은 점수를 받았다. (3) 부모의 양육태도가 민주적이고 따뜻한 아동이 부모의 양육태도가 독재적인 아동보다 더 높은 점수를 받았다. (4) 부모의 행동이 합리적인 아동이 그렇지 않은 부모의 아동보다 더 높은 점수를 받았다. (5) 도덕적 추론의 수준에 있어서 주요 종교 집단들 간에는 차이가 없었다.

살펴본 연구들에서, 수업 시간에 도덕적 갈등을 논의하고 해결한 중학생들과 고등학생들은 이런 수업에 참여하지 않은 학생들에 비해서 원리적 추론을 사용하는 경향성이 유의미하게 증가했다. Oser(1986)에 의하면 도덕적 추론의 수준을 높여주는 데에 이런 도덕성에 대한 논의가 효과적인 이유는 학생들에게 (1) 더 높은 도덕적 사고를 자극하기 위해 노력하는 과정에서 도덕적 갈등에 집중하고, (2) 자신의 도덕적 신념과 추론을 분석하고, (3) 도덕적 역할 놀이를 하고 도덕적 공감을 경험하고, (4) 공유된 규범과 공동체의 의미를 이해하고, (5) 도덕적 선택을 하기 위하여 직접 도덕적인 행동을 생각할 수 있는 기회를 제공하기 때문이다.

그밖에, 세 가지 교수 전략—액티브 학습, 반성, 교사와 학생의 상호작용—이 도덕적 추론에서의 긍정적인 변화에 영향을 미치는 반면에, 다른 학생들과의 부정적인 상호작용은 부정적인 영향을 미칠 가능성이 있다(Mayhew & King, 2008). 마지막으로, Strain(2005)은 서비스학습 코스가 인지적, 정서적, 도덕적 전환을 위한 강력한 도구가 될 수 있다고 주장했다.

2. 교실에 적용하기

Geiger와 Turiel(1983)은 도덕적 판단에서 특별히 낮은 점수를 받은 학생들이 특히 학교에서 분열성 행동을 나타내는 경우가 많다는 것을 발견했다. 그렇기 때문에 교사는 학생들의 도덕적 성장을 자극하고 도덕적 발달을 격려해야만 한다. 이에 덧붙여서 교사는 그런 학생들의 대인관계 기술, 자아수련, 독립심, 학습에 대한 열정과 같은 정서적 발달을 위해서도 노력해야 한다. 이런 기술을 개발하는 것은 학생들이 교실 생활에 협동적으로 그리고 열광적으로 참여할 수 있도록 하는 데 도움이 될 것이다. 교사에게 있어서, 학생들에게 훌륭한 도덕적인 행동을 개발시키는 것은 지식을 획득하도록 하는 것 못지않게 중요하다. 따라서 학생들의 개인적인 성장을 자극하는 것은 사실과 개념을 가르치는 것과 마찬가지로 중요한 수업 목표다.

교사는 학생들이 도덕적으로 그리고 정서적으로 성장할 수 있도록 어떻게 도와줄 수 있을까? 이 답은 도덕 교육(moral education)에 대한 형식적인 노력과 비형식적 노력에 있다. Eisman(1981)은 초등학생들을 위해서는 형제 간의 경쟁, 놀림, 편견, 그리고 고등학생들을 위해서는 시험 부정행위, 술과 마약, 응종, 왕따 등 그들의 생활 속에서 마주치는 갈등을 교실에서 논의하도록 하는 것이 좋다고 한다. 그런 논의를 이끌어가는 데 도움을 주기 위해, Eisman(1981)은 다음과 같은 것을 제안한다.

> **도덕 교육**
> 학생들이 도덕적으로 그리고 정서적으로 성장하는 것을 돕기 위한 형식적 그리고 비형식적 노력

- 학생들이 예를 들어 역할 바꾸기를 통해서 다른 사람의 관점을 볼 수 있도록 한다.
- 학생들이 가치와 행동을 연관시키고 그 사이에 불일치가 일어나는 것을 볼 수 있도록 돕는다.
- 학생들이 다른 사람이 이야기하고 있는 것을 확인하도록 함으로써 서로 이야기를 귀담아들을 수 있도록 한다.

이것들은 앞에서 논의한 Selman의 접근보다 더 발전된 단계로 보인다. 학생들이 조용히 있고 싶어 한다면 허락하고 그들의 개인생활권을 보장하는 것이 핵심이다. 학생들이 지각하지 않기와 같은 행정적 규칙과 다른 사람의 개인생활권 존중하기와 같은 더 기본적인 도덕적 규칙을 구분하는 것을 배우는 것도 또한 중요하다.

또 하나의 수업 접근은 고등학교 문제에 대한 논의에서 학생들의 도덕적 추론의 수준이나 단계를 교사가 알아내는 것이다. 예를 들어, "이번 주 학교에서 일어났던 일들 중에서 가장 나쁜 것은 무엇인가?"라고 질문할 수 있을 것이다. 그런 후에 그 바로 윗 단계에서 나타날 수 있는 논쟁점을 제시한다. 이 테크닉을 하나 더하기 대응(plus-one matching)이라고 부르며(Lickona, 1991), 이것은 도덕성 발달에서 한 단계도 건너뛸 수 없다는 전제에 기초한다. 그러므로 탈평형화를 일으키고 변화를 자극함으로써 교사는 학생의 도덕성 발달을 한 단계에서 그 다음 단계로 끌어올릴 수 있다. 교사는 학생들에게 도덕성 발달은 (1) 도덕적인 앎, (2) 도덕적인 태도, (3) 도덕적인 행동의 세 가지 다른 성분들로 구성된다는 것을 깨닫게 도와줌으로써 도덕성 발달에 도움을 줄 수 있다(Lickona, 2001).

> **하나 더하기 대응**
> 도덕성 발달에서 한 단계도 건너뛸 수 없다는 전제에 기초하여 논쟁을 제시하는 테크닉

대안적으로, 교사는 간단하게 학생들이 도덕적 이슈를 논의하도록 지도하고 학생들이 제시

Jeff Greenberg/Alamy

학생들이 공동체 속에서 그들의 책임감을 개발할 수 있는 서비스 프로젝트를 수행하고 있다.

하는 이유들을 칠판에 기록할 수 있다. 그런 후에 학생들이 교실 앞으로 나와서 다양한 도덕적 추론 단계들에 대하여 설명하도록 할 수 있다.

Antes와 Norton(1994)은 도덕 교육을 위하여 다음과 같은 제안을 하였다.

● 교사는 학생들에게 연령이 다양한 집단 속에서 다양한 연령에 적절한 지도를 함으로써 학생들이 서로에게 책임감을 갖도록 하는 기회를 제공해야 한다. 더 나이 많은 학생에게는 역할 모델이 되고 인내심과 책략을 개발하는 이점이 있을 것이다. 나이 어린 학생에게는 학업적 도움을 받고 그리고 보살피고 도와주는 관계를 볼 수 있는 이점이 있을 것이다.
● 교사는 학생들에게 그들의 관점을 공유할 수 있는 기회를 제공함으로써 교육적 경험을 학생들의 생활에 관련시킬 수 있다.

당신은 서비스 프로젝트를 통하여 학생들이 공동체 속에서 협동적인 활동을 함으로써 책임감과 공동체에 대한 소속감을 개발하도록 도울 수 있다.

● 학교생활에 대하여 그리고 다른 사람들과 적절하게 상호작용하는 방법에 대하여 교사가 학생들과 함께 혹은 학생들끼리 논의하도록 할 수 있다.
● 당신은 학교와 교실에서 아동이 역할 놀이를 하고 의사결정을 하는 것을 지도할 수 있다.
● 당신은 학생들이 다른 사람들에게 도움을 주고 비판적 사고 기술과 상호작용 기술을 개발할 수 있는 한 가지 방법으로써 공립학교에서 학생 자치정부를 설립하는 것을 지도할 수 있다.
● 당신은 학생들의 생활 속에서 매일 일어나는 활동과 사건을 가치와 윤리를 가르치는 수업에 적용할 수 있다.
● 당신은 학생들이 생활 속에서의 도덕적인 문제에 대하여 교육과정 속의 도덕적인 문제로 나타나는 것과 같은 복잡한 방식으로 사고하도록 지도할 수 있다.
● 당신은 읽기와 쓰기 활동을 사용하여 도덕적 그리고 윤리적 사고를 기르도록 할 수 있다.
● 당신은 민주적 가치의 모델이 될 수 있고 배우고, 공유하고, 협동할 수 있는 안전한 환경을 구성할 수 있다.
● 당신은 학습 환경 속에서 사람들 간의 협동적인 상호작용을 통한 자기수양을 할 수 있도록 지도할 수 있다.
● 당신은 가치, 태도, 성격 특성, 도덕적 이슈에 대한 비판적 사고를 가르치기 위하여 논의, 역할놀이, 분석적 프로젝트와 창의적 프로젝트를 사용할 수 있다.
● 당신은 학생들의 사회적 상호작용 기술을 개발하도록 하기 위하여 협력학습 활동을 사용할 수 있다.
● 당신은 도덕적 합의를 개발하기 위해 부모 지원 집단을 만들 수 있다.

학교 환경 자체가 도덕적 정체성의 확립을 위해 중요한 역할을 할 수 있다. 교사로서 당신은 행동의 모델이 될 수 있다. 당신은 학생들이 실생활에 적용된 도덕성을 발견하도록 지도할 수 있다. 학교는 전반적으로 민주 사회의 모델로 활용할 수 있다. 학교 공동체 속에서 학생 개개인은 도덕적인 환경을 개발하는 데에 도움이 되는 적극적인 역할을 할 수 있다(Atkins, Hart, & Donnelly, 2004).

Ⅴ 성격 발달

성격 발달(personal development)은 아동들이 그들의 환경과 상호작용하는 방법과 특히 교사, 부모, 동료들에 의한 영향을 받은 결과로 나타나는 학습 경험을 말한다(Coolahan, Fantuzzo, Mendez, & McDermott, 2000). 여기서는 사회 인지, 자기, 친구의 영향/동료 압력, 양육태도의 네 가지 중요한 발달적인 측면을 살펴보겠다. 도덕성 발달과 함께, 성격 발달에 대하여 공부하면서 당신은 학생들을 지도하기 위한 전략을 세울 수 있다.

> ● 성격 발달
> 아동들이 그들의 환경과 상호작용하는 방법과 상호작용의 결과로 나타나는 학습 경험

1. 사회 인지

사회 인지(social cognition)는 우리 자신과 다른 사람들에 대해 생각하는 방식을 말하며 그것은 사회 제도의 영향을 받고 다시 사회적 관계에 영향을 미친다. 우리는 성격 발달을 이해하고 사회적 환경과 교육적 환경에 미치는 영향을 이해하는 데에 도움이 되는 사회 인지의 몇 가지 측면들을 살펴볼 것이다.

> ● 사회 인지
> 사회 제도에 의한 영향을 받아서 자신과 다른 사람들에 대해 우리가 생각하는 방식

(1) 조망 수용

조망 수용(perspective taking)이란 다른 사람의 사고와 기분을 이해하는 능력이다(Arnett, 2007). Selman(1980)은 학령기 아동의 조망 수용에 대한 네 가지 수준을 기술한다.

> ● 조망 수용
> 다른 사람들의 사고와 기분을 이해하는 능력

1 수준-분화된 조망 수용(5-9세): 다른 사람들이 자신과 다르게 생각할 수 있다는 것을 알지만 이해하는 것은 일방적이다. 즉 다른 사람을 기쁘게 하면 그 사람도 자신을 기쁘게 해준다는 것을 모른다.

2 수준-상호적 조망 수용(7-12세): 다른 사람의 입장이 되어볼 수 있고 다른 사람들도 다른 사람의 입장이 될 수 있다는 것을 인식한다.

3 수준-제 3자적 조망 수용(10-15세): 교사, 부모 혹은 동료와 같은 제 3자의 관점에서 자기 자신의 관점과 다른 사람의 관점을 볼 수 있다.

4 수준-심층적 조망 수용(12세 이상): 한 사람의 관점이 다른 세대나 다른 문화에 대한 신

념과 같이 더 큰 사회적인 관점을 대표할 수 있다는 것을 알 수 있다.

조망 수용 능력은 인기를 얻고 새로운 친구를 사귀는 데에 있어서 매우 중요한 역할을 할 수 있다(Vernberg et al., 1994). 조망 수용은 또한 친절하고 배려하는 친사회적 행동(prosocial behavior)과 연관이 있으며(Eisenberg, Zhou, & Koller, 2001), 조망 수용 능력이 높은 사람은 또한 새로운 친구를 잘 사귈 수 있다(Berk, 2006).

> 😊 **친사회적 행동**
> 친절하고 배려하는 행동

조망 수용 능력은 대인관계의 문제와 관련된 사회적 문제 해결(social problem solving)에도 도움이 된다. Berk(2006)은 사회적인 문제를 해결하기 위해 택할 수 있는 네 가지 단계를 확인했다: (1) 사회적 단서를 관찰하고 해석한다. 예를 들면, 자신이 무시당하고 있다고 생각하기 때문에 다른 사람들과 협동하려고 하지 않는 사람이 있는가, (2) 사회적 목적을 확인한다. 예를 들면, 우리가 함께 일하기를 원한다면 협력해야 한다. (3) 전략을 생성한다. 예를 들면, 우리들 각자가 특수한 과제를 맡는다. (4) 전략을 수행하고 평가한다. 예를 들면, 모든 사람이 그 전략을 썼고, 그 결과가 성공적으로 보인다.

> 😊 **사회적 문제 해결**
> 대인관계 문제의 해결

(2) 청소년기 자기중심성

초기 청소년기에 나는 내가 훌륭한 농구 선수가 거의 다 됐다고 굳게 믿고 있었다. 나는 우리 집, 이웃, 학교, 내가 가는 모든 곳에 바스켓이 있다고 가정하고 공을 점프 샷, 훅 샷, 드리블링이나 슬래밍하는 행동을 했다. 사람들이 나에게 모든 이상한 표정을 다 보냈지만 나는 내가 멋있다고만 생각했다(Ben, 14세).

특히 청소년들은 자신의 사고와 다른 사람들의 사고를 구분하지 못하는 경우가 많다. Ben 의 이야기에 반영되어 있듯이 청소년기에 나타나는 자기중심적인 생각을 청소년기 자기중심성(adolescent egocentrism)이라고 한다. 청소년기 자기중심성은 다음과 같은 세 가지 특징을 가지고 있다(Elkind, 1985).

> 😊 **청소년기 자기중심성**
> 청소년기에 나타나는 자신의 생각과 다른 사람들의 생각이 다르다는 것을 알지 못하는 것

상상적 청중(imaginary audience)은 청소년들이 자신에 대해서 생각하는 만큼 다른 사람들도 자신을 주목하고 있다고 생각하는 청소년의 상상 속의 인물로 흔히 동료들이다. 그래서 청소년들은 자신의 외모와 행동에 대한 자의식이 강하다. 한 가지 예를 들면, 청소년들은 다른 사람들이 자신만 바라보고 있다고 생각하기 때문에 그들의 기대에 어긋나지 않는 옷차림을 하고 나가기 위해 거울 앞에서 자신의 모습을 연출하는 데에 장시간을 보낸다.

> 😊 **상상적 청중**
> 청소년들이 자신에 대해서 생각하는 만큼 다른 사람들도 자신을 주목하고 있다고 생각하는 청소년의 상상 속의 인물

Kelly, Adams와 Jones(2002)는 상상적 청중 경험이 인지 발달보다 사회적 불안과 더 관계가 있다는 결론을 내린 반면에, Bell과 Bromnick(2003)은 실제로 개인적인 그리고 사회적인 중요성이 존재하기 때문에 청소년들은 다른 사람들이 생각하는 것에 관심이 많다는 것을 발견했다. 이런 관심은 상상적이기보다는 사회적 현실에 기반하는 것으로 볼 수 있다.

개인적 우화(personal fable)는 자신에게는 타인의 주의와 관심을 받는 특별하거나 독특한 무엇이 있다는 믿음이다. 이것 때문에 타인이 자신을 이해하지 못하거나 자신이 성공할 운명을 타고 났다고 믿는다(예, 유명한 운동선수, 록 스타). 또한 해를 입지 않고도 자신이 위험한 일을

> 😊 **개인적 우화**
> 자신에게 뭔가 특별하고 독특한 것이 있기 때문에 다른 사람들을 매료한다는 믿음

해낼 수 있다고 믿는다(Arnett, 2007).

개인적 우화와 관련된 것이 낙천적 편견(optimistic bias) -자신의 위험은 다른 사람의 위험보다 덜하다는 판단- 이다(Helweg-Larsen & Shepperd, 2001). 음주 운전 사고와 같은 재난이나 불운은 다른 사람들에게 더 많이 일어난다고 생각한다. 금연에 대한 연구에서 청소년의 60%가 몇 년 더 흡연을 할 수 있고 그 후에 금연하겠다고 생각하며, 따라서 그들의 흡연 행동이 그들에게는 위험이 적은 것으로 생각한다(Arnett, 2000)

2. 자기

나는 자신에 대해 어떻게 생각하는가? 나는 꽤 진지하고 마음에 담아두는 성격이기 때문에 마음의 상처를 입는 경우가 많다. 나는 꽤 내성적이다. 나는 소심해서 친구가 많지 않으며 기껏해야 2명이나 3명이다. 나는 나의 부모님과는 사이가 좋다. 하지만 그 이유는 그들이 나에게 무엇을 하라고 간섭하지 않기 때문이다. 나는 남자들 속에서는 불안한 경향이 있다. 학교에서 나는 똑똑하게 보이려고 거침없이 말을 하고 가끔 무례한 경우도 있다(Darlene, 17세)

(1) 자기개념

자신에 대한 생각을 뜻하는 자기개념(self-concept)이란 청소년기에 발달하는 경향이 있다. 이때문에 타인과 자신을 구분할 수 있다. 자기개념에는 자신을 어떻게 생각하는가 하는 실제적 자기(actual self), 무엇이 될 수 있을 것인가 하는 가능한 자기(possible self), 무엇이 되고 싶은가 하는 이상적 자기(ideal self), 무엇이 되기가 두려운가 하는 두려운 자기(feared self), 당신의 실제 모습이 아니라는 것을 알면서 남에게 보여주는 가짜 자기(false self)가 있다(Witty, 2002). Harter(1999)는 자신의 행동과 성격에서 갈등을 인식하게 되면 "실제 나"가 여러 상황 속에서 다양한 모습으로 분리되는 혼란을 겪게 된다.

(2) 자존감

자존감(self-esteem)은 자신의 가치와 만족감에 대한 전반적인 느낌이다(Arnett, 2007). Rosenberg(1986)는 두 종류의 자존감을 확인했다. 기본적인 자존감(baseline self-esteem)은 개인의 안정적이고 지속적인 가치감과 만족감이고 바로메트릭 자존감(barometric self-esteem)은 하루에도 몇 번이나 생각, 경험, 상호작용에 따라 변하는 가치감과 만족감을 말한다. 바로메트릭 자존감의 변화는 Lester 이야기에 나타나있듯이 초기 청소년기에 특히 강하다(Rosenberg, 1986). Harter(2003)는 자기상에는 다음과 같은 8가지 영역이 포함된다.

- 학문적 역량
- 사회적 수용
- 운동적 역량
- 신체적 외모

낙천적 편견
자신의 위험이 다른 사람의 위험보다 덜하다고 판단하는 것

자기개념
자신에 대한 자신의 관점

실제적 자기
현실에서 느끼는 자기개념

가능한 자기
당신이 무엇이 될 수 있는가

이상적 자기
자기가 되고 싶어하는 자기

두려운 자기
당신이 되기 싫어하는 자기

가짜 자기
진짜 자기 모습이 아니라는 것을 알면서 남에게 보여주는 자기

자존감
한 개인의 전반적인 가치감과 만족감

기본적인 자존감
한 사람의 안정적이고 지속적인 가치감과 만족감

바로메트릭 자존감
하루에도 몇 번이나 생각, 경험, 상호작용에 따라 변하는 가치감과 만족감

청소년들은 종종 그들의 외모와 행동에 대해 예민하게 의식한다.

- 직무 역량
- 성적 매력
- 품행
- 친밀한 우정

Ferkany(2008)은 자존감이 교육적 성취를 위해 필요한 자신감과 동기를 갖게 하는 데 관련이 있다고 한다. 그밖에, Ferkany는 교사와 학생 간의 상호작용, 그리고 학생과 학교의 사회적 환경 간의 상호작용을 통해서 사회적으로 자존감을 높일 수 있다고 한다. Manning(2007)은 교사가 학생이 중요하게 생각하는 영역에서의 잠재력을 강화시키고 학생의 결점을 정확하게 평가하고 학생이 개인적으로 필요로 하는 것에 초점을 맞춰 중재함으로써 학생의 자존감을 높일 수 있다고 주장한다. 유의미한 타인들로부터 격려하는 지지를 받는 것도 또한 좋은 영향을 미친다.

(3) 사회적 고독과 정서적 고독

"청소년기에는 상당한 시간을 방문을 잠그고 자기 방에서 보낸다"(Arnett, 2007, p. 188). 이것은 청소년들이 반드시 항상 고독하다는 의미는 아니다. 그들은 음악을 듣고, 전화로 이야기를 하고, TV를 시청하고, 혹은 공상에 잠기기도 한다. 하지만 많은 시간을 혼자 보내는 청소년들은 학교 문제, 우울증, 다양한 심리적 어려움을 더 많이 가지고 있다(Larson Richards, 1994).

Weiss(1973)는 사람들이 사회적 만남 및 관계가 부족할 때 일어나는 사회적 고독(social loneliness)과 관계의 친밀성이 부족할 때 일어나는 정서적 고독(emotional loneliness)을 구분했다. 전자는 접촉 양의 부족인 반면에, 후자는 접촉 질의 부족이다. 고독의 영향을 가장 많이 받을 시기는 갓 성인이 될 때(19-24세, Iacovou, 2002)이지만, 유치원 아동과 같은 어린 나이에도 경험할 수 있다. Coplan, Arbeau와 Closson(2007)은 유치원 연령의 아동들이 겪는 전반적인 고독은 불안, 폭력성, 따돌림과 연관이 더 많다는 것을 발견했다. 고독과 관련된 행동에서의 성차도 발견되었는데 소녀들이 소년들보다 고독을 더 많이 경험했다. 게다가 정서적 문제의 경험은 거부보다는 고독에 더 기반을 두고 있는 것 같다(Qualter & Munn, 2002).

한편, 대학교 신입생들은 동료들로부터 더 많은 사회적 지지를 받을 때 고독을 덜 느끼고 또한 학업적 인내심도 증가되는 것으로 나타났다. 이 현상은 특히 여자들에게 더 많이 나타난다(Nicpon, Blanks, & Huser, 2006). 일반적으로는 정서적 고독이 사회적 고독보다 더 많이 나타난다. 어떤 경우든, 고독에 대한 가장 좋은 해결책은 사회적 지지다.

3. 친구의 영향/또래 압력

상호 관계를 맺는 친구(friend)와 공동 지위를 공유하는 또래(peer)는 개인의 발달에 긍정적, 부정적으로 모두 개인의 발달에 영향을 미친다. Berndt(2004)는 친구들이 서로 제공할 수

사회적 고독
사회적 만남과 관계가 부족할 때 경험하는 고독

정서적 고독
관계의 친밀감이 부족할 때 경험하는 고독

친구
상호 관계를 가지는 사람

또래
공동 지위를 공유하는 사람

있는 네 가지 지지 유형(types of support)을 기술한다.

- 정보적 지지: 학교 문제나 이성 관계 문제와 같은 개인적 문제 해결을 위한 지도와 충고.
- 도구적 지지: 숙제나 돈 관리와 같은 문제를 도와주기
- 동반적 지지: 춤, 스포츠 경기, 점심 같이 먹기, 혹은 학교 버스 같이 타고 가기와 같은 사회적 상황에서 함께 있는 것
- 존중감 지지: 성공을 축하해주고 실패를 위로해주는 것, 서로를 위해 거기 있어 주기

일반적으로 친구와 동료는 서로 매우 잘 아는 사람으로 구성되는 작은 집단인 도당(clique)과 반드시 많은 시간을 함께하지는 않는 큰 집단인 군중(crowd)으로 나눌 수 있다(Brown & Klute, 2003). Arnett(2007)은 고등학교에서 다음과 같은 여덟 가지 군중 명칭(crowd label) 확인했다.

- 인기아: 학교에서 가장 높은 사회적 지위를 가지고 있는 학생
- 선수: 학교 운동 선수팀원
- 수재, 공부벌레, 샌님, 모범생: 높은 점수를 받으려고 애쓰는 사회성이 부족한 학생
- 마약 복용자, 페인: 마약을 사용하는 것으로 추정되며 학교에 온 외계인같다
- 지저분한 유형: 지저분한 옷을 입고 머리는 좋지만 학업에 관심이 없다
- 고트족: 검은 색 옷을 입고 일탈 행동을 하고 헤비메탈 음악을 듣는다
- 무명인: 사회적 기술이 부족하고 전형적으로 무시되는 유형
- 평범인: 학교 환경에 잘 섞이는 학생들이다.

Larson과 Crouter(2002)는 친구들 사이에서는 서로의 감정을 들여다보고 서로 마음 속 깊은 기분을 이야기 할 수 있기 때문에 가장 행복한 순간을 (부모와 함께할 때보다는) 친구와 함께 할 때 경험한다고 학생들은 보고한다. 동시에 그들은 친구가 자신을 좋아하는지 그리고 자신이 친구들 사이에서 인기가 있는지 걱정한다(Larson & Richards, 1994). 그 외에, 친구들은 하지 않아야 할 것을 하도록 하기도 하고, 하기 싫지만 해야 할 것을 하도록 떠밀 수 있다. 이것을 일반적으로 또래 압력(peer pressure)이라고 한다(Brown, 2004).

친구들 사이에는 평탄하지 않은 상호작용이 많다. 사람을 통제하기 위하여 상호작용이 적대적일 수 있다. 대표적으로 사용되는 적대적인 테크닉이 조롱(ridicule)(누군가를 웃음거리로 만들거나 당황하게 하는 것)이다. 조롱이 심해지면 뒷말을 하거나 헛소문을 퍼뜨리거나 무시하고, 따돌리는 관계적 공격성(relational aggression)이 된다. 관계

지지 유형
사람들이 다른 사람들에게 지도, 도움, 동반, 혹은 정서적 지지를 제공하는 방식

도당
서로가 매우 잘 아는 사람들로 구성되는 작은 집단

군중
반드시 많은 시간을 함께 하지는 않는 큰 집단을 이루는 친구나 동료

군중 명칭
사회적 집단을 분류하는 명칭

또래 압력
친구들이 서로에게 무엇을 하도록 혹은 하지 않도록 압력을 행사하는 것

조롱
누군가를 웃음거리가 되게 하거나 당황하게 만드는 것

관계적 공격성
뒷담화, 소문 퍼뜨리기, 무시하기, 따돌림 형태의 갈등

십대들이 독립적인 정체성을 개발하기 위하여 애쓰는 시기에 매우 독특한 스타일의 외모를 꾸미기도 한다.

적 공격성은 더 직접적인 신체적 갈등을 억제하는 여성의 성역할 개념을 가지고 있는 소녀들 사이에서 가장 일반적으로 나타난다(Underwood, 2003).

친구를 선택하는 일에 있어서, 가장 중요한 것은 성별, 연령, 인종, 좋아하는 여가 활동, 위험한 활동 참여에서의 유사성이 중요한 선택 기준이 된다(Sampter, 2003). 이것을 선택적 연합(selective association)이라고 한다(Rose, 2002).

● 선택적 연합
사람들이 성별, 연령, 인종, 선호하는 여가 활동, 위험한 행동하기를 기준으로 친구를 선택하는 경향성

● 사회적 기술
다른 사람과 상호작용하는 개인의 능력에 영향을 미치는 대인관계 기술

(1) 사회적 기술과 인기

사회적 기술(social skill)은 인기의 열쇠다(Nangle et al., 2002). 인기가 많은 사람은 다정하고, 다른 사람들에게 민감하고, 말을 잘 들어주고, 의사소통을 잘 하는 사람이다. 그들은 집단 활동에서 지도자가 되고 집단 활동에 적극적으로 참여한다. 그들은 오만하게 보이지 않으면서 사람들을 끌어들인다. 인기가 없는 사람은 종종 사회적 기술이 부족하다. 그들은 말다툼이나 공격적인 행동때문에 거부를 당하거나 그렇지 않으면 부끄럼과 소심함 때문에 무시를 당한다(Prinstein & La Greca, 2004).

Weissberg, Kaplan과 Harwood(1991)는 교사들이 거부된 학생들에게 분노와 공격성을 스스로 통제할 수 있는 방법을 가르치기 위한 6단계 프로그램을 개발했다.

- 멈추고, 진정하고, 행동하기 전에 생각한다.
- 문제를 검토하고 자신이 느끼는 것을 말하거나 글로 쓴다.
- 상황의 결과에 대한 긍정적인 목표를 설정한다.
- 목표에 도달할 수 있게 해주는 긍정적인 해결방법을 생각한다.
- 가능한 해결방법의 결과를 기대하려고 노력한다.
- 최선의 해결방법을 선택하고 실행한다.

초등학교 교사들은 특히 협동과 자기통제와 같은 사회적 기술의 중요성을 강조하며, 사회적 기술이 주장성보다 더 중요하다고 생각하는 것으로 나타났다(Meier & DiPerna, 2006). 그밖에, 교실 수업 시간에 학생들에게 자신의 정서를 관리할 수 있도록 하고 보살핌과 공감과 협력을 훈련시키면 학생들의 학업 성취도도 향상되는 것으로 나타났다(Viadero, 2007).

4. 양육

나의 부모님은 최소한 나를 매우 느긋하게 대하신다. 내가 학교 공부도 잘 하고 문제도 일으키지 않기 때문에 나 스스로 결정하도록 해주신다. 나의 부모님은 내가 나의 삶을 잘 관리할 수 있다고 믿으시기 때문에 내 결정에 맡기시는 것 같으면 나도 그것을 매우 만족스럽게 생각한다. 그래서 나의 모든 친구들은 나를 부러워한다!(Bernard, 15세)

친구들과 또래들 이상으로 부모는 아동과 청소년에게 커다란 영향력을 가지고 있다. 개인 발

달에 영향을 미치는 주요한 한 가지 요인은 부모의 양육 유형(parenting style)이다. 양육 유형은 부모가 아동의 행동에 대한 규칙을 설정하고 아동이 그것을 따르기를 기대하는 정도를 의미하는 요구(demandingness)와 부모가 아동의 요구에 대한 민감하고 아동에게 사랑, 온정, 관심을 표현하는 정도를 의미하는 반응(responsiveness)의 두 차원으로 묘사할 수 있다(Steinberg & Silk, 2002). 이 두 가지 차원을 조합하면 다음과 같은 네 가지 양육 유형이 나온다(Baumrind, 1991; Steinberg & Silk, 2002).

1. 권위적 부모(authoritative parent)는 요구와 반응이 모두 높다. 그들은 분명한 규칙과 기대를 설정하고 그것을 아동에게 설명하고, 의논하고, 협상한다; 지키지 않으면 어떤 결과가 따르는지 알려주고 필요시에는 그 결과를 수행한다. 또한 그들은 자식을 사랑하고 따뜻하게 보살피고 자식이 필요한 것을 요구하면 제공해준다.

2. 권위주의적 부모(authoritarian parent)는 요구는 높고 반응은 낮다. 그들은 아동의 복종을 요구하고 만약 복종하지 않으면 벌을 준다. 권위적 부모와 같은 교류는 없다. 그밖에, 그들은 아동에 대한 온정과 사랑을 거의 표현하지 않는다. 그들은 정서적으로 분리된(emotional detachment) 것 같이 행동한다.

3. 허용적 부모(permissive parent)는 요구는 낮고 반응은 높다. 그들은 자식에 대한 제한적인 기대를 하고 거의 훈육을 하지 않는다. 동시에 그들은 자식에게 무조건적인 사랑을 주고 원하는 것을 할 수 있게 상당한 자유를 준다(앞서 나온 Bernard의 이야기에서처럼).

4. 무관심한 부모(disengaged parent)는 요구와 반응 모두가 낮다. 그들은 자식에게서 요구하는 것이 거의 없고 따라서 최소한의 시간, 노력, 정서를 가지고 자식을 양육한다. 그들은 아동에게 제한이나 요구를 거의 하지 않고 사랑이나 관심도 거의 표현하지 않고 자식에게 정서적 애착도 거의 없는 것으로 보인다.

Steinberg 외(1994)가 제시하는 자료에 의하면, 부모의 35%가 권위적이고, 18%가 권위주의적이고, 12%가 허용적이며, 35%가 무관심하다. 네 가지 양육 유형에서, 권위적인 양육이 청소년에게 가장 좋은 것으로 보인다. 청소년들은 그 이전에는 할 수 없었던 자율성과 자기조절을 훈련할 수 있지만, 책임감 있게 행동하기 위해서는 여전히 권위적인 양육이 제공하는 균형을 필요로 한다. 표 3-2는 개인 발달의 측면들에 대한 개념 복습을 제공한다.

양육 유형
부모가 자식을 기르면서 나타내는 요구와 반응의 수준

요구
부모가 자식의 행동에 대한 규칙을 설정하고 자식이 그것을 따르도록 기대하는 정도

반응
부모가 자식의 요구에 민감하고 자식에게 사랑, 온정과 관심을 표현하는 수준

권위적 부모
요구와 반응이 높은 부모

권위주의적 부모
요구는 높고 반응은 낮은 부모

허용적 부모
요구는 낮고 반응은 높은 부모

무관심한 부모
요구와 반응이 모두 낮은 부모

표 3-2	개인 발달의 측면들	
측면	**성분**	**의미**
사회 인지	조망 수용	다른 사람의 생각과 기분을 이해한다.
	청소년기 자기중심성	자신의 생각과 다른 사람의 생각을 구분할 수 없다.
자기	자기개념	자신을 어떻게 생각하는가
	자존감	자기 가치감
	고독	개인적 만남과 친밀감의 부족
친구의 영향 /또래 압력	지지	친구들이 서로 도움을 주는 방식
	군중 명칭	학생들의 유형을 분류하는 방식
	사회적 기술	다른 사람이 당신을 좋아하도록 만들기
양육	권위적	요구도 하고 반응도 한다
	권위주의적	요구하지만 반응은 하지 않는다
	허용적	요구하지 않지만 반응은 한다
	무관심	요구도 반응도 하지 않는다

Erikson의 심리사회적 발달 단계

🔵 자아정체감
자신이 실제로 누구인가 하는 인식

🔵 자아실현
발달적 갈등을 처리함으로써 획득되는 개인적인 성장

    Erik Erikson은 특히 자신이 누구인가 인식하는 자아정체감(ego identity)이 어떻게 발달하는가에 관심이 있었다. 그는 자아정체감을 사회적 환경과 그 문화의 요구 속에서 한 개인이 가지고 있는 개성의 핵심이라고 보았다. 그는 개인의 정체성이란 사회적 환경 속에 살아가는 가운데 자연스럽게 일어나는 발달 위기를 해결하는 여러 단계를 거치면서 형성된다고 보았다. 위기를 처리하고 도전해 나가는 과정에서, 사람들은 더 큰 자아실현(self-actualization)(숙달, 성격의 통합, 지각의 정확성)을 향해 성장하거나 아니면 더 유아적인 해결로 퇴행한다(Erikson, 1968). 청소년기에는 자기 인식을 획득하고 자신의 신념과 관점을 개발하는 것이 중요하다(Johnson, Buboltz, & Seemann, 2003).

    Erikson에게 위기란 위협이나 파국이라기보다 "전환기이거나 취약성과 잠재력이 고조되는 결정적인 시기다."(Erikson, 1968, p. 96). 각 단계에서 사람들은 위기를 긍정적인 방식으로 혹은 건강하지 못한 방식으로 해결해 나간다. 8단계의 위기(Erikson, 1963, 1968)에 대해서 이제 자세히 살펴보자(동기의 힘으로써의 자아실현 욕구는 제10장에서 다시 살펴볼 것이다.).

1. 영아기: 기본적 욕구(신뢰감 대 불신감)

    영아기는 다른 사람, 특히 어머니에게 기본적인 욕구충족을 의지하는 시기다. 음식, 주거, 안전, 보살핌 등이 다른 사람에 의해 제공되어야만 한다. 이 기본적인 욕구가 충족될 때, 영아는 자신에 대한 신뢰감뿐만 아니라 다른 사람에 대한 신뢰감도 배운다. 기본적인 욕구가 적절하게 충족되지 않아 부모와 아동 간의 소원함이나 거리가 존재할 때 영아는 불신감을 갖게 되고 종종 자기 스스로에게 위축되는 경향이 동반된다. 따라서 우리는 "기본적인 신뢰가 중요한 성격의 초석이라고" 생각할 수 있다(Erikson, 1968, p. 97).

신생아가 음식물을 섭취하고 살아남기 위해서는 입을 통해 음식을 섭취할 수 있는 협응 능력과 아기에게 수유하려는 어머니의 의도가 있어야 한다. 이런 관계에서 영아가 스스로 받아들이려고 하는 욕구는 감각적 자극과 사회적 자극을 받아들이려는 욕구로 확장된다. 영아가 처음으로 그들의 문화를 접촉하는 것도 주고받는 것을 통해서다. 남에게 베푸는 성향도 또한 "주어지는 것을 받아들이는 것"에 의해서 발달한다. Erikson(1968)은 어머니와 영아의 관계를 Piaget가 이미 소개한 용어인 상호성(mutuality)이라고 부른다.

영아의 후반기에 협응하려고 하는 욕구는 무엇인가를 수용하고 유지하려는 모습으로 나타난다. 어머니가 젖을 떼기 위해 아동을 조금 멀리하고 덜 보살피게 되면서, 영아는 버림받는 느낌을 받을 수 있다. 이 기분이 불신감을 갖게 할 수 있다. 이때에 어린 아동은 자신에게 의존하거나 자신을 신뢰하는 것을 배우기 시작해야 한다. 어머니의 보살핌의 양이 줄어들어도, 그 질이 유지된다면 신뢰감은 이 위기를 잘 극복할 수 있다.

Erikson(1968)은 전통적인 육아 방법이 갈등을 최소화하고 따라서 신뢰감을 형성할 수 있도록 한다고 믿는다. 이런 신뢰감은 사회심리적인 안정감을 주고 나아가 믿음, 희망, 낙관성을 발달시킬 수 있는 기초가 된다.

2. 걸음마기: 자기통제(자율성 대 수치심 및 의심)

걸음마기에 들어서면서, 만족감과 좌절감을 느끼게 되면서 그들의 욕구도 더 커진다. 동시에 아동의 삶에 있어서 두 가지 다른 요인들도 증가한다. 즉, 아동이 반응할 수 있는 사람들이 수적으로 많아지고 종류도 다양하며, 물리적 환경과 심리적 환경에 대처하는 그들의 능력과 기술도 발달한다. 각 단계에서 발달 위기를 일으키는 것은 새로운 사람들을 만나는 일과 점점 더 혼자서 사람들을 만나야 되는 일이 많아지는 것이다. 이 단계에서는 배변 훈련이나 자기조절과 관련이 있는 보유하거나 배출하는 것을 성공적으로 관리하려는 욕구는 아동의 자율성이나 독립심의 발달에 매우 중요하다.

아동이 세상을 "나"와 "너" 그리고 "나의 것"과 "너의 것"으로 나누어 설명하는 것을 배우는 시기가 걸음마기다. Erikson(1968, p. 109)에 의하면 "성인과 아동 간의 상호 조절의 문제가 이제 가장 심각한 시험을 치르게 된다." 만일 부모가 지나치게 통제하거나 요구하거나 보호하면, 아동은 의심과 수치심을 갖게 된다. 의심과 수치심은 성인기에 과도한 양심이나 강박증으로 나타나게 될 수도 있다. 만일 자존감에 상처를 입지 않고 자기통제감을 경험할 수 있도록 해주면, 아동은 자유의지 혹은 자율성을 획득할 수 있게 되고 자신의 권리를 갖고 있다는 확신을 갖게 된다. 이 단계에서 위기를 긍정적인 방향으로 해결하면, 다른 단계에서도 그러하듯이, 다음 단계에서의 위기도 긍정적인 방향으로 해결할 가능성이 높다. 따라서 신뢰감은 자율성이나 자유

의지의 발달을 위한 전제조건이다.

3. 초기 아동기: 목적(주도성 대 죄의식)

어린 아동이 현실적인 야망과 목적을 가지는 것을 가능하게 해주는 세 가지 발달이 초기 아동기에 일어난다. 이 세 가지는 (1) 자유롭게 움직일 수 있는 기회, (2) 아동이 질문하는 것을 가능하게 해주는 언어의 발달, (3) 상상력과 꿈의 확장이다(Erikson, 1968, p. 115). 이런 것들에서 성인으로 성장하기 위한 준비를 할 수 있고 새로운 것을 탐색하고 시도할 수 있는 주도성이 발달할 수 있다. 아동은 학습을 통해 아동 자신의 제한점에서 벗어나 그의 미래 가능성으로 나아갈 수 있다.

이 단계는 놀이와 호기심의 단계이고, 탐색하고 표현하려는 충동이 강한 단계다. 만일 이 충동이 약해지고, 좌절하고, 혹은 성인에 의한 질책을 받는다면, 그 결과는 양심의 가책이고 자책인 죄의식으로 나타난다. 그리고 죄의식의 도덕성은 부모가 용납하지 않는 행동에 대한 엄격한 제한을 받고 자란 아동에게는 Erikson(1968, p. 119)에 의하면 그것은 "원한과 타인 억제와 동의어가 된다." 주도성의 부재는 성인기에 자기억제와 자기부인으로 나타날 것이다.

이 연령의 아동에게 필요한 성인의 역할은 모범을 보여주는 모델이 되는 것이다. 성공적인 모델은 아동에게 끊임없이 "하지 마"라고 하는 대신에 적절한 탐색과 숙달 방법을 제공한다. 아동이 꿈꾸는 영웅은 감독관보다는 동반자가 될 수 있는 부모나 교사와 같은 현실적인 역할 모델로 천천히 대체되어야 한다. 그래야만 아동은 "죄의식으로 움츠리지 않고 '나는 내가 될 것이라고 생각할 수 있는 나다'라는 지속적으로 성장하는 나에 대한 확신"을 가질 수 있다(Erikson, 1968, p. 122)(모델과 모델의 효과에 대해서는 제6장에서 자세하게 살펴볼 것이다.).

4. 학동기: 생산성(근면성 대 열등감)

일반적으로 초등학교 입학할 때쯤 아동은 수행하고, 의무를 공유하고, 규율을 적용하고, 협동하고, 모방하는 것을 배울 준비가 된다. 아동은 무언가를 잘 할 수 있는 준비가 되고, 열심히 일하고, 그리고 Erikson(1968)이 근면성이라고 부르는 것이 발달한다. 이 단계에서 아동은 무언가를 만들고 성취함으로써 인정을 받으려고 애쓴다.

만일 아동이 (1) 가족생활 속에서 책임지고 생산성을 발휘할 수 있는 준비가 되어있지 않거나, (2) 아직까지 "어린 아기"가 되고 싶어 하거나, (3) 비판을 받거나 기회가 부족하여 배우려는 의지가 좌절된다면, 열등감이나 무가치감이 이 단계에서 발달하게 된다. 이것은 자신이 쓸모없는 사람이 될 것이라는 기분이다. 이 시기에 교사들은 아동에게 할 수 없는 것보다 할 수 있는 것을 강조하고 이 기분을 회피하거나 극복하도록 돕는 것이 중요하다. 아동에게 도전적이지만 획득 가능한 목표를 설정하도록 가르치는 것이 아동이 성공을 획득하는 방법을 가르치는 데 도움이 된다(Dweck, 1999).

이 단계의 아동에게 가장 적절한 환경을 위해서는 극단적인 금지나 엄격한 의무만 부과되어

놀이는 탐색 욕구를 충족시키고, 아동의 자라나는 호기심을 충족시킨다. 그 결과 주도성이 발달한다.

Creatas/PhotoLibrary

서도 안 되고 극단적인 자율성이나 무제한적인 허용만 주어져도 안 된다. 다시 말해서, 아동의 정체성의 일부로 근면성을 개발하기 위해서는 일과 놀이의 수준이 적절히 배합된 환경이어야 한다. 학교 환경에 잘 적응할 수 있도록 지도를 받는 아동들은 "내가 배워서 만들어 가는 것이 나다"(Erikson, 1968, p. 127)라는 믿음을 갖게 된다.

5. 청소년기: 자기발견(정체감 대 혼미)

우리는 성인의 의식을 청소년기 동안 천천히 형성한다. 부모를 모방하는 것을 조금씩 포기하면서 자신의 정체성을 형성하기 시작한다. 무엇이든 될 수 있었던 아동과 성인의 중간에 머물던 세상을 떠나서 약 22세경에 어떠한 사람으로 안정적인 모습을 가지게 된다. 한 조각의 아동기 의식을 한 조각의 성인기 의식으로 대체할 때마다 우리 자신이 만드는 누군가가 된다. 그 과정은 고통스럽기도 하지만 또한 흥미롭고 보람이 있다(Gould, R. L., 1978).

청소년기 이전의 모든 발달이 청소년기에 통합되는 것으로 보인다. 만일 그동안 긍정적으로 발달이 진행되어 왔다면, 문제 청소년들은 (1) 자신과 다른 사람들에 대한 신뢰감, (2) 삶의 방향 선택에서의 자율성이나 자유 의지, (3) 그들이 무엇이 될 것인가에 초점을 맞추기 위한 주도성과 상상력, (4) 목표를 달성하기 위해 노력하는 근면성을 가지고 있을 것이다. 이러한 것들이 표현이 허용되고, 선택을 할 수 있고, 인정과 수용을 받을 수 있는 환경 속에서 발달되었다면 스스로 정체감을 획득할 가능성이 높다. 반대로 이러한 것들이 발달하지 않거나 표현할 수 있는 기회가 없다면 "나는 누구인가?"하는 정체성의 문제는 어둡고 혼란스럽게 된다.

정체성은 자신이 누구인가 하는 자신의 이미지이며 능력, 좋아하는 것과 싫어하는 것, 희망, 기대 등을 포함하고 있다. 진로 선택, 성적 취향, 주변 세상에 대한 믿음은 모두 정체감에서 비롯된다. 청소년들이 자신의 지적, 사회적, 도덕적, 성적인 측면들을 통합하는 것이 통일된 자아 정체성을 개발하는 데 도움이 된다(Harter, 1998).

청소년들은 자신의 정체성을 얼마나 확신하는가? 그들은 얼마나 혼란스러워하는가? 그들은 한 정체성에 전념하고 있는가 아니면 한 정체성을 탐색하고 있는 중인가? 소수이기는 하지만, Marcia(1980, 1988, 2002)에 의하면, 정체성 확립(identity achievement) 상태에 도달한 사람들도 있다. 그들은 실험을 하고 탐색을 했으며 최소한 현 상태에서 자신의 삶에서 무엇을 원하는지 알고 있다. 그들은 자신의 목적을 설정했고 그것을 획득하기 위한 계획을 가지고 있다. 삶의 후반에 우회나 반전이 있을 수는 있지만 그 지점에서 그들은 어떤 신중하게 계획된 선택을 한 것이다.

정체성 유실(identity foreclosure)을 선택하는 청소년들도 있다. 가능성을 탐색하기보다 그들은 간단하게 이미 정해져있는 경로—흔히 부모의 진로—를 선택하고 그것에 전념한다. 그들의 정체성은 떠맡거나 빌린 것이기 때문에 만일 그 정체성이 제대로 작용하지 않으면 미래에 많은 혼란을 겪을 수 있다. 학생들은 정체성 선택에 대한 유실을 예방하기 위해 교사와 가족의 지도와 지원을 필요로 한다(Kerka, 2003).

많은 청소년들은 정체성 혼란(identity diffusion)을 경험한다. 자신의 미래에 대해 생각했지

🔊 **정체성 확립**
청소년들이 그들이 삶에서 무엇을 원하는지 아는 것

🔊 **정체성 유실**
청소년의 가능성을 탐색하지 않고 이미 정해진 경로를 따르는 청소년의 선택

🔊 **정체성 혼란**
청소년들이 그들의 미래를 생각할 때 느끼는 혼란스러움

만 결론에 도달하지 못한 사람들도 있고, 완전히 선택을 회피하는 사람들도 있다. 이들은 혼란스러운 사람들이다. 대학에 진학할 것인지 직장을 구할 것인지? 무엇을 전공해야 하는지? 어떤 학교에 가야 하는지? 결혼을 해야 하는지 독신으로 살 것인지? 그들은 많은 질문을 가지고 있지만 답은 거의 없다.

마지막으로, 어떤 청소년들은 정체성 유예(moratorium) 상태에 있다. 그들은 새로운 것들을 탐색하고 시도하면서 가장 좋은 직업적인 그리고 이데올로기적인 방향을 찾기 위해 고민하고 있다. 그래서 그들의 최종 결정이 미루어질 수 있지만 그 과정은 거쳐야 하는 긍정적인 단계이며 결국 정체성 성취에 이를 수 있도록 해준다. 정체감 유예 상태에 있는 청소년들은 현재 특정한 방향에서 배우고 있을 수 있으나 아직 그 선택을 확정지을 만큼 준비된 상태는 아니다.

청소년기 정체성 지위와 다른 발달 특성들 간에 관계가 있다는 연구결과가 있다(Berzonsky & Adams, 1999). 정체성 성취와 정체성 유예에 있는 청소년들은 정체성 유실과 정체성 혼란의 청소년들보다 자기 주도적이고, 문제해결을 잘하고, 협력적인 경향이 있다. 정체성 유예 상태의 청소년들은 정체성 성취 상태의 소년들보다 더 우유부단하다. 정체성 혼란의 청소년들은 정체성 확립과 정체성 유예 상태의 청소년들보다 자기통제와 자존감이 더 낮다. 정체성 혼란 상태는 부모와의 나쁜 관계, 불안, 무감동, 다른 심리적 문제들과 연결되어 있기 때문에 가장 좋지 않은 상태로 생각된다(Berzonsky & Adams, 1999). 정체성 유실 청소년들은 나머지 세 상태의 청소년들보다 더 관습적이고 동조적이며 권위에 복종하는 경향이 있는 것으로 나타났다(Phinney, 2000). 그들은 부모에 대한 강한 애착을 보이기 때문에 스스로 탐색하는 범위를 제한하고 부모의 지도를 따르는 것이 당연해 보인다.

또 다른 중요한 연구결과는 정체성 획득이 고등학교 말에도 거의 완성되지 않을 뿐만 아니라 1/4 정도의 학생들만이 이 상태에 도달한다는 것이다(Waterman, 1999).

많은 청소년들에게 정체성 확립 경로는 대학교 그리고 그 이상까지 확대되며, 충분한 성인기에 진입하는 것이 연기되는 것을 의미한다.

우리 자신, 우리 아동, 우리가 가르치는 학생들의 청소년기 문제를 어떻게 다루어야 할까? 이전 발달 단계에서와 마찬가지로, 자유와 규제가 너무 과하거나 너무 부족하지 않도록 균형을 맞추는 것이 중요하다. 완전한 통제나 완전한 자율성은 청소년기의 정체성 위기를 해결하는 데 도움이 되지 않는다. 청소년들이 자신이 누구인가 스스로 생각하고 기준을 설정할 수 있도록 외재적 통제와 외부적으로 부여된 구조는 감소시켜야만 한다. 그래도 성인들은 정체성 형성이 구체화되기 시작하는 과정에서 청소년의 노력이 빗나가지 않도록 어느 정도의 제한과 지지를 해주어야 한다. 청소년들이 성인기로 전환할 수 있어야 하지만, 청소년들과 그 부모들은 아동기를 갑자기 완전히 버려야 한다고 기대해서는 안 된다.

> **정체성 유예**
> 청소년들이 최고의 직업적 그리고 이상적으로 나아갈 방향을 찾기 위해 고민하고 있는 단계

Angela Hampton/Alamy

어떤 청소년들은 그들에게 가장 적절하고 정체감 유예 상태에서 벗어나는 데 도움이 되는 직업을 찾기 위하여 병원에서 환자를 돌보는 활동과 같은 자원봉사 활동을 한다.

6. 초기 성인기: 공유(친밀감 대 고립감)

친밀감은 정체성을 융합하여 두 사람이 함께 합치거나 공유하는 것을 말한다. 그것은 성적인 친밀감과 우정을 혼합한 것과 같이 여러 가지 측면에서의 공유를 의미하기 때문에 성적인 친밀감 이상의 것이다. 진정한 공유 관계 대신에 비인격적인 혹은 고정관념에 사로잡힌 대인 관계를 선택하는 사람들은 깊은 외로움이나 고립감을 갖게 된다. 청소년기 연인들 간의 갈등을 해결하는 방식이 그들 관계의 지속성에 영향을 미친다. 연구 결과에 의하면, 문제를 최소화시키거나 직접적으로 갈등을 해결하려고 하는 연인들은 통합적인 전략을 사용하여 갈등을 해결하려는 연인들보다 관계의 지속 기간이 짧았다(Shulman, Tuval-Mashiach, Levran, & Anbar, 2006).

Erikson(1968)에 의하면, 공유된 친밀감이 사랑의 의미를 정의하며 그 결과는 두 사람 간의 공유된 정체성이 된다. 정체성이 개인적으로 발달되지 않은 사람들 사이에서는 사랑이 불가능하다. 정체성의 친밀감 지위를 함께 획득하는 사람들은 "우리는 우리가 사랑하는 것이다(we are what we love)"라고 믿는다(Erikson, 1968, p. 138).

초기 성인기는 사회 활동에 참여하여 다른 사람들과 함께 하고 클럽이나 조직의 구성원이 됨으로써 고립감을 회피할 수도 있다. Foubert와 Granger(2006)는 사회 활동을 하는 대학생들이 그렇지 않은 대학생들보다 자율성에서 상호의존성으로 나아가기가 쉽고 목표를 설정하고 구체화하기가 쉽다고 한다.

7. 성인기: 양육(생산성 대 침체감)

생산성은 "다음 세대를 낳고 기르는 것에 대한 관심"을 말한다(Erikson, 1968, p. 138). 생산성은 자식을 양육하는 것뿐만 아니라 아이디어를 산출하는 것을 의미하기도 한다. 그것의 부산물은 만족스럽고 유용한 삶을 살기 위한 생산력과 능력이다. 생산성의 부족은 권태, 불만족, 무감동, 만연한 침체감을 낳는다. 가족과 직업을 통해 생산성을 획득할 수 있는 사람은 남을 보살피고, 자기실현을 하고, 헌신하는 사회적 구성원이 된다.

8. 노년기: 자기 수용(통합감 대 절망감)

자기 자신, 살아온 자신의 삶, 자신의 삶에서 중요한 역할을 했던 사람들을 수용함으로써 전체적인 통합감이 발달한다. 자기 수용이란 운명, 라이프스타일과 인생 주기, 개인의 삶에서의 사람들과 제도 등을 모두 수용하는 것을 의미한다. 자기 수용이나 노령과 노령의 조건들에 대한 수용이 부족한 사람은 혐오감과 절망감을 경험하게 된다. 혐오감이나 절망감은 냉소, 적개심, 불쾌감, 멸시 뒤에 숨어있는 경우가 많다. Erikson(1968)은 통합감에서 태어나는 장점을 "지혜"라고 부른다. 이 단계에서 "나는 나다(I am what I am)"라는 믿음으로 그 지혜의 모습을 나타낸다.

9. Erikson 이론의 교육적 적용

교사들은 학생들의 심리사회적 단계에 적절한 교실환경을 조성할 필요가 있다. 다시 말해서 유치원 아동들을 위해서는 주도성, 초등학교와 중학교 학생들을 위해서는 정체성, 성인들을 위해서는 생산성을 키우는데 도움이 되도록 해야 한다. 구체적인 몇 가지 예들이 표 3-3에 제시되어 있다.

표 3-3   주도성, 근면성, 정체성, 생산성을 길러주기 위한 방법

학령전기에서의 주도성 길러주기
- 아동들이 스스로 선택할 수 있도록 한다(특히 학생들이 원하는 학습 활동)
- 아동들이 선택한 활동을 성공적으로 할 수 있도록 돕는다.
- 아동들이 여러 가지 역할을 할 수 있는 활동을 만든다.
- 아동들의 활동을 성인의 기준을 사용하여 평가하지 않는다.
- 아동들이 노력한 결과가 완전하지 않다고 해도 지지를 해준다.
- 아동들로 하여금 학습과 놀이 환경에 대하여 적절한 수준의 책임을 가지도록 한다.

초등학교와 중학교에서의 근면성 길러주기
- 학습과 놀이 환경에 대하여 학생이 맡아야만 하는 책임의 양을 증가시킨다.
- 학생들을 현실적인 직업적 모델에 노출시킨다.
- 각 학생이 수행한 긍정적인 면을 확인한다.
- 학생들이 성공적으로 할 수 있는 능력에 대하여 격려한다.
- 잘한 일에 대해서는 인정을 해준다.

고등학교에서의 정체성 길러주기
- 신뢰와 수용의 분위기를 조성한다.
- 학생들이 자신의 가치를 인식하도록 돕는다.
- 학생들이 자기인식을 하도록 돕는다.
- 학생들에게 목표를 설정하는 기회를 제공한다.
- 교육과정 속에 학생들의 선택권을 확대한다.
- 인내심과 이해심을 가지고 학생들의 행동에 대처한다.

복학생을 포함한 나이 많은 학생들을 위한 생산성 길러주기
- 학생들이 성인임을 인정해주고 존중해준다.
- 성인 학생들이 많이 경험한 것을 기초로 삼는다.
- 성인 학생들이 교실 밖에서 획득한 기술들을 인정한다.
- 성인 학생들을 각 개인으로 이해하고 존중한다.
- 성인 학생들이 교실 환경에 편안함을 느끼도록 돕는다.
- 성인 학생들에게 생산적인 기여를 할 수 있는 기회를 준다.

4 | 다양한 학습자

학습 목표	주요 내용
1. 학교에서 할 수 있는 학생들의 경험과 사회계층이 어떻게 연관될 수 있는지 기술할 수 있다. 2. 모든 학생들이 질 높은 교육의 기회를 가지는 것을 확실히 하기 위해 교사가 적용할 수 있는 비판적 교육과 같은 사회적 정의의 중요성에 대해 논의할 수 있다.	사회적 계층 차이 • 비판적 교육 • 차별화 수업 • 학급 크기
3. 학교에서 학생들의 경험이 그들의 민족성과 문화에 의해 영향을 받는지에 대해서 지지할 수 있다. 4. 아프리카계 미국인 학생들이 인종차별폐지 운동 기간 동안에 겪었던 역사에 대해서 이야기할 수 있다.	민족성과 문화에서의 차이 • 민족적 정체성 발달 • 학교 인종차별폐지 • 다문화 교육
5. 미국 공립학교에서 다양한 인구통계학적 배경과 언어 패턴을 묘사할 수 있다. 6. 영어권 학습자를 도울 수 있는 접근방식에 대해 논의할 수 있다.	언어의 다양성 • 영어 교육 접근방식 • 영어권 학습자를 수용하는 것
7. 학교 교육이 어떻게 성별 및 지향하는 바에 기반하여 학생에 대해 편견을 가질 수 있는지에 대해서 설명할 수 있다. 8. 교사가 공평하고 안전한 교실 환경을 만들기 위해서 실행할 수 있는 방법에 관해 토의할 수 있다.	성별 차이 • 성 편견 • 성 지향성
9. 지능에 대한 다양한 개념 정의를 구분할 수 있다. 10. 교사가 선택하는 개념이 어떻게 학생들을 가르치는 것에 영향을 줄 수 있을지에 대해서 일반화할 수 있다.	지능에 있어서의 다양성 • 일반적 정신 능력으로서의 지능 • Sternberg의 삼원지능이론 • Gardner의 다중지능 이론 • 지능을 측정하기 • 지능의 영향 • 능력별 집단 편성

I 사회계층

🌏 사회경제적 지위
사회계층: 교육적 수준과 직업적 지위의 기능

사회계층, 즉 사회경제적 지위(socioeconomic status, SES)는 부모의 교육수준과 직업적인 지위 수입과 명예와 더 연관이 있다. 이러한 정의를 기반으로 하여 본다면, 전문직에 종사하는 대학 교육을 받은 부모를 가진 아이들은 비 전문적 직업에 종사하거나 혹은 교육받지 못해 실직 상태에 있는 부모의 아이들보다 더 높은 위치에 있게 된다. 사회계층은 전적으로 부모들이 달성한 것에 기반을 두기 때문에 아이의 통제 밖에 있다.

사회계층이 높은 부모들은 가정에서뿐만 아니라(Hickman, Greenwood, & Miller, 1995), 자녀의 활동에도(Feuerstein, 2000) 적극적으로 관여하는 경향이 있다. 그러나 SES가 낮은 부모는 자녀 교육에 가치를 두기는 하지만 SES높은 부모에 비해서는 덜하다(Feuerstein, 2000).

미국에서 5명 중 약 1명꼴로 최저생활 수준이하로 살아간다. 종종 가난한 아이들은 더 높은 사회계층의 부모를 둔 아이들에 비해 특별한 교육적 자극을 받게 될 기회가 턱없이 부족하다. 더욱이, 가난한 아이들의 대부분은 편부모 가정의 아이이거나, 부모 모두가 취업을 하여 가정 내에서도 교육적 지원을 충분히 받을 수 있는 기회조차 점차 줄어들고 있는 형편인 경우가 많다.

표 4-1은 3개 학년 모두, 높은 SES의 학생들(유상급식)은 수학과 읽기 점수가 낮은 SES의 학생들(무상급식) 보다 더 높다는 것을 보여준다. 시간이 경과하여 그 양상은 마찬가지이다. 표 4-2는 2007년에 낮은 SES 학생들과 높은 SES 학생들 간에 무상급식에 적합한 학생과 부적합한 학생의 성취도를 비교한 것이다. 모든 학년 모든 과목에 유상급식 집단의 성취도가 더 높다.

표 4-1 전국교육성취도평가(국가교육통계센터(2003). 워싱턴 D.C.: 미국 교육부, 교육과학협회)에 나타난, 수월성의 기본 수준 이상의 학생 비율(%)

년도	학년	수학			읽기		
		유상	무상	차이	유상	무상	차이
2003	4	88	59	29	76	42	34
2003	8	79	44	35	82	54	28
2000	12	69	37	32	76	58	18

표 4-2 전국교육성취도평가에 나타난 무료/할인가로 점심을 먹을 수 있는 학생들의 비율(교육통계국가센터(2003). 워싱턴 D.C.: 미국 교육부, 교육과학협회)

년도	학년	내용 영역	무상급식 적합/할인 - 유상급식				평균 차이
			적합		부적합		
			%	평균	%	평균	
2007	4학년	수학	46	227	53	249	22
2007	4학년	읽기	45	205	54	216	11
2007	8학년	수학	41	265	58	291	26
2007	8학년	읽기	40	247	58	271	24

낮은 수입 계층의 아이들을 위한 조기 심화프로그램들은 다양한 혜택이 제공되는데 그중에서 가장 중요한 것은 좋은 식사와 같은 건강과 영양적인 혜택제공이다(Lazar & Darling, 1982). 자칫 결손되기 쉬운 대화, 책, 교구 등을 제공함으로써, 가정에서 초기 자극의 부족을 상쇄시켜 주는데 도움이 될 수 있다(Hess, 1970). 교사는 학습자인 학생들을 격려할 수 있고, 그들 스스로를 돕기 위해서 그들에게 힘을 불어넣어 줄 수 있다.

1. 비판적 교육

비판적 교육(Critical pedagogy)은 소수집단이거나, 혜택이 적은 힘 없는 학생들에게 목소리를 내게 하는 것을 중요시하는 교육 접근법이다. 이러한 접근법은 학생들에게 힘을 불어 넣는데 도움이 되는 혁신적 관행들을 강조하고 있다. 특정한 관행을 통해 공부해야 할 주제, 내용, 평가가 교육과정에 투입된다.

비판적 교육의 중심적 가치는 평등과 민주이다. 이는 표준화된 교육시스템의 영향을 검토하고, 특정인에게 특정 관심을 갖는 것이며, 정치적이고 경제적인 흥미 보호에 특별히 관심을 갖는다(Kincheloe, 2008). 비판적 교육의 목적은 학생들이 의욕을 갖게 하고 민주적으로 인도될 수 있게 하는 데에 있다. 공립학교는 학생의 권한을 통해서 사회적 변화와 사회 정의를 강조해야만 한다. 사회 정의(social justice)는 주어진 사회구성원들에게 장점과 혜택을 공평하게 나누어주는 것이다. 교육자들은 21세기에 성공적이기 위해서, 그들은 학교의 역할과 목적이 어떻게 세계화, 기술, 그리고 인종적 다양성에 의해서 영향받게 될 것인지에 대해서 심각하게 고려해야 한다(Giroux, 1994).

학교와 지역사회 환경에서 사용되는 비판적 교육의 예는 억압받는 자들의 극장(Theatre of the Oppressed)으로서 Augusto Boal에 의해서 개발된 드라마 기법이다. 이것은 사람들이 사회적 문제를 어떻게 효과적으로 다루는가를 배우는 데 도움을 주고, 불공정과 싸우고, 사회적 변화를 격려하기 위해서 의도된 것이다.

Ohio주 Cleveland 여름학교 영재프로그램에서 이러한 교수방법을 사용한 적이 있었다(Sanders, 2004). Urban Odyssey라고 불리는 프로그램을 제공받는 학생들은 주로 소수집단, 도심지역 학생들이었다. 학생들은 다양한 사회적 병폐 위에서 자신이 감동 받은 것을 짧은 연극으로 공연한다. 학생들은 이것을 통해 사회 문제 해결책을 생각하고 논의한다. 학생들에게 그들이 논리정연한 방법에서 배우고 있는 개념에 대해서 생각하도록 권한을 부여하고, 학생들에게 그들이 배울 것이 무엇인지, 그들이 어떻게 배울 것인지, 그리고 학습이 어떻게 평가될 것인지에 대해서 발언할 수 있기 때문에 비판적 교육의 좋은 예이다.

2. 수준별 수업

학생들이 그들 스스로 수업에 적응하는 것을 기대보다, 왜 수업이 모든 학생들에게 효과적일 만큼 유연하지 않는 것일까? 차별화 수업(differentiated instruction)은 개념을 이해하고 학습 증

Paulo Freire의 책 억압받은 자들의 교육학은 교사들이 혜택을 덜 받은 학생들이 가질 수 있는 경험을 비판적으로 볼 수 있게끔 도와준다.

▶ 비판적 교육
소수그룹이거나, 덜 혜택받은 배경 출신이기 때문에, 학급에서 힘이 없는 학생들의 목소리를 내는 것을 중요시하는 교육 접근

▶ 사회 정의
장점에 대한 공평한 분배 그리고 주어진 사회의 구성원들에 대한 혜택들

▶ 억압받는 자들의 극장
효과적으로 사회적 문제를 다루고, 불공평과 맞서 싸우고, 사회적 변화를 격려하는 방법을 학습하도록 도움을 주도록 의도된 드라마 테크닉

▶ 수준별 수업
학생들로 하여금 개념을 이해하고 그들의 배웠던 증거를 제공할 수 있는 대안적 방법을 학생들에게 사용하는 교수방법

거를 제공하는 방법을 다양하게 하는 교수방법이다. 이 모델을 효과적으로 사용하기 위해서는 학생들이 교육과정과 프레젠테이션에 적응할 수 있도록 충분히 유연해져야 한다. 다양한 학생들의 요구를 충족시킬 수 있는 차별화 수업을 하기 위해서 그 전략을 효과적으로 사용할 필요가 있다(Carolan & Guinn, 2007). Tomlinson(2001)은 교사들은 차별화 수업을 하기 위해서 다음과 같은 것을 해야만 한다고 주장한다.

- 학습의 기초로서 작용하는 주요 개념과 일반화를 명확하게 한다.
- 교수 도구로서 평가를 이용한다.
- 비판적이고 창의적인 사고를 강조한다.
- 수업활동을 다양화하여 동기를 높인다.
- 교사부여 과제와 학생 선택 과제가 균형이 되게 한다.

3. 교실 규모

특별히 낮은 사회경제적 지위의 학생들 중에서 학생들의 학습과 수행에 있어서 교실 규모의 효과에 대한 많은 논의가 있어왔다. 단순히 교실 안에서 학생들의 숫자를 줄이는 것 즉, 학생들이 개별적으로 좀 더 교사에게 가까이 접근할 수 있도록 하는 것이, 학업향상에 도움이 된다고 본다.

교실 규모가 실제로 졸업 비율에 기여하는지를 확인하기 위해, Finn, Gerber, Boyd-Zaharias(2005)는 Project STAR(교실 크기 실험)를 실시하였다. 그 결과 3년 이상 작은 교실에서 공부하는 것이 학생의 고등학교 졸업 가능성을 높였다 것이 발견되었다. 작은 교실에서 공부하는 것과 졸업하는 비율 사이의 관계는 낮은 사회경제적 지위를 가진 학생들 중에서 발생하였다는 것은 흥미로운 일이다. 4년동안 작은 교실에서 공부한 후에 졸업할 수 있는 가능성이 약 80%로까지 증가되었다(p. 220).

Ⅱ 인종과 문화의 차이

사회경제적 지위(SES)는 인종과 독립적이지 않다. 백인 학생들은 아프리카계 미국인 혹은 히스패닉계 학생들보다 (a) 부모님들과 같이 살고, (b) 좀 더 교육받은 부모님을 두고, (c) 좋은 학교에 다니고, (d) 고급 과정을 수강하는 경향이 있다(Byrnes, 2003).

학업 수행과 연관된 인종의 또 하나의 측면은 문화이다. Ogbu(2003)는 노예제도, 피정복, 식민지 지배 경험 등은 어떤 사회계층에 통합되어 있다고 주장한다.

학업 수행과 연관된 인종에 대한 세 번째 측면은 고정관념 위협(stereotype threat), 즉, 자기 민족성에 대한 고정관념 효과이다(Steele, 1997; Steele & Aronson, 1995). 한 가지 예로 아프리

고정관념 위협
자기 자신의 행동과 수행에 영향 미치는 민족성에 대한 고정관념 효과

카계 미국인이 백인보다 지적으로 열등하다는 고정관념은 학문적 과제에 있어서 이들의 수행능력을 더 떨어지게끔 만든다.

Steele과 Aronson(1995)은 졸업시험(GRE) 문항 중 어려운 문제를 만들어 SAT 점수가 유사한 아프리카계 미국인과 백인 학생들 간을 비교했다. 각 집단의 반에게는 GRE 문항이 지적능력을 테스트하는 것이라고 했고, 나머지 반에게는 능력과는 무관한 문제해결 과제였다고 말했다. 분석결과 지적능력에 대한 테스트라고 들었을 경우에는, 아프리카계 미국인 학생들은 백인들보다 현저하게 낮은 점수를 받았지만 능력과 관계없는 문제해결 과제라고 들었을 때에는, 양쪽 집단 간에 차이가 없었다. 이들에게 검사자 자신의 인종을 표기하도록 한 경우에도 똑같은 양상의 결과가 나타났다.

Steele(1997)은 고정관념 위협의 영향을 줄이기 위해서 상황 변화를 시도하기를 권장한다. 예를 들면 다음과 같다.

- 교정보다 도전을 제공한다. 교정은 고정관념을 강화시키지만, 도전은 그것을 감소시키기 때문이다.
- 피드백을 제공할 때 신념이 반영되어 있다는 것을 깨닫게 한다.
- 신념이 학습에 도움이 된다고 격려한다(10장의 자기효능감의 논의 참조).
- 소수 인종 중에서 특정 롤모델을 제공한다.

1. 인종 정체감 발달

인종 정체감을 이해하는 것은 소수집단 학생들의 학습을 이해하는 데 도움이 된다. 인종정체감이란 개인이 어느 한 인종 그룹에 속해 있을 때 가지고 있는 연관성과 관련성에 대한 느낌이다.

Phinney(1993)는 일반적이며 독특한 문화를 공유하는 집단들을 위한 인종적 정체감의 모델을 다음과 같이 제시하였다.

1. 시험되지 않은 인종적 정체감 – 인종에 대한 개념이 없으며 주류 문화의 가치와 태도를 허용하는 경향이 있다.
2. 인종적 정체감 찾기/모라토리엄 – 인종 정체감을 생각하고 찾도록 강요하는 상황에 직면한다.
3. 인종적 정체감 성취 – 자신의 인종에 대한 명확한 정체감을 갖는다.

> 🔵 **인종 정체감**
> 개인이 어느 한 인종적 그룹에 있을 때 갖고 있는 연관성과 관련성에 대한 느낌

(1) 라틴계/히스패닉계 인종 정체감의 모델

Torres(1999)는 Phinney 모델을 사용하여 히스패닉계의 이중지향모델(BOM)을 확인하였다. 이 모델은 히스패닉계 문화와 주류문화(앵글로) 사이에서 만들어진 선택권을 확인하는데 초점을 두고 있다. Torres 모델은 다음의 네 가지 문화적 지향성을 제시하였다.

1. 이중문화 지향: 두 개의 문화수용
2. 라틴/히스패닉 지향: 히스패닉문화 더 수용
3. 앵글로 지향: 주류문화 더 수용

4. 주변부 지향: 개인 내에서 두 문화 갈등 경험

Torres는 인종 정체감 형성에 미치는 상황적 요인으로 다음 세 가지를 제시하였다. (1) 성장 환경, (2) 가족의 영향력과 부모세대의 지위, (3) 지각한 사회적 지위.

성장환경. Torres(2003)는 라틴계 사람이 중요한 대중의 위치에 있었던 지역에서 온 라틴계 학생들은 백인이 많은 대학캠퍼스에 올 때까지 자신을 소수민족이라고 보지 않았다는 것을 발견하였다. 이것은 환경에 동화하는 것이 아니라 자신의 인종에 더 강한 유대감을 가졌다. 백인 환경에서 온 학생들은 그렇지 않았다. 이들은 스스로 "멕시칸" 혹은 "라틴계인"이라기보다는 "텍사스인" 혹은 "미국인"으로 불렀다. 이들은 주류문화와 관련지우는 경향이 있었다.

가족영향력과 부모세대의 지위. "학생들은 부모가 사용했던 언어를 사용하면서 스스로 자아 정체감을 형성하고 문화 활동에 참여하면 할수록, 자신의 민족적 정체감을 더욱 확립해 나갔다" (Torres, 2003, p. 538).

Torres(2003)는 자신의 부모님을 기쁘게 하기 위해 노력하는 학생들은 동료로부터 약간 멀어지고, 부모로부터 어떤 것을 가지고 있으려고 한다는 것을 발견했다. 이러한 학생들은 주류문화와 자신의 문화에서 오는 기대, 전통, 지식 사이에서 갈등을 경험한다. 반면 양쪽 문화를 수용하는 3세대는 부모와 갈등을 덜 일으키고, 자아정체감 형성에서 부모세대보다 더 자유롭고 편안하다." (Torres, 2003, p. 539).

지각한 사회적 지위. 이것은 부와 교육 수준과 같은 사회경제적 지위와 종종 연관되어 있다. 특권을 가진 환경에서 온 사람들은 자신들에 대한 부정적 고정관념이 있으나 적용되지는 않는 것으로 보지만 특권이 없는 환경에서 온 사람들은 인종차별적 고정관념을 가지고 있고 작용하였다.

(2) 아시아계 미국인의 정체성과 문화

미국의 공립학교에는 150만명이 넘는 아시아계 미국인 학생들이 있다(Fry, 2007). 아시아계 미국 문화를 이해하는 한 가지 방법은 학습, 지성, 놀이, 그리고 가족 참여에 대한 믿음을 보는 것이다. Li(2003)는 학습의 성격과 과정에 대해서 미국과 중국학생들이 지닌 신념을 비교하는 연구를 수행했다. 학습의 과정을 자세하게 묘사할 때, 서양 학생들은 중국 학생들과 달리 노력 혹은 지속적인 고집을 나열하지 않았다. 그리고 중국인 학생들은 지능이 유전적이라고 보는 서양 학생들의 관점과는 달리, 지능은 학습의 한 가지 기능으로 보고 점차 함양시킬 수 있는 것이라고 바라보는 경향이 더 많았다. 일본 공립학교에서는 선천적인 능력보다 노력을 더 강조한다(Wieczorek, 2008).

Wong(2001)은 중국의 교육 지도자들은 계급차별 시스템에 반대하고, 교육은 모든 사람에게 분배되어야 한다고 믿었던 공자의 영향을 받았다는 것을 시사했다(Wong, 2001). 성공과 의무를 나누는 것에 대한 또 하나의 증거는 일본 학교 교사들과 학생들은 학교 재산은 깨끗하게 해야 한다는 전제하에서 한

Gareth Brown/Comet/Corbis

다른 문화와 효과적으로 작업하기 위해서, 교사는 그들 자신의 문화 내에 있는 독특성과 다양성을 이해하는 것이 중요하다.

주에 한번은 함께 일한다는 것이다(Lucien, 2001).

아시아에서 어린 아이들에게 놀이와 가족의 역할은 시험해볼 수 있는 중요한 영역이다. 아시아 학생들은 제한된 독립성을 가지고 학교에서 오로지 사회적인 방법으로 상호작용한다는 고정관념이 있지만 일본학생은 그렇지 않다(Mariano, Welteroth, & Johnson, 1999). 중국 부모들은 서양의 부모에 비해 학교에 덜 관여한다(Gu, 2008).

아시아계 미국인 학생들에 대한 오해가 많은데 그중 한 가지 고정관념은 모든 아시아계 미국인 학생들은 다른 학생들보다 더 똑똑하다는 것이다. 그러나 사회경제적 지위를 통제하면 아시아계 미국인 학생들은 다른 학생들과 차이가 없다(Bracey, 1999).

아시아계 미국인 학생들이 직면하고 있는 또 다른 고정관념은 소수민족 고정관념이다(Lee, 1996). 소수민족 고정관념(model minority stereotype) 중에는 특정소수 집단이 다른 집단보다 더 성공을 거둔다는 것을 지나치게 단순화한 것이 있다. Ngo(2006)는 동남아시아에서 온 학생들이 다른 아시아계 미국인들보다 더 불리한 환경 출신이 많기 때문에, 소수민족 단순화에 의해서 방치되고 있다고 주장한다. 이러한 사람들은 캄보디아, 라오스, 베트남과 같은 나라 출신의 학생들이다. 그들이 이민자로서 온 것과는 반대로 난민으로서 미국에 왔기 때문에 다른 아시아계 미국인들과는 다르다(Ngo & Lee, 2007).

> 🔵 **소수민족 고정관념**
> 특정 그룹의 구성원들이 다른 그룹의 구성원들보다 인생에서 더 큰 성공을 거둔다는 것을 언급한 과잉 단순화

(3) 학습에서 미국 원주민의 정체성과 문화

미국 원주민이라는 용어는 500개가 넘는 인디언 부족들을 포함하고 있다(Horse, 2005). 많은 부족이 있지만, 알래스카 원주민, 미국 인디언, 하와이 원주민과 같은 미국 토착민들의 언어는 사라져가고 있다(National Indian Education Association, 2009). 어떤 명칭이 미국 원주민 사회에 가장 허용적인지에 대한 것은 합의되지 않은 부분이 아직 있다. 가능한 경우 매번 부족의 특정 이름이 사용되고 있다(Fleming, 2006).

Montana는 미국 인디언 문화를 학급수업으로 이끄는데 중요한 역할을 하였다. 1999년 주 정부는 학생들로 하여금 미국 인디언들이 공헌한 부분과 문화에 대해서 배우도록 요구하는 Indian Education for All Act를 통과시켰다(Warren, 2006). 이와 같은 형태의 법제정을 통해 이전에는 가르쳐주지 않았던 미국 인디언 문화를 수업시간에 배울 수 있도록 소개하도록 하였다.

교실수업에서 특정한 미국 인디언 문화를 소개하는 가장 좋은 방식 중 하나는 교사가 이야기를 이용하는 것이다. Reese(2007)는 교사들이 학교에서 사용할 수 있게끔 미국 인디언 문헌들을 평가하기에 도움이 되는 몇 가지 가이드라인을 작성했다. 스토리는 부족에게 특수해야만 한다. 그리고 만약 스토리가 현대적인 상황 속에서 이루어지는 것이라면, 미국 인디언은 주류 문화에 속해있는 구성원들이 하는 몇몇의 활동에 참여해야 하고, 성격특성은 모든 문화 출신의 개인들이 보여주는 다양한 감정적 반응들을 보여주는 것이어야 한다(Reese, 2007). 미국 인디언들에 대해서 가르치고 Reese 박사가 추천한 추가 자료와 책은 인터넷에서 찾아볼 수 있다. 또한 교사들은 알래스카 원주민들이 미국의 본래 거주민이며, 이러한 내용들이 커리큘럼에 의미 있게 통합되어야 한다는 것은 깨닫는 것은 중요하다. 알래스카 원주민 문화와 전통을 수업시간으로 가져가는 방법 중 하나의 예는 알래스카 주에 있는 앵커리지의 초등학교를 들 수 있다. 그 학교에서는 교사가 예술, 작문, 수학을 알래스카 원주민들의 목재 조각 전통이라는 렌즈를 통

해서 그 단원을 가르친다(Hughes & Forbes, 2007).

2. 학교 인종차별폐지

1954년 5월17일에, 만장일치의 결정으로, 미국 대법원은 분리된 교육적 시스템과 시설들이 결국 불공평한 교육을 낳게 된 Brown v. Board of Education of Topeka 사례를 다룸으로써 학교 인종차별 관습을 없앴다.

미국부모의 대다수는 Brown v. Board of Education of Topeka의 인종차별폐지 노력을 지지하고, 다양한 배경을 지닌 학생들이 효과적으로 공부하도록 준비시키는 소망을 지지한다(Orfield & Frakenberg, 2004). 이러한 기본통칙은 미국 교육이 모든 학생들을 위한 공평한 기회와 통합이 되도록 해주었다(Wraga, 2006). 모든 인종의 학생들이 질 높은 교육에 대한 기회를 가지는 것을 확신하게끔 하기 위해서 많은 일들이 여전히 이루어지고 있다. 그러나 인종차별폐지 이슈는 전혀 해결되지 않고 있다. 사실 여전히 다양한 인종 그룹의 학생들 간에 성취 차이가 존재하고 있다. 표 4-3은 통합에 있어서 몇 가지 중요한 단계들을 강조한다. 그것들의 일부는 다양한 그룹 출신의 아이들이 여전히 학교에서 당하고 있는 차별적인 대우로부터 나오는 것이다. 대다수의 학생들은 소수민족 학생들보다 차별을 훨씬 덜 경험하는 것 같다. 차별(discrimination)은 특정한 그룹 혹은 범주 안에 있는 그들의 인지된 멤버라는 것 때문에 개인이 부당한 대우를 받는 것이다. 학교환경에서 차별은 다양한 형태로 나타날 수 있다.

| 표 4-3 | 간단한 통합 시간표 |

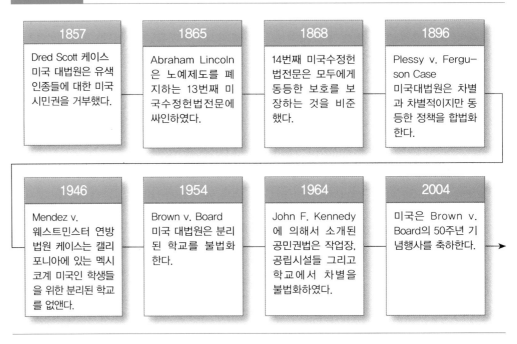

1857	1865	1868	1896
Dred Scott 케이스 미국 대법원은 유색 인종들에 대한 미국 시민권을 거부했다.	Abraham Lincoln은 노예제도를 폐지하는 13번째 미국수정헌법전문에 싸인하였다.	14번째 미국수정헌법전문은 모두에게 동등한 보호를 보장하는 것을 비준했다.	Plessy v. Ferguson Case 미국대법원은 차별과 차별적이지만 동등한 정책을 합법화한다.

1946	1954	1964	2004
Mendez v. 웨스트민스터 연방법원 케이스는 캘리포니아에 있는 멕시코계 미국인 학생들을 위한 분리된 학교를 없앤다.	Brown v. Board 미국 대법원은 분리된 학교를 불법화한다.	John F. Kennedy에 의해서 소개된 공민권법은 작업장, 공립시설들 그리고 학교에서 차별을 불법화하였다.	미국은 Brown v. Board의 50주년 기념행사를 축하한다.

3. 다문화 교육

　　다양한 학생들과 같이 효과적으로 작업하는 한 가지 방법은 다문화 교육이다. 다문화 교육(multicultural education)은 학생들에게 다양한 관점을 가르칠 수 있는 개념과 기술을 검토하게끔 요구하는 교수방법이다. Banks(1995)는 다문화 교육에 대해서 다음의 다섯 가지 면을 제시했다.

- 내용 통합 – 주제 문제 안에서 중요한 개념과 이슈들을 설명하기 위해 다양한 문화로부터 나온 예시들과 내용을 사용한다.
- 지식 축적 과정 – 규율 내에서 참조와 편견들의 틀이 지식을 형성하는 방식에 어떻게 영향을 주는지를 이해하고 결정하는 데 있어서 학생들을 도와준다.
- 편견 감소 – 다른 민족적 그리고 인종적 그룹을 향한 긍정적인 태도를 발달시킬 수 있도록 학생들을 도와줄 수 있는 수업과 활동들을 사용한다.
- 공평 교육 – 다양한 인종적, 문화적, 민족적 그룹 출신의 학생들의 학문적인 성취를 높이기 위한 교수방법을 수정한다.
- 학교 문화와 사회적 구조에 권한부여 – 다양한 인종적, 문화적, 민족적 그룹 출신의 학생들이 공평함과 공정한 지위를 경험하도록 하기 위해 학교의 문화와 조직을 변경한다.

중요한 노력과 용기는 작업장과 학교에서 차별에 도전하게끔 하였다.

> 🔵 **다문화 교육**
> 다양한 관점에서 배울 수 있는 개념과 기술을 검토하도록 학생들에게 요구하는 교수 접근 방식

　　소수 인종 문화 출신의 학생들이 교육 혜택을 받기 위해서, Tharpe(1989)는 교육이 출생의-문화 패턴과 양립할 수 있을 때, 학습 향상은 기대될 수 있다는 문화 양립성 가설(*cultural compatibility hypothesis*)을 제안했다. 대대수의 문화에 있어서 양립할 수 있는 교육 구조는 학생들이 앉아있는 전체 학급과 개인의 실천과 개인의 평가에 의해 전체 그룹을 지도할 수 있는 교사에 의해 수행된다. 소수 문화에 대해서 양립할 수 있는 교육은 공동작업, 협동 등이다. 교사가 하나의 소그룹과 한 번에 집중적으로 작업하고, 다른 학생들은 동료 교수-학습 상호작용을 하면서 상호 도움을 주고받으면서 수행하는 것을 특징으로 하고 있다.

　　다문화교육에 대한 아이디어를 채택한 교육자들은 모든 학생들의 교육적 권리를 옹호한다. 불행하게도 교사가 되기 위해 개별 훈련을 받는 모든 사람들이 다문화교육을 가치 있게 보지는 않는다.

다문화교육에 가치를 두는 교실에서, 학생들은 많은 문화적 관점으로부터 나온 행사와 내용들을 본다.

표 4-4	다인종, 다문화 교육의 위협요인과 대책	
개념	찾아낸 것	질을 높이기 위해서 교사가 할 수 있는 것
사회경제적 차이	일반적으로 소수민족 출신의 학생들은 덜 혜택받은 배경으로부터 나온다(Brynes, 2003).	더 많은 자료에 접근을 할 수 있는 학생들에게 장점을 주지 않는 학급 활동과 숙제를 만드시오. 예를 들어, 만약 과학 디오라마를 요구한다면, 학생들이 교실에서 그것을 만들기 위해서 교실에서 이용가능한 비슷한 재료들을 사용하도록 한다.
제도화된 인종주의	미국 역사를 통틀어서, 특별히 대개 사회와 교육적 기관들은 모든 인종적 민족성 그룹들을 동등하게 대우하지 않았다(Ogbu, 2003).	학생들을 학문적인 자기효능감을 발달시키는데 도움을 주기 위해서 스스로를 믿도록 격려하시오.
고정관념 위협	한 사람의 민족성에 대한 고정관념은 학교수행에 부정적으로 영향을 미친다(Steele, 1997).	모든 학생들은 배울 능력을 가지고 있다는 것을 보여주기 위해서 소수그룹을 대표하는 예시와 롤모델을 제공하시오.
다문화교육	인종적 휴일을 즐기는 것은 학급 안에서 다양성을 증진시키는데 충분하지 않다(Banks, 1995).	다른 문화적 관점으로부터 연구된 주제들을 바라볼 수 있는 교실 예시들을 제공하시오. 예를 들어, 이라크에서 시민들의 관점으로부터 바라본 이라크에서의 현재의 전쟁을 보시오.
문화적 양립성 전제	교실의 교육학은 종종 대다수 그룹과 양립한다.	소수 그룹의 활동과 친구들 간의 상호작용의 사용을 증가시키시오.

Ⅲ 언어 다양성

미국 공립학교의 인구통계학적 배경과 학생들이 집에서 사용하는 언어는 30년이 지나면서 변화해왔다. 1979년부터 2006년까지 National Center for educational Statistics(2008)에서 나온 데이터에 근거하여, 집에서 영어 이외의 다른 언어를 사용하는 5-17세의 학생들의 수는 380만에서 1080만으로 증가했다. 대략 72%의 학생들 중의 대다수는 집에서 스페인어를 사용하고 있다(NCES, 2008). 이 나라에 이민 온 많은 학생들은 영어 학습자로 불린다. 영어학습자(English language learners)란 영어로 의사소통하기 위해서 영어를 학습하는 과정에 있는 학생을 말한다.

다양한 언어와 이민으로 인해 다른 문화와 언어에 대해서 더욱 넓은 관점을 갖게 되었고 제1언어 학습으로 인해 공립학교는 많은 장점이 있다. 그러나 제한된 영어능력을 지닌 아이들은 학습실패 위험성이 더 높다(Lopez & Tashakkori, 2004). 사실 제한된 영어 능력을 지닌 대다수의 학생들은 2003년-2004년에 학교를 다니고 있는 동안에 수학과 영어수업에 있어서 주 정부의 목표를 충족시키지 못했다(Ashby, 2007). 영어 학습자를 가르칠때 효과적인 교사들은 학생들

📌 영어 학습자들
영어로 의사소통하기 위해서, 영어를 학습하는 과정에 있는 학생들

의 문화에 대해서 알고자 하는 노력을 하는 동시에 그들과 경험을 공유하는 것이 종종 요구된다(Mays, 2008). 협력적 학습전력과 차별화된 지도를 잘하는 교사는 영어 학습자들과 함께 성공적인 경향이 있다(Garcia & Jensen, 2007).

변화하는 인구통계학은 영어로 말하는 당신의 학급의 학습에 있는 한 명 또는 더 많은 학생들을 가지게 될 것이다. 당신은 어떻게 그러한 학생들을 성공하게끔 도와 줄 것인가?

1. 영어 교육 접근

영어 학습자들에게 질 높은 교육을 제공하기 위한 좋은 방법이 무엇인지에 대한 다양한 관점이 있다. 그 중 한 가지 접근이 이중언어교육이다. 이중언어교육(Bilingual education)은 학생들의 모국어 안에서 학생들을 가르치고 차차, 시간이 지나면서 영어로 학생들을 가르치는 것으로 하는 접근이다.

이중언어교육중 혁신적 접근의 또 다른 형태는 양방 이중언어교육이다. 양방 이중언어교육(two-way bilingual education)은 두 가지 언어로 영어수업을 하는 것이다. 영어/스페인어 양방 이중언어교육 프로그램은 꽤 긍정적이었다(Ramos, 2007).

영어 학습자들을 가르치는 또 다른 접근을 몰입이라고 한다. 단일어교육(Immersion)은 영어 학습자에게 오로지 영어로 가르치는 접근이다. 어떤 교육방법이 더욱 성공적인지에 대해서 일치되지 않은 부분이 있다. 1998년은 명제 227(Proposition 227)이 캘리포니아에서 통과되었는데, 명제 227은 모든 공립학교 교육은 영어로 진행해야 하고, 영어만을 사용하는 교실로 이동되기 전에 영어를 배우는 학생들은 1년간의 추가적인 지원을 받을 때까지 영어 말하기 수업을 받아야만 하는 것을 규정하고 있다. 이중언어교육 지지자들은 학생들이 사용하지 않는 언어로 모든 내용을 배운다면, 그들은 나락으로 떨어질 수 있는 위험이 있다고 주장한다.

2. 영어 학습자 수용하기

미국으로 이민온 모국어만을 사용하는 학습자들은 영어로만 교육하는 학교에 입학할 때 매우 불리하다. 영어로 서서히 옮겨가는 것이 바람직하다. 그러나 대부분 그렇지 않다. 이들은 영어로 대화하는데 필요한 지식도 부족하다(Cummins, 2004). 영어를 배워야 하는 학습자들을 가르치는데 도움을 주기 위해서 Herrell과 Jordan(2008)이 제안한 몇가지 전략은 다음과 같다.

- 학생들이 보고 조작할 수 있는 시각적인 보조기구, 현실적인 예를 사용한다.
- 가능할 때 이중언어 교과서를 사용한다.
- 글의 지시사항을 2개의 언어로 나타낸다.
- 언어에 많이 의존하지 않는 교수방법을 사용한다.
- 느리고 분명하게 말하고, 필요할 때 자주 지시사항을 반복한다.
- 학생들이 그들이 할 수 없는 것보다 할 수 있는 것에 초점을 둔다.

이중언어교육
그들의 모국어를 사용하는 학생들을 가르치는 것 그리고 시간이 지나면서 영어로 학생들을 가르치는 것으로 변화하는 것

양방 이중언어교육
학생들은 두 가지 언어로 내용교육과 언어교육을 받는다.

단일어교육
영어 학습자들이 오로지 영어로만 배우는 방식

명제 227
이것은 모든 공립학교 교육은 영어로 이루어져야만 하고, 영어를 학습하는 학생들은 영어를 말하는 교실의 주류에 속하기 전에 추가적으로 1년의 지원을 받을 때까지 영어를 배워야 한다는 것을 요구한다

Ⅳ 성 차이

학교 성취에 있어서 성 차이는 시간이 지나면서 면밀하게 검토되어져 왔다. 여학생들은 초등학교를 거쳐서 청소년이 될 때까지 읽기에서 더 높은 학교 점수를 받는다(Dwyer & Johnson, 1997). 교정 읽기 수업에는 여학생들보다 남학생들이 더 많다(Alloway & Gilbert, 1997).

남학생이 여학생보다 수학 점수가 더 높다. 여학생들은 남학생들보다 수학 자신감이 낮다고 느낀다(Vermeer, Boekaerts, & Seegers, 2000).

성별 간 성취 차이점들은 부분적으로 사회화에 기인한 결과이다. Tannenbaum과 Leeper (2003)는 과학은 아들보다 딸을 위해서 덜 재미있고 더욱 어렵다는 점을 부모들이 더 믿으며 딸보다 아들을 가르칠 때 더욱 인지적인 면을 요구하는 언어를 사용한다고 했다. Altermatt, Javonovic, Perry(1998)는 그들의 연구에 있어서 과학교사들이 질문에 대답할 때, 여학생들보다 더욱 종종 남학생들에게 의지한다고 보고하였다.

영어수업, 사회수업, 과학 그리고 수학에 있어서 남학생들보다 여학생은 더 좋은 점수를 받는 경향이 있지만, 남학생들보다 상처를 잘 받는 것으로 나타났다(Pomerantz, Altermatt, & Saxon, 2002). 이것은 성적이 낮은 여학생의 경우 더욱 그러하다. 여학생들은 자신을 부정적으로 평가하는 경향이 있고, 학업수행에 걱정이 많을 뿐만 아니라 일반적인 걱정과 우울증도 더 경험한다(Pomerantz, Saxon, & Kenney, 2001).

여학생들은 자신의 능력을 성찰하고, 평가적 피드백을 볼 수 있는 것이 남학생들보다 강하기 때문에 학업수행이 높더라도 고통을 더 경험하게 된다.

1. 성 편견

성 편견
여학생들과 남학생들에 대해서 다른 대우

성 편견(gender bias)은 남녀학생에 대한 대우의 차별을 말한다. Sadker와 Sadker(1994)에 따르면, 여학생은 남학생들보다 더 좋은 점수를 받고 덜 규제를 받지만 시간, 관심, 도움, 격려, 도전, 교사의 피드백을 덜 받는다. 이들은 남학생들을 따르고 자기 주장을 덜 하며, 수학과 과학을 피하고, 지능을 숨긴다. 여학생과 남학생은 다른 경향성이 있더라도 성 편견을 가져서는 안된다.

2. 성 지향성

성 지향성
개인의 성적 선호 방향

성 지향성(sexual orientation)은 개인의 성 선호를 말한다. 이러한 선호는 이성애자(반대의 성), 동성애자(같은 성), 양성애자(두개의 성)의 형태를 취한다. 학생들의 성 지향성은 역사적으로 인생의 경로에서 고정되고 안정적인 것으로 생각되어졌다. 그러나 최근의 연구는 한 개인의 인생의 경로에 따라서 성적 매력의 유연성이 주장되고 있다(Diamond, 2008).

학생들의 성 지향성 차이의 원인은 논란이 많지만 생물학적 차이점과 환경적 요소와 같은 요소들이 지적된다(Baldwin & Baldwin, 1998). 성적 지향의 원인이 확실하게 이해되지는 않지만, 성적 지향의 연속체상에 다양한 장소에 있는 학생들, 교사들, 그리고 부모들/양육자들에 의해 상호작용하는 것은 거의 확실하다.

3. 지능의 다양성

지능 혹은 정신능력은 학교 상황에서 개인적 수행과 수행 차이를 설명하기 위해서 사용되는 개념이다. 지능(Intelligence)은 문제를 해결하고 환경에 적응하는 능력으로 정의된다. 지능을 보는 다른 방법은 학습 과정에 대한 반영이라는 관점이다. 지능은 학습능력이다. Feuerstein, Rand, Hoffman, Miller(1980)는 어떤 사람에게 어떤 일을 어떻게 하는지의 방법을 가르쳐 주고, 학습 전후를 비교해 보았을 때 그 사람이 얼마나 더 향상되었는지를 측정함으로써 지능을 결정하였다. Feuerstein 등(1980)은 이러한 과정을 중재학습(mediated learning)이라고 부른다. 한 사람의 지능이 어떠한지에 대한 질문은 한 사람이 얼마나 쉽게 배울 수 있는지에 대한 문제이다. 지능의 성질과 측정에 대해서 상당한 의견 차이와 논쟁이 있으나 Anastasi와 Urbina(1997)은 지능이 교육가들에 의해 가장 잘 보여질 수 있는 방식으로 다음의 다섯 가지를 제시하였다.

1. 나이 기준과 관련하여, 주어진 시간 내의, 개인의 능력이다.
2. 경험과 교육에 의해서 수정된다.
3. 유전과 환경 요인 사이의 상호작용의 최종 산물이다.
4. 특정한 문화 내에서, 생존과 진보를 위해서 요구되는 능력의 조합으로서 통합된 능력이라기보다는 몇 가지 기능들의 합성체이다.
5. 상대적 능력으로서 나이가 들어감에 따라 증가되는 부분도 있고 감소하는 부분도 있다.

명제 8은 2008년 11월 4일에 캘리포니아에서 통과되었다. 이것은 동성커플의 결혼할 수 있는 권리를 빼앗아 가버렸다. 이러한 것과 같은 법률제정이 다양한 성적 지향성을 가지고 있는 당신의 학생들에게 어떻게 영향을 미칠 것인가?

🔊 지능
문제를 풀고 환경에 적응할 수 있도록 하는 능력

🔊 중재학습
교수과정에 의해서 도움을 받은 학습

4. 일반적 정신적 능력으로서의 지능

프랑스 심리학자인 Alfred Binet는 특별한 교육적 대우를 요구하고, 정상아이들과 분리되어 생활하고 있는 파리의 학교 아이들을 확인해보라는 요청을 받았다. 이러한 아이들을 확인하기 위해서, 그는 모든 학교 학생들의 일반적 정신적 능력을 결정할 필요가 있다고 보고 지능을 다음의 능력의 조합으로서 정의하였다. (1) 추리와 판단, (2) 이해, (3) 사고의 명확한 지시 유지 (4) 바람직한 끝맺음을 달성하는 것에 관한 사고의 적응 (5) 자신 스스로의 잘못을 발견하는 것(Binet & Simon, 1908; Binet, 1916).

Binet는 지능을 하위 요인으로써 정의했으나, 지능은 단일의 복합 과정이지 별개의 요인 집합체가 아니라고 보았다. 그러므로 그는 지능을 지적과정을 반영하는 30개의 다른 활동의 셋트로 측정하여 하나의 점수를 산출하였다.

미국에서 영재성이 가장 뛰어난 체스플레이어였던, 이미 고인이 된 Bobby Fishcer는 고등학교를 중퇴했다. 우리는 어떻게 우리의 교실을 어떤 학생들도 떠나기를 원치 않는 장소로 만들 수 있을 것인가?

Binet의 단일 과정으로서의 지능 개념은 나중에 다양한 지능 하위검사에서 개인의 수행 사이에서 중복되는 것을 발견한 Spearman(1927)에 의해서 지지되었다. 그는 이러한 것이 모든 하위검사에 공통된 혹은 일반적인 요소가 존재한다고 결론내렸다. 그러면서도 일반적인 요소 이외에 특정한 요소의 존재를 받아들였다. 그렇지만 지능을 대부분 정신적인 문제를 해결하기 위한 일반적인 능력으로 여겼다.

5. Sternberg의 삼원지능이론

지능의 삼원이론
세 가지의 관련된 측면을 포함하는 이론: 분석적, 창의적, 그리고 실용적 능력

Sternberg(1985, 1988)는 세 가지의 측면이 포함된, 지능의 삼원이론(triarchic theory of intelligence)을 제안했다. 즉, 분석적, 창의적, 실용적 지능이다. 참조의 틀로서 이러한 이론을 이해하고 사용하는 것은 당신이 새로운 방식으로 당신의 학생들을 바라볼 수 있게 할 것이다.

이러한 이론의 첫 번째 측면은 요소적 지능이다. 즉, 이것은 기하학 증거를 풀거나 시 한편을 분석하기 위해서 사용되거나, 학교에서 전통적으로 가치 있게 여겨지는 분석과 추론 기술을 대표하는 것이다. 두 번째 측면은 경험적 지능이다. 즉, 이것은 학생이 문제를 풀거나 상황을 보는 창조적인 방식을 대표한다. 지능의 세 번째 형태는 맥락적이다. 이것은 일상의 일을 효과적으로 다루는 능력이다. 실용적 지능을 사용하는 학생은 그것을 적용하여 자신에게 맞게 만들고, 경우에 따라 대안적 환경을 선택하여 환경을 다룰 수 있다.

이러한 지능에 대한 관점에 따라서, 학생들이 배울 수 있게끔 도와준다는 것은 그들에게 다양한 내용의 영역에서 어떻게 실행하고 수행하며 배우는지를 가르쳐주는 것을 뜻한다. 그것은 또한 지능이 어느 정도 있는지를 측정한다는 것은 이미 알고 있는 것만을 테스트하는 것이라기보다는 분석적, 창의적, 실용적인 기술을 사용하면서 학문적인 영역뿐만 아니라, 실용적인 영역에서 문제를 얼마나 잘 풀 수 있느냐를 테스트하여야 한다는 것을 의미한다.

지능의 삼원이론은 교사들에게 흥미있는 것이어야만 한다. 왜냐하면 학교에서 똑똑하다고 불리지 않은 학생들의 지능도 살펴볼 수 있기 때문이다. 또한 분석적이지 않고 실용적이고 창의적인 지능을 강조하는 수업을 만들어낼 수 있도록 해주기 때문이다.

6. Gardner의 다중지능이론

다중지능
개인이 가질 수 있는 지능의 여덟 가지 영역이 있다고 제안한 인간 마음에 대한 이론

다중지능(Mutliple intelligences)은 한 개인이 가질 수 있는 8개의 다른 영역의 지능이 있다는 것을 제안하는 인간 마음에 대한 이론이다. 이러한 이론은 교육가들이 다른 방식으로 학생들에 대해서 생각하도록 도와줄 수 있다. 학생들이 말을 못하거나 혹은 똑똑하거나 하는 것과 반대로, 다중지능은 교사가 학습자의 많은 강점과 약점을 볼 수 있도록 허용한다(Morain, Kornhaber, & Gardner, 2006). Gardner(1993, 1999)는 여덟 개의 지능을 제안했다.

1. 언어 지능 즉, 단어를 사용할 수 있는 능력(작가처럼)
2. 논리-수학적 지능 즉, 상징을 추론하고 사용할 수 있는 능력(과학자처럼)

3. 공간 지능 즉, 공간에서 물체를 배열하거나 재배열할 수 있는 능력

4. 음악 지능 즉, 음악을 작곡하거나 악기를 다룰 수 있는 능력(음악가처럼)

5. 신체 운동감각적 지능 즉, 신체를 조절할 수 있는 능력(댄서 혹은 체조 선수처럼)

6. 대인 간 지능 즉, 사회적으로 잘 기능할 수 있는 능력(영업사원 혹은 정치가처럼)

7. 개인 내 지능 즉, 내부의 생각과 감정을 조절할 수 있는 능력(정신적 지도자처럼)

8. 자연 지능 즉, 자연 속에서 패턴을 탐지하고 이해할 수 있는 능력(탐험가 혹은 기상학자처럼)

다중지능에서, 학생들은 많은 방식으로 지적일 수 있다. 예를 들어, 이러한 복잡한 춤을 추는 학생들은 신체적 운동감각적 지능을 나타내고 있다.

학교는 주로 언어적 그리고 논리-수학적 형태에 초점을 맞추고 나머지 형태는 종종 무시한다. 이렇게 언어적 혹은 논리-수학적 지능에 초점을 맞춤으로써, 불필요하게 몇몇 학생들을 다른 사람들보다 열등감을 느낄 수 있게 할지 모른다.

7. 지능의 측정

지능은 Binet-Simon이 최초로 개발하였다. 지능검사점수는 나이가 들어감에 따라 증가한다는 사실에 기반한다(Binet & Simon, 1908). 나이를 반영했다는 것을 확실히 하기 위해서, 정신연령(mental age)이란 개념을 만들었다. 정신연령은 문제를 맞춘 개수가 같은 아동들의 평균연령을 기준으로 한다. 예를 들어, 만약에 한 아이가 30개의 정답을 맞추고, 30개의 항목을 맞춘 모든 아이들의 평균 나이가 6.5세라면, 그 아이의 정신연령은 6.5세이다. 이 개념을 근거로 지능지수(intelligence quotient, IQ) 즉, IQ를 만들어냈다.

만약 6.5세의 정신연령을 가지고 있는 아이의 실제 나이가 6.5세라면 그 아이의 IQ는 100이다. 만약 자기보다 더 나이 많은 아이들과 똑같은 점수를 얻었다면 100이상의 IQ가 된다. 자신보다 더 어린 아이들과 똑같은 점수를 받으면 100보다 낮은 IQ가 된다. 요즘, IQ는 나이가 같은 아이들과 직접 비교해 얻은 점수를 근거로 계산한다. 이것을 편차지능지수(deviation IQ)라고 한다(이것은 14장에서 더 많이 논의될 것이다).

성취검사는 지능검사와 어떻게 다른가?

성취검사의 내용은 지능검사와 크게 다르지 않다. 모두 학생들이 배웠던 것을 측정하지만 지능은 성취보다 이전의 경험에 덜 의존한다(Anastasi & Urbina, 1997). 또한 종종 비언어적 측정을 한다. 그러나 성취검사는 그렇지 않다. 지능은 미래 학습을 예측하는 반면, 성취는 지난 학습내용을 측정한다. 그럼에도 불구하고, 지능과 성취의 두 가지 개념 사이에서는 겹치는 부분이 있으며, 표준화 성취도검사와 지능검사는 0.5~0.7 상관관계가 있다(Sattler, 2001).

정신연령
아동이 정확하게 수행하는 문항 수가 같은 아동들의 평균 연령을 기준으로 함

지능지수
정신연령을 자연연령으로 나눈 값에 100을 곱한 값

편차지능지수
지능검사가 점수를 같은 연령의 아이들과 직접적으로 비교하여 계산된 점수

8. 지능에 영향을 주는 요인

지능에 영향을 주는 두 가지 잠재적인 요인은 유전과 환경이다. 유전은 한 사람의 지능이 그의 혹은 그녀의 부모의 지능에 기초한 정도를 가리킨다. 환경은 집이나 학교 등에서의 경험이 지능에 미치는 기여도를 나타낸다.

유전이 지능에 대해서 꽤 영향력 있는 요소이지만, 그것이 유일한 요소는 아니다(Grigorenko, 2000). 예를 들면 동일환경에서 자란 형제와 서로 다른 환경에서 자란 일란성 쌍둥이 간의 지능의 상관을 비교하면 후자가 더 높다. 이것은 유전의 영향이 큼을 보여준다.

그러나 일란성 쌍둥이라도 같은 환경에서 자란 형제가 서로 다른 환경에 자란 형제보다 지능의 상관이 더 높다. 이것은 지능에 환경요인이 작용한다는 것을 의미한다.

지능이 무엇인지, 특성이 무엇인지, 그것을 어떻게 가장 최상으로 측정할 수 있는지, 혹은 그것이 무엇을 위한 전제조건인지에 대해서 확실한 것은 거의 없다. 여전히 지속되는 논쟁의 하나는 지능이 유전에 근거하는 정도가 누구에게나 동일하게 적용할 수 있는지, 혹은 각 문화마다 다양한 특성이 있으므로 환경적 영향이 어떻게 다른지 하는 것이다.

9. 능력별 집단편성

능력별 집단편성 즉, 동질 집단편성은 지능 혹은 정신적 능력 혹은 성취 등의 요인이 유사한 학생들로 구성된 교육집단 형성에 영향을 미치는 요인에 따라 학생들을 분류하는 것을 의미한다. 많은 학교에서 다양한 기준에 따라 집단을 편성한다. 능력별 집단편성의 합리적인 이유는, 만약 능력의 수준이 학생들마다 많이 다른 경우보다, 모든 학생들이 똑같이 능력이 있다면 효과적인 수업이 될 수 있다는 것이다.

다시 말하면, 학급 안에서 학생들 중에 능력의 범위를 좁히는 것은 교육의 효과성을 향상시키기 위해 생각되는 것이고, 그러므로 성취를 올릴 수 있다는 것이다. 그러나 2년 넘는 기간 동안 뉴욕시티 공립학교에서 86개의 5학년 학급들을 대상으로 한 연구에서 (지능 검사에 기초하여) 능력의 범위를 좁히는 것은 능력 수준에 따라 차별화 프로그램을 적용하는 경우가 아니라면, 능력별집단 편성은 효과가 없는 것으로 나타났다(Goldberg, Passow, & Justman, 1966, p. 161). 그 이유는 모든 집단에 동일한 주제를 가르쳤고 능력별 집단별로 적합하지 않은 주제의 경우 주제를 조정하지 않았기 때문이다. 각 집단별 능력 특성에 맞는 수업설계를 하지 않는다면 효과가 없다는 것을 시사한다.

Slavin(1987)이 능력집단별 연구를 검토한 결과 역시 비슷한 결론에 도달하였다. 높은 수준의 학급은 약간의 혜택을 받지만, 수준이 낮은 학급은 손실이 있었다(Oakes & Wells, 1998). 그러나 학생들이 대부분의 초등학교에서 발생하는 일처럼, 대부분의 시간 동안 수준이 다른 교실 학급 그러나 읽기와 수학을 위한 능력 혹은 성취에 기반하여 재그룹화된 교실 학급에 배치되고 교육의 수준과 속도가 성취 수준에 적응되어진다면, 성취는 향상될 수 있다. 능력별 집단편성에 기반한 연구에서 Kulik(1992) 역시 능력별 집단편성에 대한 교육과정의 내용, 학생적응, 학생 성취에서 효과가 없지만 능력에 따라 차별적으로 적응 프로그램을 개발하여 적용한 경우에는 효과가 있다는 것을 보여주었다. Slavin(1987) 역시 집단별로 교육과정이 적합하면 효과적이라는 것을 알아냈다. 능력별 집단별 편성은 교사들의 기대뿐만 아니라 학생들의 자아-기대에 영향을 미칠 수 있으며 그것은 자아충족적 예언으로 이어질 수 있다. 결론적으로 능력별 집단편성은 특별한 교육설계일 때를 제외하고는 좋은 교육적 전략은 아니다. 대안적으로 협동학습이 권장된다.

5 | 특수 학습자

학습 목표	주요 내용
1. 특수 학습자와 특수 학습자 분류가 갖는 암시, 그 절차기저 법칙을 기술할 수 있다.	배경 • 누가 특수 학습자인가? • 특수 학습자 분류의 장점과 단점 • 예외성을 가진 학습자들의 교육하는 법
2. 특수 학습자들에 적용되는 개별화 교육 프로그램, 최소 제한 환경과 통합을 포함한 특수교육에 대해 논의할 수 있다.	특수교육: 특수 학습자들에 대한 서비스 • 개별화된 교육 프로그램(IEP) • 최소 제한적 환경 • 통합
3. 지적 특수 학습자를 설명할 수 있다: 특성, 원인, 평가 그리고 교육적 접근방식을 포함한, 영재성/재능 그리고 정신지체	지적인 예외성 • 영재성과 재능 • 정신지체
4. 학교 교육이 어떻게 성별과 지향하는 바에 기반하여 학생에 대해 편견을 가질 수 있는지에 대해서 설명할 수 있다. 5. 교사가 공평하고 안전한 교실 환경을 만들기 위해서 실행할 수 있는 방법에 관해 토의할 수 있다.	행동장애들 • 학습장애 • 주의력 결핍/과잉행동 장애(ADHD) • 정서 및 행동 장애
6. 감각장애를 설명하고 묘사할 수 있다: 의사소통, 말, 청력 및 시력	의사소통과 감각운동 장애 • 의사소통 장애 • 청력 및 시력장애
7. 특징, 원인, 평가, 육적 접근방식을 포함한 지체 장애를 설명하고 묘사할 수 있다	지체장애
8. 자폐증을 설명하고 묘사할 수 있다	자폐증 • 정의 및 설명 • 교육적 접근방식

I 배경

여기서는 특수학습자에 대하여 학습한다. 특수학습자에는 영재를 포함한다.

1. 특수학습자

🔴 특수성
집단의 평균이나 기준에서 이탈되어 있는 상태로서 영재성을 포함함

어떤 행동 범주에 있어서 특별하거나 개별화 프로그램 혹은 서비스의 몇몇 형태를 요구하는 평균 혹은 기준으로부터 벗어날 때 특수하다고 보며 이러한 학생들을 특수 학습자(exceptional learners)라고 한다. 특수성에는 장애 혹은 높은 능력이 포함되지만, 여기에 결손(*handicap*)만 포함되는 것은 아니다. K에서 12학년까지 특수교육(special education)이 이루어지고 있다.

🔴 특수 학습
행동 또는 학습 능력이 특별한 혹은 개별화된 프로그램 혹은 서비스가 요구되는 학습

2. 특수학습자 분류의 장점과 단점

🔴 특수교육
특별한 수요를 충족시키기 위해서 설계된 K-12 학교에 있는 프로그램

🔴 분류
학생의 특별한 요구를 인식하는 것

특수학습자의 분류(classification) 과정을 알면 이들의 교육에 도움이 된다. 이들의 특별한 요구를 모르면, 필요한 개입을 하지 못한다. 이렇게 분류함으로써 특별히 교육적 정책을 만들고 관련된 프로그램의 재원을 제공하는 사람들에게 공공의 관심에 대한 특수교육과 관련된 이슈를 가져올 수 있는 장점이 또 있다. 그러나 이렇게 하면 그들의 결손에 초점을 맞추고 학습기회를 주지 않거나 혹은 감소시키므로, 학습자들을 낙인찍을 가능성이 있다. 자존감에 부정적인 영향을 미칠 수 있고 꼬리표를 붙임으로써 이들에 대한 교사의 인식이나 기대에 부정적 영향을 줄 수 있다. "영재"라는 꼬리표를 붙이는 경우에도 이들에게 더 과도한 기대를 하게 만든다. 일단 꼬리표가 붙으면 그들의 수행과는 무관하게 그들을 특정 방식으로 바라보게 한다.

Steeker와 Fuchs(2000)는 학생들은 특정한 교육과정 내용을 배우는 정도에 의해서만 분류하여야 한다고 주장했다. 교육과정 기반 평가(curriculum-based assessment)라고 불리는 이러한 접근법은 다른 학생들과 비교한 현재의 분류 시스템보다 더욱 구체적이다.

🔴 교육과정 기반 평가
학생들은 그들이 특수한 교육과정 내용을 배우는 정도에 의해서 분류하는 과정

3. 특수학습자 관리법

🔴 Individuals with Disabilities Education Act(IDEA)
장애를 가진 모든 아이들이 그들에게 이용 가능한 특수교육을 받고 그들의 수요를 충족시키고 권한에 대한 비용의 일부분을 추앙하기 위한 연방정부 자금을 제공하기 위해서 설계된 연관 서비스를 받는다는 것을 확실히 하도록 의도하여 통과된 법

1970년대 이전에, 몇몇 주(states)안에 있는 법들은 특수학습자를 배제하는 것을 허용했다 (Murdick, Gartin, & Crabtree, 2002). 그러다가 1975년에, 공공법 94-142는 국회에 의해서 통과되면서 변화가 일어났다. 이 법은 전장애아교육법(Education for All Handicapped Children Act)으로 불렸으나, 여러번의 개정을 거쳐 장애인교육법(Individuals with Disabilities Education Act (IDEA))으로 최종 결정되었다. 이 법의 목적은 장애아에게 특수교육과 그들의 요구를 충족시켜주기 위해 관련된 서비스를 받을 수 있도록 하고, 교육비용을 연방정부의 재정 지원을 받도록 하는 데에 있었다. 그 법은 다음의 여섯 가지 주요 내용을 담고 있다(Turnbull and Turnbull,

2000).

- 특수교육제공

  학교는 6-17세 사이의 장애를 가진 모든 아이들에게 특수교육을 제공해야만 한다.

- 비차별적 평가

  아이가 인종, 문화, 혹은 모국어(실제로 테스트는 아이의 모국어로 진행되어야만 한다)의
  기초하에, 차별화될 수 없는 장애를 가지고 있는지 없는지를 결정하기 위해서 테스트와
  평가 과정이 있고, 배치 결정은 단 한가지의 테스트 점수에 기초해서 이루어지지 않는다.

- 무료 교육

  유형 또는 심한 정도에 상관없이 장애를 가진 모든 아이들을 위해서 그리고 개별화된 교
  육 프로그램(IEP)을 제공한다.

- 환경제한최소화

  장애를 가진 학생들은 분리된 학급에서 교육받지 않는다. 가능한 장애가 없는 급우들과
  함께 교육받는다.

- 정당한 법 절차 보호

  장애를 가진 아이들과 그들의 부모들의 권리를 보호한다(예: 부모의 동의, 기록비밀보장,
  독립적 평가 등등).

- 의사결정에 부모와 학생의 참여

IDEA에는 영재는 포함되지 않는다. 이들은 1988년에 통과된 Jacob K. Javits의 영재교육법
(Gifted and talent Student Education Act)에 의한 지원을 받는다. 1990년에 통과된 미국 장애
인법(Americans with Disabilities Act)은 고용주가 장애를 가진 사람들이 자기결정에 대한 그들
의 성취에 대한 열쇠인 필수적인 직업 기능을 수행할 수 있다는 것을 확신하는 합리적인 시설을
갖추도록 강제하고 있다.

Ⅱ   특수학습자 서비스

특수교육(special education)이라고 불리는 교육 개입 프로그램은 장애를 가진 학생들에게 독
립적이고 성공적인 기능 즉, 자기결정을 하기 위해서 요구되는 기술을 가르치기 위해서 설계되
어 있다. 이러한 기술에는 학업적(예: 읽기), 직업적(예: 직업기술), 개인적(예: 스스로 옷 입
기), 사회적(예: 다른 사람들과 잘 상호작용하는 것) 기술이 포함된다. 특수교육은 교육의 대상
이 장애를 가진 학생으로 분류되는 학생의 하위그룹으로 범위가 한계지어진다는 점에서 뚜렷하
다. 그러나 그것은 또한 "개별적으로 계획되어 있고, 특수화되어 있고, 집중적이고, 목표로 향
해있는" 교육에 대한 접근방식이다(Heward, 2003, p. 38).

 특수교육

독립적인 그리고 성공적인 기능
을 위해서 필요로 하는 기술을
장애를 가진 사람들에게 가르쳐
주도록 설계된 프로그램

특수교육(special education)은 장애를 가진 학생들이 학교와 사회에서 완전하게 그리고 활발하게 참여할 수 있도록 도와주기 위해 설계된 중재이다. 그것은 장애를 가진 학생들이 그들의 학습을 방해하는 장애물들을 극복하도록 도와준다.

🌐 개별화 교육 프로그램
장애를 가진 모든 학생들을 위해서 발달되고 실행되는 개별적인 프로그램

1. 개별화 교육 프로그램(IEP)

IDEA는 특수학습자에게 개별화 교육 프로그램(Individualized Education Program(IEP))을 개발하고 시행한 것을 요구하고 있다. IEP는 누가 준비하여야 하는지 구체적으로 규정하고 있다. 한 아이의 IEP에는 다음과 같은 것을 포함하도록 하고 있다.

- 부모들
- 정규 교사
- 특수교육 교사
- 지역 대표자
- 평가 결과 전문가
- 부모나 학교가 요구하는 사람
- 학생(14세 이상인 경우)

IEP에는 다음의 요소를 포함한다.

- 장애가 수행에 영향을 미치는지 내용, 교육적 수행에 대한 아이의 현재 수준
- 학습 목표, 준거
- 학업적·비학업적 목표달성을 위한 특수교육
- 비장애 아이들과 함께 왜 참여할 수 없는 활동과 그 이유
- 비장애 학생과 함께 학습할 때의 평가방식

(1) IEP 형태

학생들을 위한 IEP는 다음 세 가지 범주를 포함하고 있다. (1) 교육적 필요성, 특징, 현재의 수행수준 (2) 특수교육, 관련 서비스, 보조물, 서비스, 보조공학, 프로그램 수정, 인력 지원 (3) 단기간 목표(Bateman & Linden, 1998). 첫 번째 범주는 어떻게 장애가 일반적 교육과정에 있어서 진보를 할 수 있는 학생들의 능력에 영향을 미치는지에 대한 표시를 포함한다. 두 번째 범주는 서비스의 빈도, 기간, 위치를 포함한다. 세 번째 범주는 목표를 향한 진보가 어떻게 측정될 수 있는지에 대한 것을 포함한다.

2. IEP의 예

Bateman과 Linden(1998)은 학습장애와 훈육문제의 역사를 가지고 있는 Curt를 위해서 IEP를 설명한다. 교육적 요구에 관해서, Curt는 학습과 행동에 있어서 어려움을 지니고 있다. 그는 공부 기술, 즉, 텍스트 읽기, 노트하기, 노트를 공부하기, 기억작업을 배울 필요가 있다. 행동에 있어서 현명한 그는 준비된 학급에 와서, 그의 집중 시간을 향상시키고 과제수행 행동을 유지할 필요가 있다. Curt는 이러한 기술과 행동의 모든 것이 부족하다.

Curt는 또한 철자쓰기, 구두점, 대문자, 그리고 단어사용에 있어서 교정을 위한 도움이 필요

하다. 이러한 기술은 그의 친구들보다 2단계 뒤쳐져 있다. 그의 정규 프로그램에 대한 적응에 관해서, Curt는 학급의 맨 앞자리 가까이에 앉아 있고, 철자쓰기/언어 철자전문가에 의해서 훈련받은 교사들에 의해서 공부 기술에 있어서 도움을 받고, 종종 과제에 집중하도록 요구받고, 그의 프로그램의 초기단계에서 교사가 점검하고 있다. Curt의 IEP의 개략적 내용은 표 5-1과 같다.

　Curt의 상황에 대해서 무엇이 행해질 수 있을까? 그 답은 그에게 그의 학습을 향상시키고 그의 행동을 개선시킬 수 있는 특수교육과 다른 보충적 그리고 보조 서비스를 제공하는 영역에 있다. Curt는 스피치 전문가, 자료실 교사 그리고 내용 영역 교사들에 의해서 공부 기술에 대한 직접적이고 특수한 가르침을 받아야 한다. 각 학급에서 "공부친구"가 할당되어야 한다. 그의 집중시간과 할당된 임무에 쏟는 시간을 연장시킬 수 있는 동기가 되는 계획이 주어져야 한다. 보조기구가 학업적인 임무의 완성을 위해서 그를 자기점검 기술과 자기기록 양식을 사용하도록 가르친다. 직접적인 언어교육을 받는다. 기억을 하는데 어려움이 있는 것을 도와준다. 어휘를 향상시킬 수 있는 어휘를 발달시킨다. 다음에는 이러한 계획이 Curt가 향상할 수 있도록 도움을 주어야만 한다. 여기에는 필요성과 서비스 이외에 목표도 포함된다. Curt의 목표 중 몇몇 예는 다음과 같다. (1) 학년이 끝날 때까지 더 높은 등급을 따고 새로운 공부 기술을 배운다 (2) 연말까지 할당된 행동을 두 배로 증진한다 (3) 2개 등급수준까지 문자언어 기술을 향상시킨다.

3. 최소 환경 제한

　IDEA에 의해서 권한 받은 최소 환경 제한(least restrictive environment)의 개념은 장애를 가지고 있는 학습자들이 장애의 성질이 만족스러운 결과가 나오지 못하는 경우를 제외하고는 가

◑ 최소 제한 환경
장애의 성질이 만족스런 결과를 얻지 못하는 경우를 제외하고는, 장애를 가진 학습자들은 가능한 한 비장애 학습자들과 함께, 교육받아야 한다고 요구한다

표 5-1　IEP

교육적 수요에 대한 예	중재와 관련 서비스에 대한 예	측정 가능한 목표와 벤치마크에 대한 예
공부 기술을 향상시킨다 (예: 읽기, 필기하기)	읽기와 필기하는 것에 대해 특정한 교수(teaching)를 제공하는 것	학생은 교사에 의해 판단받은 대로 적절한 필기를 하고, 지문의 10-15페이지를 읽을 수 있다
주의집중시간과 과제집중 행동을 향상시킨다	주의집중시간과 과제집중을 늘리기 위해서 동기화시킬 수 있는 계획을 발달시키는 것	연말에 질 높은 관찰자에 의해 측정 받은 대로 과제집중 행동을 두 배로 만드는 것
철자쓰기, 발음, 대문자쓰기 그리고 사용법을 향상시킨다	철자쓰기, 발음, 대문자쓰기 그리고 사용법에 있어서 직접적인 교육을 제공한다	10개 문장을 얻은 채로, 학생은 90%의 정확도를 가지고, 구두점을 찍고 대문자로 쓸 수 있다
단기간 암기를 향상시킨다	단기간 기억을 돕기 위해서 지속적인 복습을 제공한다	10개의 기억할 수 있는 단어를 얻은 채로, 학생은 90%의 정확도를 가지고 수행할 것이다
파지(retention)를 향상시킨다	정보를 보유하고 있기 위해서 지문을 읽는 전략을 직접 교수(direct instruction)를 제공한다	10-15페이지의 읽을거리를 받고, 학생은 교사에 의해서 판단받은 채로, 정보를 보유하기 위한 적절한 전략을 이용하게 될 것이다

능한 정도로까지 비장애 학생들과 같이 교육받아야만 한다는 것이다. 즉 정상 아이와 학습의 환경적 차이를 최소화해야 한다는 의미이다.

그러나 "최소 환경 제한"은 상대적인 개념이다. 서비스, 프로그램, 환경이라는 범위는 장애를 가진 학생들의 특수 요구를 수용할 수 있어야 한다. 이 개념에는 정규 학급교실부터 병원, 특수학교, 가정방문 시설까지 망라된다. 보통 보충서비스와 정규교실이 합쳐진 개념이다. 보충서비스는 간혹 정규교실에서 이루어지지만, 일반적으로 자료실에서 이루어진다. 이것 이상으로 분리된 특수교육 교실도 있다. 이러한 대안책들은 IEP에서 추천된 특정한 서비스 기반 하에 이루어지는 것들이다.

4. 통합교육

● 통합교육
정규 수업교실에서 예외성을 가진 학습자들을 교육시키는 과정

통합교육(Inclusion)은 정규교실에서 특수학습자를 교육하는 과정이다. 가능한 한 정규교실과 가까운 환경에서 특수 학습자를 교육시키는 것을 의미하지만 그들의 특수 요구를 충족시켜 주기 위한 적절한 프로그램을 제공하는 것을 나타내는 최소 환경 제한과 자주 혼동된다. 그러므로 IDEA에서 명시된 최소 환경 제한은 통합보다 좀 더 넓은 전략이다. 통합의 정책은 몇몇 논쟁을 불러일으켰다. 단순히 장애를 가진 학생을 정규학급에 데려다 놓는 것, 반면에 정규학급 교사들에게 더 많은 요구를 하는 것은 아이가 배우고 적절한 방식으로 행동하고 혹은 비장애 아이들이 허용한 것을 얻을 수 있다고 확신할 수 없다(Freeman & Alkin, 2000). 장애를 가진 학생을 정규학급보다 더 제한적인 환경에 두면 비장애 학생들과의 상호작용 기회가 더 감소된다. 통합교육에는 정규 학급 교사가 배치되고, 지원적 서비서가 제공되어야 한다(Kenney & fisher, 2001).

M.F. Giangreco, C.J. Cloninger, R.E. Dennis, 그리고 S.W. Edelman(2000)은 통합교육이 제자리를 찾는 증거로서 매일 진행되는 기반 하에서 일어나는 다음의 다섯 가지 특징을 열거하고 있다.

통합교육(inclusive education)에서 장애를 가진 학습자들과 비장애 학습자들은 교육적 진전을 가능하게 하기 위해서, 정규 수업교실에서 함께 공부한다.

- 이질적 집단화 – 장애 학생들과 비장애 학생들의 수가 대략 자연스런 비율이 되는 그룹 안에서 함께 교육받는다.
- 하나의 그룹에 속해 있다는 느낌 – 장애 학생들과 비장애 학생들 모두가 한 교실에서 똑같이 환영받는다.
- 개별화된 결과를 가지고 있는 공유된 활동 – 학습목적이 개별화되어 있고 서로 다르지만, 장애학생들과 비장애 학생들은 동시에 교육적 경험을 공유한다.
- 비장애 학생들이 자주 사용하는 환경을 사용한다(예: 일반 교실)
- 균형 잡힌 교육의 경험을 하도록 한다. 학업적인 것과 기능적인 것, 사회적인 것과 개인적인 것 간의 개별화된 균형을 유하도록 한다.

Ⅲ 지적 특수학습자

여기에는 정신지체, 영재성, 재능을 포함한다.

1. 영재성과 재능

(1) 영재성의 정의

Marland Report(Marland, 1972)는 영재성과 재능에 다음을 포함시켰다.

- 일반적인 지적인 능력
- 특정한 학업적인 적성
- 창조적인 혹은 생산적인 생각
- 리더십 능력
- 시각적 혹은 공연예술에 있어서의 능력
- 정신운동 능력

1991년에 National Excellence: A Case for Developing America's Talent라는 보고서에서 대안적인 정의가 제안되었다. 여기서는 지능 검사 점수에서의 강조성을 줄이기 위해서 "영재성"이란 단어를 제거하였고, 영재성을 "뛰어난(*outstanding*)" 혹은 "특수한 재능(*exceptional talent*)"으로 대체하였다. 그럼에도 불구하고, 대부분의 주(states)들은 여전히 인지적인 능력을 영재성으로 간주한다. 그러나 많은 주에서는 Marland정의에서 포함된 범주 중 몇 가지를 포함시키고 있다(Stephens & Karnes, 2000).

다른 영재성에 대한 모델들은 현재의 사고방식에 대한 강력한 영향력을 주고 있다. Renzulli (1978)는 평균이상의 능력, 창의성 그리고 과제집착력으로 조합되는 것들이 일반적 수행 영역(수학과 같은 것), 특수한 수행 영역(극작과 같은 것)에 작용한다고 제안하였다. Sternberg(1985)는 세 가지의 요소를 확인하였다. (1) 실용적 지능, (2) 창의적 능력, (3) 실행력이다. Gardner(1993)는 7가지 지능을 확인하였다. Shaklee 등(1989)은 다음 네 가지 판별 요인을 제안하였다. (1) 지식을 습득하고 보유하는 능력, (2) 지식을 응용하고 이해하는 능력, (3) 지식(즉, 창의성)을 만들어내는 능력, (4) 스스로를 동기화시키는 능력이다. 영재성의 확인을 위한 기초자료는 다음과 같은 것이 포함될 수 있다(Heward, 2003)

- 지능 검사
- 성취 검사
- 학생의 작업과 성취에 대한 포트폴리오
- (학생의 교실 행동에 대한 보고에 기반한)교사 추천
- 부모, 동료 혹은 자신에 의한 추천

● 교과목 이외의 혹은 여가 활동들

Clark(2000)는 영재를 확인할 수 있는 행동을 다음과 같이 제시하였다.
● 쉽게 이해할 수 있는 것처럼 보인다.
● 퍼즐과 문제풀기를 좋아한다.
● 왜 그것이 그렇게 되는지 혹은 어떻게 그것이 그렇게 되는지에 대해서 알기를 원한다.
● 어떤 영역에 있어서 비범한 능력을 보여 준다.
● 흥미의 한 분야에 대해 매료됨을 보여 준다.
● 다른, 비범한, 창의적인 방법으로 어떤 것을 하려고 노력한다.
● 생생하게 상상하는 능력을 가지고 있다.
● 많은 다른 자원들로부터 아이디어와 정보를 종합한다.
● 교육 없이 기술을 습득한다.

이외에 Calero 등(2007) 높은 IQ를 가진 아이들은 평균의 아이들보다 자기조절능력이 더 좋았다는 것을 보여주었다. 높은 IQ를 가지고 있는 아이들은 스스로 실행하고, 동기화하고, 효과적으로 공부한다.

2. 영재교육

영재교육의 접근 중의 하나는 속진(acceleration)이다. 즉, 학생이 교육과정 진행 속도를 높이는 것이다. 왜냐하면 영재아이들은 교육과정을 빠른 속도로 진행시킬 수 있기 때문이다. 월반을 하거나 대학교에 입학하기 위한 고등학교 심화학습과정을 수강하는 것이 그 예이다. 또 하나의 접근방식은 심화(enrichment)이다. 즉, 자료를 더 깊게 들어가기 위해서 더욱 개별화되거나 독립적인 프로젝트를 갖고 추가적 교육과정을 이수한다.

속진과 심화를 조합한 접근방식이 교육과정 압축(curriculum compacting)이다(Renzulli, smith, & Reis, 1982). 교육과정의 전 과정은 일부 삭제하고 학생들이에게 더 많은 도전적인 주제에 대해서 공부할 수 있는 시간을 준다.

초등학교 영재학생 심화 프로그램의 가장 전형적 유형은 풀아웃(pull-out)이다. 즉, 자원실 프로그램(resource room program)이다. 선발된 영재학생들은 특수 교육을 받기 위해서 정규 교실을 벗어나 별도의 특수훈련을 전문가들로부터 받는다.

Renzulli와 Reis(1997)는 세 가지 유형의 심화를 제시하였다. 유형 I은 학생들이 그들의 흥미를 만들기 위해서 더 깊게 주제를 경험하는 것이다. 유형 Ⅱ는 학생들이 연구와 참고자료를 이용하는 기술로써, 더 높은 수준의 사고 기술 훈련을 받는 것이다. 유형 Ⅲ은 학생들이 실제의 문제들을 조사하는 데 있어서 배웠던 것을 독립적으로 혹은 다른 학생들과 함께 해결한다.

Renzuli(1994)는 이 외에 회전문 모델(revolving-door model)을 제안하였는데, 위에서 언급한 심화의 세 가지 형태를 조합하여 사용하는 것이다. 이 과정에서 다양한 그룹이 다양한 영역

● 속진
교육과정 진행속도를 빠르게 하는 것

● 심화
아마도 더 개별화된 혹은 독립적인 프로젝트를 가지고 자료로 더욱 깊이 나아가거나 혹은 더 심화시키는 코스의 교육과정에 자료를 첨가하는 것

● 교육과정 압축
학생들이 더욱 도적적인 주제의 측면에 대해서 공부할 수 있는 더욱 많은 시간을 주고, 중복되거나 이전에 학습했던 자료를 제거함으로써, 코스의 교육과정을 압축시키는 것

● 자료실 프로그램
영재 학생들이 특별한 훈련을 하면서, 보통 교육가들에 의해 특별한 교육을 위한 정규 수업 교실 밖으로 나와 있는 곳

● 유형 I
여기에서, 학생들이 주제 안에서 그들의 흥미를 만들어나가기 위해서 더욱 깊게 주제를 경험하는 것

● 유형 Ⅱ
여기에서, 학생들이 연구와 참고자료를 이용하는 기술을 가지고, 더 높은 수준으로 생각하도록 훈련받는 것

● 유형 Ⅲ
여기에서, 학생들이 독립적으로 공부하거나 다른 학생들과 함께 실제문제에 대한 탐구에 맞춰 그들이 배웠던 것을 적용시키기 위해서 공부하는 것

에서 영재성이 있는 것으로 인식된다. 심화의 세 가지 형태의 각 활동 회전하여 운영한다. 활동 자체는 구성원들의 특정 영재성 영역에 초점을 맞춘다.

학생의 영재성(giftedness)의 특정한 영역에 심화 활동을 맞추는 것은 뛰어난 결과를 가져온다.

3. 정신지체

정신지체(mental retardation)와 특수교육은 매우 긴밀하게 연결되어 있다. 실제로 1896년, 첫 번째 공립학교에서 특수학급이 정신지체를 가지고 있는 학생들을 위해서 설립되었다. 우리는 정신지체에 대해서 많은 측면들과 이러한 예외성을 가진 학생들을 돕기 위한 적절한 접근방식을 논의한다.

(1) 정의와 특징

미국 지적장애 및 발달장애 협회(American Association on Intellectual and Developmental Disabilities)(전에는, 미국 정신지체 협회)는 정신지체를 "평균 이하의 일반적 지적기능을 보이고 있거나 적응행동에 있어서 제한과 연관되어 있고 발달기간동안에 명확해지는 특징이 있다"(Grossman, 1983, p. 11)고 정의했다. 정의는 정신지체를 식별하는 데 있어서 세 가지 기준을 제공한다.

- 평균 수준 이하로 지적인 기능으로써, 전형적으로 기억, 학습속도, 집중, 동기 새로운 환경에 대해서 배웠던 것을 옮기는 능력이 낮은 상태이다.
- 의사소통, 가정생활, 자기관리, 사회성 기술, 자기지시, 건강과 안전, 지역사회 활용, 자기지시, 기능적 교과, 작업기술, 여가에 있어서 두 가지 이상 낮은 적응능력이다.
- 18세 이전에 나타난다.

> **정신지체**
> 적응행동에 있어서 장애로 나타나거나 장애와 연관되고 또한 발달시기에 명확해진. 심각하게 평균 이하의 일반적인 지적기능을 가지고 있는 것

(2) 분류

학생들은 주로 지능과 적응행동에 대한 검사점수에 기초하여, 정신적으로 지체되어 있는 것으로 분류된다. 전형적으로 지능 기준은 같은 나이의 학생들에 비하여 2 표준편차 이하이다. 그러나 미국에서는 0.78% 이하의 사람을 정신지체로 본다(Larson et al., 2001). IQ에 기반한 이러한 분류 절차는 정신지체의 네 가지 범주로 더 나눠진다. 정신적으로 지체되었다고 분류된 사람들의 약 80-85%는 "경도 정신지체" 범주로 구분되고, 10%는 "중증도 정신지체" 범주로 구분된다. 그리고 나머지 5%는 마지막 2개의 범주에 속한다. Petrus(1997)는 정신지체로 분류된 모든 사람들 중에는 IQ 70 이하로 분류된 사람들보다 경도 정신지체의 경계선인 IQ 70-85 정도에 해당되는 사람들이 4배나 더 많다고 보고하였다.

1992년, 미국 지적장애 및 발달장애 협회는 본래의 정의로서 그룹의 특징보다, 기능을 하기 위해서 개인들이 필요로 하는 지원(support)의 양에 기반하여, 정신지체에 대한 새로운 정의가 등장하였다. 지원의 4개의 수준은 간헐적 지원, 제한적 지원, 광범위한 지원, 전반적 지원이 그

정신적으로 지체된(mentally retarded) 학생들은 스스로 책임을 지는 방법을 배우는데 도움이 될 생활기능을 학습하는 것을 포함하는, 독립적으로 기능하는 방법을 배울 필요가 있다.

것이다. 간헐적 지원은 필요한 기초를 제공한다. 시간별로 지원하기 때문에 항상 지원이 필요한 것은 아니다. 제한적 지원은 시간이 지나도 일관되게 지원한다. 지원시간에 제한은 있지만 간헐적이지는 않다. 광범한 지원은 최소한 어떤 환경에서는 규칙적 개입이 필요하고 시간 제한이 없다. 전반적 지원은 일관되고 높은 정도의 지원이 필요하다. 환경 전반에 걸쳐 지원이 필요하고 잠재적 생활 유지에 지원이 필요하다.

(3) 원인

정신지체의 원인은 보통 생물학적인 것, 환경적인 것으로 대별된다(Batshaw, 1997). 생물학적 원인에는 다음의 것을 포함된다. 테이색스병, 두부손상과 같은 대사질환으로부터 온 뇌손상, 유전질환 혹은 다운증후군과 같은 증후군, 파킨슨병과 같은 퇴행성 질환, 뇌형성의 발달적 장애, 출산 시 손상, 태아 알코올 혹은 약 조건들, 영양실조 등이 있다.

환경적 원인에는 심리사회적 불리한 조건이 포함된다. 여기에는 아동학대, 방치, 사회적 혹은 감각적 상실, 언어를 배울 수 있는 기회의 제한 등이 있다. 생후초기 나쁜 사회적, 문화적 환경이 포함된다. 이러한 것의 많은 것은 부모들의 낮은 사회경제적 지위의 부산물이다(McDermott, 1994).

(4) 교육과 전략

아마도 대답을 할 수 있는 가장 중요한 질문들은, 정신지체 학생들이 무엇을 배울 필요가 있고, 우리는 그들에게 무엇을 가르쳐야만 하는 것인가? 등이다. 이러한 필요성에 따라 세 가지 영역이 눈에 띤다. 첫 번째는 기능 교육과정(functional curriculum)이다. 학생의 관점에서부터, 이러한 것은 그들이 21세 때 독립적으로 기능하기 위해서 그들이 필요로 하는 기술이 무엇인지에 대해 자세하게 설명하는 것을 의미한다(Beck et al., 1994). 예를 들어, 기능적 교육과정은 Browder와 Snell(2000)에 의해서 정의되었는데, 대표적인 것이 "3R"이다.

두 번째는 생활기능(life skills)이다. 이러한 것은 정신지체 학생들이 6개의 성인 기능의 영역에서 행동을 수행하기 위해서 필요한 기술들이다. 고용, 가정과 가족생활, 여가추구, 지역사회 참여, 정서적-육체적 건강, 개인적 책임 관계이다(Cronin & Patton, 1993).

세 번째는 자기 결정성(self-determination)이다. 즉, 자기 자신의 학습에 대한 책임을 지는 방법을 배우는 것이다. 이것의 하나의 예시는 교사의 관심을 얻고자(recriting teacher attention) 하는 연구에서 찾아볼 수 있다(Craft, Alber, and Heward, 1998). 정신지체를 가지고 있는 4학년 학생들은 그들의 특수교육 학급에서 교사의 관심을 얻는 전략들을 배웠다. 후에 그들은 매우 똑같은 전략을 적용함으로써, 일반 교실에서 학업 완성률 및 정확도를 증가시켰다.

응용행동분석(applied behavior analysis)(Alberto & Troutman, 2006)은 정신지체 학생들에게 가르치기 위해서, 효과적으로 사용될 수 있는 교육적 기술이다. Heward(2003)는 체계적인

기능적 교육과정
그들이 21세 때, 독립적으로 기능하기 위해서 학생들이 필요로 하는 기술들

생활기능
정신지체를 가지고 있는 학생들이 성인이 할 수 있는 기능의 6개 영역에서 활동을 수행할 필요가 있다: 고용, 가정과 가족생활, 여가추구, 지역사회 참여, 정서적 육체적 건강, 그리고 개인적 책임 관계들이다

자기 결정성
스스로의 학습을 위해서 책임을 지는 방법을 배우는 것

응용행동분석
정신지체 학생들에게 가르치기 위해서, 효과적으로 사용될 수 있는 교육적 기법

접근방식에 대한 여섯 가지 측면을 언급하고 있다.

- 새로운 기술을 자세하게 정의하고 그것들을 하위과업으로 분석한다.
- 수행에 의해서, 그것들을 직접적으로 그리고 자주 측정한다.
- 학생들이 적극적으로 반응할 수 있는 기회를 자주 제공한다.
- 학생들의 수행을 위한 즉각적이고 체계적인 피드백을 제공한다.
- 행동의 조절이 교육적 단서로부터 자연적 발생의 단서로 이동하게 하는 절차를 이용한다.
- 학생들이 훈련 상황의 외부에서, 상황에 대한 새로운 기술들을 이동시키도록 하는 전략을 이용한다.

Ⅳ 행동 특수학습자

이 절에서도 집중과 행동 관리에 어려움을 나타내는 학습장애, 주의집중 부족/과잉행동장애, 그리고 정서 및 행동장애 세 가지 특수학습자를 검토한다.

1. 학습장애

장애인교육법(the Individuals with Disabilities Education Act(IDEA)상 학습장애(learning disability)는 구어 혹은 문어를 이해하거나 사용하는 것과 관련된, 한 가지 혹은 그 이상의 기본적인 심리과정에 있어서의 장애로 정의된다. 이는 듣기, 생각하기, 말하기, 읽기, 쓰기, 철자쓰기 혹은 수학적 계산에 어려움이 있다. 일반적으로, 읽기, 쓰기, 셈하기 및 수학 능력과 연관된 결함이 학습장애에 속한다.

> 🔎 학습장애
> 구어 혹은 문어를 이해하거나 사용하는데 관련된 기본적인 심리학적 과정의 하나 혹은 그 이상에 있어서 장애가 있는 것

학습장애의 진단의 세 가지 기준은 다음과 같다.
- 학생의 지적 능력과 학업 성취 간의 심각한 차이의 결정
- 학습문제를 발생시키는 학생 안에 존재하는 달리 알려진 조건들의 부재
- 특수 교육 서비스의 필요성

이러한 세 가지 기준들 중에서 대표적인 기준은 첫 번째이다. 즉, 지능에 문제가 없지만 학교 성취에 있어서 상당한 결함이 나타나는 경우이다. 표준화된 지능검사에서의 학생들의 수행과 표준화된 성취 검사에서 그들의 수행을 비교함으로써 확인할 수 있다. 특수 교육 범주 중에서 비중이 가장 크며 특수교육을 받는 학생의 약 50%를 차지하며(미국 교육부, 2002), 학습장애를 가지고 있다는 판단되는 모든 아이들의 약 90%는 읽기 문제에 어려움이 있다. 이러한 분류 때문에 학교에서 단지 수행을 잘 하지 못하는 많은 학생들이 학습장애아로 잘못 분류되기도 한다.

학습장애(learning disabilities)를 가지고 있는 학생들은 개념을 더욱 이해하기 쉽게 도와주는 영상 표시뿐만 아니라, 그들이 학습하는 것을 설명하기 위한 예시들을 보면서, 도움을 받을 수 있다.

● 명시적 수업
학생들이 주의집중에 초점을 두고 처리를 쉽게 하기 위해 도울 수 있는 예시, 모델, 질문, 연습 및 피드백을 사용하는 것

● 도식조직자
학생들이 그들이 읽고 있는 것의 의미를 구조화하도록 도움을 주는 개요와 다이어 그램을 사용하는 것

● 시각적 표출
이해를 향상시키기 위해서 개념에 대해서 시각적 묘사를 이용하는 것

● 학습전략
학생들이 그들이 배웠던 것을 조직화하고, 이해하고, 보유하도록 도움을 주는 구조를 제공하기 위해서 계획하고 자기감시하는 것

● 주의력결핍 과잉행동장애
주의집중을 할 수 있는 능력이 없음을 반영하는 행동

(1) 교육 중재(Educational intervention)

학습장애를 명확하게 보여주는 학생들과 함께 사용하기 위해서 추천된 교육적 기법은 명시적 수업(explicit instruction)이다. Gersten(1998)에 의해서 설명된 것처럼, 교사는 학생들에게 다음과 같은 것들을 제공함으로써 명시적 수업을 한다.

● 개념 혹은 문제해결 전략을 설명하기 위한 예시들을 제공한다.

● 단계별 질문들 혹은 주의집중에 초점을 맞추고 처리과정을 촉진시키도록 도와주는 전략들을 포함하여, 성공적인 수행에 대한 모델을 제공한다.

● 학생들이 했던 것을 왜 그리고 어떻게 했는지 설명하기 위한 기회를 제공한다.

● 지속성을 동기화시키기 위해서 빈번하고 긍정적인 수행 피드백을 제공한다.

● 흥미 있고 매력적인 활동들을 이용한 빈번한 연습 기회를 제공한다.

다른 유용한 교수 자료(teaching adjuncts)는 도식조직자(graphic organizers), 시각적 표출(visual displays)이다. 이러한 것들은 학생들이 개념 사이의 관계를 볼 수 있도록 도와주고, 종종 추상적인 것들을 좀 더 구체적이고 이해할 수 있게끔 만들어준다. 계획세우기와 자기점검과 같은 학습전략(learning strategies)에 대한 교수는 학생들이 배웠던 것을 조직하고, 이해하고 보유하도록 도와주는 구조를 제공한다(Hardman, Drew, & Egan, 2005). 실제로, 학습장애를 가진 학생들을 가르치기 위한 모든 추천된 접근방식들은 그 아이디어를 강조하고, 학습을 위한 비판적 요구와 같은 구조(structure)를 위한 기초를 제공한다.

2. 주의력결핍 과잉행동장애

주의력결핍 과잉행동장애(attention deficit hyperactivity disorder, ADHD)는 주의를 집중할 수 없거나 행동을 조절하지 못하거나 충동적 행동을 한다. 이러한 장애에 의해 흔하게 나타나는 것은 가만히 못 있는 것이다. 예를 들어, 한 학생이 자리에 머무를 수 없고, 과제를 마치는데 어려움을 겪는다. 특히 남학생에게 많으며 학업, 규율에 문제가 있다(Barkley, 1998).

원인과 치료는 상당한 논란이 있다. 생물학적 기초가 없지만, 종종 약물 치료로 치료된다. 더욱 기이한 것은 중추신경계통 각성제로 처방된다는 점이다. Jensen(2000)은 300만 명이 넘는 학교어린이들은 가장 빈번하게 Ritalin, Adderall, 혹은 Dexedrine의 형태로 2000년에 약물 치료를 받았다고 평가했다. Barkley(1998)는 ADHD로 진단받고 Ritalin을 처방받은 학생들 중의 약 3/4이 단기간동안 증상의 감소와 수행의 향상을 보여주었다. 그러나 식욕감퇴, 화를 잘 내고 불면증과 같은 약의 부작용이 빈번하다. 그럼에도 불구하고, 이 분야의 전문가들은 그것의 지속적인 사용을 추천한다고 주장한다. ADHD가 IDEA에 포함되지 않지만, ADHD로 진단받는 학

생들 중의 1/2은 정서적, 행동적인 장애자로서 특수교육을 받는다(Reid & Maag, 1998).

(1) 교육 중재

행동중재, 특별히 응용행동분석(applied behavioral analysis)은 ADHD 학생들에게 자기조절을 가르치기 위해서 성공적으로 사용되었다(Flick, 2000). 연구는 분명한 교육과 지속적인 강화를 받은 학생들이 행동적 향상을 보여준다는 것을 나타냈다(Bicard & Neef, 2004).

> 🌀 **응용행동분석**
> 학생들의 행동을 도와주기 위해서 명확한 지시, 잘 정의된 규칙들 그리고 일관성 있는 강화를 제공하는 것

3. 정서 및 행동 장애(Emotional and Behavior Disorders)

장애인교육법(the Individuals with Disabilities Education Act(IDEA))에서는 다음과 같은 방식으로 정서장애(emotional disturbance)를 정의한다.

- 지적, 감각적, 건강 요소들에 의해서 설명될 수 없는 학습 무능력
- 또래, 교사들과 만족스런 대인관계를 형성불능
- 정상적인 환경에서 부적절한 행동이나 감정
- 불행, 지배적인 우울감과 기분
- 개인, 혹은 학교 문제와 관련된 육체적 증상이나 공포의 발달(U.S. Department of Education, 1999, p. 12422)

> 🌀 **행동중재보조**
> 만족스런 대인 간 관계를 학습하고 유지할 수 없는 능력: 불행과 두려움의 일반적인 분위기

> 🌀 **정서장애**
> 정규 수업교실 환경에서, 특별히 ADHD를 가진 학생들을 위한 구조(structure)를 제공하는 것은 중요하다. 분명한 규칙들, 일상적인 일, 자료를 위한 지정된 장소들 그리고 전체적인 조직은 학생들이 질서정연한 방식으로 기능하도록 도와준다. 또한 학습센터, 그룹 활동, 그리고 야외활동과 같은 에너지를 위해서 배출구를 제공하는 것도 중요하다. 그러나 심지어 이것들은 잘 정의된 규칙들에 의해서 지배되어야만 한다

개별화된 중재와 지원이 필요할 정도로 심각한 행동 문제를 가지고 있는 것으로 인식되는 학생들의 대략적인 수는 1에서 7%에 이른다(Sugai, Sprague, Horner, & Walker, 2000). 이중 교육받는 학생은 1% 미만이다. 이들의 행동은 2개의 범주인 외현화(externalizing)와 내면화(internalizing)이다. 외현화는 불평하기, 싸우기, 교실 안에서 움직이기, 다른 학생들을 괴롭히기, 언쟁하기, 훔치기, 거짓말하기, 물건을 파괴하기, 짜증내기, 교사의 지시를 무시하기, 소리지르기, 저주하기, 학교숙제하지 않기와 같은 것이 포함된다(Walker, 1997).

내면화는 회피행동이다. 이들은 사회적 상호작용을 꺼린다. 다른 사람들을 위협하지는 않지만 자신의 발달이 방해를 받는다. 그들의 수줍음과 위축됨은 환상 세계에 사는 것을 선호하여 다른 사람들과 상호작용하는 것을 피한다. 그리고 종종 우울과 두려움을 경험한다. 이러한 내면화된 패턴은 교사들에게 어려움을 덜 주지만 문제점이 잘 탐지되지 않는다.

전반적으로 능력 검사에서 낮은 점수, 높은 결석률, 학교 자퇴 경향성이 높아 학업 실패를 경험하기 쉽다(U.S. Department of Education,1999). 정서적 혹은 행동적 장애는 전형적으로 학교 심리학자의 검사를 통해 확인된다. 이외에 교사가 교실, 복도, 운동장, 식당과 같은 다양한 환경에서 관찰함으로써 발견할 수 있다. 교사는 관찰된 것들을 묘사하기 위해서 다섯 개의 차원을 이용할 수 있다. 비율, 지속, 잠재, 규모, 타이포그래피가 그것이다(Heward, 2003). 비율(*rate*)은 1분, 5분, 혹은 수업시간과 같은 시간의 표준단위 동안에 소리지르기와 같은 특별한 행동의 빈도를 가리킨다. 지속성(*duration*)은 얼마나 오랫동안 그 행동이 지속되는가를 가리킨다. 잠재(*latency*)는 촉발시키는 사건과 행동이 일어나는 순간 사이의 시간의 양이다. 규모

> 🌀 **외현화**
> 반사회적인 행동

> 🌀 **내면화**
> 회피하는 행동

정서 및 행동장애(emotional or behavioral disorders)를 가지고 있는 학생들의 대부분은 남학생들이고, 그들은 교실을 어지럽히고 교사들의 삶을 비참하게 만든다. 경영행동기법은 학생들이 그들의 극심한 행동을 조절하는데 도움을 줄 수 있다.

(magnitude)는 행동의 힘 혹은 강도이다. 타이포그래피(*typography*)는 행동이 일어나는 특정한 형태이다.

(1) 교육 중재(Educational Intervention)

교사들은 학생들이 그들의 극심한 행동을 조절하는 것을 도와주기 위해서 할 수 있는 일이 어떤 것일까?

긍정적 행동중재 및 지원을 위한 센터(the Center for Positive Behavioral Interventions & Supports(2001)는 교실수준에서 성공적인 행동적 관리에 필수적인 것으로서 다음의 것들을 제시한다.

● 다른 사람의 물건을 존중하는 것으로서, 행동적 기대를 언급한다.

● 다른 사람의 물건을 다루는 "옳은" 방법은 무엇인지 그리고 "잘못된" 방법은 무엇인지와 같은 행동적 기대를 정의하고 가르친다.

● 칭찬, 보상 혹은 특별한 활동과 함께 적절한 행동을 알게 한다.

● 행동적 오류를 선행학습에 영향을 받게끔 하여 교정하도록 한다. 예를 들어, 미리 학생들에게 적절치 못한 행동의 결과가 무엇이 될 것인지에 대해서 말한다. 그들에게 그들이 언제 적절하게 행동하지 못했는지에 대해서 말한다. 우연일지라도 적절하지 못한 행동에 대해서 보상을 하지 않는다.

행동적 기대를 하는 것과 그것대로 따라오는 것에 대해서 학생들에게 보상을 해주는 것은 반응하기 전에 일어나는 나쁜 행위를 기다리는 것보다 더욱 긍정적인 접근방식이다. 행동적 접근방식이 교사에 의해서 관리되는 반면에, 동료접근은 학생들이 스스로에게 결과를 제공하는 것을 포함해서, 자기점검과 자기평가와 같은 접근방식을 사용하여 자기관리를 가르치는 것이다. 이러한 기법은 행동문제를 가지고 있는 학생들이 그들의 행동을 조절할 수 있도록 해준다(Peterson, Young, West, & Hill Peterson, 1999). 이외에 서로 또래의 행동을 조절하도록 다른 학생들에게 요청할 수 있다. 예를 들어, 학업적 기술을 향상시키기 위해서 사용되었을 때, 또래지도는 정서 및 행동장애를 가지고 있는 학생들이 그들의 사회적 기술을 향상시킬 수 있도록 도와주기 위해 기능할 수 있다 (Blake, Wang, Cartledge, & Gardner, 2000).

또 다른 접근방식은 전체의 학급에 장려금을 주는 것이다. 예를 들어, 조용한 읽기 시간 동안에 조용히 하고, 말하기 전에 손을 들며, 제시간에 수업숙제를 제출하는 학생들은 전체 학급에게 보상을 받을 수 있다.

최종적으로 학생과 교사가 함께 긍정적인 관계를 만들어나가는 것(*establish a positive relationship*)이다. Morse(1985)는 교사들이 보여주어야만 하는 두 가지 중요한 특징들을 확인하였다. 첫 번째는 차별적 허용(differential acceptance)이다. 두 번째는 감정적 관계(empathic relationship)이다. 이것은 당신이 감정적으로 장애가 있는 학생들의 개별적 필요성을 이해하도록 도와주는 비언어적 신호를 인식하는 것에 초점을 두는 것이다. 또한 학생들과 직접적으로 정직하게 상호의사소통을 한다는 것을 의미한다. 학생들은 교사가 진짜로 그들의 행복에 관심이

🎓 차별적 허용

학생들과 함께 긍정적인 관계를 만들어나가는 교사들: 비슷하게 반응하는 것 없이 극심한 행동을 목격하는 것

🎓 감정적 관계

장애가 있는 학생들의 요구를 이해하는 것 그리고 그 학생들과 직접적으로 그리고 정직하게 의사소통하는 것

표 5-2	지적·행동적 장애자의 특징	
예외성	정의 및 설명	교육적 중재
영재성과 재능	검사, 포트폴리오, 혹은 교사 추천에 의해서 측정된 것처럼, 우수한 인지적, 창조적, 리더십, 심동적, 혹은 예술적 능력	자료실(풀아웃) 프로그램을 통해서, 교육의 속도를 증가시키거나 교육과정을 심화시키시오. 혹은 위의 두 가지를 모두 하시오.
정신지체	18세 이전에 발생하고, 적응적 행동에 있어서 장애와 관련되어 상당히 평균 이하의 지적 기능을 하는 것	응용행동분석을 사용하면서 독립적 기능, 생활기능, 그리고 자기학습에 대한 책임을 지는 것에 있어서 효과적으로 실시되는 교육을 시키시오.
학습장애	듣고, 생각하고, 말하고, 읽고, 쓰고, 철자를 쓰고 혹은 수학을 하는 불완전한 능력. 그 결과 위의 능력보다 다른 기초적인 부분 없이 학교 성취에 있어 큰 장애를 가지고 있는 것	활동과 구조에 참여하는 것을 사용하면서, 예시·설명·빈번한 피드백·연습기회의 특징을 보이는 명시적 교육을 제공하시오.
ADHD: 주의집중 부족/ 과잉행동 장애	조절되지 못하고, 충동적인 행동과 학업적인 그리고 규율적 문제와 결합되어, 주의를 집중할 수 없는 능력을 반영하는 행동	자기조절을 가르치기 위해서, 잘 정의된 규칙과 지속적인 강화와 함께, 응용행동분석을 사용하시오.
정서 및 행동 장애	싸우기, 소리지르기, 훔치기, 짜증내기, 숙제를 하지 않기에 의해서 학급을 훼방놓는 것. 혹은 위축되기, 공상에 빠져 있기, 우울감을 경험하기	행동적 기대를 가르치고, 그것을 따르는 것에 대해 학생들에게 보상을 주시오. 학생들에게 자기관리를 가르치시오. 또래교수를 사용하시오. 교사들이 대처하도록 도와주시오.

있을 때 말을 할 수 있다. 이것을 넘어서 성공하기 위해서 학생에게 노력하는 자기조절 종류를 보여줌으로써 모델이 되어야 한다.

지적 장애자와 행동적 장애자의 특징을 요약하면 표 5-2와 같다.

Ⅴ 의사소통 및 감각장애 특수학습자

의사소통 장애와 청각 및 시각 장애는 역시 당신이 당신의 교실수업에서 주의를 기울여야 하는 장애범주이다.

1. 의사소통 장애(Communication Disorders)

● 의사소통 장애
개념 또는 언어적, 비언어적, 그리고 그래픽 상징 시스템을 받고, 보내고, 처리하고 이해하는 능력에 있어서의 장애

의사소통 장애(communication disorder)는 "개념 혹은 언어적, 비언어적, 그리고 그래픽 상징 시스템을 받고, 보내고, 처리하고, 이해하는 능력 안에서의 장애"로 정의된다(American Speech-Language and Hearing Association, ASLHA, 1993, p. 40).

사람들은 의사소통하는 방식이 다르지만, 그 차이가 학습에 불리할 정도이면 특수교육을 받아야 한다(Haynes & Pindzola ,1998). IDEA에 따르면, 의사소통 장애는 말더듬, 왜곡된 소리, 한 소리가 다른 소리를 대체하는 것과 같은 장애 형태를 포함한다. 그것은 또한 아이의 교육적 수행에 불리하게 영향을 미치는 언어 혹은 목소리 장애를 포함한다.

의사소통 장애는 구어장애(speech impairments)와 언어장애(language impairments)가 있다. 구어 장애는 종종 아이가 성숙해짐에 따라 없어진다. 만약 그것이 지속되고 다른 사람과 상호작용에 영향을 끼친다면, 그 아이는 언어병리학자의 도움을 받아야 한다(Owens, 1999).

● 구어장애
말이 다른 사람들의 말로부터 그렇게 멀리 빗겨나갈 때, (a) 그것 자체에 대해 주의를 환기시킨다. (b) 의사소통을 방해한다. (c) 화자 혹은 청자의 고통을 유발시킨다

구어장애는 다음과 같은 장애를 포함한다.
● 말소리 오류 - 왜곡, 대치, 생략, 소리의 첨가, 오류에 대한 기초 물리적으로 소리를 발생시킬 수 없을 때이며 이것을 조음장애라고 한다.
● 유창성 장애 - 말의 흐름에 있어서의 장애.
● 음성 장애 - 지나치게 숨소리가 섞인 목소리, 목소리가 쉬거나 콧소리가 나는 등 소리로 인해 이해하기 힘듦.

● 언어장애
언어를 이해하고, 자기 스스로를 언어를 통해 표현하는데 어려움이 있다

언어장애는 언어를 이해하거나 언어를 통해서 자신을 표현하는 것을 포함한다. 언어 이해에 문제가 있는 예는 적절한 순서로 된 일련의 명령을 따르지 못하는 것이다. 예를 들면 적절한 순서로 단어에 음을 넣지 못한다("nuclaear" 대신에 "nucular"). 언어장애를 가지고 있는 아이들은 학교에서 대화를 시작하거나 질문에 답을 하지 않는 경향이 있다. 그들은 또한 읽기와 쓰기에 있어서 문제점을 가지고 있는 것 같다(Westby & Clauser, 1999).

방언과 의사소통 장애를 혼동하지 않는 것은 중요하다. 방언(dialects)은 다른 지역과 관련된 발음의 형태이다. 우리가 뉴욕 혹은 보스턴 말씨를 가리킬 때 우리는 방언으로 구별한다.

● 방언
다른 지역과 연관된 발음의 형태

2. 청각장애와 시각장애

IDEA에 따르면, 청각장애(hearing impairment)는 교육적 수행에 불리하게 영향을 미치고, 특수교육을 받아야 한다고 학생들을 판단할 수 있는 청각에서의 결함을 나타낸다. 보통 듣는 것에 어려움을 가지고 있는 아이들은 그들이 다른 사람들이 말하고 있는 것을 이해하도록 도와주는 청각 보조기구를 사용할 수 있다. 아이의 학업수행과 일반적 기능에 있어서 청각손실의 영향은 손실 정도의 기능, 시작 나이, 그리고 가족 구성원들의 태도로서 상당하게 다양하다(Schirmer, 2002). 그런데 이러한 손상을 가진 아이들에 대해서 일반화하지 않고, 스스로를 일

● 청각장애
교육적 수행에 불리하게 영향을 미치고, 특수교육을 받아야 한다고 학생을 평가할 수 있는 청각적 손실

련의 특정한 기대에 묶어 놓지 않는 것이 중요하다. 그러나 특별히 초기에 발생한 청각장애는 영어 기술, 말하기 기술, 학업적 성취 그리고 사회적 기능의 획득에 불리하게 영향을 미치는 경향이 있다.

시각장애(visual impairment)는 전체적인 실명, 기능적 실명, 낮은 시력을 포함한다. 학교 다닐 나이의 인구 중의 0.2%가 못되는 인구가 시각장애로 2000-2001년에 특수교육을 받았다. 그 중 대다수가 낮은 시력을 또는 기능적 실명이 있는 것으로 분류되었다(U.S. Department of Education, 2002).

시각장애는 종종 아이의 학습, 운동 발달, 사회적 적응 그리고 상호작용에 영향을 미친다. 개념을 배우기 위해서 시각장애를 가지고 있는 학생들은 주로 시각적이지 않은 감각을 이용하여, 반복적인 그리고 직접적인 접촉을 필요로 한다. 시각장애를 가지고 있는 아이들은 특별히 심각할 때, 종종 운동 발달에 있어서 지연(Stone, 1997), 사회적 기술의 발달 지연도 경험한다(Skellenger, Hill & Hill, 1992). 후자는 다른 학생들로부터 사회적 신호를 보고 반응하지 못한다(Frame, 2000).

맹 학생들에게 브라유 점자(Braille)는 읽고 쓸 수 있는 능력에 있어서 그들의 중요한 수단이다. 이것은 인쇄된 글을 살펴보고, 그것들을 합성음성으로 크게 읽기 위해서 광학식 문자 판독기(optical character recognition, (OCR))를 사용하는 컴퓨터 소프트웨어에 의해서 보완될 수 있다. 안경과 OCR 소프트웨어를 흔하게 사용하는 것 이외에, 부분적으로 볼 수 있는 학생들은 더 큰 타입 사이즈에 맞춘 프린트의 사이즈를 증가시킨 인쇄 확대 소프트웨어에 의해서 보조받는다.

수업 자료들은 오버헤드를 사용하거나 인쇄된 자료를 나누어주면서, 칠판위에 쓰는 것과 같이 영상에 전적으로 의존하지는 않는다. 교사는 시력이 낮은 학생들을 도와주기 위해서 동시에 말로 표현하는 것과 같은 것으로 보완해야만 한다.

Robin Sachs/PhotoEdit

청각장애(hearing loss)는 언어기술의 획득에 영향을 미치고, 학업적 성취에 영향을 미친다. 그러나 미국수화(American Sign Language, ASL)는 학생들 심지어 어린 아이들에게 언어적 능력으로 갈 수 있는 경로를 제공할 수 있다.

> 🌏 시각장애
> 전체적으로 눈이 멀고, 기능적으로 눈이 멀고 시력이 낮은 것을 포함함

 ## VI　지체 및 건강장애

지체장애는 (1) 팔다리의 어떤 부분이 없는 채로 태어나는 것과 같이 선천적인 이상, (2) 소아마비와 같은 질병, (3) 뇌성마비 혹은 골절과 같은 다른 이유들에 의해서 발생된 정형외과적 장애(orthopedic impairments)가 포함된다. 정형외과적 장애는 골격구조에 영향을 미친다. 지체장애는 또한 정형외과적 장애에 의해서 야기되는 것과 비슷한 신체적 한계를 가져오게 되는데, 예를 들어, 척수외상과 같은 중추신경계에 영향을 미치는 신경운동 장애(neuromotor impairments)를 포함한다. 마침내 학교에서 학생의 활동과 수행에 영향을 미치는 한계를 만들어내는 낭포성 섬유증, 당뇨병, 천식, 에이즈와 같은 건강장애(health impairments)가 있다. 만약

> 🌏 정형외과적 장애
> 골격구조에 영향을 미치는 육체적 장애

> 🌏 신경운동적 장애
> 중추신경계에 영향을 미치는 육체적 장애

> 🌏 건강장애
> 학교에서 학생의 활동과 수행에 영향을 미치는 질병

가능하다면 신체장애(physical disabilities)를 가지고 있는 학생들은 비장애 학생들과 똑같은 방식으로 대우받아야만 한다.

한 아이의 교육적 수행이 이러한 육체적 그리고 건강장애에 의해서 불리하게 영향을 받는다면, 특수교육 서비스를 받는다. 신체적, 건강장애의 조합은 이러한 조건을 갖고 있다고 추정되는 약 20% 중에서 특수교육을 받는 학령기 아이들이 6% 이상이다(Sexson & Dingle, 2001).

지체장애와 건강장애를 가지고 있는 학생들은 일부 치료와 약물의 부작용 때문에, 약물 치료 혹은 병원입원으로 인해 장기간 학교에 다니지 못하여 평균 이하의 학업수행을 보인다(Kline, Silver, & Russell, 2001).

학교 환경 내에서 보조공학은 육체적 장애를 가지고 있는 학생들이 기능을 하고 배우는데 도움을 줄 수 있다. 보조공학은 이러한 학생들이 그들의 기능적 능력을 향상시키는데 도움을 주는 기구 또는 시스템이다. 간단한 예는 그림책과 분필홀더이다. 고급의 예는 학생들이 다른 활동과 교육적 기회에 접근을 증가시켜서, 독립의 수준을 증가시킬 수 있는 컴퓨터화된 합성 음성장치이다(Reed & Best, 2001).

그들의 교사들이 육체적 장애를 가지고 있는 학생들을 장애를 가지고 있는 사람이 아니라 가치 있는 사람으로 대우하는 것, 교사들이 육체적 장애를 가지고 있는 학생들이 수행의 합당한 기준을 충족시키는 것을 기대하는 것, 교사들이 육체적 장애를 가지고 있는 학생들이 성공과 성취를 경험할 수 있도록 도와주는 것은, 육체적 장애를 가지고 있는 학생들의 자부심과 행복에 대단히 중요하다.

더욱이 교사들은 신체적으로 장애를 가지고 있는 학생들에게 도움을 주지만 가능한 한 독립적으로 장애를 스스로 처리할 수 있도록 도와주어야 한다. 신체장애를 가지고 있는 학생들은 다른 학생들과 함께 작업하는 것이 요구되는 과제를 하고, 가능한 비장애 아이들과 똑같은 방식으로 대우받는다.

자폐증(autism)

🔵 **자폐증**
의사소통, 사회적 그리고 정서적 기능의 장애에 의해서 특징지어지는 심각한 발달적 장애

자폐증(autism)은 의사소통, 사회적 및 감정적 기능의 손상에 의해서 특징지어지는 심각한 발달적 장애이다. Autism society of America(2000)에 따르면, 일반적으로 자폐증의 구별되는 특징들은 30개월 이전에 나타나고, (1) 발달률과 연속적 행동 (2) 감각자극에 대한 반응 (3) 말, 언어 그리고 인지능력 (4) 사람, 일, 물건들과 연관된 능력들에 있어서의 장애를 포함한다.

초기 소아 자폐증이라고 일컬어지는 조건에 대해서 처음으로 언급했던 Kanner(1985)는 자폐증 아이들에 대한 다음의 열 가지 특징들을 나열하였다.

● 다른 사람들과 관계 회피

● 혼자 있으려 함

● 자신을 붙잡는 것에 대한 저항

- 무언증(말을 하지 않는 것)과 반향어(다른 사람들이 말하는 것을 따라하는 것)
- 어떤 경우 좋은 암기력
- 초기의 구체적인 음식 선호
- 반복적 행위
- 상상력, 자발적인 행동부족
- 신체 외형상 정상

정도에 있어서 다양한 자폐 범주성 장애(autism spectrum disorders)로 지칭되는 다섯 가지의 형태들이 있다. 가장 약한 것이 아스퍼거 증후군(Asperger Syndrome) 즉, "고기능 자폐증"이다. 아스퍼거 증후군은 언어지연을 포함하지 않고, 평균 혹은 평균이상의 지능, 의사소통과 사회적 기술의 어려움, 반복적이고 고정화된 행동, 물체에 대한 집착(예를 들어, 기계), 우정을 발전시키는 데 있어서 어려움이 있다(Barnhill et al., 2000).

아카데미상 수상작인 1988년도 영화 *Rain Man*, Dustin Hoffman에 의해서 연기된 등장인물은 아마도 아스퍼거 증후군이며, 이러한 증후군과 관련된 많은 특징들을 보여주고 있다.

Starstock/Photoshot

Dustin hoffman은 영화 "Rain Man"에서 자폐증(autism)의 경도 형태를 가진 등장 인물을 연기했다. 그는 뛰어난 기억력을 보여주었다. 그러나 또한 오직 이쑤시개만 먹는 것과 같이 집착적인 행동을 보여주었다.

1. 교육 중재

자폐증을 가지고 있는 학생들을 가르치는 것에 대한 추천된 접근방식은 응용 행동 분석(applied behavior analysis)을 사용하는 것이다. Lovaas에 의한 연구(1987)에서 19명의 자폐증 아이들은 2년 동안 1:1 행동 치료 초기 중재 프로그램을 받았는데 중재를 받지 않은 비슷한 아이들보다 IQ와 교육적 성취가 더 높았다. Lovaas(1994)는 1년간의 강력한 중재 후에, 아이들의 절반이 정규 유치원 수업에 통합될 수 있다고 결론 내렸다. 이상 장애아의 특징은 표 5-3과 같다.

> 🌀 아스퍼거 증후군
> "고기능 자폐"; 평균 혹은 평균이상의 지능, 의사소통과 사회적 기술의 부족, 반복적이고 고정관념화된 행동, 물건에 대한 집착, 친구관계를 발전시키는데 어려움

표 5-3	의사소통, 청각시각장애, 지체장애, 자폐증의 특징	
예외성	**정의 및 설명**	**교육적 중재**
의사소통 장애	주의를 환기시키고, 의사소통에 방해를 하고, 혹은 화자 또는 청자에게 고통을 유발시키는 다른 사람들의 말로부터 벗어나는 손상된 말	이러한 것들은 보통 말-언어 치료사들에 의해 치료된다. 교사들은 말을 더듬지 않는 아이들과 똑같이, 말을 더듬는 아이들을 치료함으로써 도와줄 수 있다.
청각 및 시각장애	청각장애는 교육적 수행에 불리하게 영향을 미치는 청각손실을 대표한다. 시각장애는 전체적으로 눈이 먼 것, 기능적으로 눈이 먼 것, 그리고 시력이 낮은 것을 포함한다. 시각장애는 종종 아이의 학습, 운동 발달, 사회적 적응 그리고 상호작용에 영향을 미친다.	보통 청각에 어려움을 가지고 있는 아이들은 다른 사람들이 말하는 것을 이해하는데 도움을 줄 수 있는 청각 보조기구를 사용할 수 있다. 시력이 낮은 학생들을 돕기 위해서, 교사들은 전적으로 자료의 시각적 제시에 의존해서는 안되며, 동시에 말로 표현되는 것으로 보충하여야만 한다.

신체장애	신체장애는 육체적 움직임에 손상을 입히는 정형외과적 장애, 중추신경계에 영향을 미치는 신경운동적 손상, 그리고 학교에서 학생의 활동과 수행에 영향을 주는 제한을 두게 되는 건강장애를 포함한다.	학교 환경 이내에서, 보조공학은 신체장애를 가지고 있는 학생들이 기능하고 학습할 수 있도록 도움을 줄 수 있다. 보조공학은 이러한 학생들이 그들의 기능적 능력을 향상시킬 수 있도록 돕는 기구 혹은 시스템을 포함한다.
자폐증	발달률과 연속적 행동들, 감각자극에 대한 반응들, 말·언어·인지능력 그리고 사람·일·물건들과 연관된 능력들에 있어서의 장애로 특징지어진다.	자폐증을 가지고 있는 학생들을 가르치기 위해 추천되는 접근방식은 응용행동분석의 사용이다.

6 | 학습에 대한
행동주의적 접근

학습 목표	주요 내용
1. 고전적 조건화를 사용하여, 어떻게 학생들이 학교에서의 경험과 연관하여 긍정적, 부정적 감정들을 가질 수 있는지에 대해 설명할 수 있다.	고전적 조건화 – 연합에 의한 학습 • Pavlov의 유명한 "종 울리기" 예시 • 고전적 조건화의 교육적 시사점
2. 결과의 체계적인 이용에 근거하여, 학생과 교사의 행동을 수정함으로써, 조작적 조건화의 렌즈를 통해, 학생 행동을 해석할 수 있다.	조작적 조건화 – 결과를 강조하기 • 긍정적 행동 지원 • 조작적 조건화의 과정
3. 긍정적 및 부정적; 1차적 및 2차적; 그리고 소비 가능한, 사회적, 행동, 교환 가능한 그리고 만질 수 있는 것을 포함하여, 강화물의 다른 형태들의 교실 예시들을 제공할 수 있다.	강화물의 유형 • 긍정적 대 부정적 강화물 • 1차적 대 2차적 강화물 • 강화 계획
4. 처벌의 다른 유형들과 처벌이 학생 행동에 미치는 효과를 기술할 수 있다. 5. 어떻게 수여성 처벌의 사용이 학생들에게 유해할 수 있는지 설명할 수 있다.	처벌에 대한 관점들 • 처벌의 유형 • 처벌의 사용
6. 교실에서 촉진, 연쇄 그리고 조성의 사용을 통해, 학생이 새로운 행동을 학습하는 것을 어떻게 도울 수 있는지에 대해서 설명할 수 있다.	행동을 수정하기 • 촉진 • 연쇄 • 형성
7. 바람직한 행동을 구체화시키면서, 그러한 행동을 칭찬하면서, 그리고 비목표 행동을 무시하면서, 교사가 어떻게 교실에서 조작적 조건화를 적용시킬 수 있는지 보여줄 수 있다.	교실에 조작적 조건화를 적용하기 • 교실 규칙을 만드시오 • 적절한 행동을 강조하시오
8. 어떻게 학생들이 사회적 학습을 통해, 학교 환경에서 행동을 학습할 수 있는지를 평가할 수 있다.	사회적 인지적 학습 – 관찰을 강조하기 • 학생들이 모델을 관찰함으로써 무엇을 학습할 수 있는가? • 학생들이 모델로부터 어떻게 배울 수 있는가? • 학생들은 어떤 행동을 모델로 삼을 것 같은가?

이 장에서는 고전적 조건화, 조작적 조건화 그리고 사회적 학습이론 관점에 대하여 살펴
본다.

 # 고전적 조건화-연합 학습

Ivan Pavlov(1849-1936)는 소화과정을 연구하기 위해서 개들과 함께 연구를 했던 러시아 생
리학자였다(LoLordo, 2000). 타액 분비와 조건반사의 확인에 대한 그의 연구는 그에게 심리학
의 분야에 있어서 명성과 1904년의 노벨상을 안겨주었다(The Nobel Foundation, 2008). Pav-
lov의 업적은 획기적이었고, 이는 우리가 아이들의 검사 불안과 공포증을 이해하는데 도움을 주
었다(King et al., 2000). 또한 감정적, 생리적 반응을 형성하는 데 있어서 학습이 하는 역할을
보여준다. 이 외에 일반화(generalization)와 소거(extinction)라는 고전적 조건화의 개념이 동
시대의 심리학에 중요하게 되었다(Windholz, 1997).

1. Pavlov의 고전적 조건화 실험

소화를 연구하기 위해서, Pavlov(1927)는 개의 입 안쪽에서부터 침샘관을 분리하여 그것을
구멍이 만들어져있는 개의 뺨에 있는 뾰족한 곳에 침샘관을 고정시켰다. 이것은 분비되는 침이

Ivan Pavlov의 실험실 작업은 세계에 종소리에 타액을 분비하는 개에 대한 유명한 예시를 주었다. 그러
나 그의 작업 역시 학교에서 학생들에게 일어나는 것에 대해서 학생들의 감정적 반작용을 이해하도록
교사들을 도와준다.

개의 입으로 흘러들어가지 않게 하고 개의 뺨에 있는 구멍을 통해서 뺨 외부에 부착되어 있는 유리구 속으로 들어가게 하였다. 그리고 분비된 침의 양이 측정될 수 있도록 하기 위해서 유리구 위에 눈금자를 만들었다.

　음식이 개에게 제시되었을 때, 개의 침이 유리구 안으로 분비되었다. 배고픈 개에게 음식을 보게 하거나 냄새를 맡게 한다면 개는 침을 흘리게 된다. 이와 같이 타액 분비 반사는 학습된 것이 아니다. 그것은 자동적으로 발생하며, 음식을 씹기 위해서 입안에서 필요한 즙을 내보내는 것이며 그 결과 소화과정이 시작되는 것이다. Pavlov는 그 음식을 무조건 자극이라고 불렀고 침 분비를 무조건 반응이라고 했다. 왜냐하면 음식과 침 분비의 연관성은 반사적이고 자동적으로 발생하기 때문이다. 그러므로 무조건 자극(unconditioned stimulus, UCS)은 학습된 바 없이 자동적으로 반응을 일어나게끔 하는 자극이며, 무조건 반응(unconditioned response, UCR)은 무조건 자극에 대해서 자동적이고 학습되지 않은 반응이다.

무조건 자극
학습 없이 반응을 자동적으로 이끌어 낼 수 있는 자극

무조건 반응
무조건 자극에 대한 자동적인, 학습되지 않은 반응

무조건 자극(unconditioned stimulus, UCS): 음식 →

무조건 반응(unconditioned response, UCR): 타액 분비

　음식이 제시되기 전에 소리(종소리 혹은 메트로놈의 클릭소리)가 제시되었는데 이것을 중립적인 자극이라고 불렀다. 중립적 자극(neutral stimulus, NS)은 반응을 이끌어내지 않는 자극이다.

중립적 자극
처음에 반응을 이끌어내지 않는 자극

중립적 자극(Neutral Stimulus, NS) → 무반응(No Response)

　그러나 예기치 않았던 것이 실험 중에 발생했다. 그가 몇 번 소리와 음식을 같이 제시한 후에, 개는 음식이 제시되기 전조차에서도 소리를 듣고 후에 타액을 분비했다. 소리와 음식의 짝 형성은 동물조건화 하였거나 소리 자극과 타액 분비 반응 사이를 관련지었다.

중립적 자극(Neutral Stimulus, NS)＋무조건 자극(Unconditioned Stimulus, UCS) →

무조건 반응(Unconditioned Response, UCR)

　그래서 그 소리는 결국 반응을 불러 일으켰고 더 이상 중립적이지 않았다. 그 소리는 조건화된 자극이었다. 조건 자극(Conditioned Stimulus, CS)은 이전에 중립적 자극이며, 연합 후에는 조건화 반응을 유발시킨다. 소리에 대한 타액 분비는 조건화 반응이다. 조건 반응(Conditioned Response, CR)은 중립적이었는데 연합 후에 조건화가 된 자극에 대한 학습된 반응행동이다. 이러한 예시에서, 무조건 반응과 조건 반응이 실제적으로 똑같은 반응이라는 것은 중요하다. 그것들 사이의 유일한 차이는 그것들이 무조건 자극 혹은 조건 자극에 의해서 이끌어내어지는 것인지 그렇지 않은 것인지에 대한 것이다. 그러므로 조건화 후에, 소리는 그것 자체로 타액 분비를 이끌어내게끔 한다.

조건 자극
이전에 중립적 자극이었다가, 연합 후에 조건 반응을 일으키는 것

조건 반응
일단 중립적이고, 연합 후에 조건화가 되는 자극에 대한 학습된 반작용

조건 자극(Conditioned Stimulus, CS): 소리 →

조건 반응(Conditioned Response, CR): 타액분비

학습에 대한 이러한 연합 접근은 고전적 조건화라고 불려진다. 조건화가 발생되는지 그렇지 않은지에 대해서 테스트하기 위해서, 음식 없이 소리가 제시되고 무엇이 일어나는지 알아보아야만 한다. 만약 결과가 타액 분비라면, 조건화가 발생된 것이다. 표 6–1은 고전적 조건화의 원리이다.

2. 고전적 조건화의 교육적 시사점

고전적 조건화의 영향은 개의 타액 분비의 고전적 예시를 넘어서서 확장되며, 매일 매일의 학교 환경에서 실제적인 효과를 가지고 있다. 교사가 되기 위해서 공부하는 사람이 고전적 조건화와 같은 심리학적 개념을 배우고 그것들을 학교에서 학생과 교사에게 일어나는 것으로 연결시키는 것은 중요하다. 당신은 수학에 대한 불안, 혹은 표준화된 시험에 대한 두려움을 가지고 있는 학생을 만나게 되는데, 학생들의 이러한 유형의 반응들은 흔하며 고전적 조건화에 그 뿌리를 두고 있다.

표 6–2와 6–3은 어떻게 학생들이 고전적 조건화를 통하여 교실 환경에서 긍정적 그리고 부정적인 정서적 반응을 배울 수 있는지에 대한 예이다.

Pavlov의 연구 중에서 가장 뚜렷한 결과는 학습이 발생되고 있는 방법이 자극과 반응 사이의 연관성을 형성하는 것이라고 깨닫는 것이었다. 고전적 조건화가 분명히 모든 형태의 학습을 설명하지 않지만, 이는 여전히 오늘날 사용되고 있는 기본적인 행동에 대한 개념을 설명한다. 학생들이 가지고 있는 새로운 느낌과 감정에 대한 학습을 설명할 때, Pavlov는 어떻게 학습이 일어나고 어떻게 그것이 변이될 수 있는지에 대해서 설명하기 위한 유용한 틀을 제공했다.

Chris Hondros/Newsmakers/Getty Images

고전적 조건화는 교사들은 학생들이 학교에서 다른 발현에 대해 가질 수 있는 긍정적 그리고 부정적 반작용을 이해하도록 도와준다.

표 6–1	고전적 조건화	
개념	**정의**	**Pavlov의 고전적 예**
UCS	자동적으로 반사적 반응을 이끌어내는 자극	음식
UCR	무조건 자극에 대해서 자동적이고 학습되지 않은 반작용	타액 분비
NS	처음에 반응을 이끌어내지 않는 자극	종을 울리기
CS	이전에 중립적 자극이었고, UCS와 함께 연합 후에, 조건 반응을 촉발시킨다	종을 울리기
CR	한때 중립적이었고 연합 후에 조건화가 되는 자극에 대한 학습된 반작용	타액 분비

표 6-2   고전적 조건화의 교실 적용

예시 1: 긍정적 정서 반응

학습 과제의 조건화 이전		
교사가 학급에게 보여주기를 원하는 새로운 개념들 (중립적 자극)	⟶	무반응
조건화 과정 중		
학생에 대해 허용과 긍정적 존중을 보여주는 지지적인 교사 (무조건 자극)	⟶	학생은 편안함을 느낀다 (무조건 반응)
새로운 개념 + 긍정적 교사 (중립적 자극) + (무조건 자극)	⟶	학생은 편안함을 느낀다 (무조건 반응)
조건화 이후		
새로운 개념 (조건 자극)	⟶	학생은 편안함을 느낀다 (조건 반응)

표 6-3   고전적 조건화의 교실 적용

예시 2: 부정적 정서 반응

학습 과제의 조건화 이전		
학교생활의 끝을 알리는 종소리 (중립적 자극)	⟶	무반응
조건화 과정 중		
방과 후 싸움에 위협받은 학생 (무조건 자극)	⟶	학생은 두려움을 느낀다 (무조건 반응)
하루의 끝을 알리는 종 + 위협 (중립적 자극) + (무조건 자극)	⟶	학생은 두려움을 느낀다 (무조건 반응)
조건화 이후		
하루의 끝을 알리는 종 (조건 자극)	⟶	학생은 편안함을 느낀다 (조건 반응)

II 조작적 조건화-결과의 강조

> **조작적 조건화**
> 행동의 결과가 미래의 유사한 상황에서 어떻게 일어날 것인지 일어나지 않을 것인지에 대해 결정하는 것을 강조하는 학습방법

> **행동**
> 학생이 할 수 있는 직접적으로 측정가능하고 관찰 가능한 어떤 것

학습행동에 대한 두 번째 행동적 접근은 주로 심리학자인 B. F. Skinner(1904-1990)의 연구에 기반을 두고 있다. 조작적 조건화(Operant Conditioning)는 행동의 결과가 미래에 유사한 상황에서 행동이 어떻게 발생될 것인지 혹은 그렇지 않을 것인지를 결정한다는 것을 강조하는 학습이론이다. 조작적 조건화 이론에서 설명하는 행동(behavior)은 직접적으로 측정가능하고 관

찰할 수 있는 학생이 행하는 어떤 것이다. 이 이론에 따르면, 조작적 조건화를 체계적으로 사용하는 한 학생이 긍정적인 강화물(reinforcer)과 함께 그 행동을 따를 것인지 그렇지 않을 것인지를 선택함으로써, 학생의 행동에 대한 가능성을 변화시킬 수 있다.

1. 긍정적 행동 지지

긍정적 행동 지지
학생들이 그들 스스로와 다른 사람들에게 방해가 되는 교실 행동을 점진적으로 줄여나가는 것을 돕기 위해서 설계된 프로그램

학교에서 조작적 조건화 원리들 중에서 현재 사용하고 있는 것은 긍정적 행동 지지(positive behavioral support, PBS)이다. 긍정적 행동 지지도 학생들이 그들 스스로와 다른 사람들에게 방해가 되는 교실 행동을 점차 줄여나갈 수 있도록 도와주는 방법이다. PBS방법들은 학생 개인, 학생들 그룹, 교실, 그리고 학교를 통틀어서 적용될 수 있다. PBS에 대한 더 많은 정보는 긍정적 행동 중재 및 지원 웹사이트인 U.S. Department of Education-funded Center를 방문하여 찾을 수 있다.

기능적 행동 평가
분열성 행동을 촉진시키고 유지시키는 환경에 대한 명확한 묘사와 함께 학생의 문제 행동의 성질과 빈도에 대한 자세한 설명

PBS과정은 학생 행동의 분석과 함께 시작한다. 이러한 분석은 기능적 행동 평가(functional behavioral assessment)이다. 이것은 역기능적 행동을 촉발하고 유지하는 환경, 학생의 문제 행동에 대한 성질과 빈도를 자세하게 설명하는 것이다.

유관 관리
강화물과 함께, 특정한 행동을 따르는 것에 의해서 혹은 그것을 따르지 않는 것에 의해서, 특정한 행동이 발생되는 가능성을 변화시키는 것

행동을 강화할건지 말건지 결정하는 것을 유관 관리(contingency management)라고 한다. 유관 관리는 강화물로써 특정 행동의 발생에 대한 가능성을 변화시키는 것이다. 교사는 학생들의 행동에 따라 강화물을 주거나 주지 않거나 함으로써 유관 관리를 한다. 강화물의 원리는 Thorndike(1911)의 효과법칙의 발달과 강화이다. 효과의 법칙(law of effect)은 긍정적 결과를 초래하는 행동은 강화되고, 부정적 결과를 초래하는 행동은 약화되는 것을 말한다.

효과의 법칙
긍정적 결과가 나오는 행동들이 강화되고, 부정적 결과가 나오는 행동이 약화된다는 것을 언급한다

2. 조작적 조건화 과정

많은 행동들은 교실에서 선행하는 자극 또는 촉발시키는 자극 없이 일어난다. 그러나 때때로 자극은 조작적 조건화에서 신호로서 작용을 하며, 조작적 반응이 일어날 수 있도록 하는 가능성을 증가시킨다(Skinner, 1953). 조작적 조건화에서 행동은 궁극적으로 신호가 아니라 결과의 여부에 달려있다는 것을 인식하는 것이 중요하다. 즉, 신호는 학습자들로 하여금 강화를 가져올 수 있도록 하는 적절한 반응을 수행하는 것을 선택하게만 한다.

만약 한 아이가 손을 적절치 않은 시기에 손을 든다면, 조작적 조건화 이론에 의하면, 교사가 학생의 행동에 어떻게 반응하는지가 중요하다. 만약 교사가 손을 무시한다면, 그 행동은 강화를 제공받지 못하고 반응의 가능성은 줄어든다. 만약 교사가 선행사건이 제시되지 않을 때라도 학생을 지명한다면, 그 학생의 행동의 순서가 달라져 다른 학생들에게 영향을 줄 수도 있는 것이다. 이론에 따르면, 긍정적 강화는 정확한 선행사건이 제시될 때 나타난다. 교실에서 효과적으로 조작적 조건화를 사용하기 위해서는 행동에 어떻게 선행사건을 사용하는 것이 좋은지를 알아야 한다. 예를 들어, 교사가 교실문 앞에서 하는 인사와 같은 선행사건은 수업시간에 학생들의 과제수행 행동의 증가를 가져 왔다고 보고하고 있다(Allday & Parurar, 2007).

Ⅲ 강화물의 유형

강화물의 다른 유형들은 학생들의 행동을 수정하기 위해서 사용될 수 있다. 강화물은 긍정적인 것과 부정적인 것으로 분류될 수 있다. 이 외에 1차적 강화물과 2차적 강화물, 소비될 수 있는 것, 사회적인 것, 활동적인 것, 교환할 수 있는 것 등이 있다. 강화물(reinforcer)은 미래에 특정한 학생의 행동에 대한 가능성을 증가시킨다. 이론에 따르면, 만약 교사가 강화물이라고 여겨 관리하고, 이를 통해 학생들의 행동을 증가시키게 되면 이는 강화물에 해당된다. 그러나 모든 강화물이 모든 학생에게 똑같이 있는 것은 아니다. 아이들마다 각자 흥미있고 바람직하다고 생각되는 강화물을 사용하는 것이 효과적이다(Cote, Thompson, Hanley, & McKerchar, 2007).

📙 **강화물**
미래에 특정한 학생 행동의 가능성을 증가시키는 것

만약 교사들이 교실에서 강화물을 체계적으로 사용하려고 시도하고자 하면, 효과적이고 가장 좋은 방법은 학생들이 어떤 유형의 강화물들을 가치 있게 여기는지 설문조사를 통해서 결정하는 것일 것이다. 이것은 교사들이 봉사하고 있는 학생들에 대한 통찰력을 제공할 뿐만 아니라, 학생들에게 가치 있는 것들을 스스로 결정하게끔 허용할 것이다.

1. 정적 강화물과 부적 강화물

정적 강화물(positive reinforcers)은 미래에 행동의 발현을 증가시켜줄 수 있는 행동 후에 제시되는 자극 또는 사건이다. 아이들이 사탕, 칭찬 또는 그들의 행동에 대한 재미있는 활동을 받고, 그것이 표적행동의 발현을 증가시킬 때, 사탕, 칭찬 또는 재미있는 활동은 긍정적 강화물이다.

📙 **정적 강화물**
미래에 행동의 발현을 증가시키는 행동 뒤에 제시된 자극 혹은 사건

교실에서 교사가 학생들의 행동을 수정하기 위해서 적용할 수 있는 가장 강력한 긍정적 강화물 중의 하나는 칭찬이다(Madsen, Becher, Thomas, Koser, & Plager, 1968). 칭찬(praise)은 다른 사람의 행동 혹은 수행에 대한 긍정적 진술이다. 칭찬은 말로 하는 진술의 형태를 취하거나 매주의 발전 리포트와 같은 형태로 기록을 할 수도 있다. 효과적인 교사들은 학생들이 그들의 학업성취를 증가시키고, 모든 학생들의 학습에 도움이 되는 교실환경을 만드는데 도움을 줄 수 있는 의도를 가진 칭찬을 사용한다. 또한 교사들은 종종 다른 아이들과 잘 어울리지 못하는 아이가 좀 더 자신감을 가질 수 있도록 도와주는 칭찬을 사용할 수 있다. 그러나 어떤 연구는 칭찬이 학생들의 흥미에 긍정적 영향을 미쳤다는 것을 보여준다(Deci, Koestner, & Ryan, 1999). 또 다른 연구는 칭찬이 학생들의 동기에 해로운 영향을 미친다고 주장한다(Kohn, 1993). Kohn(2001)은 칭찬 대신에 학생들의 행위를 말로 표현하고 무엇을 봤는지 말할 수 있다. 이것은 행동에 대한 평가가 없는 말을 한다는 것을 의미한다. 예를 들어 교사는 "너는 스스로 미술 재료를 정리했구나"라고 말할 수 있다.

📙 **칭찬**
다른 사람의 행동 혹은 수행에 대한 긍정적 언급

교사들은 그들의 행동을 강화시키기 위해서 미소를 사용할 수 있다.

🌑 부적 강화물
미래에 행동의 가능성을 증가시키는 행동을 뒤이어 따라오면서, 제거되는 자극 혹은 사건

부적 강화물(negative reinforcers)은 미래에 행동의 가능성을 감소시키는 어떤 자극이나 사건을 제거하는 것이다. 부적 강화물들은 혐오하는 경험들 혹은 종결시키고, 도피하고, 피하기 위해서 사람들이 소망하는 자극이다. 아이들의 행동은 그들이 고통스럽고, 당황스럽고, 또는 혐오스런 경험으로부터 도피하는 것을 허용할 때, 그것을 부정적 강화라고 한다. 부적 강화물은 처벌과 다르다. 부석 강화는 행동의 빈도를 증가시켜주는, 반면에 처벌은 행동의 가능성을 감소시키기 때문이다. 학생들이 만약 교실활동에 적절하게 참여할 때 저녁 숙제를 면제해주는 것은 그 예이다.

2. 1차 강화물과 2차 강화물

🌑 1차 강화물
물과 음식과 같이 필수적이고 자연스럽게 강화시키는 자극

🌑 2차 강화물
우리가 가치 있다고 배우는 자극 혹은 사건

음식이라는 강화물은 굳이 학습할 필요가 없는 자동적인 강화물이다. 왜냐하면 음식은 요청에 대한 강화물로서 자동적으로 기능하기 때문이다. 이러한 방식으로 자동적으로 작동하는 그러한 강화물들은 1차 강화물(primary reinforcers)이라고 한다. 교사들은 학생들이 가치를 배우는 강화물에 의존을 하게 된다. 이러한 학습된 선호를 2차 강화물(secondary reinforcers)이라고 하며, 그것들은 칭찬, 돈, 그리고 놀 수 있는 기회 등이 있다.

2차 강화물은 강화 가치를 가지고 있다. 왜냐하면 그것들은 다른 강화물과 함께 하는 우리의 삶에서 일찍부터, 그리고 자주 연관되기 때문이다. 다섯 가지의 2차 긍정적 강화물은 교실에서 합리적으로 쉽게 사용될 수 있다(Deitz & Hummel, 1978). (1) 소비 가능한 것(사탕, 껌, 팝콘) (2) 사회적인 것(칭찬, 미소, 주의집중) (3) 활동(자유 시간, 영화, 컴퓨터 시간) (4) 교환할 수 있는 것(화폐대용으로 쓸 수 있는 토큰, 점수, 돈) (5) 만질 수 있는 것(인형, 좋아하는 의자, 좋아하는 스웨터)이 있다.

소비 가능한(consumable) 강화물은 1, 2차적 강화물을 포함한다. 섭취할 수 있는 항목들이기 때문에 이렇게 불린다. 사회적(social) 강화물은 보통 교사 혹은 다른 학생들과 함께 바람직한 상호작용적 경험을 나타낸다. 교사들이 학생들과 함께 사용할 수 있는 사회적 강화물은 그들을 칭찬하고, 미소를 보내고, 그들의 등을 두드려주고, 고개를 끄덕이고 또는 그들과 눈을 마주치는 것을 포함한다. 활동(activity) 강화물은 밖으로 나가 노는 것, 휴식을 취하는 것, 감시자가 되는 것, 현장학습을 가는 것, 혹은 컴퓨터를 사용하는 것과 같이, 바람직한 것들을 하는 것이다. 활동 강화물의 효과적인 사용은 심리학자 David Premack(1965)이 공식적으로 Premack 원리라고 명명했다. 프리맥 원리(Premack principle)는 또한 "할머니의 규칙(Grandma's Rule)"이라고 불린다. 원리의 핵심이 시대를 통틀어서 할머니에 의해서 조금씩 나눠가졌던 지혜 즉, 학생들로 하여금 가장 많은 공부를 하게끔 하는 임무를 완수하게 하고, 그들이 더욱 바람직한 임무를 수행하기 전에 도전하도록 하는 지혜로부터 나왔기 때문이다.

🌑 프리맥 원리
학생이 덜 선호되는 활동을 완수하기 위해 강화물로 선호하는 활동을 교사가 사용할 수 있다고 언급한다

프리맥 원리(Premack principle)는 아이들이 하지 않을 것 같은 낮은 빈도의 행동의 발현을 증가시키기 위해 아이가 좋아하는 높은 빈도의 행동을 사용하는 것이다. 즉 낮은 빈도의 행동 후에 높은 빈도의 행동을 허용하는 것이다. 맞춤형 혹은 개별화된 활동 강화물은 각각의 아이들의 교실 공부에 대한 보상으로 사용될 수 있다. 이때 학생이 그 보상 활동을 좋아하는 것이어야 한다.

교환가능한(*exchangeable*) 강화물은 "물건을 교환하는 것" 즉, 어떤 다른 강화물로 전환시킬 수 있는 것들이다. 금색의 별과 포인트는 교환가능한 강화물로서 작용할 수 있다. 종종, 교환가능한 강화물은 사회적 강화물과 같이 다른 강화물과 연관이 있기 때문에 강화 가치가 있다. 돈은 그 예이다.

만질 수 있는(*tangible*) 강화물은 개인이 유지할 수 있는 물체이다. 좋은 점수를 획득한 아이들은 새로운 옷 혹은 자전거를 얻는 것이 그 예이다.

강화는 조작적 반응이 일어날 때마다 줄 수 있는데, 이것을 연속 강화(continuous reinforcement)라고 한다.

만약 강화가 중단이 되면 학습된 반응은 결국 감소하고 마침내 발생하지 않는다. 이러한 과정은 소거라고 한다. 소거(*extinction*)는 행동의 제거로 이어지는 것으로, 강화된 행동을 더 이상 강화시키지 않은 결과이다. 표 6-4는 교사들이 그들의 교실에서 강화물을 적용할 수 있는 방법이다.

> **🔊 연속 강화**
> 그것이 발생될 때마다 특정한 행동이 강화된다

표 6-4   교사들이 효과적으로 강화물을 사용하는 방법

- 학생들의 학업을 향상시키거나 학급이 더 잘 학습할 수 있는 장소가 되게끔 하기 위한 방법으로 학생이 행동한 후에 곧바로 강화물을 제공한다.
- 학생들이 받기를 원하는 강화물의 유형을 선택하게끔 한다.
- 교실에서 학생들의 사회적 행동이 아니라, 학생들의 학업적 수행을 증가시키기 위해서 칭찬 혹은 강화물의 다른 유형을 사용한다.
- 가적 칭찬 대신에, 당신의 학생들이 학급 안에서 무엇을 하는지에 대해서 명확히 묘사했는지를 고려한다(Kohn, 2001). 예를 들어, 학생에게 "잘했어"라고 말하는 것 대신에, 당신은 "또 다시 강조하지 않아도, 네 책상 안에 소지품을 잘 넣어놨구나." 라고 말할 수 있다.
- 당신의 수업에서 프리맥 원리(Premack principle)를 사용할 때, 학생들이 덜 선호하는 임무를 우선하게끔 한다.

3. 강화 계획

시간이 아니라 특정 횟수를 기준으로 조작적 반응에 강화를 할 수 있다. 예를 들면 5개의 문제를 수행할 때 한번 강화를 한다면 강화에 대한 반응의 비율은 5:1이다. 이러한 방법이 비율 강화(ratio reinforcement) 계획이다. 만약 반응이 강화를 위해서 3번 일어나야만 한다면, 그 비율 계획은 3:1이다. 강화가 모든 반응에 주어지는 것이 아니라 일정한 양의 반응 후에 주어지기 때문에 간헐적 강화이다.

강화를 간헐적으로 해주는 또 다른 방법은 시간의 간격을 기준으로 하는 것이다. 이 간격이 지나고 최초로 기대 행동이 나타날 때 강화한다. 이러한 것을 간격 강화(interval reinforcement)라고 한다. Skinner는 고정된 것과 대조적으로 변동 가능한 강화 계획을 고안해냈다. 고정 계획(fixed schedules)은 학생이 언제 강화를 받는지 예측 가능한 단점이 있다.

이와 달리 변동 계획(variable schedules)은 강화가 주어지기 전의 반응 횟수 혹은 시간의 간격이 매 강화 후에 조금씩 변화하게 된다. 그러한 변동 계획에서는 강화시기 예측이 불가능하기

> **🔊 비율 강화**
> 반응의 수에 근거하여, 강화물이 작동하는 계획의 유형
>
> **🔊 간격 강화**
> 강화물이 시간 간격 이후에 전달되는 계획의 유형
>
> **🔊 고정 계획**
> 이러한 계획의 유형에서, 학생은 언제 그리고 어떻게 결과가 제공될 것인지를 정확하게 알고 있다
>
> **🔊 변동 계획**
> 이러한 계획의 유형에서, 학생은 언제 그리고 어떻게 결과가 제공될 것인지를 알고 있지 않다. 왜냐하면 그것은 상황마다 변화하기 때문이다

표 6-5	간헐적 강화 계획의 네 가지 종류		
	행동에 대한 효과		
계획의 유형	계획에 대한 묘사	작동중인 계획	종결된 계획
고정 비율(FR)	일정한 수의 반응 이후에 주어진 강화물	높은 반응률	비정기적 반응
고정 간격(FI)	일정한 양의 시간 이후에 발생하는 첫 반응에 대해 주어진 강화물	학생은 강화 이후에 공부하는 것을 중지한다; 그리고 나서 다음 강화의 시간에 앞서서 열심히 공부한다.	반응에 있어서 점진적 감소
변동 비율(VR)	미리 정해지지 않은 수의 반응 이후에 적용되는 강화물	매우 높은 반응률	소거에 매우 저항적
변동 간격(VI)	미리 정해지지 않은 시간의 양 이후에 발생하는 첫 반응에 대해 주어지는 강화물	안정된 반응률	소거에 매우 저항적

때문에 강화효과가 크다. 간헐강화의 유형은 표 6-5와 같다.

IV 벌

조작적 조건화의 이론에 따르면, 강화의 효과적인 사용은 처벌의 사용을 필요하지 않도록 만들어야만 한다. 행동을 약화시키기 위해서 가장 효과적인 기법으로 소거를 사용하고, 벌은 무시하는 것이다. 다음으로 가장 좋은 접근은 부적 강화를 사용하고, 만약 바람직하지 않은 행동이 종결되면, 벌을 피할 수 있도록 하는 것이다(Skinner, 1953). 벌은 행동을 변화시키기 위해서 선호되는 방법이 아니다, 왜냐하면 사람을 벌하는 것은 보통 완전하게 바람직하지 않은 행동을 제거하는 것이 아니기 때문이다. 오히려 사람이 벌에 단순히 반항하거나, 아마도 처벌자가 근처에 있지 않을 때, 바람직하지 않은 행동이 발생될 수 있다. 그 행동은 단순히 억압되고 다른 상황하에서는 후에 다시 나타날 것이다(Skinner, 1953, 1968). 더욱이, 처벌자는 처벌된 사람의 일부분에 대해서 미래의 공격적 행동에 대한 모델로서 작용할 수 있다. 그리고 현재의 상황은 예를 들어, 교사와 어린 "범법자" 사이에서 의지의 전투로 변하게 된다.

그러나 마지막 수단으로서, 벌이 효과적으로 사용될 때는 두 가지의 경우가 있다. 첫 번째는 바람직하지 않은 행동이 너무 빈번하여(*frequent*) 어떤 강화도 소용이 없을 경우이다. 극심한 공격성이 그 예이다. 두 번째는 문제 행동이 너무나 강렬해서(*intense*) 아이 자신은 물론 타인에 해를 끼칠 때이다. 공격성은 그러하다.

1. 벌의 유형

벌에는 두 가지 유형이 있다. 수여성 벌(presentation punishment)은 수여를 포함하거나 나쁜 짓을 하는 행동을 감소시키기 위해서 혼내는 것과 같은 혐오스런 혹은 고통스런 일을 사용하는 것이다. 제거성 벌(removal punishment)은 긍정적 강화물을 없애거나 정지시키는 것이다. 표 6-6은 두 유형의 벌의 개념을 요약한 것이다.

> **수여성 벌**
> 행동의 발생을 감소시키기 위한 무례한 혹은 고통스런 사건을 사용하는 것

> **제거성 벌**
> 행동의 발생을 감소시키기 위해서 긍정적 강화물에 대한 학생의 접근을 없애는 것

표 6-6 어떻게 결과가 교실 행동에 영향을 주는가		
행동에 대한 결과	**수여**	**제거**
행동을 강화시킨다	긍정적 강화 (말하기 전에 손을 드는 것에 대해서 칭찬받는 것)	부정적 강화 (적절한 행동 때문에 주말 숙제를 받지 않는 것)
행동을 약화시킨다	수여성 처벌 (연필을 던지는 것에 대해서 혼나는 것)	제거성 처벌 (다른 학생을 위협하는 것 때문 에 교실에서 내보내지는 것)

2. 벌의 사용

Azrin과 Holz(1966) 연구에서는 만약 벌이 효과적으로 사용되면, 행동을 약화시킬 것으로 기대한다. 벌을 효과적으로 사용하려면, 도피는 막고 벌의 근원으로부터는 떠나도록 해야 한다.

정적 강화물을 철회시키는 제거성 벌은 훨씬 더 수용가능한 벌의 형태이다(Burchard & Barrera, 1972). 예를 들면, 일단 타임아웃과 같은 절차가 시작되면, 그것은 피하거나 도망갈 수 없지만 나중에 적절하게 행동하면, 잃어버린 보상을 되돌려받을 수 있고, 이후 타임아웃을 피할 수 있게 된다. 허용되게끔 행동함으로써, 학생들은 타임아웃과 반응비용을 피할 수 있고, 그 자리에서 긍정적 강화물을 얻을 수 있다.

두 번째로, 벌의 필요성을 최소화하는 것이 중요하다. 벌 대신에 경고 신호를 사용할 수 있다. 부적절한 행동과 함께 양립할 수 없는 행동을 강화시키는 것도 한 방법이다.

마지막으로, 벌은 조용하고 일관적이어야 한다. 그리고 사실문제(*matter-of fact*)와 행동에 대해 직접적이어야 하고, 아이를 목표로 하여서는 안된다. 그리고 즉각적(*immediate*)이어야 한다. 벌을 줄 때 화내거나 공격적이어서는 안되고, 보복성 혹은 창피를 주어서도 안된다. 그렇지 않으면 공격적인 모델을 제공한다. 타임아웃은 특히 어린 아이들에게 효과적인 벌이 될 수 있다. 이것은 짧은 시간 동안에 모든 강화의 근원에 접근을 못하도록 하는 것이다.

Ⅴ 행동 수정하기

존재하는 행동을 수정하는 방법으로 촉진, 연쇄, 행동조성법을 사용할 수 있다.

1. 촉진

📖 촉진
바람직한 반응에 신호를 보낼 수 있는 친숙한 선행사건을 부가하는 것

촉진(prompting)은 가능성의 기반하에서 일어나는 바람직한 반응을 기다리기보다는, 바람직한 반응에 신호를 줄 수 있는 친숙한 선행사건을 부가하는 것을 의미한다. 예를 들어, 교사가 과학 실험용 시간의 특정한 순간에 교실에서의 적절한 행동을 언급할 수 있다. 또한 적절한 교실행동 규칙을 보여줄 수 있다. 촉진은 읽기 지도에서 흔히 사용된다. 한 아이가 단어 읽기에 곤란을 겪을 때, 교사는 아이가 그것을 읽을 수 있도록 도와준다. 친숙하지 않은 것을 더욱 친숙하게끔 도와주기 위한 단서를 주는 것도 촉진에 속한다. 촉진에 있어서 기억해야 할 두 가지의 중요한 규칙이 있다. 첫째, 일반적으로 학생의 시도 이후에 촉진하여야 한다. 학생이 도움 없이 임무를 수행하기 전에 주어져서는 안된다. 둘째, 촉진은 가능한 한 희미해지거나 축소되어야 한다.

촉진은 학생들로 하여금 어떤 반응이 옳다는 것을 배우게끔 도와주는 방법이며, 촉진은 주어진 상황에서 올바른 반응으로 이끄는 것이다.

2. 연쇄

📖 연쇄
한 번에 모든 것을 학습하는데 어려운 더욱 복잡한 반응을 형성하기 위해서 연속적으로 간단한 반응을 연결시키기 위한 기법

연쇄(chaining)는 한 번에 모든 배우기 힘든 좀 더 복잡한 반응을 형성하기 위해서 연속적으로 간단한 반응을 연결시키기 위한 기법이다. 연쇄에서, 선행사건의 통제하에 있는 간단한 행동들은 행동의 연속상에 결합이 되고, 그것은 완결점에서 강화가 된다.

$A_3 \longrightarrow B_3 \longrightarrow A_2 \longrightarrow B_2 \longrightarrow A_1 \longrightarrow B_1 \longrightarrow C_1$

A_3	B_3	A_2	B_2	A_1	B_1	C_1
"수학수업을 준비를 하세요"	"Jill은 책을 가지고 나간다"	"손에 있는 책은 수학센터로 가는 신호이다"	"Jill은 수학센터로 간다"	"수학 센터에 있는 의자들은 앉기에 대한 신호를 준다"	"Jill은 앉는다"	"나는 Jill이 수학수업을 위해서 준비하는 것을 볼 수 있다"

위의 예는 행동의 연쇄에 있어서 각각의 선행사건이 그것을 선행하는 반응을 위해서 강화 기능을 하고, 후속 반응을 위한 차별적인 기능을 하는 경향이 있다는 것을 보여주기 위해 의도적으로 간단하게 제시하였다.

교실에서 행동 연쇄를 만들기 위한 가장 흔한 방법은 첫째로 연쇄에 있어서 각각의 단계를 촉진시키고, 그 촉진된 것을 희미하게 하는 것이다. 예를 들어, 위에서 보여준 것처럼, 수학수

업에 준비하기 위한 연쇄는 처음에 3개의 분리된 교육으로 이루어져 있었다.

1. "모든 학생들, 여러분들은 수학책을 가지고 있으세요."
   "좋아요. 모든 학생들은 책을 꺼내옵니다."
2. "지금, 모두 수학 센터 쪽으로 걸어갑시다."
   "좋아요."
3. "우리의 의자에 모두 앉읍시다."
   "너희들은 준비가 되었구나. 고마워요."

"수학수업을 준비를 하세요."라는 말을 많이 할 필요가 없다. 왜냐하면 학생들은 지금 무엇을 해야 하는지 알고 있기 때문이다.

3. 행동조성(shaping)

행동조성(shaping)은 목표 행동을 수행하기 위해 이와 유사한 행동 각각에 강화시키는 절차이다. 조형은 목표 혹은 바람직한 반응이 학생이 이미 수행했던 것이 아니라, 즉, 바람직한 반응이 학생의 레퍼토리 안에 있지 않을 때, 혹은 반응을 촉진하는 방법이 없을 때 사용한다.

Skinner(1953)는 행동조성에 대해서 다음의 실험실 예를 제시한다.

교사들과 또래들은 다른 학생들이 새로운 단어를 읽게끔 도와주기 위해서 촉진을 제공한다.

> 🐦 행동조성
> 목표 행동과 더 유사한 행동 각각에 대해 강화시키는 절차

비둘기가 가능한 한 빨리 목표 장소를 쪼을 수 있게 하기 위해서, 우리는 다음과 같이 진행한다. 처음에 새가 새장의 어떤 쪽에서 목표 장소의 방향으로 약간 방향을 틀었을 때 음식을 준다. 이것은 방향을 전환하는 행동의 빈도를 증가시킨다. 그리고 나서 우리는 약간의 움직임이 목표 장소를 향해 있을 때까지 강화를 주지 않는다. 우리는 목표 장소에 계속 더 가깝게 위치하게 되면 강화를 제공하고, 그리고 나서 머리가 약간 앞으로 움직였을 때만 강화를 함으로써, 그리고 마지막으로 부리가 실제적으로 그 목표 장소와 접촉했을 때만 계속해서 강화를 한다. 이러한 마지막 반응을 2 혹은 3분 이내에 완성한다(p. 92).

행동조성에 있어서 2개의 구성요소가 있다. 첫 번째 것은 차별적인 강화 즉, 주어진 기준을 충족시키는 행동들만을 강화시키는 것, 그리고 기준을 충족시키지 못하는 행동들은 강화시키지 않는 것이다. 물론 이것은 모든 행동 수정에 있어서 표준관행이며, 행동적 학습 원리들이 사용되는 교실에서 표준관행이 있어야만 한다.

행동조성에 있어서 두 번째 구성요소는 강화를 위해 변화하는 기준을 사용하는 것 즉, 목표 행동의 방향에서 강화를 위한 반응 기준을 점진적으로 변화시키는 것이다. 이것을 실행하기 위해서, 교사는 하나의 수학문제를 정확하게 푸는 것과 같은 목표 행동과 비슷하거나 애매하게 비슷한 행동을 강화시킴으로써 조형을 시작하고, 10개의 수학문제를 정확하게 푸는 것과 같은 오로지 정확한 목표 행동을 강화시킴으로써 끝을 맺는다. 시작과 끝 사이에, 교사는 학생의 행동

이 목표 행동으로 점점 더 가까이 움직여야만 한다는 강화를 점차적으로 하게 된다.

그러므로 행동조성의 기법은 목표 행동에 연속적으로 가까워지는 것에 강화하는 것이며, 각각은 전보다 그것에 더 가까워지게 된다. 필요한 준거 이상으로 각자 새로운 요구를 하며 머무르지 않도록 하기 위해서 돌봄이 필요하다. 그렇지 않으면 그 학생의 행동은 거기에서 멈추게 될 것이다.

Ⅵ 조작적 조건화 적용

Skinner(1953, 1968)는 교수(teaching) 과정에 조작적 조건화를 적용시켰다. 교실 행동이 조작적 조건화의 원리들에 의해 영향받게 될 때가 많다. 아래에 있는 7개의 원리는 조작적 조건화가 교수에 적용될 수 있는 방법이다.

1. 학습자의 적극적인 반응(*response*)에 대해서 어떻게 할 것인지 준비한다. 단순히 듣는 것은 충분하지 않다.
2. 학습자의 올바른 수행을 따른다.
3. 올바른 수행에 대해서 최적의 유관을 제공한다.
4. 행동조성 통하여 올바른 반응 가능성을 극대화한다.
5. 지나친 통제를 피하라. 대신 보상을 사용한다.
6. 신호에 대한 단서를 사용한다.
7. 원하는 수행을 강화한다.

David Young-Wolff/PhotoEdit

교실 규칙은 교사들이 조작적 조건화 원리에 대해서 알고 있는 것에 기반하여 만들어질 수 있다.

1. 교실 규칙 만들기

7개의 일반적인 방법에 기초하여, 교실 규칙은 조작적 조건화의 원리를 이용하여 가르쳐질 수 있다. 학생들의 토의를 통해 다음 다섯 가지 교실 규칙을 정하여 게시할 수 있다.

1. 이야기하길 원할 때 당신의 손을 든다.
2. 안전을 위해서, 교실과 복도만 통행한다.
3. 손과 발을 잘 간수한다.
4. 예의를 지킨다.
5. 개별 활동이 끝나면 연장활동을 선택한다.

교실에서 시행하고자 결정했던 규칙이 무엇이든 간에, 학습에 좋다고 생각하는 활동에 참여하고자 하는 정도에 영향을 미친다.

2. 적절한 행동 강조

행동주의에 따르면, 효과적인 교실 관리의 첫 번째 원리는 긍정적인 방식으로 강화를 위한 기초가 되는 규칙들을 구체화(*specify*)하는 것이다. 규칙은 촉진으로서 작용을 한다. 아이들이 촉진을 따르려고 학습할 때, 촉진된 것들은 덜 빈번하게 반복된다(희미해져간다). 그러나 좋은 교실 행동은 계속해서 강화해야 한다.

두 번째 원리는 바람직한 행동을 칭찬하는 것이다. 교사들은 그들이 잘못 행동하는 것을 기다리기보다는 아이들이 착해지도록 해야 한다. 초점은 사회적 그리고 인지적 기술의 발달을 위해서 중요한 행동을 강화하고 칭찬하는 것에 있어야만 한다. 규칙과 아이들의 수행을 연관시키는 것, 구체화시키는 것, 그리고 아이들보다는 행동을 칭찬해주는 것과 같은 교사의 행동들이 권장된다. Becker et al.(1975)는 효과적인 칭찬의 이러한 예시들을 제공한다 (p. 120):

"학생은 내가 예시를 제시하는 내내 항상 칠판을 보았다. 그것이 주의집중하는 것이다."
"그것은 좋은 대답이다. 너는 나의 질문을 매우 주의깊게 들었다."

학생들에게 무엇을 말하는지, 어떻게 말하는지에 대해 아는 것은 중요하다. 칭찬은 교사들의 행동도 변화시키는 효과적인 방법이다. Hayes, Hindle, Withington(2007)은 학교가 긍정적 행동 관리에 초점을 맞출 때, 교사들이 학생들에게 했던 긍정적 언급들의 양이 증가되고, 부정적인 것은 감소되었다는 것을 보여주었다. Cossairt, Hall, Hopkins(1973)는 칭찬을 사용하는 것에 대해서 칭찬을 받았던 교사들은 칭찬을 더 많이 사용한다는 것을 보여주었다.

행동문제가 지속될 때 교사는 무심코 그것을 강화시킬 수 있다. 흔히 강화는 학생의 행동에 주의하는 형태로 이루어진다. 사소한 행동일 경우 무시하는 것은 처벌하는 것보다 낫다. 예를 들어, Madsen, Becker, Thomas, Koser, Plager(1968)는 교사가 "앉아"라고 말하면 말할수록, 아이들은 더욱 더 일어선다는 것을 확인하였다. "앉아"라는 지시가 위한 강화로서 작용을 한 것이다. 또한 강화는 즉시 이루어져야 한다; 만약 그것이 지연된다면, 행동에 후속되는 행동이 강화받는다. 강화가 우연하게 발생하여도 그 효과는 발생한다.

Ⅶ　사회적 인지학습

지금까지는 학생들이 연합으로부터 (고전적 조건화) 어떻게 학습하는지, 산출된 반응을 통해 어떻게 학습이 일어나는지 (고전적 조건화)에 대해서 살펴보았다. 그런데 여기에서는, 다른 사람들의 행동을 관찰함으로써 학습이 발생하는 사회적 인지적 학습 이론(social cognitive learning theory)에 대하여 살펴보겠다.

사회적 학습(social learning)은 특히 다른 사람들의 행동을 관찰함으로써 학습하는 것이다. 그것은 인지적 과정과 행동적 과정이다. 왜냐하면 사람들은 종종 그들의 머리에 관찰을 수행하고 차후에까지 그것들을 관찰에 근거하여 행동하지 않기 때문이다. 사회적 학습이 종종 행동주의와 인지 학습 이론 사이에서의 다리 이론(bridge theory)으로 간주된다. 사회적 학습에 대한 이론을 발달시키는 데 있어서, Albert Bandura(1977)는 (1) 사람들은 자신의 행동을 관리하고 통제하는 것을 학습하고, (2) 항상 같은 방식으로 행동하기보다는, 전에 하지 않았던 방식으로 행동하며 (3) 학습하더라도 즉시 수행하지 않다가 적절한 기회에 수행한다는 것을 관찰하였다.

가장 잘 알려진 연구 중에서(Bandura, Ross, & Ross, 1961), "보보 인형(Bobo doll)" 실험은 유명하다. 보보 인형을 공격하는 성인의 행동을 관찰한 실험집단은 비폭력적 방식으로 인형을 가지고 노는 것을 관찰한 통제 집단 아이들보다 더욱 더 공격적인 행동을 보여주었다.

사회적 인지적 학습의 강력한 특징은 그것이 다른 사람들에 대한 관찰과 모델링을 통해서 사악하게 행하여질 수 있다는 것이다. 모델(model)은 모방될 수 있는 개인이거나 개인의 행동을 다른 사람들이 그것으로부터 배울 수가 있다. 학생들은 교사의 사회적 행동과 또래의 사회적 행동에 주의깊게 집중을 한다. 교사가 교실 안에서 스트레스가 많은 상황에 처해있을 때, 다른 학생들은 교사의 행동에 주의집중을 한다. 그것으로부터 그들은 어떻게 교사가 미래에 반응하는지에 대한 것들을 배운다. Bandura에 따르면(1986), 관찰자들이 모델을 통해서 배울 수 있는 다섯 가지가 있다고 했다.

🌀 **사회적 인지적 학습 이론**
사회적 학습의 인지적 구성요소를 강조하는 Albert Bandura에 의해서 만들어진 학습이론

🌀 **사회적 학습**
다른 사람들의 행동을 관찰함으로써, 학습하는 학생들

🌀 **모델**
모방되거나 그 사람의 행동을 다른 사람들이 그것으로부터 배우는 개인

🌀 **억제**
모델이 그것을 수행하고 불쾌한 결과로 고통 받고 있는 것을 본 이후에, 행동을 수행하지 않기로 결정하는 것

🌀 **억제불능**
모델이 그것을 하고 불리한 결과로 고통받지 않는 것을 본 이후에, 행동을 더욱 보여주는 것

1. 관찰자들은 읽기와 같은 새로운 인지적 기술을 배울 수 있고, 다른 사람들이 수행하는 것을 봄으로써, 새로운 소프트웨어를 작동하는 법과 같은 새로운 행동을 배울 수 있다.

2. 모델을 보는 것은 그들 자신의 행동에 대해서 관찰자들의 이전에 학습했던 억제를 강화시키거나 혹은 약화시킬 수 있다. 만약 관찰자가 모델이 수행후 고통받고 있는 것을 보고, 그 행동을 수행하지 않으려 한다면 억제(inhibition)효과가 있다. 이와 달리 모델이 고통받지 않거나 덜 제한을 받게 된다면, 억제불능(disinhibition)이 발생하여 관찰자는 아마도 그 행동을 수행하게 될 것이다.

3. 모델은 또한 관찰자들에 대해서 사회적 촉발자극(social prompts) 혹은 유인책(inducements)으로서 역할을 할 수 있다. 즉, 관찰자들은 행동을 수행하는 것에 대한 혜택이 무엇

학생들은 Bandura의 유명한 Bobo 인형 연구에서 공격적인 행동을 모방하는 것을 배웠다. 당신이 생각하기에 학생들은 다른 사람들을 보면서 어떤 다른 행동들을 배우는가?

Myrleen Ferguson Cate/PhotoEdit

인지 배울 수 있다. 예를 들어, 좋은 일을 함으로써 불러일으킬 수 있는 감사함과 좋은 느낌을 관찰한 사람들은 이타적 방식으로 행동할 가능성이 높다(Bandura, 1969).

4. 모델을 바라봄으로써 관찰자들은 그들의 환경과 그 안에 있는 물건을 어떻게 사용하는지를 배울 수 있다.

5. 모델이 정성적 반응을 표현하는 것을 보는 것은 종종 관찰자로 하여금 흥분하게 하고, 똑같은 정서적 반응을 경험하게 할 수 있다.

1. 모델로부터의 학습과정

다른 사람들을 관찰하고 그들로부터 학습함으로써, 학습의 과정은 네 가지 절차에 의해서 지배받는다. 그것은 주의집중(attention), 기억(retention), 산출(production) 그리고 동기(motivation)의 과정이다. 학생들이 서로서로에게 혹은 교사들로부터 배울 때, 그들은 보고 기억하고 후에 동기가 그들이 관찰했던 행동을 만들어내도록 한다.

(1) 주의집중

사람들은 그들이 모델링된 활동들에 주의집중하고 정확하게 인식하고 있지 않는다면 관찰에 의해서 배울 수 없다. 이것은 모델링된 행동들이 얼마나 단순하고 뚜렷한 것인지에 달려있다. 더 간단하고 더 뚜렷한 행동들은 더욱 애매모호한 것들보다 더 쉽게 주의집중하게 된다. 또한 관찰자가 많은 행동들이 관찰자의 주의집중을 위해서 경쟁할 때, 이러한 행동들이 잘 구체화되어 있거나 배치되었는지의 여부에 달려 있다. 이것은 관찰자와의 관련성이 중요하다. 마지막으로 주의집중은 모델의 행동과 특성이 어떠한지에 따라 달려있다. 예를 들면, 지속적으로 공격적 상황에 노출되게 되면, 공격적인 행동들에 더욱 주의집중한다(Short, 1968).

주의집중은 또한 관찰된 행동이 확연한 효과가 있는지 없는지 여부에 따라 영향을 받는다(Yussen, 1974). 기능적 가치가 없는 행동들은 종종 무시된다. 사람들은 그들이 매일 매일 보는 것에 많은 관심을 기울이지 않는다. 왜냐하면 그것은 뚜렷한 결과를 가지고 있지 않기 때문이다. 광고 혹은 텔레비전 프로그램에서 나오는 것처럼, 매력적인 모델은 상당히 많은 관심을 끈다. 일반적으로 텔레비전은 광고를 위한 것을 제외하고 중요한 강도가 아니더라도, 모델링 목적을 위해서, 효과적인 주의집중을 얻을 수 있는 장치이다.

학생의 관심을 끌기 위해서, 교사들은 (1) 학습된 수행의 본질적인 특징을 강조하고, (2) 활동들을 세분화하고, (3) 구성요소 기술을 강조하고, (4) 학생들에게 그들이 보았던 것을 실습할 수 있는 기회를 제공하는 것이 필요하다.

(2) 기억

더 이상 존재하지 않는 다른 사람들의 행동으로부터 이득을 얻기 위해서, 관찰자들은 그들이 보았던 것을 기억해야만 한다. 그들은 정신적 그림과 같은 이미지 혹은 추상적인 것으로 또는 언어적 상징으로 정보를 부호화한다. 그리고 나서 그것을 그들의 기억에 저장한다. 만약 모델링된 활동들이 보여진 후에 즉각적으로 시연된다면 더욱 도움이 된다(Bandura & Jeffrey, 1973). 시연이 구체적이지 않고 사람이 행동을 이미지화함으로써 효과가 있다.

(3) 산출

모델링의 세 번째 구성요소는 아이디어, 이미지 혹은 기억을 행동으로 변환시키는 것이다. 수행 피드백(performance feedback)은 도움이 된다. 비디오테이프 재생을 통해서 자기관찰을 하는 것은 한 가지 방법이다.

(4) 동기

사람들은 그들이 관찰로부터 학습한 모든 것을 수행하지 않는다. 그들은 만약 그것이 보상 받지 못하고 처벌받는 것이라기보다 가치있거나 바람직한 결과로 나타난다면, 모델링된 행동을 실행할 것이다(동기는 10장에서 더욱 자세하게 다루게 될 것이다). 관찰학습의 계열은 그림 6-1에 제시되었다.

> 🌐 **수행 피드백**
> 수행을 다시 보고, 수행 과정에 대해서 평가하는 것

그림 6-1 관찰학습의 순서

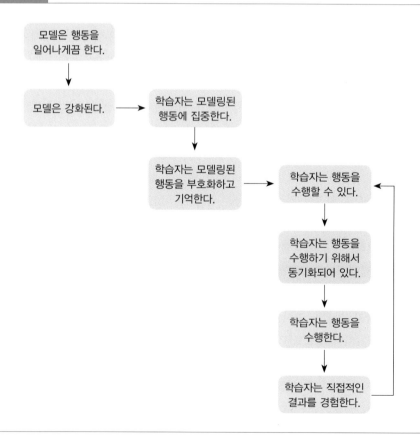

2. 모델링 행동

모방할 것인지 혹은 모방하지 않을 것인지에 대한 선택은 종종 관찰자가 모델이 강화될 것인지 혹은 처벌받을 것인지의 여부에 달려있다.

(1) 대리 강화

Bandura(1986)의 연구 결과에서는, "보상받은 모방은 그 행동을 촉진시키기에 모방 자체보다 더 효과적이다"라는 것을 입증하였다. 그러나 이러한 효과는 관찰자가 결과에 얼마나 많이 가치를 두고 있으며, 어떤 유형의 행동이 모델링화되었는지에 대해 달려있다. 만약 모델이 그것을 행하는 데 있어서 보상을 받는 것이 관찰된다면 더욱 더 모방될 수 있다. 예를 들어, Marlatt(1972)는 어떤 사람에게 그 자신에 대한 개인정보를 누출했다는 것에 대해서 칭찬받은 모델을 관찰한 사람들은 스스로 그 정보를 유지하려는 경향이 있었던 사람들일지라도, 스스로에 대한 이러한 정보를 누출하려는 경향이 있다고 보고하였다. 이러한 대리 강화의 효과는 특별히 특정한 행동의 질을 판단하기 어려운 상황에서 중요하다.

마지막으로, 모델은 가치 있는 결과를 성취할 때, 더 잘 모방된다.

(2) 대리 처벌

모델들이 부정적 결과를 경험하는 것을 목격당할 때, 유사한 방식의 행동 경향은 줄어들거나 억제된다. 이러한 방식은 허용되거나 허용되지 못하는 행동을 준수해야 하는 제재조치의 규칙을 구성원들을 동화시키고자 하는 집단이나 사회에 적용할 수 있다. 예를 들어, Wilson, Robertson, Herlong, and Haynes(1979)는 또래의 공격적인 행동이 교사에 의해서 처벌될 때 학생들은 교실 안에서 공격적으로 행동하지 않았다. 그러나 그들은 또래의 공격적인 행동이 처벌받지 않는 것을 보았을 때 공격적으로 행동하였다는 것을 발견하였다.

학생들은 교실에서의 금지가 그것을 금지하는 부정적 결과를 관찰함으로써 학습된다. 금지된 행동들이 처벌되지 않는다는 것은 특별히 중요하다. 왜냐하면 억제불능이 결과적으로 나타날 것이고, 행동들은 다른 사람들에 의해서 모델링되고 반복될 것이기 때문이다. 아이들은 종종 그들이 금지를 따르기보다는 금지 혹은 규칙을 무시하면서 더 쉽게 원하는 것을 얻을 수 있다. 그러므로 금지되었지만 유쾌한 행동들에 대해서 대리 제한을 억제하지 않거나 감소시키는 것이, 성공적인 규칙위반 행위에 대한 더욱 많은 모델링을 요구하지 않게 될 것이다. 즉, 아이들이 보상받은 모델링의 결과로서 규칙을 따르게 하기보다는, 처벌받지 않은 모델링의 결과로서 규칙을 어기게끔 하는 것이 더 쉽다는 것이다. 일반적으로 말해서 아이들은 그들의 교사들을 행복하게 만드는 즐거움을 버릴 필요가 있다기보다는, 그들의 교사들이 허락하지 않는 즐거움을 추구할 수 있는 영향력을 덜 필요로 한다(Bandura, 1986). 그것은 금지된 행동은 부정적 결과에 뒤이어서 오는 이유이다. 처벌이 없는 것은 사회적 허용의 메시지를 전달하는 것이고 그래서 관찰자들의 제한을 약화시킨다.

공격이 처벌되지 않을 때, 아이들은 그것을 모방하는 경향이 있다. 아이들이 공격적으로 혹

은 감정적으로 처벌받을 때, 그들은 공격적, 감정적 처벌자가 되려는 경향이 있다. 그러므로 처
벌적이고 공격적인 부모들은 처벌적이고 공격적인 부모가 되는 아이들을 기르기 쉽다는 것이
다. 게다가 영화와 텔레비전에서 폭력을 허용되는 것으로써 묘사하는 것은 아이들에게 그러한
행동이 허용된다고 믿게끔 하며, 폭력에 대한 그들의 제한을 감소시키거나 억제 불능시킨다.

7 | 학습의 인지적 접근

학습 목표	주요 내용
1. 행동주의와 인지주의 간의 차이를 구분할 수 있다.	서론: 행동주의와 인지주의 비교
2. 3단계 정보처리 모형을 설명할 수 있다.	3단계 정보처리 모형 • 감각등록기 • 단기기억 • 장기기억
3. 선언적, 절차적 지식과 도식으로 구성된 의미적 네트워크의 유형에 대해 설명할 수 있다.	의미적 약호화 • 의미망 • 도식
4. 기억에 영향을 미치는 요인에 대해 요약할 수 있다.	기억에 영향을 미치는 요인 • 유의미성 • 서열 위치 • 연습 • 조직화 • 전이와 간섭 • 언어연상기억법
5. 유의미 학습에 영향을 줄 수 있는 인지 전략에 관해 설명할 수 있다.	유의미 학습에 영향을 주는 인지 전략 • 요약 • 정교화 • 도식 • 조직화 • 질문생성 • 노트필기
6. 교재의 유의미성을 촉진시키는 세 가지 교수 전략을 설명할 수 있다.	교재의 유의미성 촉진을 위한 교수 전략 • 선행조직자 • 신호 • 부가형 질문
7. 초인지 전략에 관해 설명할 수 있다.	초인지 전략 • 목표설정 및 계획 수립 • 점검 • 적용 • 평가
8. 공부 기술을 구성하는 요인들에 대해 설명할 수 있다.	공부 기술

I 서론: 행동주의와 인지주의 비교

● 행동주의
어떤 행동을 수행한 이후에 수반되는 결과가 발생하는 상황을 기초로 행동을 가르치는 데 초점이 있음

● 인지주의
추론과 문제해결을 가능하게 하는 사고, 기억, 자기점검 기술 등을 가르치는 데 초점이 있음

6장에서 논의한 학습에 대한 행동주의와 이 장에서 논의할 학습에 대한 인지주의를 배타적으로 볼 것이 아니라 대안적인 측면에서 살펴보는 것이 중요하다. 사람들은 특정한 방법으로 더 잘 학습하는 경향이 있다. 모든 것을 기억하거나 추론하는 것처럼 인지적 처리를 통해 학습하는 것은 효율적이지 않을 것이다. 특히 학습된 행동을 계속해서 반복할 때 그렇다. 행동주의적 접근은 유기체가 어떤 행동을 수행한 이후에 수반되는 결과에 의해서 학습한다는 것을 강조한다. 예를 들어, 학생들은 수업 중에 말하기 전에 손을 드는 행동이 교사의 주의를 얻는다는 것을 학습했기 때문에 수업 중에 손을 든다. 대부분의 학생들은 이러한 행동을 충분히 학습했기 때문에 수업 중에 발언하기를 원할 때마다 손을 드는 행동을 기억이나 추론해낼 필요가 없을 것이다. 행동주의적 학습 원리는 학교 학습과 일부 관련이 있는 것으로 밝혀졌다(Dempster & Corkill, 1999).

반면에, 학생들은 일부 행동을 학습하기 위해 기억하거나 추론해야 할 경우가 있다. 예를 들어, 학생들은 수학문제를 해결하기 위해서 특정한 단계를 추론해야 할 것이다. 학생들은 제시된 문제가 어떤 종류의 문제이며, 어떤 방법을 사용해야 할 것인지에 대해 생각해야 한다. 학생들은 수학문제 해결 방법을 여러 가지 문제 해결 절차를 배우고 특정한 문제를 해결하기 위해서 어떤 전략을 사용해야 하는지를 학습함으로써 배운다(Brnasford et al., 1996).

인지적 학습의 또 다른 형태는 기억하기(memorizing)이다. 학습에 영향을 미치는 인지적 요인에 대한 논의를 반복에 의한 학습이라고 부르는 기억으로부터 시작하려고 한다. 예를 들어, 무엇인가를 반복하면, 즉 언어화나 시연을 하게 되면 기억하고자 하는 것을 단기기억 혹은 작업기억에 위치시키게 된다. 많은 종류의 정보는 이런 식으로 학습된다.

II 3단계 정보처리 모형

두뇌에 유입되는 정보는 단일한 단계를 통해 처리되지 않는다. 정보는 먼저 두뇌에 들어온 다음 기억이라고 부르는 과정을 통해 두뇌 속에 저장되어야 한다. 더욱이 이 정보는 회상이나 인출될 수 있는 방법으로 저장되어야 한다. Gagné(1985)와 여러 학자들은 회상 가능한 형태로 정보를 저장하는 것을 의미적 부호화(semantic encoding)라고 한다. 여기에서 "의미적"이란 단어를 말하고, "부호화"란 아이디어나 개념을 기억하기 위해 분류하거나 명칭을 붙이는 것을 의미한다. 예를 들어, "반사"라는 단어를 기억하기를 원한다면, 의사가 여러분의 무릎을 "고무망치"로 때리는 것을 바탕으로 이 단어를 기억할 수 있을 것이다.

● 의미적 부호화
정보를 인출 가능한 형태로 저장

정보처리에 관한 3단계 모형(감각 등록기, 단기기억, 장기기억)은 널리 수용되었다. 예를 들

어, Healy와 McNamara(1996)는 이 모형을 형식적 모형(modal model)이라고 불렀다. 이 모형은 (1) 감각 등록기를 통해 정보가 들어오고 (2) 단기기억에 저장되어 (3) 장기기억에 저장되는 3단계로 구성되어 있다.

> 🔘 **형식적 모형**
> 감각 등록기를 통해 유입된 정보가 단기기억에 저장되었다가 최종적으로 장기기억에 저장되는 과정을 설명한 모형

1. 감각 등록기

우리가 눈과 귀를 통해 주의를 집중하고 지각한 정보는 우리의 사고 과정에 등록되거나 수용된다. 이 정보는 일시적 보유를 위해 단기기억에 전달되기 전에 우리의 감각 등록기(sensory resister), 즉 감각기억에 임시적으로 저장된다. 정보의 형태를 인식하거나 의미를 부여하는 지각(perception), 혹은 탐지(detection)는 감각 등록기에서 일어난다. 자극을 탐지하는 첫 단계는 자극을 보거나 들은 다음 그것을 간략하게 저장하는 것이다. 그런 다음 이미 소유하고 있는 정보를 바탕으로 자극을 파악하고 그 의미를 결정한다.

우리는 시각적 감각 등록기와 청각적 감각 등록기를 사용해서 들어오는 시각적 정보와 소리 둘 다를 저장할 수 있다. 이 자극들은 사라진 후에도 시각 등록기에는 0.5초(Chase, 1987), 청각 등록기에는 3초(Hawkins & Presson, 1987) 정도 남아있다. 이것은 우리가 어떤 정보를 가르칠 때 한 번에 제시하는 정보의 양을 제한해서 학생들이 정보를 보고 들을 수 있게 해야 한다는 것을 시사해 준다. 언어적 제시와 함께 시각적 보조 장치를 사용하는 것도 필요하다.

> 🔘 **감각 등록기**
> 감각기억

우리는 자극을 파악하고 의미를 결정하는 감각 등록기 내에 정보를 일시적으로 저장한다.

2. 단기기억

사람이 초점을 맞추거나 보유를 위해 선택한 정보는 잠시 동안 단기기억(short-term memory)에 들어온다. 불행하게도 단기기억의 용량은 제한되어 있다. 만일 누군가가 파티장에서 여러분에게 6명의 사람을 소개해 준다면, 여러분은 그들 중에서 몇 명의 이름만 기억할 수 있을 것이다. 물론 이런 일이 발생하는 것은 부분적으로 주의집중과 관련이 있다. George Miller(1956)는 단기기억의 용량이 약 7개 정보라고 주장했다. 예를 들어, 여러 개의 무의미 철자가 여러분에게 제시되면, 여러분의 단기기억 용량의 한계로 인해 제시된 단어를 계속해서 시연(rehearsal)한다고 해도 대략 7개 정도의 철자만 기억할 수 있을 것이다. 그러나 사람들은 정보 단위의 크기를 증가시킴으로써 단기기억 용량을 증가시킬 수 있다. 즉 개별 단어들을 더 큰 단어나 문장으로 묶는 청킹(chunking) 전략을 사용하면 가능하다.

상기에서 진술한 바와 같이 우리는 단기기억 내의 작은 정보를 더 큰 정보로 연결하는 청킹이나 계속적인 반복, 즉 시연을 통해 더 오랫동안 저장할 수 있다. 예를 들면, 파티장에서 들은 전화번호를 반복한다면 귀가하여 그 번호를 적어 놓을 때까지 기억할 수 있을 것이고, 그 번호로 전화를 자주하면 그 번호를 기억할 수 있을 것이며, 그 번호를 다른 숫자와 연결한다면 더 쉽게 기억할 수 있을 것이다.

> 🔘 **단기기억**
> 잠시 동안 기억 속에 보유하기 위해 초점을 맞추거나 선택한 정보

> 🔘 **시연**
> 반복을 활용한 약호화 전략

> 🔘 **청킹**
> 개별 정보를 더 의미있는 단위로 결합하여 6-7개 이상의 청크를 기억하도록 하는 것

● 작업기억
새롭게 등록된 정보가 읽기, 사고, 문제해결 중에 학습했던 이전 정보와 혼합되는 곳

일부 학자들은 단기기억이라는 용어 대신에 작업기억(working memory)이라는 용어를 사용한다(Baddeley, 2001). 작업기억은 새롭게 등록된 정보가 읽기, 사고, 문제해결 중에 학습했던 이전 정보와 혼합되는 곳이다. 단기기억이 우수한 사람은 정보를 기억하기 위해 이전 자료를 다시 읽지 않고서도 현재의 정보를 읽으면서 동시에 사고할 수 있다. 이것이 독해에 능숙한 사람과 그렇지 않은 사람 간의 주된 차이이다(Chall, 1983).

3. 장기기억

● 장기기억
오랫동안 저장되어야 할 정보가 있는 곳

● 의미적 기억
사실, 개념, 원리에 대한 기억

● 일화적 기억
인생 경험과 관련된 기억

● 명시적 기억
인간이 의식하는 기억

● 암시적 기억
행동에 영향을 줄 수 있지만 의식적으로 인식하지 않는 기억

오랫동안 기억되어야 할 정보는 평생 동안 대부분 남아있는 장기기억(long-term memory)으로 옮겨진다. 장기기억은 의미적 기억과 일화적 기억으로 구분된다(Tulving, 2002). 의미적 기억(semantic memory)은 단어의 의미, 도시의 위치, 물리학 문제 해결 공식 등과 같이 사실, 개념, 원리와 관련된 기억이다. 일화적 기억(episodic memory)은 어제 입었던 옷, 룸메이트와 나누었던 특정 대화, 혹은 지난 생일날 등과 같이 인생 경험과 관련된 기억이다. 이러한 명시적 기억(explicit memory)이외에, 신발 묶기와 같이 우리가 의식하지 못하지만 우리의 행동에 영향을 미치는 암묵적 기억(implicit memory)이 있다(Schacter, 2000). 암묵적 기억은 두 가지 형태의 명시적 기억과 구분되는 또 다른 형태의 장기기억이다.

Ⅲ 의미적 부호화

● 의미적 부호화
장기기억에 정보를 저장하는 과정

장기기억에 정보를 저장하는 과정을 의미적 부호화(semantic encoding)라고 하는데, 이것은 많은 심리학자들이 정보는 그 자체로 저장되는 것이 아니라 좀 더 효율적인 언어적 표상으로 저장된다고 믿기 때문이다. 사람들은 보통 단기기억에서 하는 것처럼 정보를 시연이나 반복을 통해 장기기억에 저장하지 않고, 정보를 의미망(semantic networks)이라고 하는 언어적 청크와 의미있게 연결되도록 의도적으로 변형시킨다(E.D. Gagné, Yekovich, & Yekovich, 1993).

1. 의미망

● 의미망
정보를 언어적 청크와 의미있게 의도적으로 변형한 것

● 명제
사실에 관한 지식

● 산출
작동이나 방법에 관한 지식

● 조건적 지식
선언적 지식과 절차적 지식의 사용 시기와 이유에 대해 아는 것

의미망은 다른 아이디어의 기억을 촉발시킬 수 있는 일련의 상호 연결된 아이디어들이다. 모든 지식들은 공통 요소를 갖고 있는 아이디어 망으로 조직될 수 있다. 의미망으로 형성된 아이디어는 다음과 같은 세 가지 유형이 있다(E.D. Gagné et al., 1993, Bruning, Schraw, Norby & Ronning, 2004). 즉 사실에 관한 지식을 의미하는 명제(proposition) 혹은 선언적 지식, 작동이나 방법에 관한 지식인 산출(production) 혹은 절차적 지식, 선언적 지식과 절차적 지식의 사용 시기와 이유에 관한 조건적 지식(conditional knowledge)이다. 예를 들어, was, were라는 단

어에 관한 지식은 선언적 지식이고, 단수 대명사 I의 동사 형태에 대해 아는 것은 절차적 지식이고, 특정한 형태의 동사를 사용하는 이유에 대해서 아는 것은 조건적 지식이다. 어떤 기술을 언어적 형태로 진술하는 것은 선언적 지식이고, 언어화 할 필요 없이 어떤 일을 할 수 있는 기술은 절차적 지식이 작용한 것이며, 그 기술을 사용할 시기에 대해 아는 것은 조건적 지식이다 (Anderson, J.R., 2000). 절차적 지식은 IF-THEN 진술로 표현된다. 예를 들어, 만일(IF) 문장의 주어가 "I"이면, 그렇다면(THEN) 동사 "was"를 사용한다. 만일 주어가 "you"라면, "were"를 사용한다.

2. 도식

　　장기기억의 지식 표상에 대한 대안적 형태가 도식(schema)이다. 도식은 정보를 조직하거나 구조화하고, 정보를 부호화, 저장, 인출하는 데 사용될 수 있는 심상이나 부호이다(Marshall, 1995; Brunning et al., 2004). (2장에 있는 도식에 대한 피아제의 설명을 참고하라). 도식은 학생이 읽은 내용의 의미를 결정하는 데 도움을 준다.

　　Paivio(1971, 1986)와 같은 일부 이론가들은 정보는 의미망(언어적)과 도식(이미지) 둘 다의 형태로 장기기억에 저장된다는 소위 이중 부호화 이론(dual-coding theory)을 주장한다. 이중 부호화의 장점은 한 가지 형태가 상실되거나 망각될지라도 다른 형태가 여전히 남아있다는 것이다. 즉 두 개를 기억하는 것이 하나를 기억하는 것보다 더 낫다.

> 🔊 도식
> 정보를 조직하거나 구조화하고, 정보를 약호화, 저장, 인출하는 데 사용될 수 있는 심상이나 부호

> 🔊 이중 부호화 이론
> 정보는 장기기억 속에 언어망과 도식 둘 다의 형태로 저장된다는 이론

기억에 영향을 미치는 요인

1. 유의미성

　　유의미한 정보일수록 더 쉽게 기억될 수 있다. 예를 들어, 일련의 단어들에 대한 기억 가능성은 친숙하지 않거나 추상적인 단어들을 좀 더 친숙하거나 구체적인 단어로 대체한다면 높아질 것이다(Wittrock, Marks, & Doctorow, 1975). 새로운 용어나 어휘가 포함된 새로운 자료를 학습해야 한다면, 새로운 용어를 기억하기 쉽도록 좀 더 친숙한 용어와 연결하도록 하라. 그림을 사용한 설명은 학생들이 텍스트로부터 학습을 촉진시키는 데 도움이 될 것이다(Carney & Levin, 2002).

2. 순서 위치

　　순서 위치 효과(serial position effect)는 정보가 어디에 위치하느냐에 따라 기억이 달라진다

🌐 초두효과
목록의 첫 부분에 위치한 정보가 더 잘 기억됨

🌐 최신효과
목록의 뒷 부분에 위치한 정보가 더 잘 기억됨

는 것을 의미한다. 기억할 목록의 첫 부분(초두효과, primacy effect)과 끝 부분(최신효과, recency effect)에 위치한 단어들이 가장 잘 기억되고, 중간에 위치한 단어들이 기억이 잘 되지 않는다는 것이다(Storandt, Kaskie, & Von Dras, 1998). 안면이 없는 사람들을 소개받을 경우, 처음과 나중에 소개받은 사람 몇 명의 이름은 기억나지만, 중간에 소개받은 사람들의 이름은 기억나지 않은 경험이 있을 것이다. 이것은 중간 정보보다 처음과 마지막에 유입된 정보가 간섭을 덜 받기 때문이다.

3. 연습

연습이 반드시 완벽함을 만들지는 않지만 일반적으로 사람들은 연습을 많이 할수록 더 많이 기억한다(Willingham, 2004). 예를 들면, Ericsson(1996)에 따르면 의도적인 연습에 더 많이 참여할수록 초기 능력 수준에 관계없이 더 우수하게 수행하며, 처음에 존재했던 사람들 간의 차이는 시간의 흐름에 따라 감소한다. 연습에는 쉬지 않고 계속하는 집중(massed) 연습과 주기적으로 휴식시간을 가지면서 하는 분산(distributed) 연습이 있다. 시험 전날 밤샘 공부하는 것은 집중 연습이고, 시험 보기 전 일주일 동안 매일 밤 2시간씩 공부하는 것이 분산 연습이다.

분산 연습이 집중 연습보다 더 효율적이라는 연구결과가 있는데(Ashcraft, 1994; Mumford, Costanza, Baughman, Threlfall, & Fleischman, 1994), 이것은 분산된 연습이 피로를 분산시키고, 한 가지 이상 맥락과 연합하거나 연결할 수 있는 기회를 주기 때문이라고 할 수 있다(Glenberg, 1994). 이것은 집중적인 연습을 의미하는 벼락치기 공부가 비효과적인 공부방법이라는 것을 시사해 준다. 휴식 시간을 가지면서 짧지만 빈번하게 연습하는 것이 정보의 기억에 도움이 된다.

4. 조직화

우리는 단기기억의 용량은 한계가 있지만 청킹과 같은 방법을 사용하여 여러 정보를 단일 정보로 조직하면 정보를 기억할 수 있다는 것에 대해 살펴보았다.

조직화(organization)는 정보의 공통된 의미를 기초로 이루어지는 의미적(semantic) 조직화와 나열된 단어의 앞, 뒤 단어들이 서로 연결되어 있는 구조적(structural) 조직화가 있다. 예를 들어, 'kitchen, house, window, attic, garage'라는 단어 목록은 "house"로 조직화할 수 있는데, 이것이 의미적 조직화이고, 'Charles, first, cousin, was, once, town, mayor'라는 목록은 구조적 조직화를 보여주는 문장이다. 이러한 두 가지 유형의 조직화는 학습에 중요한 영향을 미친다.

Taylor와 Samuels(1983)는 읽기 자료가 주제와 주제를 지지하는 세부 사실로 조직되어 있다는 것을 인식한 아동들은 텍스트 구조를 인식하지 못한 아동들보다 텍스트 내용을 더 잘 기억했다는 것을 밝혔다.

Mika/Comet/Corbis

연습은 기억에 도움이 된다. 시험 전에 중요 정보를 복습하거나 암송하는 것은 나중에 더 쉽게 기억하도록 해준다. 그러나 시험 전날 벼락치기 공부가 아니라 일정한 기간 동안 주기적인 연습이 이루어져야 한다.

🌐 집중 연습
지속적인 연습

🌐 분산 연습
연습하는 도중에 일정한 휴식 기간을 갖고 하는 연습

🌐 의미적 조직화
단어의 공통된 의미로 이루어진 조직화

🌐 구조적 조직화
나열된 단어의 앞, 뒤 단어들이 서로 연결된 조직화

5. 전이와 간섭

전이(transfer)란 선행 학습이 새로운 학습에 영향을 미치는 것이다. 새로운 정보의 학습은 이미 학습한 정보가 새로운 정보와 공통점이 많을 때 쉽게 일어난다. 화학에서 원자량에 대해 학습할 때, 원자번호를 학습한 학생이 더 쉽게 학습할 수 있는데, 그 이유는 원자량과 원자 번호 간에 공통점이 있기 때문이다. 이것이 정적 전이(positive transfer)이다. 그러나 영어를 학습한 다음 그리스어를 배울 때처럼, 선행 학습이 새로운 학습을 더 어렵게 하는 경우도 있다. 일부 그리스어 철자는 영어 철자와 유사하여 정적 전이가 발생한다(예, A와 Alpha). 그러나 영어의 P로 보이는 그리어 철자 로(ρ, Rho)처럼 유사해 보이지만 일치하지 않는 철자로 인해서 부적 전이(negative transfer)가 일어난다.

전이가 새로운 학습에 대한 선행 경험의 영향과 관련이 있는 반면에, 간섭(interference)은 새로운 정보를 수용한 결과로 나타나는 망각과 관련이 있다. 간섭은 명칭에서 알 수 있듯이 부정적인 측면만 있다. 새로운 정보가 이전 정보를 단기기억에서 밀어내어 이전 정보를 기억하기 어렵게 만든다. 따라서 새롭게 학습한 것이 이전에 학습한 것을 기억하는데 방해가 된다.

간섭에는 역행(retroactive)간섭과 순행(proactive)간섭이 있다. 역행간섭은 새로운 전화번호로 인해서 옛 전화번호를 정확하게 기억할 수 없는 것처럼, 새로 학습한 정보가 이전에 학습한 정보의 회상을 방해하는 것을 의미한다. 반대로 옛날 전화번호는 기억할 수 있지만 새로운 전화번호가 잘 생각나지 않는 것처럼, 이전에 학습한 정보가 새로 학습한 정보의 회상을 방해하는 것을 순행간섭이라고 한다. 순행간섭은 부적 전이와 관련이 있다.

기억은 단기기억과 많은 관련이 있기 때문에 부정적인 전이와 간섭이 자주 발생할 수 있다. 부정적인 전이와 간섭의 효과를 최소화하기 위해서는 집중연습보다는 분산된 연습을 하고, 암기보다는 유의미 학습에 초점을 맞추고, 다음에 살펴볼 기억 조성법을 사용하는 것이 도움이 될 것이다.

6. 기억 조성법

언어연상기억법(mnemonic devices)이란 유의미성이 부족한 자료를 좀 더 의미가 있거나 기억 가능한 이미지나 단어와 연결하여 기억을 돕도록 하는 기법이다. 두문자기억법, 말뚝어기억법, 핵심단어법 등이 있다. 우리는 '빨주노초파남보'와 같이 두문자기억법(first-letter method)을 사용하여 무지개 색깔을 배웠다.

나열된 목록을 기억하는 유용한 방법은 말뚝어기억법(pegword)이다. 이것은 1-10까지 운이 있는 기준어(예, 하나−할머니, 둘−두부장수, 셋−새색시 등)를 만들어서 암송한 다음, 각 기준어에 기억해야 할 사물을 이미지로 연결시키는 방법이다.

핵심 단어법(key words)은 단어나 외국어 학습에 유용하다(Carney & Levin, 2000). 이 방법은 학습해야 할 단어와 소리가 유사한 핵심어를 학생들에게 제시한 이후에 학습할 단어의 정의와 핵심 단어를 결합하여 이미지를 만들도록 하는 것이다. Levin, McCormick, Miller, Berry, 그리고 Pressley(1982)의 연구에 따르면 4학년 학생들에게 어떤 여성이 친구에게 '지갑(purse, 핵

정적 전이
새로운 정보의 학습은 이미 학습한 정보가 새로운 정보와 공통점이 많을 때 쉽게 일어남

부적 전이
이미 학습한 정보와 새롭게 학습할 정보 간에 갈등이 있을 때 새로운 정보의 학습이 쉽지 않음

역행간섭
새로운 정보가 옛 정보를 방해하여 옛 정보를 부정확하게 기억하도록 함

순행간섭
옛 정보가 새로운 정보를 방해하여 새로운 정보를 부정확하게 기억하도록 함

두문자어법
단어의 첫 글자를 사용하여 무엇인가를 기억하는 것

말뚝어기억법
운이 있는 기준어에 기억해야 할 사물을 이미지로 연결시켜 기억하는 것

핵심 단어법
학습해야 할 단어와 소리가 유사한 핵심어와 학습할 단어의 정의를 이미지로 결합하여 기억하는 것

표 7-1	기억에 영향을 미치는 요인		
요인	작동 방법		적용
유의미성	유의미한 정보가 더 쉽게 기억된다.		친숙하지 않거나 추상적인 정보를 친숙하거나 구체적인 정보로 대체하라.
서열 위치	처음과 맨 나중에 위치한 단어가 가장 잘 기억되고 중간에 있는 단어가 잘 기억되지 않는다.		위치에 관계없이 각 단어에 동일한 시간을 사용하여 학습하라.
연습	연습을 많이 할수록 기억과 수행을 더 잘할 수 있다.		한꺼번에 연습하는 집중연습이 아니라 여러 번에 걸친 분산 연습을 실시하라.
조직화	정보의 조직화는 기억에 도움이 된다.		청킹 사용하라. 개별 정보를 조직화하라.
전이와 간섭	전이는 선행 학습이 새로운 학습에 영향을 미치는 것이며, 간섭은 선행 학습이 새로운 학습을 방해하는 것이다.		전이는 긍정적 혹은 부정적일 수 있기 때문에 선행 학습을 긍정적으로 활용하도록 하고, 간섭은 부정적이기 때문에 정보를 기록해 두어라.
언어연상기억법	연합을 통해 기억을 돕는 방법이다.		두문자기억법, 말뚝어기억법, 핵심 단어법 등을 활용하라.

심어)'을 사도록 '설득(persuade, 학습할 단어)'하는 그림을 보여주었다. 이러한 그림과 대화를 본 학생들이, 그렇지 않고 단어의 정의만 제공받았던 학생들에 비해 단어의 정의를 더 잘 기억하였다.

연구 결과에 따르면 옛 단어와 새로운 단어를 이미지를 사용하여 연결하는 언어연상기억법이 이미지를 사용하지 않은 방법보다 새로운 단어의 기억에 효과적이라는 것이다(McDaniel & Pressley, 1984; Pressley & Woloshyn, 1995). 이것은 이전에서 설명한 이중 부호화 이론을 지지한다.

Ⅴ 유의미 학습에 영향을 미치는 인지 전략

유의미 학습은 정보를 장기기억에 저장하고 인출하기 위해 관련 정보의 선택, 조직화, 통합과 같은 전략을 사용해서 체계적으로 처리할 것을 요구한다(Mayer, 2001). 유의미 학습에 영향을 미치는 인지 전략은 그 자체로 혹은 초인지 전략과 결합하여 학생들의 학습을 촉진시킨다(Berthold, Nuckles, & Renkl, 2007).

1. 요약

요약(abstracting)은 텍스트로부터 요점을 간추려 정리하는 것으로서, 우리는 흔히 단락을 훑

유의미 학습
정보를 장기기억에 저장하고 인출하기 위해 관련 정보 선택, 조직화, 통합과 같은 전략을 사용해서 체계적으로 처리할 것을 요구함

요약
텍스트에서 요점을 간추려 정리하는 것으로서, 단락을 훑어보고 그 단락을 가장 잘 기술할 수 있는 구절이나 문장을 기록함

어보고 그 단락을 가장 잘 기술할 수 있는 구절이나 문장을 기록함으로써 요약을 한다. 요약은 자료나 텍스트의 양을 이해하고 기억 가능한 수준으로 줄이는 데 목적이 있다. 따라서 책이나 논문으로부터 정보를 획득하는 첫 번째 원리는 정보의 핵심 요소를 간추려 정보의 양을 줄이는 것이다. 즉 단기기억에 수용할 만큼 간략하게 요약하는 것이 바람직하다.

요약은 농축 주스나 냉동 건조커피를 만드는 것에 비유할 수 있다. 이런 식품들은 원액을 추출해서 작은 형태로 만들지만, 원액을 추출해도 핵심 성분이 사라지지 않는다. 원액에 물이 첨가되지만 맛은 그대로 남아있다. 예를 들어, 교재에서 필수적인 부분은 농축된 지식 형태로 요약되지만, 나중에 읽은 내용을 구체적으로 설명하는 데 사용될 수 있다.

2. 정교화

정교화(elaboration) 전략은 학생들이 읽은 내용을 이해하고 기억하는 것을 돕는다(Willoughby et al., 1999). 정교화는 정보를 줄이기보다는 더 많은 정보를 생산한다는 점에서 요약과 다소 비교된다. 그러나 원래의 정보에 추가된 정보는 원래 정보를 더 명확하게 해준다. 또한 새로운 형태로 정교화된 아이디어나 개념은 이전 것보다 더 구체적이고 현실적이며 친숙한 것이어서 이전에 학습한 아이디어와 연결시키는 경우가 종종 있다(Ayaduray & Jacobs, 1997). 정교화는 학습자가 자신의 아이디어로 예시, 설명, 그림, 유추, 비유, 혹은 재진술한 것이다. Weinstein과 Mayer(1985)는 정교화를 새로운 정보와 친숙한 자료를 연결하는 것으로 설명했다.

새로운 요점을 정교화하고 새로운 정보를 기억에 있는 이전 정보와 연결하는 정교화된 부호화(elaborative encoding)는 자료의 이해와 회상에 도움이 된다(Craik & Brown, 2000). Weinstein(1982)의 연구에 의하면, 정교화를 훈련 받은 집단(저자의 설명을 학생 자신의 언어로 다시 기록해 보기)이 그렇지 않은 집단에 비해 검사 점수가 더 우수했다.

> 🌑 **정교화**
> 학습한 주제에 대해 이해를 돕기 위해 원래 정보에 다른 정보를 추가하는 것

> 🌑 **정교화된 부호화**
> 새로운 요점을 정교화하고 새로운 정보를 기억에 있는 이전 정보와 연결하는 것

3. 도식화

2장에서 살펴본 바와 같이 도식(schema)은 정보를 구성하는 틀로서 사물이나 사태를 이해하고 장기기억에 저장하는 데 활용된다. Mayer(2003)는 도식을 학습자가 정보를 선택하고 의미 있는 틀로 조직하는 일반적 지식 구조라고 정의하였다. 도식은 유의미한 자료를 학습하는 데 사용되는 중요한 요소이다. 특정 정보를 요약하는 과정에서 버려야 할 정보와 포함시켜야 할 정보를 진단하도록 도와주는 것이 바로 도식이다. 또한 정교화의 목적은 텍스트를 해석하거나 의미를 이해할 때 사용할 수 있는 적절한 도식을 발견하는 데 있다. 이처럼 도식은 학습한 것을 이해하고 기억하는데 사용되는 심적 틀이나 청사진과 같은 것이다.

Anderson(1984)과 같은 연구자들은 도식의 중요성을 발견하였다. 즉 도식은 학습자가 (1) 읽을 것의 이해 (2) 중요한 부분에 초점 맞추기 (3) 행간의 의미 파악 (4) 읽고 있는 것을 이해하기 위해 기억 속에 있는 관련 정보 탐색 (5) 장기기억으로부터 주요 정보 선택 (6) 주된 요점을 나중에 회상할 때 기억 속의 틈 메꾸기 등을 돕는다. 도식은 학습과 사고의 중요한 도구이다.

매우 중요한 일반적 도식은 정보를 효과적으로 처리하는데 계속적으로 사용된다. 이것은 독자가 읽을 내용을 구조화하고 해석하는 것을 돕기 때문에 구조(structure)라고 한다. 또한 이러한 도식을 독자가 텍스트 이면에 있는 진정한 의미를 파악하도록 돕기 때문에 처리수준(level of processing)이라고도 한다(Bruning et al., 2004). Meyer(1975; Meyer, Brandt, & Bluth, 1980)는 텍스트로부터 주요 요점을 추출하기 위해 도식화하는데 사용될 수 있는 다섯 가지 구조를 파악하였다.

> 🕮 **구조**
> 독자가 읽은 내용을 구조화하고 해석하도록 돕는 도식

> 🕮 **처리 수준**
> 독자가 텍스트 이면에 있는 진정한 의미를 파악하도록 돕는 도식

- 선행사건/결과: 주제 간의 인과관계를 보여주는 구조(예, 운전하기 전에 술을 마시는 것은 사고를 유발시킨다)
- 비교: 주제 간의 유사점과 차이점 지적(예, 음주운전은 마약 복용 후에 운전하는 것과 유사하다)
- 통합: 주제와 관련된 것의 통합과 요소 나열(예, 술, 마리화나, 코카인은 모두 환각 물질이다)
- 진술: 구체적 사실이나 설명을 바탕으로 한 일반적 진술(예, 음주의 영향과 음주운전으로 발생한 사상자의 수를 사용하여 설명한다)
- 반응: 문제와 해결책 제시(예, 정부는 음주운전자에 대한 처벌을 강화함으로써 음주운전 문제를 해결할 수 있다)

구조를 사용해서 정보를 처리하면 주된 요점을 쉽게 추출하고 정보의 저장과 인출에 도움이 된다(Meyer, Brandt, & Bluth, 1980). 구조나 도식을 사용하여 학습할 것과 기억할 것에 초점을 맞추면 학습과 기억이 훨씬 용이하게 될 것이다.

4. 조직화

> 🕮 **조직화**
> 자료 내에 있는 구조를 발견하기보다는 자료를 활용하여 구조를 만드는 것

> 🕮 **개요**
> 자료를 부분과 하위 부분으로 나눈 것

조직화는 학습자가 자료 내에 있는 "구조"를 발견하기보다는 자료를 활용하여 구조를 만드는 것이다. 전통적인 개요(outline)의 형태로 자료를 조직하기 위해서 독자는 자료를 영역과 하위 영역별로 구분해야 한다. 이러한 조직화는 주제를 바탕으로 부분과 하위 부분으로 나뉘는 위계적 관계를 갖는다.

정보가 하위 부분으로 조직화되면 정보를 저장하기 위한 작업기억 용량을 향상시킨다. Glynn과 DiVesta(1977)는 한 집단의 대학생들에게 광물에 관한 읽기 자료를 나누어주기 전에 글의 개요를 먼저 읽도록 했고, 다른 집단의 학생들은 개요없이 글을 읽도록 했다. 두 집단을 대상으로 회상검사를 실시했을 때, 두 집단 모두 일반적인 아이디어는 잘 회상했지만 개요를 제공받은 집단의 학생들이 그렇지 않은 집단에 비해 구체적인 내용을 더 잘 회상했다.

잘 조직된 자료 역시 학생들의 학습을 용이하게 만드는 경우가 종종 있다(Thorndyke, 1977). 그러나 자료가 분명하게 조직화되어 있지 않다면, 학습자 자신이 자료를 조직화하거나 재조직화하면 이해와 기억에 도움이 될 것이다. 자료를 조직화하거나 재조직화하는 것이 자료의 처리를 용이하게 하는 청킹이나 도식화 방법이다.

5. 질문

자료를 수동적으로 읽거나 듣도록 하기보다는 질문을 통해 듣거나 읽은 내용을 추출하는 것이 학습자의 능동적인 자료 처리에 도움을 준다. 질문이란 자료와 관련된 질문을 생성하고 대답하는 것이다. 학생들이 자신이 읽은 것을 스스로 설명하는 것, 즉 자기설명(self-explanation)이 그 예이다. 자료를 읽은 후 자기설명 기법을 활용한 8학년 학생들은 자료를 읽은 후 각 문장을 단순히 반복했던 학생들보다 더 정확한 심적 모형을 발달시켰다(Chi, De Leeuw, Chiu, & LaVancher, 1994).

자기질문기법은 학생들의 독해력 향상에 좋은 방법이라는 것이 입증되었다. Rosenshine, Meister, 그리고 Chapman(1996)은 26개의 관련 연구를 종합한 결과 독해력 향상 수단으로서 질문을 생성하는 인지 전략을 학습한 학생들은 그렇지 않은 학생들에 비해 성취도가 더 우수했다는 결론을 내렸다. 적절한 질문을 파악하는 과정은 제목을 활용하면 촉진된다. 독자는 제목을 질문으로 바꿀 수 있다. 예를 들어, 이 절의 제목을 활용하여 "유의미 학습을 촉진하는데 활용할 수 있는 질문 전략은 무엇인가?"라는 질문을 만들 수 있을 것이다. 그러면 독자들은 이 장을 읽으면서 그 대답을 찾으려고 할 것이다. 대답을 찾으면 해당 부분에 표시를 해 두지만, 찾지 못한다면 텍스트 내용과 질문이 일치하도록 질문을 수정할 것이다. 이 방법은 대학생들에게 성공적인 방법으로 입증되었으며(Tuckman, 2003a), 중등학생을 대상으로 효과를 검증하고 있는 중이다.

> 🔊 **자기설명**
> 자신이 읽은 것을 스스로 설명하는 것

6. 노트필기

노트필기는 강의나 문어체 텍스트에서 아이디어를 추출하거나 요약하는 기법이다(Mayer, 1984). 노트필기는 수동적인 읽기보다 더 효과적이다. Armbruster와 Brown(1984)은 학생들이 문어체 텍스트로부터 노트필기를 할 때 사용할 수 있는 6가지 전략을 다음과 같이 제안했다.

1. 사소한 자료를 생략하라.
2. 불필요한 자료를 생략하라.
3. 가능하다면 구체적인 용어 대신에 좀 더 포괄적인 상위 용어를 사용하라.
4. 가능하다면 구체적인 사태 대신에 좀 더 포괄적인 상위 사태를 사용하라.
5. 저자가 주제를 제시했다면 주제문을 선택하라.
6. 필요하다면 자신의 언어로 주제문을 작성하라.

학생들이 읽은 자료를 바탕으로 노트필기를 할 때, 책에 있는 내용을 그대로 베끼는 것이 좋은가? 혹은 자신의 언어로 주요 아이디어를 요약하는 것이 더 좋은가? Mayer(2003)에 따르면 요약하는 노트필기는 자료를 조직하고 통합할 것을 필요로 하기 때문에 요약식 노트필기법이 에세이형 질문에 대한 대답을 할 때 도움이 된다. 실제로, 자료 내용을 있는 그대로 노트필기하는 것보다는 요약식으로 노트하는 것이 전이를 요구하는 문제해결에 더 효과적이었다(Slotte & Lonka, 1999).

Thinkstock/Jupiter Images

교사가 말하는 것에 대한 노트필기는 학생이 자신의 학습을 지원할 수 있는 방법이다. 노트필기는 언어적으로 제시된 정보의 조직화와 기억에 도움이 된다.

학생들에게 도움이 되는 강의 중 노트필기법은 다음과 같다(Carrier & Titus, 1981).

1. 상위 정보와 하위 정보를 구분하라.
2. 단어를 간략히 하라.
3. 자신의 언어로 바꾸어 써라.
4. 개요 형태를 활용하라.

강사가 언급한 모든 것을 있는 그대로 옮겨쓰기보다는 상위 정보와 하위 정보를 구분하고 주제를 포착하는 것이 효과적이다(Kiewra, 1985; Kiewra & DuBois, 1998). 또한 전술한 도식이나 구조에 주목하는 것도 노트필기에 도움이 된다. Cook과 Mayer(1988)가 다음과 같이 제안한 일련의 구조는 과학 텍스트를 읽거나 강의를 들으면서 노트필기를 할 때 도움이 될 것이다.

1. 일반화(설명, 명료화, 아이디어 확장과 관련있는 주제 찾기)
2. 목록(나열된 사실 찾기)
3. 순서(연결된 사태나 단계 찾기)
4. 분류(범주화된 자료 찾기)
5. 비교/대조(둘 이상의 관련성 찾기)

표 7-2	유의미 학습에 영향을 미치는 인지 전략	
요인	작동 방법	적용
요약	우리는 읽은 내용의 일부만 이해하고 기억할 수 있다.	가장 핵심적인 정보를 추출하여 요약하라.
정교화	아이디어에 정보를 첨가하면 더 잘 이해하고 기억할 수 있다.	예, 유추, 설명 등이 새로운 개념을 이해하는데 도움이 된다.
도식화	도식은 기억할 중요한 정보를 저장하기 위해 사용하는 파일과 같다.	읽은 내용의 이해를 돕기 위해 인과관계, 비교, 목록, 진술, 문제해결 책 등을 파악하라.
조직화	정보가 조직화되면 작업기억 용량을 효율적으로 활용할 수 있다.	부분 간의 관계를 파악하기 위해 자료를 개요로 조직화하라.
질문	자기질문기법은 학생들의 이해를 향상시킬 수 있다.	읽은 내용의 이해를 돕기 위해 자료와 관련해서 스스로 질문을 만들어 보라.
노트필기	강사나 문어체 자료에서 주요 정보를 추출하는 기법이다.	읽고 들은 내용을 바탕으로 노트필기를 하고 자신의 언어로 요약하라.

Ⅵ — 유의미성 촉진 교수 전략

Ausubel에 따르면 "새로운 아이디어에 대한 유의미 학습에 영향을 미치는 가장 중요한 요인은 학습 시점에서 개인에게 존재하는 인지구조의 상태"이다(Ausubel & Robinson, 1969, p. 143). 즉 조직화되고 학습 가능한 형태로 제시된 내용은 학생이 그것을 만족스럽게 처리하는데 필요한 인지구조를 가지고 있을 때 쉽게 학습될 것이다. 이 장에서는 유의미 학습을 촉진시키는데 도움을 줄 수 있는 몇 가지 기법에 대해 살펴보겠다.

1. 선행조직자

선행조직자(advance organizer)는 텍스트의 목적과 그 목적을 달성하기 위해 취하는 접근과 관련된 것으로서 텍스트 시작 부분에 제공되는 개요 혹은 요약이다(Ausubel, 1968). 선행조직자는 이미 학습한 것을 관련시켜 학생들이 새롭게 학습할 자료의 요점을 찾는데 도움을 준다. 또한 선행조직자는 학생들이 새로운 텍스트 정보를 처리하는데 필요한 인지구조 혹은 도식을 인식하도록 한다(Derry, 1984). Ausubel(1968)에 따르면 선행조직자는 학습된 자료가 빈약하게 조직되거나 학생들이 제한된 능력을 갖고 있어서 스스로 자료를 조직하는데 어려움이 있을 때 특히 유용하다. 다음은 Mayer(2003a)가 제안한 가장 효과적인 선행조직자에 포함될 요인이다.

> **선행조직자**
> 텍스트의 목적과 그 목적을 달성하기 위해 취하는 접근과 관련된 것으로서 텍스트 시작 부분에 제공되는 개요 혹은 요약

- 구체적 모형(예, 삽화)
- 비유
- 예(추상적인 예보다는 구체적인 예, Corkhill, 1992)
- 일반적인 고차적 규칙
- 주제를 친숙한 용어로 토론하기

또한 Mayer(2003a)는 가장 효과적이지 않은 선행조직자들을 다음과 같이 제안했다.
- 구체적 사실을 활용한 사전 질문
- 개요
- 요약
- 구체적인 핵심 사실이나 용어에 주목하도록 하는 지시

2. 신호

신호(signal)는 단락의 의미를 강조하거나 주의를 집중시키기 위해 단락 내에 포함된 내용과 관계없는 단어이다. 신호는 학생들에게 단락에서 가장 중요한 부분을 파악하도록 하는 단서가 될 수 있다. 신호는 또한 Skinner가 명명한 변별적 자극이다(6장 참조). 신호를 안다는

> **신호**
> 단락의 의미를 강조하거나 주의를 집중시키기 위해 단락 내에 포함된 특별한 단서

것은 주목해야 할 "시기"와 "내용"에 대해 안다는 것을 의미한다(Mautone & Mayer, 2004). Mayer(2003)에 따르면 신호는 다음과 같은 네 가지 유형이 있다.

1. 단락 내의 아이디어 구조와 그것들 간의 관계에 관한 단서(예, "문제"에 대한 "해결책"은 "첫째", "둘째", "셋째")
2. 다음에 나올 핵심 정보에 대한 상위의 요약된 진술("이 장에서 논의될 핵심 아이디어는")
3. 단락이나 장의 말미에 요약된 진술문("요점은")
4. 중요한 정보를 강조하는 지시어("또한", "예를 들어")

Lorch(1989)는 인쇄상의 단서(밑줄, 진한 글씨체, 기울임체, 색깔), 나열 도구(번호 붙이기 혹은 ※와 같은 기호), 제목과 하위 제목 등도 신호에 포함시켰다.

3. 부가 질문

> **📖 부가 질문**
> 독자가 읽을 내용이나 읽은 내용에 대하여 주의를 기울이도록 단락의 첫 부분이나 마지막 부분에 자료와 관련하여 삽입된 질문

부가 질문(adjunct question)은 읽을 내용에 관한 독자들의 주의 집중을 유도하기 위해 섹션이나 장의 첫 부분에 삽입된 텍스트에 대한 질문을 의미한다. 부가 질문은 섹션이나 장의 맨 마지막에 제시되어 독자들에게 이미 읽은 내용에 대한 복습이나 회상을 요구하는 기능을 하기도 한다. 부가 질문은 독자의 주의를 유도하고 집중시켜서 글의 요점을 적용과 같은 외적 연결과 관련시키는데 도움을 준다(Mayer, 2003).

부가 질문은 학생들이 완성해야 할 시험문제나 질문에 근거한 활동이 될 수 있다. 이러한 질문에 대답하거나 활동을 수행하는 것은 학생들이 읽은 내용을 기억하는데 도움이 된다(Reynolds & Anderson, 1982).

부가 질문과 관련된 주된 문제는 질문을 단락 시작 전에 넣을 것인지(즉, 사전 질문) 혹은 단락의 뒷부분에 넣을 것인지(즉, 사후 질문)에 관한 것이다. Rothkopf(1966)는 목적이 있는 의도 학습은 질문의 위치에 상관없이 향상되고, 우연 학습은 질문이 뒷부분에 있을 때 향상되었다고 주장하였다. 질문이 앞부분에 제시되는 것과 비교해 볼 때, 뒷부분에 제시되면 독자는 주의의 초점을 특정한 정보에 한정하지 않고 자료를 자신의 언어로 부호화하는 것을 가능하게 한다(Sagaria & DiVesta, 1978).

학생들에게 자신의 학습을 측정하기 위해 학습한 내용에 대한 시험 문제를 만들어 보도록 하는 것도 정보의 기억에 도움이 된다(Tuckman & Sexton, 1990). 시험지 문항을 만들어 보도록 하는 숙제는 내용과 개념 이해에 효과적이다.

질문과 대답식 수업은 효과적이다. 특히 "왜"라는 질문에 대답하도록 하는 것은 텍스트의 일부에 대한 "대답"을 하도록 요구하는 것보다 텍스트에 대한 파지에 더 도움이 된다(Wood, Pressley, & Winne, 1990). 이것은 대답을 찾는 과정에서 학습자는 텍스트를 정교화해야 하기 때문이다. 이처럼 "왜"라는 질문을 정교화 질문(elaborative interrogation)이라고 한다(Brunning et al., 2004). 예를 들면, "정교화 질문이란 무엇인가?"라고 질문하기보다는 "왜 정교화 질문이 좋은 방법인가"라고 묻는 것이다.

> **📖 정교화 질문**
> "왜"라는 단어를 사용한 질문

4. 결합 조직자

6장에서 살펴본 바와 같이 행동주의적 접근을 사용하는 수업에는 학습될 내용의 체계적 제시, 학생이 반응할 수 있는 기회, 학생의 정확한 반응에 대한 강화 유관성 등이 포함된다. 이러한 접근을 인지적 접근의 원리에 따라 변화시킬 수 있다. 인지적 조직자는 선행조직자, 신호, 부첨 질문과 같은 세 가지 조직자를 결합하여 다음과 같이 수업을 진행할 수 있다.

1. 미리 살펴보기, 개요, 질문, 행동적 목표, 개념도 등과 같은 선행조직자로 수업을 시작한다.
2. 새로운 개념과 용어를 정의하고 설명한다.
3. 제목이나 신호를 사용하여 새로운 자료를 조직하고 순서적으로 제시한다.
4. 수업 중에 질문과 활동을 하면서 가능한 한 학생들이 능동적으로 참여하도록 한다.
5. 주요 요점을 복습함으로써 수업을 마친다.
6. 학생들이 방금 학습한 정보를 처리하거나 사용할 수 있도록 질문을 하거나 숙제를 제시한다.

Tom & Dee Ann McCarthy/Encyclopedia/CORBIS

부첨 질문은 학생이 특정한 아이디어에 주의를 집중하도록 한다.

초인지 전략

초인지(metacognition)란 학습이 일어나고 있는가를 분명하게 하도록 설계된 사고에 대한 내적 통제자이다. 즉 초인지는 "사고에 대한 사고"이며, 사람들이 학습 여부를 알 수 있도록 도움을 주는 과정이 포함된다. 학습이 되지 않았다면, 초인지가 상황을 수정하기 위해 다른 처리를 자극한다. 초인지에는 인지에 대한 지식과 인지에 대한 조절 모두를 포함한다(Bruning et al., 2004; Pintrich, Wolters, & Baxter, 2000; Schraw, 1998). 초인지적 지식에는 이 장에서 기술한 요약, 정교화, 도식화, 조직화, 질문, 노트필기 등과 같은 모든 인지 전략이 언제, 왜, 어떻게 사용되는지를 아는 것에 해당된다. 초인지적 조절은 학생들이 읽거나 배운 것을 학습하기 위해 다음에 설명하는 네 가지 전략을 수행하는 것을 의미한다.

> 🖋 초인지
> 학습이 일어나고 있는가를 분명하게 하도록 설계된 사고에 대한 내적 통제자

1. 목표 설정 및 계획 수립

초인지의 첫 단계는 (1) 목표 설정 (2) 목표 달성 및 관련된 계획 수립이다. 목표는 좋은 성적이나 교사의 인정이 될 수 있다. 좋은 성적이 교사의 인정이 될 수 있고, 교사의 인정이 좋은 성적으로 이어질 수 있는 것처럼 하나의 목표는 다른 목표를 유도할 수 있다(Wentzel, 2000).

계획 수립은 학생이 방향을 설정하고 완성해야 할 과제 목록을 작성하는데 도움을 준다(Tuckman et al., 2008). 계획 없이 과제를 수행하는 것은 지도 없이 낯선 지역을 여행하는 것과 유사하다. 계획 수립은 특히 수업 준비에 많은 시간을 사용하는 교사에게 중요한데, 그것은 계획이 없다면 수업의 방향성을 상실할 수 있기 때문이다.

2. 점검

🔵 점검
학습 여부를 지속적으로 탐지하
는 자신의 행동에 대한 주의집
중 과정

점검(monitoring) 혹은 자기 관찰은 학습 여부를 지속적으로 탐지하는 자신의 행동에 대한 주의집중 과정이다. 학생은 학습 상황에서 정규적으로 자신의 행동을 점검하는 것이 좋다. 이것을 이해 점검이라고 한다(Bruning et al., 2004). 점검에는 다음과 같은 활동이 포함된다.

🔵 이해 점검
학습 상황에서 정규적으로 자신
의 행동을 점검하는 것

1. 자기 질문: "내가 이것을 이해하고 있는가? 이것에 대한 시험 준비가 되어 있는가? 도움이 필요한가? 더 공부를 해야 하는가?"
2. 자기-검증: 얼마나 많이 학습했는가를 파악하기 위해 스스로 검증해 보는 것
3. 환경 찾기: 설정한 목표의 도달 여부를 판단하기 위해 다른 학생이나 교사에게 자료를 요청하거나 설명을 듣는 것. 다른 사람에게 문의하면 이해가 잘 되는 경우가 있다.

3. 적용

학생들이 목표를 충족시키려면 모든 인지과정을 마음대로 사용할 필요가 있다. 이것은 초인지 전략에서의 변화를 유도하기 위해 학습한 것을 사용한다는 의미에서 적용(affecting)이라고 한다. 여기에는 다음과 같은 활동이 포함된다(Tuckman et al., 2008).

🔵 적용
학습한 것을 사용하는 것

- 수업 참여하기
- 수업 중 주의 집중하기
- 수업 중 노트필기하기
- 예습하기

계획 수립은 목표 달성을 가능하게 한다. 계획 수립은 학생들이 다음 주에 해야 할 것을 기록하는데 도움이 된다.

표 7-3	초인지 전략	
요인	작동 방법	적용
목표 설정 및 계획 수립	성취하고자 하는 수행 수준과 성취 방법을 결정한다.	목표를 설정하고 계획을 수립하게 되면 학교생활을 더 의미있게 할 수 있다.
점검	읽거나 학습한 내용의 이해 정도를 계속해서 점검한다.	이해 정도를 점검하기 위해 스스로 질문을 하고 그것에 대한 해답을 찾도록 한다.
적용	수업에 참여하여 주의를 기울이고 노트 필기를 하며 과제를 수행하고 시험준비를 하며 필요한 경우 도움을 요청한다.	훌륭한 학생과 관련된 모든 활동들을 하게 되면 좋을 결과를 얻을 수 있을 것이다.
평가	수행 정도를 조사하고 피드백을 사용하여 실수로부터 학습한다.	학습한 내용을 이해했거나 좋은 점수를 받게 되면 학습과 동기 전략이 효과적이라는 것을 알게 될 것이다.

- 복습하기
- 읽기 중 노트필기하기
- 숙제하기
- 오답 정리하기
- 교재에 있는 질문 대답하기
- 시험 공부하기
- 기일 내에 과제 수행하기
- 시간 관리하기
- 필요한 경우에 도움 요청하기
- 스터디 그룹에 참여하기
- 학구적인 친구사귀기

Tetra images/Getty Images

시험에서 오류를 범한 부분을 살펴보는 것은 이해 여부를 점검하고 이해를 증진시키는 좋은 방법이다. 이것을 피드백 사용하기라고 한다.

4. 평가

　평가(evaluating)란 시험 결과, 숙제, 수업 중 활동 등과 같이 학습 여부를 결정하는데 도움이 되는 피드백을 사용하여 자신의 학업 수행 결과를 면밀히 살펴보는 것이다. 시험에서 오류를 범한 부분을 즉각적으로 살펴보는 것은 이해되지 않는 것이 무엇인지를 판단하는 좋은 방법이다(Tuckman et al., 2008). 여기에서 특히 중요한 것은 결과를 얻기 위해 학생이 사용한 전략이나 접근의 효과성을 평가하고 비효과적인 전략을 수정하거나 제거하고 더 효과적인 것으로 대체하는 것이다. 예를 들어, 강의를 들으면서도 필기를 하지 않아 좋은 성적을 얻지 못했다면, 좋은 성적을 얻기 위해서는 노트필기 전략을 사용해야 할 것이다.

🔵 평가
자신의 수행 결과를 면밀히 살펴보는 것

Ⅷ 공부 기술

💿 공부 기술
성공적인 학습자가 될 수 있도록 공부하는데 사용하는 기술과 접근

여러분이 학생으로서 이 장에서 살펴본 모든 전략들을 습득했다면 여러분은 공부 기술(study skill)을 발달시킨 것이다. 여기에서 소개한 전략들을 학생들에게 가르친다면 그들은 공부 기술을 발달시키게 될 것이다. 다음은 몇 가지 유의사항이다.

- 기억하고자 하는 것을 연습하라. 벼락치기보다는 분산 연습이 효과적이다.
- 읽은 내용을 이해하지 못했다면 이해를 도울 수 있는 예, 비유, 혹은 다른 정교화 전략을 사용하라.
- 읽은 내용의 의미를 파악하거나 조직하는데 도움이 될 수 있는 구조와 도식을 사용하라.
- 읽은 내용에 대해 노트필기를 하라.
- 요점을 파악하여 기록하고, 상위 개념과 하위 개념의 관점에서 조직하라.
- 이해하지 못한 부분이 무엇인지 인식하라.
- 이해가 안 되는 부분이 있다면 무시하지 말고 질문하라.
- 텍스트나 강의에서 주요 요점을 파악하기 위해 신호를 찾아라.

공부는 정보에 대한 수동적 노출이나 기억 이상의 것을 요구한다. 공부는 정보를 장기기억에 약호화하고 필요한 경우 단기기억으로 옮기기 위해 정보에 대한 인지적 처리를 필요로 한다. 따라서 학습에는 이 장에서 기술한 인지적 처리와 초인지가 필요하다.

훌륭한 학습 전략이란 수업 중에 학습한 것을 이해하는 데 도움이 되는 정보를 수업 후에도 찾아보는 것이다. 이용 가능한 모든 자원을 사용하라.

8 | 구성주의, 문제해결, 창의성

학습 목표	주요 내용
1. 구성주의의 유형, 특성, 구성요소와 구성주의 기반을 둔 여섯 가지 교수 모형에 대해 설명할 수 있다.	구성주의와 구성주의에 기반한 교수-학습 • 유형과 구성 요소 • 구성주의적 교수모형과 환경
2. 구성주의의 딜레마를 진술할 수 있다.	구성주의의 딜레마
3. 일반적 문제해결 전략을 파악하고 (a) 전문가와 초보자의 문제해결 차이를 영역 구체적 지식의 관점에서 구별하고 (b) 일반적 전략과 전문가 지식을 전이적 관점에서 결합할 수 있다.	문제해결 • 일반적 문제해결 전략 • 전문가와 초보자: 구체적 문제해결 전략 • 일반적 전략과 전문가 지식 결합
4. 초인지 모형을 적용하여 문제해결 전략을 가르칠 수 있는 방법을 알 수 있다.	초인지 전략을 사용해서 문제해결 기술 가르치기 • 읽기 • 일반적 문제해결
5. 창의성과 창의성에 영향을 미치는 요인, 창의성 신장 방법을 설명할 수 있다.	창의성 • 창의성 측정 • 창의성의 가치 • 창의적 수행 증진

I 구성주의 기반 교수-학습

> **구성주의**
> 학습자는 타인이 전달한 정보를 수용하기보다는 능동적으로 자신의 지식을 구성한다는 주장

구성주의는 학교의 교수-학습에 시사점을 갖고 있는 학습의 본질에 관한 설명이다. 구성주의는 "학습자는 타인이 전달한 정보를 수용하기보다는 능동적으로 자신의 지식을 구성한다"라고 가정한다(Green & Gredler, 2002, p. 54). 이것은 정보가 학습자의 머리에 단순히 저장되지 않는다는 것을 의미한다. 구성주의에 따르면, 어떤 정보가 학습자에게 유의미한 정보가 되기 위해서는 학습자의 직접적인 활동을 통해 발견되어야 한다. 또한 구성주의자들은 현재의 교육과정과 교실의 상호작용이나 역동성은 지식의 구성을 유도할 수 없기 때문에 유의미 학습이 일어나기 위해서는 변화될 필요가 있다고 주장한다.

1. 구성주의 유형과 필수 요소

교수-학습에 대한 구성주의자들의 접근은 매우 다양하다. Bruning 등(2004)은 구성주의를 다음과 같이 세 가지 유형으로 구분하였다.

> **외생적**
> 지식은 외부 세계의 실체를 반영하여 습득된다는 것

- 외생적(exogenous): 지식 습득은 외부 세계의 실체, 즉 수업과 경험을 반영한다. 외부 세계는 지식 구성에 강력한 영향을 미칠 수 있기 때문에 지식의 정확성은 지식과 실체 간의 일치에 근거한다. 7장에서 살펴본 학습에 대한 인지적 접근 중 도식 이론이 이러한 관점을 반영한다.

> **내생적**
> 새로운 지식은 지식에 조직된 구조에 대한 인지발달 과정을 통해 선행지식으로부터 발달한다는 것

- 내생적(endogenous): 새로운 지식은 지식에 조직된 구조에 대한 인지발달 과정을 통해 선행지식으로부터 발달한다. 이것은 2장에서 살펴본 Piaget의 주장이다.

> **변증법적**
> 지식은 학습자와 환경 간의 상호작용을 통해 발달한다는 것

- 변증법적(dialectical): 지식은 학습자와 환경(타인 및 교사 포함) 간의 상호작용을 통해 발달한다. 이것은 2장에서 살펴본 Vygotsky의 주장과 일치한다.

> **사회적 구성주의**
> 사회적 상호작용이 학습을 촉진한다는 생각

위의 세 가지 유형은 공통적으로 지식은 유의미하게 구성되어야 하고 학습자의 능동적인 참여를 통해 형성된다는 것을 가정하고 있다. Vygotsky의 주장은 사회적 상호작용이 학습을 촉진한다는 점에서 사회적 구성주의라고 할 수 있다. 즉 학생들은 혼자보다는 타인과 함께 학습했을 때 이해 구성에 효과적이다(Gauvain, 2001). Sutinen(2008)은 개인의 창의적이고 구성적인 행동을 사회 환경 속에 결합시키는 매개자가 교육이라고 주장했다. 즉 교사가 활용하는 사회적 상호작용은 학생들의 이해 구성에 도움을 줄 수 있다(Fleming & Alexander, 2001). 또한 부모 역시 자녀들과 공유한 경험의 의미를 자녀들이 구성하는데 기여할 수 있다(Crowley & Jacobs, 2002).

> **상황 인지**
> 실제 교실 상황에서 교수-학습 과정을 안내해주는 학습이론

구성주의의 기본적인 신념은 학습과 사고는 진공상태에서 발생하는 것이 아니라 맥락 혹은 상황 속에서 발생한다는 것이다. 유의미 학습은 실세계와 관련된 과제를 수행할 때 일어나기 때문에 학습이론으로서 구성주의는 실제 교실 상황에서의 교수-학습 과정의 지침이 될 수 있다(Yilmaz, 2008). 학습에 대한 이러한 맥락화를 상황 인지(situated learning)라고 한다. 이 개념

은 수업에서 중요한 역할을 한다. 많은 개념들은 소위 진정한 맥락이라고 불리는 개념과 실제로 관련된 맥락 속에서 가장 잘 가르칠 수 있다(van Merrienboer, Kirschner, & Kester, 2003). 예를 들어, Schunk(2004)는 사회, 수학, 미술, 언어 교과와 관련된 통합 단원을 호박, 현장학습, 계산, 요리, 조각, 글짓기 등을 활용해서 가르치는 3학년 교사를 소개하였다.

일반적으로 구성주의 교수–학습의 핵심 요소는 (1) 학습자의 능동적 참여 (2) 도전적이고 생각을 유발시키는 경험이다. 9장에 소개된 소집단 학습과 또래 협력, 2장에 소개된 Piaget의 실험이 그 예가 된다. 사실, 2장에서 설명한 탐구를 통한 학습, 학습센터, 주제 활용, 학습자 중심, 도식 발달에 초점을 맞춘 수업이나 발판화(scaffolding) 개념이 구성주의 교수–학습의 핵심이다.

Driscoll(2008)은 지식에 대한 구성주의적 접근을 활용한 여섯 가지 학습의 조건을 다음과 같이 제안했다.

- 학습을 관련이 있고 사실적 환경에 포함시키기
- 학습의 일부로서 학생들 간에 책임을 공유하도록 하기
- 다양한 관점을 활용하도록 지원하기
- 학생들이 지식은 구성된다는 것을 이해하도록 하기
- 학생들이 학습에 대한 주인의식을 갖도록 격려하기

동기 측면에서 구성주의와 가장 관련된 이론은 학습자의 자율성에 초점을 맞추고 있는 자기결정성 이론인데, 이 이론에 대해서는 10장에서 살펴볼 것이다. 또한 구성주의에 근거한 수업에는 조작, 활동 선택, 관찰과 자료 수집 기회, 안내된 토론, 문제해결, 도제 등이 포함된다.

Alesandrini와 Larson(2002)은 다음과 같은 구성주의 원칙을 제안했다.

- 학습은 탐구와 발견을 통해 이루어진다. 즉 새로운 정보를 능동적으로 탐구하고 사전지식이나 경험과 연결하여 의미를 구성한다.
- 학습은 공유된 의문에 의해서 능동적으로 촉진된 공동체이다. 이것은 학습자가 자신의 통찰을 집단에 반영하거나 공유할 때 가능하다.
- 학습자는 평가과정에서 능동적이고 비판적인 역할을 한다. 이것은 학습자가 경험한 것의 의미를 깨달을 수 있는 반성과 언어적 진술에 대한 자기평가 활동을 통해 가능하다.
- 학습은 진정한 활동에 참여한 결과이다. 즉 학습은 학생이 실생활에서 직면할 수 있는 활동과 문제에 근거해야 한다.
- 학습자는 자신의 사전 경험을 고려해서 새로운 정보로부터 지식을 만든다.
- 교사는 학생들이 자신의 속도에 따라 개인적으로 의미있는 목적을 향해 나아갈 수 있도록 코치하는 촉진자의 역할을 해야 한다.

> ● 구성주의 원칙
> 학습은 탐구, 공유된 의문, 자기평가, 진정한 활동에의 참여 등을 통해 이루어짐

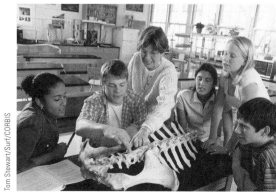

Tom Stewart/Surf/CORBIS

구성주의는 능동적 탐구, 공유된 의문, 비판적 평가 등이 포함된 학습의 형태이며, 교사는 여기에서 학생의 이해를 돕는 촉진자의 역할을 한다.

2. 구성주의 교수 모형과 환경

구성주의에 근거한 학습 환경에는 (1) 조작과 실험 기회 제공 (2) 일상 경험과 개념을 연결시킬 수 있는 유의미한 의미 사용 (3) 고차원적 개념과 다양한 관

점 강조 (4) 학습자에게 자신의 요구 평가와 자신의 지식에 대한 점검과 교정 기회 제공 (5) 인지와 맥락 연결 (6) 이해의 기초로서 잘못된 신념 극복의 가치 강조 등이 포함된다(Hannafin, Land, & Oliver, 1999). 구성주의에 근거한 교수 모형과 환경은 매우 많지만 그 중에서 여섯 가지에 대해 소개하겠다.

(1) 이해를 위한 교수

Perkins와 Unger(1999)가 제안한 이 모형은 (1) 수업을 위한 생성적 주제 선택 (2) 이해를 위한 목표 설정 (3) 이해에 기여하는 수행에 학습자가 참여하도록 하기 (4) 정보적 피드백과 수행을 정교화시킬 수 있는 지속적 평가 등에 초점을 맞추고 있다. 생성적 주제(generative topic)는 다음과 같다.

- 영역이나 학문 중심
- 학생들에게 접근가능하고 흥미있는
- 교사에게 흥미있는
- 다양한 주제와 연결 가능한

생성적 주제는 일상에 영향을 미치는 정치적 행위와 같이 교사와 학생 모두의 참여를 자극하는 중요한 주제이다.

목표 이해(understanding goal)는 명시적이고, 공적이며(교사와 학생 모두에게 분명하게 알려짐), 다른 단원과 연결되고, 학문의 핵심이다. 예를 들어, 각기 다른 정치적 행위가 사생활, 안전, 경제적 안녕 등과 같은 개인의 삶에 어떤 영향을 주는가? 수행 이해(understanding performance, 즉 이해를 촉진시키는 수행)는 구체적인 목표와 관련하여 이해를 심화시키고 다양한 학습과 표현 양식을 허용하며 반성적 참여를 촉진하고 이해에 대한 가시적 증거를 제공할 수 있는 활동이다. 마지막으로 지속적인 평가(ongoing assessment)는 교사와 학생 모두에게 진전 정도를 알려주는 명시적이며 공적인 준거이다.

(2) 협력적 문제해결

학습자들의 협력을 기초로 한 이 수업 모형의 기본적인 원칙은 다음과 같다(Nelson, 1999).
- 상황과 학습자 중심의 협력적 학습 환경을 만든다.
- 진실성, 주인의식, 관련성을 중요시한다.
- 활동을 통해 학습하도록 한다.
- 비판적 사고와 문제해결을 촉진한다.
- 다양한 관점에서 탐구하고 분석하도록 한다.
- 학습에 대한 사회적 맥락을 많이 포함시킨다.
- 지지적이고, 존중하는 관계를 만든다.
- 평생학습 흥미와 기술을 발달시킨다.

(3) 학습자 공동체 촉진

이 모형은 철학과 원리를 강조하는 학습자 공동체 촉진(Fostering a Community of Learners; FCL; Brown & Campione, 1994, 1996; Brown, 1992, 1997) 모형이다. 이 모형은 1~8학년 학생들을 위해 만들어졌지만 그 이상의 학생들에게도 적용이 가능하다. 이 모형에서 학생들은 (a) 소집단을 형성하여 주제에 대해 연구를 수행하지만, 집단 내 각 학생들이 하위 주제에 대해서 연구(research)하고 (b) 자신의 집단 및 다른 집단과 학습을 공유(sharing)하고 (c) 개별학습을 모아 전체학습이 이루어지도록 준비하고 실행(performing)하면서 협력한다. 이러한 점에서 이 모형을 "연구, 공유, 실행 사이클"이라고 한다. 이 모형에서 학생들은 실생활과 관련된 문제를 해결하는데 필요한 특정 주제에 대한 전문성을 개발하고 공유하는 것을 목적으로 과제에 참여한다. 교사들은 학생들에게 증거 제시와 건전한 주장 등과 같은 지적 기술과 타인으로부터 학습하고 협동하는 방법 등과 같은 사회적 기술을 학습할 수 있는 기회를 제공한다.

예를 들어, 광합성, 에너지 교환, 생산자와 소비자, 먹이 그물, 생태계 등과 같은 하위 주제를 포함하고 있는 먹이 사슬에 대한 주제를 생각해 보자. 집단 내의 각 학생은 하위 주제를 선택하여 연구를 실행한 다음 자신이 학습한 것은 다른 학생들과 공유할 것이다. 그들은 또한 교실 밖 전문가로부터 특정 주제에 대해 조언을 받을 수 있을 것이다. 그런 다음 교사와 학생들은 전체가 발표할 수 있는 방법을 선정할 것이다. 이러한 과정을 통해 학생들은 복잡한 내용에 대해 깊이 사고하고 다른 집단과 지식을 공유하고 발표와 성찰의 기회를 이용하여 학습할 것이다.

(4) 사고의 도제

Rogoff(1990, 1998)가 제안한 사고의 도제(apprenticeship in thinking)에서 초보 학습자는 혼자 습득할 수 없는 기술을 교사나 더 유능한 또래와 함께 학습한다. 이 관점은 인지 발달이 부모나 교사와 같은 성인과의 상호작용을 통해 이루어진다고 본다. 즉 아동의 인지는 성인들의 (1) 과제에 대한 아동의 흥미 자극하기 (2) 아동이 성취할 수 있도록 과제를 단순하게 하기 (3) 지시하고 동기를 자극하기 (4) 피드백 하기 (5) 좌절과 위험을 최소화하기 (6) 수행할 행동을 시범 보이기 등의 과정을 통해 발달한다.

Rogoff(1995)는 성인이 문제해결에 대한 책임을 아동에게 점차적으로 이양하는 과정을 안내된 참여(guided participation)라고 불렀다. 이것은 아동의 지적 처리를 가능하게 하고 목적적 행동을 유도한다. 안내된 참여에서 성인의 행동은 아동이 분명히 알아차리지 못하게 수행되는 경우가 많다. 예를 들어, 교사나 부모는 아동이 배우고 있다는 것을 인식하지 못하게 하면서도 아동이 그림 그리는 것을 도와줄 수 있다.

이 모형은 아동이 새로운 사고와 인지를 구성하거나 형성하도록 돕고 전문가의 역할을 하게 되는 부모나 교사의 안내된 참여의 결과로서 새로운 인지 수준으로 이동하도록 한다. 이러한 활동은 아동이 새로운 지식을 습득하도록 지원한다. 학교에서 교사는 학생들이 협력을 통해 다양한 교과목에서 사고와 문제해결을 위한 효과적인 "도구"를 습득할 수 있도록 안내할 수 있다.

문제해결 과정은 구성주의 학습에서 중요한 역할을 한다. 자연 환경은 훌륭한 수업과 발견의 장이다.

(5) 문제중심학습

문제중심학습(Problem Based Learning; PBL)은 유의미한 문제에 대한 탐구, 설명, 해결책 등을 중심으로 조직된 경험에 의한 학습이다(Torp & Sage, 2002). Hmelo-Silver(2004)는 이 접근을 단일한 정답이 없는 복잡한 문제해결 학습에 초점을 둔 학생 중심 학습이라고 설명하였다. 학생들은 새로운 지식을 습득하기 위해 집단별로 학습하고 지식을 활용하여 문제를 해결한다. 교사는 지식을 제공하기보다는 학습과정을 촉진하는 역할을 한다.

문제중심학습의 절차는 (1) 문제 제시 (2) 문제와 관련된 사실 확인 (3) 가능한 해결책을 찾기 위한 가설 생성 (4) 문제해결에 필요한 자기 주도적 학습을 안내할 수 있는 문제 확인 (5) 생성된 가설을 검증하기 위해 새로운 지식 적용 (6) 습득한 지식에 대한 성찰 등으로 구성된다 (Hmelo-Silver, 2004).

Barrows와 Kelson(1995)에 따르면 PBL은 다음과 같이 학생들에게 도움을 줄 수 있다.

- 포괄적이고 융통성있는 지식 기반 구성
- 효과적인 문제해결 기술 발달
- 자기주도적, 평생학습 기술 발달
- 효과적인 협력자
- 학습에 대한 내재적 동기 유발

Hmelo-Silver(2004)는 선행연구 결과를 바탕으로 PBL이 학생들의 융통성 있는 이해와 평생학습 기술을 발달시킬 수 있는 잠재성이 있는 교수법이며, 교사는 촉진자, 안내자, 혹은 코치의 역할을 한다고 주장하였다. 학생들은 PBL을 통해 구성원들 간에 협력하는 방법과 비판적 사고력을 발달시킨다(Vernon, 1995). 또한 PBL은 공학 전공 학생들을 대상으로 한 연구에서 강의에 의한 학습보다 성취도가 더 높게 나타났다(Hsieh & Knight, 2008).

(6) 제스퍼 우드베리 문제해결 시리즈

구성주의 학습 환경의 우수한 예는 제스퍼 우드베리 문제해결 시리즈(Jasper Woodbury Problem Series)이다(Cognition and Technology Group at Vanderbilt, 1992, 1997). 이 시리즈는 수학적 문제발견과 문제해결의 기회를 제공해주는 12개 비디오로 구성된 어드벤처 이야기이다. 이 시리즈는 해결해야 할 모든 자료가 이야기 속에 포함된 탐정 소설처럼 구성되어 있다.

이 시리즈에 있는 이야기 하나를 소개하자면, 제스퍼는 수의사가 있는 지역으로부터 65마일 떨어진 곳에서 낚시를 하는 동안 부상당한 독수리 한 마리를 발견하였다. 제스퍼의 계획은 초고속 비행기를 타고 있는 에밀리에게 부상당한 독수리를 운송하여 수의사에게 독수리를 전달하도록 하는 것이다. 이때 해결할 문제는 부상당한 독수리를 수의사에게 전달하는데 얼마나 시간이 걸릴 것인가이다. 학생들은 이야기에 제시된 정보를 단서로 활용하여 문제를 해결해야 한다.

이러한 문제는 일반적인 교과서에서 볼 수 없는 것으로서 대부분 학생들이 유의미 학습에 참여하도록 유도한다(Jonassen, 1999; 2003). 문제를 해결할 때 사용해야 할 규칙이나 원칙이 분명하게 제시되어 있지 않기 때문에 가능한 해결책이 많고 그것을 평가할 만한 준거도 많다. 학생들은 문제해결책에 대한 주인의식을 갖고 자신들의 주장을 정당화해야 한다. Jonassen은 제스퍼 시리즈가 구성주의 학습 환경에 필수적인 요소라고 할 수 있는 "주인의식"을 촉진한다고 주장했다. 지금까지 살펴본 구성주의적 관점에 따른 교수모형이 표 8-1에 요약되어 있다.

표 8-1 **구성주의 교수모형**

모형과 환경	개발자	핵심적인 특징
이해를 위한 교수	Perkins & Unger	• 생성적 주제 선택 • 이해를 위한 명시적 목표 설정 • 이해에 도움이 되는 수행 • 지속적 평가 제공
협력적 문제해결	Nelson	• 협력적 환경 만들기 • 진실성의 중요성 강조 • 행함을 통한 학습 • 탐구 격려 • 사회적 맥락 포함 • 관계 촉진 • 평생학습 개발
학습자 공동체 촉진	Brown & Campione	• 각 학생들이 하위주제 영역을 학습하는 소집단에서의 협력 • 학생들 간의 학습 공유 • 더 중요한 과제에 참여
사고의 도제	Rogoff	• 인지과제에 대한 아동의 흥미 자극 • 과제 단순화 • 방향 제시와 동기유발 • 피드백 제공 • 좌절과 위험 최소화 • 수행 방법 모델링
문제해결학습	Barrows & Kelson	• 문제 제시 • 문제와 관련된 사실 확인 • 가능한 해결책을 찾기 위한 가설 생성 • 문제해결에 필요한 자기 주도적 학습을 안내할 수 있는 문제확인 • 생성된 가설을 검증하기 위해 새로운 지식 적용 • 습득한 지식에 대한 성찰
제스퍼 우드베리 문제해결 시리즈	Cognition & Technology Group at Vanderbilt	• 믿을만하고 도전할만한 비디오로 된 어드벤처 이야기 제시 • 문제해결을 위한 기회 제공 • 탐정 소설과 같은 구성 • 다양한 교육과정 적용 • 많은 해결책 생성

Ⅱ 구성주의의 딜레마

Windschitl(2002)에 따르면 교사들이 구성주의적 교수 모형을 활용하기 위해서는 수업의 기초로서 구성주의에 대해 이해해야 하고, 구성주의적 철학과 일치하도록 교실 문화를 개선해야 하며, 구성주의적 관점에 반대하는 시각을 잘 처리해야 하기 때문에 구성주의적 관점에 따른 수업을 실시하기가 매우 어렵다. Windschitl(2002)은 구성주의적 관점에 따라 수업을 할 경우에 직면하는 딜레마를 (1) 구성주의 가정에 대한 교사의 이해를 반영한 개념적 딜레마(C1), (2) 구성주의에서 요구하는 교육과정과 학습 경험을 설계하기 위한 좀 더 복잡한 접근을 반영한 교육학적 딜레마(P1), (3) 구성주의적 접근을 수용할 수 있도록 교실 풍토 개선을 반영한 문화적 딜레마(C2), (4) 학교에서 설정한 준거와 관행에 의문을 제기했을 때 나타나게 될 학교 내 주요 인사들의 저항을 반영한 정치적 딜레마(P2) 등과 같이 네 가지로 구분하였다. 다음은 네 가지 딜레마와 관련되어 교사들이 제기하는 대표적인 질문의 예이다(Windschitl, 2002).

- 모든 활동의 결과는 학습자의 지식 "구성"으로 이어져야 하는가? (C1)
- 전문가 특정 아이디어를 정확하게 정의했음에도 불구하고, 학생들은 전문가의 아이디어 대신에 학생 자신의 아이디어를 내재화해야 하는가? (C1)
- 학습목표가 아니라 학생들의 기존 아이디어를 바탕으로 수업을 시작해야 하는가? (C2)
- 교사와 학생이 아니라 학생들 상호 간에 의사소통을 하는 교실 풍토를 어떻게 조성할 것인가? (C2)
- 전통적인 교실의 일상을 탈피하고, 가치롭게 여기는 것과 보상받아야 할 것에 대한 학생들과의 새로운 동의를 어떻게 만들어 낼 것인가? (C3)
- 학생들이 자신의 학습에 대한 책임을 수용하도록 할 수 있을 것인가? (C3)
- 이처럼 급진적이고 익숙하지 않은 방법으로 가르치는 것에 대해 학부모와 학교 행정가들의 지지를 받을 수 있을 것인가? (P2)
- 학생들의 다양한 문제 중심 경험은 국가수준 교육과정 기준을 충족시켜 줄 수 있을 것인가? (P2)

이러한 질문과 관련해서 Windschitl(2002, p. 161)은 다음과 같이 결론내렸다.

구성주의적 관점에 따라 교실 풍토를 조성하는 것과 관련된 어려운 문제들은 교사의 전문성 개발과 준비, 그리고 학교교육의 근본적인 변화가 없다면 지속될 것이다. 동시에, 일부 교육자들이 학생 중심 교육을 지속적이고 성공적으로 수행한다는 사실은 구성주의적 관점에 따른 교실 풍토를 조성할 수 있다는 것을 보여준다.

구성주의적 관점에 따른 수업의 어려움은 구성주의와 관련된 용어에 대한 교사들의 상식적인 해석과 연구자들이 제안한 구성주의 맥락의 부족에 있다. 구성주의 옹호자들(Hyslop-

구성주의적 관점에 따른 수업은 교사의 입장에서는 시간을, 학생의 입장에서는 동기를 필요로 한다.

Margison & Stroibel, 2008; Kumar, 2006)은 많은 교사들이 지식 구성에 대한 교육학적 함의, 즉 구성주의적 방법으로 가르치는 방법을 이해하지 못한다고 주장하였다.

구성주의적 관점에 따른 수업은 교사 입장에서 일반적인 수업에 비해 더 많은 시간을 요구한다. 또한 학생 입장에서는 상당한 동기 유발이 필요하다. Gagné의 주장 혹은 직접 수업 모형(12장 참조)과 구성주의적 수업 모형 간의 중간 지대를 Mayer(1999)의 연구에서 찾을 수 있다. 그는 의미의 구성은 구성주의적 관점에 따른 학습에서만 일어나는 것이 아니며, 학습자들은 잘 고안된 수업을 통해서도 의미를 구성할 수 있다고 제안했다. 그는 선행조직자, 설명, 예를 통한 학습, 정교화된 질문 등이 텍스트로부터 학생들이 의미를 구성하는 데 도움을 줄 수 있다고 하였다(Mayer, 1993). Tuckman, Abry, 그리고 Smith(2008)는 대학생들에게 공부 기술을 가르치기 위해서 이러한 접근을 사용한 교육과정을 설계했는데, 학생들의 수행에 도움이 된 것으로 밝혀졌다(Tuckman, 2003).

Ⅲ 문제해결

B.C. 287년에 태어난 시실리아 수학자 아르키메데스는 당시 가장 위대한 문제해결가 중의 한 사람으로 간주되었다. 그는 왕관을 손상하지 않고 왕관의 순금 여부를 판단해 달라는 요구를 받았다. 우리가 알다시피 그는 문제를 목욕탕 욕조에서 해결했으며, 문제가 해결되자 너무 기쁜 나머지 "유레카, 알아냈어"하면서 알몸으로 밖으로 뛰어나왔다고 한다. 이것은 어려운 문제를 해결했을 때 문제해결자가 얻는 만족감이 어떠한가를 보여주는 사례이다.

이 장에서는 문제해결이라고 하는 학습과 사고에 대한 또 다른 접근에 대해 살펴보고자 한다. 우리는 매일 어떤 옷을 입어야 할 것인가에서부터 복잡한 수학 문제해결에 이르기까지 다양한 형태의 해결해야 할 문제에 직면한다.

현재의 상태가 의도한 상태와 다를 때 "문제"라고 한다(Lovett, 2002). 예를 들면, 여러분이 운전하는 자동차 타이어가 펑크나서 스페어 타이어로 교체해야 한다면 여러분은 문제를 갖고 있는 것이다. 현재 상태를 의도한 상태로 바꾸는 과정이 문제해결이다. 문제의 구조에 따라 한 가지 정확한 해결책과 그것을 발견하는 방법이 있는 구조화된(well-defined) 문제와 다양한 해결책이 있으며, 그것을 발견하는데 분명한 전략이 없는 비구조화된(ill-defined) 문제가 있다(Hayes, 1988; Bruning et al., 2004). 교사는 학생들이 비구조화된 문제를 질문이나 또래 상호작용을 활용하여 해결하도록 학생들에게 발판(scaffolding, 즉 도움, 구조, 지원)을 제공해야 한다(Ge & Land, 2004).

문제해결의 핵심요소가 일반적 전략 사용인지 아니면 맥락 구체적 전략 사용인지에 대해서는 아직 명확하게 밝혀지지 않았다. 어떤 상황에서는 모든 문제해결에 작용하는 좀 더 일반적 전략이 적절한 것처럼 보인다. 반면에 어떤 상황에서는 특정한 문제나 특정 부류의 문제해결에 적절한 맥락 구체적 전략이 더 효과적이다. 즉 문제 맥락에 대해 문제해결자가 갖고 있는 지식

> **구조화된 문제**
> 한 가지 정확한 해결책과 그것을 발견하는 방법이 있는 문제

> **비구조화된 문제**
> 해결책이 다양하며, 해결책을 발견하는데 분명한 전략이 없는 문제

의 양이 문제해결에 영향을 미친다.

1. 일반적 문제해결 전략

Perkins와 Salomon(1989)은 막강한 힘을 보유하고 다른 국가를 침략하려는 나라에 인접한 가상의 국가에 대해 진술했다. 이 나라의 지도자는 약점을 극복하기 위해 세계 체스 챔피언을 불러 적을 섬멸할 수 있는 방법을 생각해내도록 하였다. 그러자 비판자들은 체스 천재라고 해서 군대와 정치 영역에서 천재가 될 수 없다고 반박했다. 그러나 이 나라의 지도자는 "체스 선수는 정치가나 군사 전략가처럼 미리 계획하고, 대안을 찾고, 전략을 선택하는 문제해결자다"라고 주장했다(Perkins & Salomon, 1989, p. 16). 그 지도자는 체스 챔피언이 그 문제의 해결책을 찾을 수 있을 것이라고 계속해서 기대했다.

지도자의 주장과 관련해서, 일반적인 문제해결 기술이나 전략(4장에서 살펴본 일반적 지적 기술)이 있는가와 만약 있다면 어떤 요소들로 구성되어 있는지에 대한 의문이 생긴다. 수학자 Georgy Polya(1973)에 따르면 수학적 해결책을 발견하는 데 있어서 성공 여부는 수학 지식 그 자체보다는 다양한 일반적 전략, 즉 휴리스틱(heuristic)의 활용에 달려있다. 그는 다음과 같은 일반적 문제해결 전략 혹은 휴리스틱을 발견하였다.

> **🔹 휴리스틱**
> 문제해결을 위해 다양한 일반적인 전략을 사용하는 것

- 문제를 하위 문제로 나누기
- 주요 문제의 일부 측면을 반영한 더 간단한 문제를 해결하기
- 문제를 다른 방법으로 표현하기 위해 다이어그램을 사용하기
- 문제에 익숙하기 위해 특수한 사례를 조사하기

Polya의 접근은 수학에 초점을 맞추고 있지만 모든 종류의 문제에 적용할 수 있다. Bruning 등(2004)은 문제를 해결하는 일련의 단계를 다음과 같이 제안했다.

1. 문제 파악: 해야 할 일이 무엇인지 결정
2. 문제 표상: 문제와 관련해서 어떤 정보가 필요하고 또 어떤 정보가 제공되었는지(문제공간이라고도 함: Hayes, 1988; Bruning et al., 2004)에 대한 이해
3. 적절한 전략 선택: 주어진 정보와 알려지지 않은 정보를 연결하기 위한 계획 및 단계 고안
4. 전략 실행: 계획을 한 번에 한 단계씩 실행
5. 해결책 평가: 주어진 모든 정보를 고려한 해결책인지 검토

> **🔹 수단–목적 분석**
> 문제해결자가 문제의 초기 상태를 목표 상태로 만들기 위해 가능한 모든 조작을 시도하는 것

또 다른 일반적 문제해결 전략 혹은 휴리스틱은 수단–목적 분석(means–end analysis)이다(Bruning et al., 2004). 초기 상태(예, 체스 판의 체스), 목표 상태(예, 상대방 왕의 위치 점검), 그리고 하나의 상태를 다른 상태로 변경하기 위해 가능한 모든 조작이 제공되면, 문제해결자는 초기 상태를 목표 상태로 변환시키기 위해 일련의 조작을 시도한다. 이를 위해 문제해결자는 초기 상태를 목표 상태로 만들 수 있을 것이라고 생각하는 조작 혹은 수단을 찾는다. 문제해결자는 조작을 한 다음 초기 상태와 목표 상태 간에 여전히 존재하는 차이를 줄이거나 그러한 차이가 더 이상 없도록 또 다른 조작을 찾는다. 문제해결자는 난관에 봉착하게 되면 또 다른 통

로를 찾는다. 그러나 가능성이 너무 많기 때문에 모든 가능한 조작을 시도해도, 즉 알고리즘적 해결을 해도 해결책을 찾을 수 없는 경우가 종종 있다. 이러한 경우에 문제해결자가 일반적으로 사용하는 조작은 체스 플레이어가 항상 킹을 보호하기 위한 전략을 선택하는 것처럼 휴리스틱이나 일반적 해결 전략이다(Korf, 1999).

> ❷ **알고리즘적 해결**
> 모든 가능한 조작을 시도해서 해결책을 찾는 것

2. 전문가와 초보자: 구체적 문제해결 전략

체스 마스터는 체스와 관련된 대략 50,000가지 도식을 알고 있다(Chase & Simon, 1973). 체스 마스터는 전문가이며, 전문가가 된다는 것은 매우 많은 잘 조직된, 영역 구체적, 혹은 전문가 지식을 소유하고 있다는 것을 의미한다(Alexander, 1992). 체스 마스터가 되도록 하는 것은 일반적인 문제해결 능력이 아니라 체스에 대한 전문성이다. Rabinowitz와 Glaser(1985)는 전문가들의 수행에는 (1) 영역 구체적인 패턴에 대한 광범위한 지식 기반 (2) 이러한 패턴을 적용할 수 있는 상황에 대한 신속한 인식 (3) 그러한 인식을 해결책으로 직접 이동시킬 수 있는 추론(전진 추론, forward reasoning) 등과 같은 특징이 있다고 하였다. 실제로 지금까지의 연구 결과는 효과적인 문제해결과 가장 밀접하게 관련된 요인은 영역 구체적 혹은 전문가 지식이라는 것을 강하게 지지하고 있다(Taconis et al., 2001).

> ❷ **영역 구체적 혹은 전문가 지식**
> 특정 주제에 관한 지식

그러나 초보자들은 패턴을 신속하게 인식할 만한 지식을 충분히 소유하고 있지 않기 때문에 관련된 패턴을 파악하지 못하는 경향이 있다. 초보자들의 추론은 문제에 대한 피상적인 내용에 근거하고 있다. 초보자들은 전진 작업(working forward)이 아니라, 알지 못하는 것에서 주어진 것으로 과제 수행의 초점을 맞추는 후진 작업(working backward)을 통해 과제를 수행한다. 즉 전문가는 전진 작업을 하며 초보자는 후진 작업을 한다는 증거가 피겨 스케이팅(Deakin & Allard, 1991), 의약(Patel & Groen, 1986) 등과 같은 다른 분야에서도 밝혀졌다.

> ❷ **전진 작업**
> 문제를 해결하기 위해 현재 상황을 조사한 다음 그것을 해결하기 위해 조작을 가하는 것

다시 말해서, 전문가는 일반적 전략이 아니라 풍부한 지식 기반과 지식의 신속한 인출을 위해 잘 조직되고 정교화된 구조에 의존한다. 문제해결을 위한 이들의 주된 휴리스틱은 전진 작업, 즉 현 상황을 조사한 다음 그것을 변경시키기 위해 조작을 가한다. 전진 작업 기법은 초보자가 아니라 전문가에게 효과적인데, 그것은 전문가들은 주어진 상황에 적합할 것 같은 조작을 인식하는 데 필요한 데이터와 지식을 갖고 있기 때문이다. 마지막으로 만일 전문성과 구체적 문제해결 전략이 문제해결에 필요가 없다면 일반적 전략이나 휴리스틱으로도 충분할 것이다. 전술한 예에서 가상의 체스 챔피언은 훌륭한 정치가나 군사 전술가이어야 할 것이다. 그러나 라틴어 학습이 마음의 능력을 향상시켜 주지 못한다는 고전적인 발견과 마찬가지로(Thorndike, 1923), 일부 연구자들은 일반 전략이 그들이 가르친 구체적인 영역 밖에서도 효과가 있을 것이라고 생각하지 않는다 (Detterman, 1993). 그러나 문제해결 기술은 훈련받은 기술을 다양한 영역으로 전이할 수 있다는 증거들도 있다(Mayer & Wittrock, 1996; Beyer, 2008). 따라서 체스 챔피언은 군대 전략 훈련을 받으면 유능한 장군이 될 수도 있을 것이다!

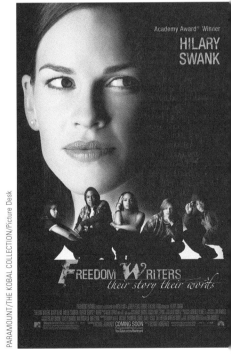

영화 Freedom Writer(2007)에서는 Erin Gruwell이 초보교사에서 숙련된 교사로 변화하는 과정을 보여준다.

3. 일반적 전략과 전문가 지식의 결합

특정 영역의 전문가는 훌륭한 문제 해결자이지만 자신의 전문성과 관련된 표준적인 문제 혹은 일반적인 문제해결에서만 전문성을 발휘한다. 자신의 전문성과 관련되어 있지만 비일상적인 문제가 주어진다면 전문가는 어떻게 하는가? 예를 들어, 이전에 한 번도 진단해보지 못한 질병을 처음으로 진단하는 외과의사의 경우를 생각해 보자. Clement(1989)에 따르면 이러한 경우 외과의사들은 일반적인 전략을 사용하는 것으로 밝혀졌다. 그들은 (1) 친숙하지 못한 문제를 자신들이 더 잘 이해하고 있는 문제와 관련하여 유추하고 (2) 유추하기에 적합하지 않은 영역이나 측면을 탐색하고 (3) 그것을 이해하기 위해 시각적 이미지나 그림을 만들고 (4) 동일한 종류의 더 간단한 문제로 구성한다.

이러한 Clement의 주장은 전문가조차도 휴리스틱이나 일반적인 전략이 없다면, 문제를 해결할 수 없다는 것을 보여준다. 이러한 휴리스틱이 영역 지식을 대체해주지는 못한다. 휴리스틱이나 일반적인 전략은 한 영역에서 다른 영역으로 전이가 가능한가? 즉 체스 챔피언은 유능한 정치가나 군사 전략가가 될 수 있는가? 4-5세 아동의 문제해결 전략의 전이에 대한 연구를 수행한 Brown과 Kane(1988)에 따르면 그것은 다음 사항에 달려 있다.

1. 학습자가 문제들이 서로 유사하다는 것을 파악했는지
2. 학습자가 비교 가능한 문제에 내재해있는 구조를 주목할 수 있는지
3. 학습자가 문제와 관련된 영역과 친숙한지
4. 규칙, 특히 학습자 스스로 만든 규칙에 따른 예가 있는지
5. 학습이 사회적 맥락(학생이 함께 과제를 수행한 장소)에서 발생했는지와 사회적 맥락 내의 상호작용이 토론을 통해 설명, 정당화, 원리를 산출했는지

다시 말해서, 학생이 지식과 전문성을 근거로 일반적 문제해결 전략을 다양한 문제 영역에 전이하는 것이 목적이라면, 교사는 학생들에게 일반적 문제해결 전략을 가르쳐야 한다. 학생들은 문제해결 전략을 촉진시키기 위해 위에서 언급한 원칙을 적용하는 방법에 대해 학습해야 한다. 이러한 목적을 달성하기 위해 교사는 먼저 문제해결 전략을 사용하고 전이시킬 수 있는 방법에 대해 관심을 가져야 한다. 만일 우리가 전략의 바탕이 되는 지식이나 전문성만을 가르친다면 학생들은 효과적인 문제해결 전략을 학습할 수 없을 것이다(Mayer, 2003).

지금까지의 논의를 통해 가상의 체스 챔피언은 그의 체스 전략을 새로운 영역에 전이시키는 방법은 물론 정치나 군사 전략에 대해 학습할 필요가 있다는 것을 알 수 있다. 불행하게도 체스 챔피언이 이러한 훈련을 모두 끝마쳤을 때, 그 나라는 적군들에 의해 점령당했을 것이다.

Ⅳ 초인지 전략을 사용해서 문제해결 기술 가르치기

　　문제해결 기술을 가르치는 방법은 매우 많으며, 문제해결에 대한 관점에 따라 가르치는 방법은 다르다. 첫 번째 이슈는 문제해결이 하나의 단일한 기술인지 아니면 일련의 요소로 구성된 기술인가하는 것이다. 대부분의 교사들은 문제해결에는 일련의 요소로 구성된 기술을 필요로 한다는 것에 동의한다. 두 번째 이슈는 문제해결의 초점이 과정(문제해결 과정에서 사용된 사고)인가 아니면 산출(단순히 해결책을 찾는 것)인가 하는 것이다. 현재 주요 접근은 문제해결 과정에 초점을 둔다. 세 번째 이슈는 문제해결 기술 자체를 일반적인 과정으로 가르쳐야 할 것인가 아니면 문제해결 기술을 기존의 교과목 영역에 통합시켜 가르쳐야 할 것인가이다. 기존 교과목과 통합해서 문제해결 기술을 가르쳐야 한다는 것이 일반적인 경향이다.

　　7장에서 학습에 도움이 되는 초인지적 과정과 초인지 전략에 대해 진술했다. 이러한 전략들은 또한 문제해결에 사용될 수 있다. 초인지 전략을 사용해서 읽기와 일반적인 문제해결 기술을 가르치는 방법에 대해 소개하겠다.

1. 읽기

　　독해력(reading comprehension)을 신장시킬 수 있는 네 가지 접근에 대해 살펴보겠다. 먼저 Meichenbaum과 Asarnow(1979)는 읽기에 문제가 있는 7–8학년 학생들에게 독해 기술을 가르치는데 사용할 수 있는 다음과 같은 세 가지 전략을 제안했다. (1) 텍스트를 처리 가능한 청크로 나누기 (2) 각 청크에 필요한 기술을 결정하기 (3) 해당 기술을 시연할 수 있도록 스스로 진술해보기(self-statement) 등이다. 이러한 전략은 다음과 같은 질문을 통해 가르칠 수 있다.

1. 이야기의 주제가 무엇인가?
2. 중요한 세부 사실(예, 주요 사건의 순서나 결과)은 무엇인가?
3. 인물에 대해 어떻게 생각하는가? 그렇게 생각하는 이유는 무엇인가?

　　두 번째 모형은 Palincsar와 Brown(1984: Brown & Palincsar, 1989)이 제안한 상보적 수업(reciprocal teaching)이다. 이 수업 방법에서 교사는 먼저 요약(그 문단은 무엇에 관한 것인가?), 질문(누가 그 일을 했는가?), 명료화(그것의 의미는 무엇인가?), 예측(다음에는 무슨 일이 일어날 것 같은가?) 등과 같은 네 가지 전략을 설명하거나 시범 보여준다. 그런 다음 학생들이 교대로 교사의 역할을 하면서 네 가지 전략을 활용하여 질문을 하도록 가르친다. 교사는 그 과정에서 적절한 피드백을 제공한다.

> 📖 **상보적 수업**
> 교사가 독해에 효과적인 전략을 시범보이고, 학생들은 교대로 교사의 역할을 하면서 전략을 습득하며 교사는 그 과정에서 적절한 피드백을 제공하여 전략을 습득하도록 하는 수업

　　세 번째 모형은 읽은 내용에 대한 일관성 있고 정확한 표상을 목적으로 하며, 유능한 독자들이 활용하는 다음과 같은 일곱 가지 단계를 사용하도록 제안한다(Goldman & Rakestraw, 2000; Tuckman et al., 2008).

1. 책을 읽기 전에 어떤 내용인지 대충 훑어보기

상보적 수업은 한 학생이 다른 학생의 문제해결을 돕는 방법으로, 교사의 역할을 하는 것은 문제해결 기술을 습득하는 좋은 방법이다.

🌀 **대화식 읽기**
소집단을 구성하여 교사와 학생이 책을 읽는 과정에서 질문과 대답을 통해 글의 내용을 이해하도록 하는 방식

2. 읽는 동안에 의미와 요점에 집중하기

3. 읽는 동안에 요점을 노트에 정리하기

4. 읽는 동안에 자신의 이해 여부를 점검하고, 이해가 안 된 부분은 다시 읽기

5. 읽은 내용을 글을 읽은 목적과 관련시켜서 확인하고 복습하기

6. 이해가 되지 않은 단어나 아이디어는 다른 참고 문헌에서 찾아보거나 도움을 구하기

7. 읽기를 중단했다면 곧바로 읽기를 다시 시작하기

네 번째 모형은 대화식 읽기(dialogic reading)라고 하는데(Bramwell & Doyle, 2008), 이 방법은 교사와 아동 간의 질문과 대답으로 이루어지며, 특히 취학 전이나 초등학교 저학년 아동에게 효과적이다. 대화식 읽기의 핵심은 아동이 화자가 되고 교사가 청자, 질문자, 관객의 역할을 하는 것처럼, 아동과 교사 간의 상호작용에 있다. 이 방법은 문제해결, 의사결정, 사회-정서적 내용이 포함된 이야기를 사용해서 아동의 사회적 기술을 신장시킬 수 있는 활동에 참여시키면서 동시에 읽기 기술을 발달시킬 수 있다.

대화식 읽기 기법의 단계는 (1) 아동에게 책에 대해 이야기하도록 촉진하기(예, 이 이야기에서 아이를 괴롭히는 것이 무엇인가?) (2) 아동의 반응을 평가하기(예, 그를 괴롭히는 것이 더 있다고 생각하지 않니?) (3) 아동의 반응을 다시 풀어서 말하거나 정보를 첨가해서 아동의 반응을 확장시키기(예, 좋아하는 장난감을 망가뜨렸을 때, 그의 형은 무엇을 했지?) (4) 확장을 통해 아동이 학습한 것을 분명하게 하기 위해 반복하기(예, 누군가가 네가 좋아하는 장난감을 망가뜨리면 화가 나지 않겠니?) 등이다.

2. 일반적 문제해결

🌀 **생산적 사고 프로그램**
5-6학년의 문제해결 기술을 신장시킬 목적으로 탐정 이야기를 사용하는 프로그램

사고와 문제해결 기술을 가르치는 방법 중 가장 널리 알려진 것은 생산적 사고 프로그램(Productive Thinking Program; Covington, Crutchfield, Davies, & Olton, 1974)일 것이다. 이 프로그램은 5-6학년 학생들의 문제해결 기술을 신장시키기 위해 탐정 이야기를 사용한 것으로서, 각각의 이야기 속에 있는 미스테리를 글의 단서를 사용해서 해결하도록 요구한다.

이 프로그램은 다양한 영역에서 아동들의 문제해결력을 신장시키는데 효과적인 것으로 나타났다(Mansfield, Busse, & Krepelka, 1978). 이 프로그램에서 가르치는 문제해결 기술은 다음과 같다.

1. 문제를 해결하기 전에 해결하려는 문제가 무엇인지 먼저 결정하라.

2. 관련된 사실을 모두 모아라.

3. 계획에 따라 문제를 해결하라.

4. 성급하게 결론에 도달하지 말라. 개방적인 태도를 취하라.

5. 가능한 한 많은 아이디어, 특히 특이한 아이디어를 많이 생각하라. 하나의 아이디어에 집착하지 말라.

6. 아이디어를 얻기 위해 문제와 관련된 모든 주요 인물과 사건에 대해 주의 깊게 생각하라.

7. 일반적인 해결책을 먼저 생각한 다음 각각의 해결책과 관련된 좀 더 구체적인 아이디어를 생각해 내라.

8. 아이디어를 생각할 때는 자유롭게 생각하라. 좋은 아이디어는 어느 곳에서든지 나올 수 있다.

9. 사실에 대한 각 아이디어가 적절한지 점검하라.

10. 난관에 봉착해도 계속 시도하라.

11. 아이디어가 고갈되면 문제를 다른 시각에서 살펴보아라.

12. 빠뜨린 것이 없는지 모든 사실들을 다시 살펴보아라.

13. 특이한 해결책을 만들어, 가능성이 있는지 살펴보아라.

14. 특이하거나 난해한 사실들에 주목하라. 그러한 사실들을 설명할 수 있다면 해결책을 찾을 수 있을 것이다.

15. 난해한 사실들이 많이 있다면, 그러한 사실들을 연결할 수 있는 단 하나의 설명을 찾아보아라.

David Grossman/Photo Researchers, Inc.

생산적 사고 프로그램은 학생들의 문제해결 기술을 신장시키기 위해 탐정 이야기를 사용한다. 탐정 이야기는 문제해결의 단서가 되어 학생들의 문제해결에 도움을 준다.

 ## 창의성

창의성은 정답이 없는 문제에 대해 독특하면서도 적절한 해결책을 많이 생성해내는 능력이다. 즉 창의성은 독특성, 적절성, 유용성과 관련이 있다(Runco, 2000; Berk, 2005). Guilford(1967)는 어떤 문제에 대한 하나 이상의 수용 가능한 해결책을 생성해내는 확산적 사고(divergent thinking)가 창의성의 한 가지 예라고 했는데, 이것은 단일한 정답을 생성해내는 수렴적 사고(convergent thinking)와 대조를 이룬다. 창의성은 언어적 지식과 지적 기술을 측정하는 지능(4장 참고)과 다르다. 또한 창의성은 지혜(Sternberg, 2001), 실제적 지능(Sternberg & Wagner, 1986), 암묵적 지식(Wagner, 1987)과 차이가 있는데, 이러한 것들은 실생활에서 발생하는 문제에 대한 정확한 해결책을 찾기 위해 지식과 사고를 결합시킨다.

학습에 대한 구성주의적 접근이 창의성과 유사하기 때문에 "의미의 구성"으로부터 "창의성"을 분리시키는 것이 어렵다는 주장이 제기되었다. 두 가지 접근 모두 문제에 대한 독특하면서도 적절한 해결책 생성을 포함하고 있다(Moran, 2008). 또한 연구자들은 사회적 참여를 창의적 활동의 핵심으로 활용하는 창의적 협력(creative collaboration)을 제안했는데, 여기에서 교사가 의미있는 역할을 수행한다(Craft et al., 2007).

Capossela(2000)는 Vygotsky가 제안한 창의성 발달 이론을 소개하였다. 그 이론에 따르면 아동이 놀면서 동작을 수행하거나 언어적 표현을 하는 아동의 표현 놀이(expressive play)가 창의성과 관련된 지적 발달을 유도하며, 이것은 아동의 성숙과 함께 점차적으로 발달한다. 또한 그 이론에서는 아동의 창의적 사고는 대상 대체(object substitution)를 통해 발달한다고 한다. 아동들이 놀이 과정에서 다양한 대상을 상호 교환적으로 사용하는 대상 대체는 상상력과 지능을 결

● 창의성
정답이 없는 문제에 대해 독특하면서도 적절한 해결책을 많이 생성해내는 능력

● 확산적 사고
어떤 문제에 대한 하나 이상의 수용 가능한 해결책을 생성해내는 것

● 수렴적 사고
문제에 대한 단일한 정답을 생성해내는 것

● 창의적 협력
사회적 참여를 창의적 활동의 핵심으로 활용하는 것

● 표현 놀이
아동이 놀면서 동작을 수행하거나 언어적으로 표현하는 것

● 대상 대체
놀이 과정에서 아동들은 다양한 대상을 상호 교환적으로 사용하는 것

7h6135, Lawrence Migdale/Photoresearchers

아동이 놀이를 하면서 동작을 수행하거나 언어적으로 표현하는 표현 놀이는 창의적 사고 발달을 촉진한다.

합하도록 자극한다.

창의성 연구에 따르면 창의성의 중요한 예측자는 독특성과 이해에 대한 사람들의 요구이다(Dollinger, 2003). 즉 창의성은 외향성(타인과 상호작용에 대한 관심정도)과 관련이 있지만 지능과는 관련이 없으며(Furnham & Bachtiar, 2008), 애매함(즉 불확실성)에 대한 인내와 부모의 창의성 수준과 관련이 있다(Zenasni, Besancon, & Lubart, 2008). 창의성에 부정적으로 영향을 미치는 요인은 완벽주의(Gallucci, Kline, & Middleston, 2000)와 시험에 대한 지나친 강조이다(Holliday, 2008). 마지막으로, 연구 결과는 창의성이 영역 일반적이라고 한다. 즉 창의성은 수학과 같은 단일한 영역에만 한정된 것이 아니라 다양한 영역에서 발생할 수 있다(Chen, Himsel, & Kasof, 2006).

1. 창의성 측정 방법

Guilford(1967)와 Torrance(1984)와 같은 창의성 연구자들은 다음과 같은 세 가지 방법 중 하나를 사용하여 창의성을 측정한다. 첫 번째 방법은 신발과 같은 친숙한 물건의 이름을 제시한 다음 그 물건의 용도를 가능한 한 많이 진술하라고 요구한다. 특이하면서도 적절한 대답만이 창의성 점수로 인정되고 일반적이거나 막연한 대답은 점수로 인정되지 않는다.

두 번째 방법은 특이한 상황을 제공하고 그 상황에 대한 결과를 가능한 한 많이 산출하라고 요구하는 것이다. 예를 들어, 세계에서 가장 높은 산의 정상을 제외하고 지구 표면이 3개월 내에 물에 잠기게 될 것이다. 그러한 일이 발생하면 무슨 일이 일어날 것인지 가능한 한 많이 진술하라는 문제를 생각해 볼 수 있다. 이러한 문제에 대한 대답 역시 독특성과 적절성을 바탕으로 채점된다.

세 번째 방법은 그려놓은 그림을 통하여 창의성을 검사하는 것이다. 예를 들어, 종이에 삼각형이 그려진 그림을 제시하고 삼각형을 이용해서 가능한 한 많은 독특한 그림을 그리도록 한다(그림 8-1 참고). 이러한 방법을 통한 창의성 검사를 도형 창의성 검사라고 하며, 단어를 사용하여 용도나 결과를 진술하도록 하는 검사를 언어 창의성 검사라고 한다.

🔊 도형 창의성
제시한 도형을 사용하여 생성된 그림을 통해 측정되는 창의성

🔊 언어 창의성
제시된 단어나 이야기를 사용하여 생성되고 진술된 아이디어를 통해 측정되는 창의성

2. 창의성의 가치

사람들은 창의성과 창의적인 사람에 대해 높이 평가하지만 그러한 평가는 구체성이 없거나 어떤 일이 벌어진 이후에 나온다. 교실에서 창의적인 아동들은 흔히 교사에 의해 비순응자로 간주된다. Wallach와 Kogan(1965)은 지능에 비해 매우 창의적인 여학생들이 교사가 요구하는 성취 수준과 교사가 기대하는 교실 행동을 수행하는데 어려움이 있다는 것을 발견하였다. 다시 말해서, 교사는 사고에서의 순응을 기대했으며(특히 여학생들에게), 교사의 반응은 창의적인 학생을 방어적으로 만들었고, 의심할 여지없이 교사는 창의적인 학생들을 그렇지 않은 학생들에 비해 긍정적으로 생각하지 않았다.

교사들은 창의적인 아동들을 문제나 비협조적인 아동으로 간주한다. 이와 유사하게 직업 세계에서는 창의성이 추구해야 할 보편적인 선이라고 듣기 좋게 말하면서 승진하는 사람들은 순응자들이고 창의적인 종업원들은 사장을 불편하게 만드는 사람으로 간주된다. 이러한 상황은 바람직하지 않다. 교사는 창의성에 개방적이어야 하고 창의성을 가능한 한 많이 신장시키려고 해야 한다.

3. 창의적 수행 증진

창의적 수행을 증진시킬 수 있는 일반적인 방법은 다음과 같다. 이러한 제안들은 사고의 융통성과 유연성을 신장시키고 창의적인 사고를 작동해서 일을 처리하도록 해준다.

1. 규칙에 도전하라. 모든 것을 항상 당연시하지 말라. "왜"라는 질문을 하라.
2. 하나의 사고에 집착하지 말라. 하나의 가능성만 생각하면 다른 가능성들은 모두 봉쇄된다.
3. 문제를 시각화하거나 그림으로 인식하도록 하라.
4. 알고 있는 것을 잊어 버려라. 즉 미리 가정하지 말라.
5. 무사안일주의에 빠지거나 현재 상황을 편안하게 생각하지 말라.
6. 문제를 해결하기 위해 문제를 다양한 각도에서 바라보는 것처럼 창의적인 일을 하라.
7. 생각을 언어화하는 것을 도울 수 있는 친구를 사귀어라.
8. 잠깐 휴식을 취하라. 그때 바로 좋은 아이디어가 떠오른다.
9. 야망을 가져라. 많은 해결책을 시도하라.
10. 다른 사람의 입장이나 관점을 취해보라.
11. 머리에서 떠오르는 모든 것을 적어보아라.
12. 아이디어를 조기에 비판하지 말라.
13. 주의 깊게 경청하라. 유머감을 사용하라.

다음은 창의적인 문제 해결력을 증진시켜 줄 수 있는 일반적인 기법들이다.

(1) 재구성

문제해결 과정에서 어려움에 직면하게 된다면 동일한 방법으로 다시 해결을 시도하기보다는 다른 관점으로 그 문제를 다시 살펴볼 필요가 있다. 관점을 변화시키기 위해서는 흔히 문제에 대한 재구성(reframing)과 재정의(redefining)가 필요하다(Sternberg, 2000). 이를 위해서 먼저 문제와 관련된 모든 긍정적인 측면을 살펴본 다음, 모든 부정적인 측면을 생각해 본다. 재구성에는 흥미로운 측면에 관한 사고도 포함되기 때문에 "만일 __한다면 어떤 일이 일어날까?"라는 질문에 긍정적, 부정적, 흥미로운 측면을 연결한다. 문제와 관련된 어떠한 해결책도 너무 빨리 제외시켜서는 안 된다. 통찰력있는 해결책이나 이전에 한 번도 생각해보지 않은 아이디어를 생성하는 것이 특히 중요하다.

(2) 브레인스토밍

어려운 문제를 창의적으로 해결하는 가장 널리 알려진 방법이 브레인스토밍(brainstorming)이다. 브레인스토밍은 소집단을 구성하여 가능한 한 많은 해결책을 집단 구성원이 생성해내는 방법이다. 브레인스토밍 규칙은 다음과 같다.

1. 모든 사람들이 순서대로 참여한다.
2. 가능한 한 많은 해결책을 생성한다.
3. 가능한 해결책을 모두 기록한다.
4. 아이디어의 질에 관계없이 모든 아이디어를 수용한다.
5. 다른 사람들의 아이디어를 기반으로 아이디어를 생성한다.
6. 어떤 아이디어도 허락하지 않는 한 평가되거나 폐기되어서는 안 된다.

브레인스토밍 과정에서 아이디어가 많이 모이게 되면 불필요한 아이디어를 버리고, 유사한 아이디어는 통합하고 아이디어의 긍정적, 부정적 측면을 파악한다. 그런 다음 실제성이나 비용과 같은 준거를 사용하여 실천할 수 있는 최종 아이디어를 도출한다. 해결책을 찾는 것이 출발점이라면 아이디어 평가는 문제해결의 마지막 단계이다.

Mary Kate Denny/PhotoEdit

브레인스토밍은 어려운 문제를 창의적으로 해결하는 기법이다. 이 방법은 "모든 사람들이 순서대로 참여한다", "어떤 아이디어도 폐기되어서는 안 된다"와 같은 기본적인 규칙에 따라 진행된다.

9 | 수업에서의 집단과정

학습 목표	주요 내용
1. 교실에서의 집단과정을 집단 역동성 모형을 바탕으로 설명할 수 있다.	집단 역동성 모형
2. 교사 기대가 학생의 기대에 미치는 영향, 즉 자기충족적 예언에 대해 요약할 수 있고 그러한 기대가 어떻게 전달되는지 토론할 수 있다.	기대: 교사와 학생의 행동에 미치는 영향 • 자기 충족적 예언 • 기대 전달
3. 집단 규준을 정의하고 이러한 규준이 행동에 미치는 영향을 설명할 수 있다. 규준적 목표 구조와 협동학습을 정의하고 이러한 것들이 학생의 수행에 영향을 미치는 방법에 대해 설명할 수 있다.	규준: 집단이 지키는 규칙 • 규준의 영향 • 규준적 목표 구조 • 협동학습
4. 리더십의 토대를 구별하고 효과적인 학급 운영을 위해 다양한 리더십 스타일과 기술의 사용 방법을 설명할 수 있다.	리더십: 리더로서의 교사 • 리더십의 토대 • 학급 운영을 위한 리더십 • 리더십 스타일
5. 의사 전달자, 의사소통의 내용, 청중의 성향, 청중의 반응을 설명할 수 있으며, 의사소통에 영향을 미치는 요인과 효과적인 의사소통 기술에 대한 예를 들 수 있다.	교사–학생 간 의사소통 • 의사 전달자의 신뢰성 • 의사소통의 내용 • 청중의 성향 • 청중의 반응
6. 집단 구성원들에게 매력을 주는 요인과 매력적인 집단에서 발생하는 이득과 효과적인 학급풍토의 범주와 요소에 대해 말할 수 있다.	우정, 관계, 학급풍토 • 집단을 매력적으로 만드는 요인 • 학생들의 관계 패턴 • 학급풍토

집단 역동성 모형

　　교실은 사회적 맥락이고 수업은 학생들의 상호작용으로 이루어진다. 학생들은 수업 중에 짝과 함께 하든지 소집단으로 하든지 상호의존하면서 과제를 수행한다. 학급 전체가 하나의 집단으로서 기능을 한다고 해도 학급 구성원들은 토론이나 다양한 비형식적 행동을 통해 서로 상호작용한다. 물론 학생들은 교사와도 상호작용을 한다.

　　또한 급우들은 학습과 자아감 발달과 같은 공동의 목적을 공유한다. 집단 구성원들의 특성(예, 기대)과 전체로서의 집단 특성(예, 규준이나 행동 규칙) 간의 상호 작용은 다양한 집단 과정을 유발시킨다(예, 발달, 의사소통, 리더십, 갈등). 이러한 과정은 다시 다양한 집단 산물을 만들어 낸다(예, 우정, 영향, 풍토; Jewell & Reitz, 1981). 다음에 제시된 그림 9-1에는 이러한 요인들의 상호 의존적인 관계를 보여준다.

　　예를 들어, 만일 학급 구성원들이 수업 시간에 이루어질 경험에 대해 매우 높은 긍정적인 기대를 갖고 있고, 학급 규칙이 학생들의 자유와 구성원들과의 상호작용을 많이 허용한다면, 그 학급의 의사소통 과정은 매우 활발하게 이루어질 것이다. 이러한 과정을 통해 학급 구성원들 간에는 상당한 우정이 만들어질 것이고 긍정적인 학급풍토가 생성될 것이다.

　　물론 한 학급에서 모든 학생들의 영향력이 동일하지는 않다. 학생 각각의 역할보다는 교사의 역할이 더 강하다. Adams와 Biddle(1970)은 수업 중에 교사의 84%는 의사 전달자 역할을 한다고 결론을 내렸다. 교사들은 또한 규칙을 정하기 때문에 학급에 집단 역동성 모형을 적용할 때 교사의 역할과 교사가 상호작용 과정에 미치는 영향에 대해 특히 주목해야 한다.

그림 9-1　학급의 집단 역동성 모형

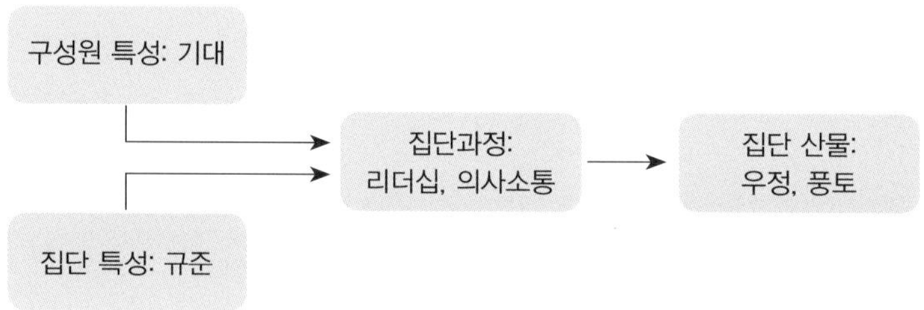

```
구성원 특성: 기대 ──┐
                    ├──→  집단과정:        →   집단 산물:
집단 특성: 규준 ────┘      리더십, 의사소통       우정, 풍토
```

기대: 교사와 학생의 행동에 대한 영향

　　기대(expectation)는 사람들이 자신과 타인이 다양한 상황에서 어떻게 행동할 것인가와 그러

한 행동의 결과는 무엇일 것인가에 대해 갖고 있는 신념이다. 이 장에서는 교사가 학생들에게 갖고 있는 신념 혹은 기대와 교사 자신의 행동과 학생들에게 미치는 영향이 무엇인지에 대해 살펴보겠다.

1. 자기 충족적 예언

Merton(1949)이 처음 사용한 자기 충족적 예언(self-fulfilling prophecy)이란 특정한 사람이 설정한 기대가 자신의 추후 행동은 물론 타인의 행동에 강한 영향을 미친다는 것을 의미한다. 즉 자기 충족적 예언은 누군가가 기대(혹은 예언)하는 것이 실제로 일어나게 된다는 것이다. 사람들의 기대는 단순히 그렇게 될 것이라는 기대하기 때문에 충족된다. 여러분이 스스로 자신이 똑똑하다고 믿는다면 여러분은 똑똑하게 행동할 것이고 다른 사람들은 여러분의 똑똑한 행동을 근거로 여러분이 똑똑하다고 인식할 것이다.

자기 충족적 예언과 관련된 연구에서 한 집단의 여성들은 수학 시험을 치르기 전에 자신들이 치를 시험의 목적이 남성과 여성 중 누가 수학을 더 잘하는지를 파악하기 위해 시험을 치른다는 이야기를 듣고 시험을 치렀다. 그 결과 여성들의 수학 점수는 남성들의 점수에 비해 저조하였다. 그러나 다른 집단의 여성들에게는 시험치르는 목적에 대한 정보를 주지 않고 시험을 치르도록 했을 때 그 집단 여성들의 수학 점수는 남성들과 차이가 나지 않았다(Spencer, Steele, & Quinn, 1999). 첫 번째 집단 여성들은 남성들이 여성들보다 수학을 더 잘한다는 기대를 설정했고, 그러한 기대가 반영되어 수학 성적이 남성보다 저조하게 나온 것이다. 즉 그들의 예언이 충

> ✏ 자기 충족적 예언
> 기대하는 것이 실제로 일어나게 된다는 것

교사에게 그가 담당하고 있는 학생들의 학업 성취도가 향상될 것이라고 이야기해주면, 학생들의 실제 수행이 향상된다. 이것은 행동에 미치는 기대의 영향력을 설명해 준다.

족된 것이다.

Rosenthal과 Jacobson(1968)은 교실에서의 피그말리온 효과를 검증하기 위해 샌프란시스코의 학교에 재학 중인 학생들을 무작위로 선정하여 교사들에게 해당 학생들이 우수하다는 기대를 학년 초에 설정하도록 했다. 학년 말에 검사한 결과 학생들의 읽기검사, 지능검사, 학생의 사회적, 개인적 적응에 대한 교사의 평정 등에서 학생들의 성취도는 기대 수준을 초과하였다.

Good과 Brophy(2003), 그리고 일부 연구자들은 교사의 기대는 학생들의 자기 기대에 영향을 미치고, 결국에는 학생들의 수행에 영향을 미친다는데 일반적으로 동의한다. Schmuck과 Schmuck(2001)은 이것을 순환적 대인관계 과정(circular interpersonal process)이라고 했다. 그들의 주장에 따르면 여러분 자신과 타인에 대한 여러분의 감정과 기대는 여러분의 행동에 영향을 미치고, 이것은 또한 타인들이 그들 자신과 여러분에 대한 관점에 영향을 미친 다음, 타인들이 여러분에게 행동하는 방법에 영향을 준다. 그런 다음 여러분에 대한 타인의 행동은 여러분 자신과 타인에 대한 여러분의 감정과 정서에 영향을 미친다. 이러한 과정은 끝이 없는 원처럼 계속 지속된다.

> ◑ 순환적 대인관계 과정
> 교사의 기대가 학생의 자기 기대에 영향을 주고 결국에는 학생들의 수행에 영향을 주는 과정

2. 기대 전달

교사들은 그들의 기대를 학생들에게 어떻게 전달하는가? Good과 Brophy(2003)에 따르면 능력이 낮은 학생들에 비해 높은 것으로 지각된 학생들은 교사들로부터 (1) 칭찬 (2) 도움과 코칭 (3) 질문에 대답하는 시간을 더 많이 받는다. 교사들은 능력이 낮은 학생들에게 더 비판적이고 질문에 대한 응답 시간을 많이 주지 않고(그들이 대답할 수 있을 것이라고 기대하지 않기 때문), 질적으로 낮은 대답을 수용해 준다. 반면에 교사들은 능력이 높은 학생들이 대답할 시간을 충분히 제공하는데, 이것은 교사들이 이들에게 더 많이 기다려주고 높은 기대를 설정하고 있다는 것을 반영한다. 다른 연구를 통해서도 유사한 결과가 발견되었다. Rosenthal(1974)은 교사들이 학생들의 수행에 긍정적인 기대를 전달할 수 있는 네 가지 방법을 소개하였다.

1. 풍토: 온화한 분위기 조성, 관심과 정서적 지원 제공
2. 피드백: 격려와 칭찬을 해주는 피드백 제공
3. 투입: 힌트 주기, 질문을 다시 풀어서 해주기, 추가적 정보 제공
4. 산출: 반응과 대답할 시간을 충분히 제공

Babad(1998)는 Rosenthal의 네 가지 요소를 정서적 지원(위의 첫 번째 요인)과 학습 지원(위의 세 번째와 네 번째 요인 결합)으로 대별했다. Cooper(1979)에 따르면 교사들은 기대가 높은 학생들에게는 수행(performance)에 관심이 있는 반면에, 기대가 낮은 학생들에게는 행동 통제(control)에 관심이 있는 것으로 밝혀졌다. 교사들은 높은 기대를 전달하는 학생들에게 칭찬과 격려를 더 많이 해서 이들의 수행은 향상되고 교사의 기대는 강화된다. 기대 수준이 낮은 학생들은 교사들이 그들을 통제하기 때문에 학생들 스스로 자신의 행동을 통제하려고 하지 않으며, 그에 따라 수행을 잘 하지 않는다. 이러한 과정을 통해 교사는 낮은 기대가 정확하다는

신념을 강화하게 된다. 그 결과 순환적 대인관계 과정이 다시 작동한다.

Ⅲ 규준

규준(norm)은 집단 구성원들이 (1) 주변 세계를 어떻게 보아야 할 것인지 (2) 무엇을 생각할 것인지 (3) 무엇을 좋아하고 또 싫어해야 할 것인지 (4) 어떻게 행동할 것인지 등에 대해 서로 동의해서 공유하고 있는 신념이다. 규준은 구체적인 진술 여부에 따라 공식적이거나 비공식적일 수 있지만, 어느 경우이든간에 집단에 의해 준수된다. 규준은 불변하거나 역동적일 수 있다.

> 📖 규준
> 집단 구성원들이 주변 세계를 어떻게 보아야 할 것인지, 무엇을 생각할 것인지, 무엇을 좋아하고 또 싫어할 것인지, 어떻게 행동할 것인지 등에 대해 서로 동의해서 공유하고 있는 신념

1. 규준의 영향

규준이 사물을 보는 방법에 영향을 미친다는 사실은 Asch(1952)의 고전적 실험에 의해 설명되었다. 이 실험에서 연구자들은 피험자들에게 실험자가 제시한 직선의 길이와 동일한 길이의 직선을 다른 카드에 있는 3개의 직선 중에서 고르도록 하였다. 실험자는 의도적으로 틀린 대답을 하도록 한 명의 피험자를 실험 집단에 배치하였다. 대략 1/3 정도의 피험자들은 집단의 판단에 따라 틀린 답을 정답이라고 선택했다. 그들은 자신의 판단에 의문을 제기하거나("나에게는 안경이 필요해. 다른 사람들이 틀릴 리가 없어"), 눈에 띄거나 다른 사람들과 구별되는 것을 싫어했다(그들이 틀렸다는 것을 안다. 그러나 괴짜로 보이는 게 싫다). 즉 비공식적 규준이 집단의 판단과 행동을 묵인한다.

규준의 영향에 대한 또 다른 유명한 연구는 Milgram(1963)의 복종에 관한 연구이다. 이 실험에서 일부 피험자들은 실험자의 권위에 절대적으로 복종하였는데, 권위자에게 복종해야 한다는 규준은 많은 사람들에게 강력한 영향력이 있다는 것이 입증되었다. 교사들은 이러한 권위를 갖고 있다는 것을 기억해야 한다. 특히 어린 아동들은 도덕성 발달단계에서 성인의 권위에 절대적으로 순종한다.

한편, 집단이 (1) 동아리나 팀과 같이 매우 밀접한 관계를 유지하거나 (2) 구성원의 만족도에 영향을 미치거나 (3) 공동의 목표가 있거나 (4) 집단의 기능과 밀접한 관계가 있는 규칙을 가지고 있을 때, 규준의 영향력은 막대해서 구성원의 정서와 행동에 영향을 줄 것이다(Nowack, Szamrej, & Latane, 1990). 대부분의 경우 학급 공동체는 이러한 특성을 갖고 있지 않기 때문에 다른 학생 집단이나 공동체에 비해 영향력이 그다지 크지 않을 것이다.

Jackson(1960)은 집단이 승인한 허용 가능한 행동의 범위가 너무 협소하게 정해질 때, 위반의 가능성과 그에 따른 처벌 모두 증가한다고 주장했다. 예를 들어, 수업 내내 조용히 앉아 떠들어서는 안 된다는 것처럼 허용할 수 있는 행동의 범위를 협소하게 정의한 경우, 교사는 더 포

괄적으로 정의한 교사에 비해 학생들을 훈육하는데 더 많은 시간을 보낼 것이다.

규준의 강도는 학생의 연령과 중요성에 따라 다르다. 예를 들어, 10대들에게는 복장과 데이트에 관한 규칙의 강도가 높은 반면, 유치원 아동들에게 더 강도 높은 규준은 장난감 함께 사용하기일 것이다.

모든 구성원들이 동의한 규준은 특히 엄격한데, Jackson(1960)은 이것을 매우 견고한 규준이라고 했다. 그러나 매우 견고한 규칙은 교실 내의 하위 집단에 따라 영향력이 다르다. 하위 집단에서 동의하지 않을 경우 애매한 규준이 되어 갈등을 유발한다. 예를 들어, 만일 진지한 학생들은 수업에 집중하기를 원하지만 덜 진지한 학생들이 잡담하기를 원한다면, 두 하위 집단 간에는 다소 불쾌한 상호작용이 발생할 것이다.

규준이 잘 통합되지 않아 쉽게 혼란을 유발시키는 경우도 있다. 교사가 학생들이 스스로 과제를 수행하도록 하는 규준과 자신의 말에 주의를 집중하도록 하는 규준을 설정하게 되면, 교사가 전체 학생을 대상으로 수업을 하기 위해 개인적인 과제 수행을 중단하려고 했을 때 혼란이 일어날 것이다.

마지막으로 사람들은 이런 저런 집단의 구성원이며, 모든 집단에는 규준이 있다. 다른 사람이 이야기할 때 경청하기와 같이 어느 집단에는 찾아 볼 수 있는 규준이 있다. 이런 규준은 일관성이 있다. 일관된 규준은 일관성이 없는 규준에 비해 준수되기가 쉽다.

2. 규준적 목표 구조

규준적 목표 구조
의도한 목표를 달성하기 위한 가장 바람직하거나 적절한 방법에 대해 공유하고 있는 기대

규준적 목표 구조(normative goal structure)는 교실에서 지식을 습득하거나 기술을 발달 시키는 것과 같이 의도한 목표를 달성하기 위한 가장 바람직하거나 적절한 방법에 대해 공유하고 있는 기대이다. Johnson과 Johnson(2003)은 수업 상황에서 협동적, 경쟁적, 개인주의적 목표 구조와 같은 세 가지 규준적 목표 구조를 제안했다.

협동적 목표 구조
각 구성원들이 모든 구성원들에게 이득이 될 만한 산출을 추구하는 구조

협동적 목표 구조(cooperative goal structure)에서 각 구성원들은 모든 구성원들에게 이득이 될 만한 산출을 추구한다. 즉 구성원들은 동일한 목표를 공유하고 상호 의존적으로 각 구성원들이 동일한 노력을 했을 경우에 의도한 목표를 달성할 수 있다. 교실에서 협동적 목표 구조 사용은 협동학습을 의미하며, 협동학습은 성취를 촉진시키는 가장 효과적인 목표 구조이다(Johnson, Maruyama, Johnson, Nelson, & Skon, 1981).

경쟁적 목표 구조
자신의 성공뿐 아니라 다른 사람을 실패하도록 만드는 구조

반면에 경쟁적 목표 구조(competitive goal structure)에서 학생들은 자신의 성공뿐 아니라 다른 학생의 실패를 추구하는데, 경제학자들은 이것을 제로섬(zero-sum) 상황이라고 한다. 승자가 존재하기 위해 패자가 존재해야 한다. 예를 들어, 일정한 비율의 학생만이 A 학점을 받도록 한다면, 다른 학생들은 B 혹은 그 이하의 학점을 받아야 하기 때문에 그 구조는 경쟁적이다.

개인주의적 목표 구조
개인의 목표와 다른 사람들의 목표가 별개인 구조

마지막으로 개인주의적 목표 구조(individualistic goal structure)는 개인의 목표와 다른 사람들의 목표는 별개이다. 따라서 한 사람의 성취는 다른 사람의 성공이나 실패와 전혀 관계가 없다.

전술한 세 가지 구조는 다음과 같이 요약될 수 있다.

● 협동: 내가 승자이면, 너도 승자이고, 내가 패자이면, 너도 패자이다.

- 경쟁: 내가 승자이면, 너는 패자이고, 내가 패자이면, 네가 승자이다.
- 개인주의: 나의 승리나 패배는 너와 전혀 관계가 없으며, 너의 승리나 패배는 나와 전혀 관계가 없다.

3. 협동학습

협동학습(cooperative learning)은 상호 의존적(혹은 협력) 학습으로 모든 교육 수준에서 사용되는 교수법이다(Johnson, Johnson, & Smith, 2007). 협동학습의 형태는 매우 다양하다. 예를 들어, Slavin(1995)이 제안한 성취과제분담 학습법(STAD: Student-Teams and Academic Divisions)에 따르면 학생들은 4개의 이질 집단으로 구성되어 교사가 제시한 자료를 팀별로 학습한다. 그런 다음 학생들은 개인적으로 자료와 관련된 시험을 치르며 팀의 평균 성적을 바탕으로 보상을 받는다. 이 방법은 학생들이 서로 격려하고 도움을 주도록 유도하기 위해 인센티브를 사용한다. Slavin(1995)은 이 방법이 전통적, 혹은 개인주의적 접근보다 학생들의 성취에 긍정적인 영향을 미친다는 것을 발견했는데, 그 원인이 개인보다는 팀에게 인센티브를 제공하는 것에 있다고 주장하였다. Johnson, Johnson, 그리고 Stanne(1986)의 연구에 따르면 협동학습 집단의 학생들이 경쟁적 집단이나 개인주의적 집단에 속한 학생들에 비하여 모든 성취도 검사에서 우수한 수행을 보였다. 표 9-1에는 Johnson과 Johnson(2003)의 협동학습 방법과 다른 유형의 학습과 비교한 결과가 소개되어 있다.

협동학습이 효과적인 이유는 무엇인가? 협동학습 집단에서 덜 유능한 학생들은 더 유능한 학생들로부터 도움을 요청하고, 더 유능한 학생들은 덜 유능한 학생들에게 도움을 줄 것이며, 그러한 도움이 집단의 성취를 향상시킬 것이다(Webb, 1982; Webb & Palincsar, 1996). 협동학습

ABStudio/ Workbook Stock/ Jupiter Images

사람들이 서로 협력하면 긍정적인 결과가 나올 가능성이 크다.

🔎 협동학습
학생들이 상호의존하거나 협력하여 학습하도록 하는 교수법

표 9-1	협동학습, 경쟁학습, 개인주의적 학습 비교		
	협동학습	**경쟁학습**	**개별학습**
워크 시트와 최종 시험의 근거	집단 구성원의 평균 수행	집단 내에서의 상대적 위치	사전 준거와 비교한 개인의 수행
보너스 점수의 근거	각 학생들은 전체 학급이 획득한 점수의 10%를 획득함	학급에서 가장 우수한 학생만이 획득함	개인 과제를 토대로 획득함
피드백의 근거	집단의 수행	집단과 학급 수행과 비교한 개인의 수행	개인의 수행
상호작용 양식	집단 구성원들은 구체적인 역할이 부여되고 매일 그 역할이 달라짐	모든 학생들이 독자적으로 학습함	상호작용이 허용되지 않음
워크시크 완성 방법	개인별	개인별	개인별
최종 평가 방법	개인별	개인별	개인별
성취 결과	가장 우수	두 번째로 우수	가장 낮음

S. Kuttig/plainpicture/Corbis

또래 교수에서 가르치는 학생은 가르치는 과정에서 더 많은 것을 학습할 수 있기 때문에 가르치는 학생에게도 이득이 된다.

집단은 보상을 집단별로 줄 때 가장 우수한 수행을 했는데, 그것은 이러한 방법을 사용했을 때 덜 유능한 학생들에게 도움을 요청하도록 동기화시키고 유능한 학생들에게는 도움을 주도록 동기화시켰기 때문이다(Webb, 1982). 경쟁적 상황과 개인주의적 상황에서 학생들은 서로 돕는데 동기 유발이 거의 되지 않을 것이다. Webb의 연구 결과는 교사들에게 (1) 가능하면 학생들이 집단으로 과제를 수행하도록 하고 (2) 이질적인 집단을 구성하고 (3) 도움 요청과 도움 제공을 자극하기 위해 집단별로 보상이나 인정을 해 줄 것을 시사해 준다.

Sharan(1994)은 협동학습을 통하여 학생들이 집단 프로젝트를 수행할 수 있는 다섯 가지 단계를 다음과 같이 제안했다.

1. 주제를 선정하고 6명의 학생을 한 집단으로 구성한다.
2. 주제를 하위 주제로 나눈다. 집단 내에서 2명씩 짝을 지어 자신들의 하위 주제를 어떻게 연구할지 결정하도록 한다.
3. 먼저 짝을 지어 탐구를 수행하고, 나중에 각 집단별로 단일한 산출물을 만들어 내도록 한다.
4. 전체 학급 앞에서 집단의 최종 보고서를 발표하고 토론하도록 한다.
5. 최종 보고를 근거로 집단의 수행을 평가한다. 성취도 검사를 할 수 있지만 학생과 교사 모두가 포함된 협동적 평가가 중요시된다. 협동적 평가를 통하여 추후 집단활동 절차를 수정할 수도 있다.

학생들의 상호작용을 중심으로 하는 교수-학습법은 다양하다. Sharan(1980)은 또래 교수법(peer tutoring)과 집단 탐구법(group investigation)을 제안했다.

널리 알려진 또 하나의 협동학습 모형은 직소 모형(jigsaw model)이다. 이 모형은 특히 초등학교 중학년들에게 효과적이다. 이 모형에서 집단 구성원들은 각각 다른 집단 구성원들과 모여 전문가 집단을 구성하여 학습할 주제의 특정한 부분을 집중적으로 학습한다. 전문가 집단에서 학습이 끝난 후 학생들은 자신의 원래 집단으로 돌아가 자신들이 학습한 내용을 다른 구성원들과 공유한다(Aronson & Patnoe, 1997).

예를 들어, 학습할 주제가 인디언 문화에 대한 것이라면, 이 주제는 족장의 역할, 부족회의, 의식, 식량 조달, 거주지 등의 측면으로 나누어서 학습할 수 있을 것이다. 각 집단의 구성원 개개인은 하나의 주제에 대한 전문가가 되어 자신이 속한 집단의 다른 구성원들에게 해당 주제에 대해 알려준다. 이를 위해 각 집단의 구성원들이 모여 함께 공부한다. 이것은 협동학습 과정에서 모든 구성원들에게 책임을 부여하고 최대한의 참여를 유도한다.

> **직소 모형**
> 각 집단 구성원들이 함께 모여 특정 주제에 대해 학습한 다음, 자신의 집단으로 돌아가 집단 구성원들이 해당 주제에 대한 지식을 획득하도록 하는 협동학습 전략

Ⅳ — 리더십: 리더로서의 교사

일반적으로 리더십은 (1) 영향을 미치는 사람의 심리학적 특성과 (2) 다른 사람에게 영향력을 행사하는 행동으로 간주된다. 후자적인 접근, 즉 기능적 리더십(functional leadership)이 더 생산적이고(Bass, 1990, 1997), 교실에서 교사의 리더십을 진술할 때 기능적 리더십이 더 적절하다. 왜냐하면, 기능적 리더십은 영향력을 행사하는 교사와 영향을 받는 학생 간의 거래적(transactional) 교환 혹은 대인 간 사태로 리더십을 보기 때문이다. 따라서 리더십은 학생들이 특정한 목표를 향해 나아갈 수 있도록 돕는 일련의 행동이라고 할 수 있다. 이러한 행동의 영향은 교사의 권위와 같은 요소와 학생 – 교사 간의 관계에 달려있다.

> 📖 **기능적 리더십**
> 리더십을 영향을 주는 사람과 받는 사람 간의 거래적 교환으로 간주함

대안적으로 변형적 리더십(transformational leadership)은 리더의 비전과 영감, 격려, 창의성, 개인적 관심 등에 근거한 새로운 목표 창조에 초점이 있다(Bass & Avolio, 1993). 변형적 리더십이 효과를 발휘하게 되면 집단 구성원들은 더 많은 노력을 하려고 할 것이고, 그것은 일반적으로 조직에 긍정적인 영향을 미친다(Fiol, Harris, & House, 1999). 변형적 리더십은 매우 효과적인 학교에서 쉽게 찾아볼 수 있다.

> 📖 **변형적 리더십**
> 리더의 비전이 그의 영감, 격려, 창의성, 개인적 관심 등에 근거한 새로운 목적 창조에 사용됨

1. 리더십의 토대

French와 Raven(1960)은 영향력을 미치는 다섯 가지 토대(base)를 제안했다. 이것을 교사 – 학생간의 관계에서 살펴보면 다음과 같다.

1. 전문적 권력(expert power): 학생들은 교사가 많은 지식과 기술을 소유하고 있는 것으로 지각한다. 그 결과 학생들은 교사에게 배울 것이 있다고 생각한다.

2. 준거적 권력(referent power): 학생들은 교사를 그들이 좋아하고 동일시할 수 있는 사람으로 간주한다. 그 결과 학생들은 그 교사를 모방하거나 좋아한다.

3. 합법적 권력(legitimate power): 학생들은 교사를 우두머리로 간주한다. 그 결과 학생들은 교사가 그들에게 무엇을 하도록 요구할 권한이 있다고 생각한다.

4. 보상적 권력(reward power): 학생들은 교사를 보상을 제공하는 사람으로 간주한다. 그 결과 학생들은 보상을 얻기 위해 교사가 원하는 일을 한다.

5. 강제적 권력(coercive power): 학생들은 교사를 처벌을 할 수 있는 사람으로 간주한다. 그 결과 학생들은 곤경에 처하지 않기 위해 교사가 원하는 일을 한다.

교사는 상기의 다섯 가지 토대 중에서 합법적 권력, 보상적 권력, 강제적 권력을 자동적으로 행사한다. 교실에서 교사는 보상과 처벌을 할 수 있는 합법적인 리더이다. 그러나 교사의 권력은 학생들이 그 교사를 좋아하거나 존경한다면 훨씬 막강하게 될 것이다. Kounin(1970) 등에 따르면 가장 성공적인 교사들은 전문적 권력과(혹은) 준거적 권력을 행사한다. 전문적 권력과

Jose Luis Pelaez, Inc./Surf/Corbis

학생의 학습을 돕는 교사의 역량은 교사가 학생들로부터 존경을 받을 때 증가한다.

준거적 권력을 발달시키기 위해 교사는 학업과 긍정적인 학습 환경을 촉진할 수 있는 교실 풍토를 조성해야 한다. 이것은 독자성과 개방적 의사소통을 격려하고, 학생들이 교사를 좋아하도록 만들어야 한다는 것을 의미한다. 교사가 교실에서 절대적인 지배자가 되면 학생들은 수동적이거나 냉담하게 되고 저항하거나 마찰을 일으키게 된다. 강제적 권력에 지나치게 의존하는 교사, 특히 영향력이 매우 큰 학생에게 강제적 권력을 행사하는 교사는 Kounin과 Gump(1958)가 말하는 소위 '파급효과(ripple effect)', 즉 전체 학생들에게 긴장과 불평을 확산시킨다. 강제성은 단기적인 측면에서 교사에 대한 순종을 유도할 수 있지만 장기적인 면에서 볼 때는 교사에 대한 학생의 흥미와 존경을 감소시킨다.

2. 학급 운영을 위한 리더십

연구 결과에 따르면 학급 운영의 핵심은 단순히 문제행동을 일으킨 학생을 훈육하는 데 있는 것이 아니라(Kounin, 1970), 학생들이 학급 활동에 참여하도록 하고 사소한 문제행동을 해결하는 데 있다. 훌륭한 학급 운영은 주요 문제를 예방하는 데 있다.

Good과 Brophy(2003)는 학급 운영을 위한 효과적인 리더십을 다음과 같이 제안했다.

1. 학생들이 학급 규칙을 분명하게 이해하고 수용하도록 하라.
2. 문제행동을 통제하는데 중점을 두기보다는 학업 시간을 최대화하라.
3. 강제적 권력으로 학생들을 통제하기보다는 학생들이 자기-통제력을 발달시킬 수 있게 하라.
4. 학급 활동을 학생들의 흥미와 적성에 맞추어라.

또한 Good과 Brophy(2003)는 문제가 발생했을 때 그 문제를 가능한 한 빨리 제거하여 학생들이 그 문제로 인해 주의가 분산되는 것을 최소화할 것을 제안했다. 그들은 문제 행동이 발생하면 (1) 눈 맞춤 (2) 터치와 제스처 (3) 위반자에게 가까이 가기 (4) 위반자에게 수업과 관련된 질문하기 (5) 위반자 옆에 앉아서 바람직한 행동을 하고 있는 학생 칭찬하기 등과 같은 구체적인 방법을 소개했다.

3. 리더십 스타일

과제 중심 리더십
집단이 처리하는 활동의 성공적인 수행에 초점을 맞춤

사회-정서적 리더십
격려, 조화, 타협, 사기 등을 강조함

모든 리더들이 항상 동일한 방식으로 행동하거나 모든 상황에 적절한 유형의 리더십은 없다. 일반적으로 두 가지 상반되는 리더십 스타일, 즉 과제 중심 리더십(task leadership)과 사회-정서적 리더십(social-emotional leadership)이 있다. 과제 중심 리더십은 집단이 처리하는 활동의 성공적인 수행에 초점을 맞춘다. 이런 스타일의 교사는 내용을 가르치고 강의를 하고 시험을 치르며 학생이 정보를 획득하도록 돕는데 중점을 둔다. 사회-정서적 리더는 격려, 조화, 타협, 사기 등을 강조하기 때문에 이런 스타일의 교사는 관리, 통제, 훈육, 동기유발 등에 초점을 맞춘다. 분명히 교사는 이 두 가지 스타일을 어느 정도 갖고 있다.

또 다른 리더십 스타일은 (1) 교사가 유일한 권위자이며, 모든 규칙 제작과 의사 결정을 하는 권위적 리더십 (2) 교사가 규칙 제작과 의사 결정 과정에 모든 학생들이 공평하게 참여할 수 있도록 하는 민주적 리더십 (3) 교사가 규칙 제정과 의사 결정 과정에 모두 관여하지 않는 자유 방임이 있다. Lewin, Lippitt, 그리고 White(1939)의 고전적 연구에 따르면 권위적 리더십이 단기적으로는 생산적이지만 장기적으로는 매우 해로운 것으로 밝혀졌다. 리더가 권위적인 집단의 구성원들은 자기 통제를 거의 학습하지 못하고, 리더가 자유 방임적일 경우 구성원들은 유용한 일을 거의 하지 않았다. 교사가 민주적인 리더가 되어 일부 학급 규칙 제정과 의사결정 과정에 학생들을 참여시키는 것이 가장 바람직하다.

Joyce와 Weil(2008)은 교사가 성취 목표에 따라 선택할 수 있는 4가지의 리더십 혹은 수업 스타일을 소개했다. 학생들에게 정보를 전달하는 것이 목적일 경우 교사는 정보처리 스타일을 선택해야 할 것이다. 이 경우 교사는 TV 다큐멘터리나 신문과 같은 역할을 하며 학생들이 이해를 쉽게 하도록 정보를 제공해야 한다. 학생들이 서로 잘 지내도록 하는 것이 목적이라면 교사는 소집단이나 다른 상호작용 기법을 활용하는 사회적 상호작용 스타일을 채택해야 할 것이다. 교사는 학생들이 정체성을 형성하도록 돕기 위해 개인에 초점을 둔 스타일을 선택하고 토론이나 개인적으로 접촉하는 방법을 선택해야 할 것이다. 마지막으로, 행동을 통제하고 훈육하는 것이 목적이라면 행동 수정 모형(6장 참조)을 채택하여 보상을 사용하고 수용 가능한 교실 행동을 만들어야 할 것이다.

Tuckman(1995)은 교사들이 학급 운용을 할 때 채택할 수 있는 대안적인 스타일을 제시했다. 첫째, 조직화된 태도(organized demeanor)로서 교사는 기본적인 학급 운영의 도구로 목표, 계획, 평가 등을 통한 조직을 사용한다. 둘째, 역동성(dynamism)으로서 교사는 학생의 주의집중을 유도하기 위해 열정과 카리스마를 활용한다. 셋째, 온정과 수용(warmth and acceptance)인데, 이것은 주된 리더십 기제로서 관계 설정과 지원 제공을 특징으로 한다. 넷째, 발견을 통한 학습의 토대를 제공해 줄 수 있는 학습 환경을 만드는 창의성(creativity)에 의존한다. Tuckman은 많은 교사들이 위에서 소개한 접근들 중에서 하나를 택하지만, 일부 교사는 조직에서 시작하여 창의성으로 끝내는 것처럼 네 가지 모두를 사용한다고 주장했다.

Mosston과 Ashworth(1994)는 체육시간에 적용할 수 있는 수업 스타일의 스펙트럼을 제안했다. 각 스타일은 학생과 교사 간의 관계에서 가능한 선택을 나타낸다. 스펙트럼 한 쪽 끝에는 모든 결정을 교사가 다하고, 또 다른 끝에는 학생들이 대부분 의사결정을 한다.

- **명령 스타일**: 교사가 수업 목표와 절차를 선택하는 것과 같이 모든 의사 결정을 한다.
- **과제 혹은 연습 스타일**: 과제를 수행할 장소와 내용에 대한 선택권을 학생들에게 부여한다. 예를 들어, 학생들은 실험실, 체육관, 스튜디오 등에서 과제를 수행할 수 있다.
- **상보적 스타일**: 교사의 지도하에 학생들은 교사와 학생의 역할을 번갈아 수행하며, 보통 소집단이나 튜터제를 활용한다.

권위적 리더십
교사가 유일한 권위자이며, 모든 규칙 제작과 의사 결정을 함

민주적 리더십
교사가 규칙 제작과 의사 결정 과정에 모든 학생들이 공평하게 참여할 수 있도록 함

자유 방임
교사가 모든 규칙 제작과 의사 결정 과정에 관여하지 않음

● 통합 스타일: 이것은 사회적 관여를 최대화하고 학생들이 성공을 위해 서로 돕도록 하기
위해 소집단을 활용한다.
● 안내된 발견 스타일: 교사는 학생들이 필요한 정보나 설명을 전달하기보다는 발견하는데
도움이 되는 학습 환경을 조성한다. 교사가 질문을 하면 학생들은 해답을 찾아야만 한다.
이 스타일은 2장에서 소개한 피아제의 접근 방법과 일치한다.
● 학습자 주도 혹은 문제해결 스타일: 학생들이 학습 내용을 선정하는 동안 교사는 조언자
의 역할을 한다. 교사는 학생들이 다양한 해결책을 찾아내도록 격려한다. 이것은 연구 프
로젝트를 완성하는 것과 같은 독자 연구와 유사하다.

교사가 대다수 학생들이 선호하는 방법에 자신들의 수업 스타일을 맞출 수도 있다(Hunt &
Sullivan, 1974). 일부 학생들은 교사가 강의를 하고 자신들은 그 정보를 암송하는 교사 주도적
인(혹은 구조화된) 스타일을 선호하는 반면, 어떤 학생들은 교사의 역할이 안내자나 조언자가
되는 자기 주도적인(혹은 비구조화된) 스타일을 선호한다. 분명히, 교사들은 항상 동일한 접근
이나 스타일로 학급을 운영하지 않으며, 상황에 적절한 스타일을 선택하여 활용한다.

교사 주도적 스타일
교사가 학생에게 정보와 수업을
제공하는 스타일

학생 주도적 스타일
교사가 학생들을 개별적으로나
소집단별로 만나 안내자나 조언
자의 역할을 함

Ⅴ　교사-학생 간 의사소통

의사소통의 효과성은 다음에 살펴볼 다양한 요인들에 의해 영향을 받는다. 이러한 요인들은
누가, 무엇을, 누구에게 이야기하는 것이 효과적인가와 관련이 있다.

1. 의사 전달자의 신뢰성

교사들은 의사 전달자들이다. 교사의 의사 전달 효과는 그에 대한 학생들의 신뢰성(cred-
ibility)에 달려있다(Johnson & Johnson, 2003). Hovland(1963)는 어떤 문제에 대해 의사 전
달자의 입장이 그 문제와 유사하고 의사 전달자가 신뢰로울수록 메시지는 더 잘 전달된다고 주
장했다. 또한 의사 전달자가 존경을 받을수록 듣는 사람들은 의견을 더 쉽게 바꾼다(Hovland,
1963; Petty, Wegener, & Fabrigar, 1997). 이것이 바로 광고계와 상업계에서 의도한 메시지를
전달하기 위해 믿을만한 사람을 사용하는 이유이다. 따라서 학생들로부터 존경받는 교사의 메
시지가 그렇지 않은 교사의 메시지에 비해 학생들에게 더 효과적으로 전달될 것이다(그 메시지
가 학생들의 현재 입장과 큰 차이가 없는 한). 또한 약물 오남용 경험이 없는 학생들에게 약물
오남용의 위험성을 교육시킬 때는 경찰관보다 스포츠 영웅이 더 효과적일 것이다.

학생들이 교실 활동에 참여하도록 하고 집단 구성원들과 과업을 수행하는 방법은 학생들이 의사 결정에 참여하도록 함으로써 촉진될 수 있다. 이것은 또한 교사와 학생 간의 의사소통을 향상시킬 수도 있다.

2. 의사소통 내용

　의사소통의 효과성 혹은 영향은 또한 무엇을 말하느냐에 달려있다. 의사소통 기술을 개발한다는 것은 효과적인 의사소통을 준비하는 방법을 안다는 것을 의미한다. 그러나 효과적인 의사소통에는 어떤 내용을 담아야 할 것인가? Liberman과 Chaiken(1992)은 사람들이 비관적인 발언을 믿지 않으려는 경향이 있고, 감정이 담겨지지 않은 사실적 메시지에 대해서는 심각하게 받아들이지 않으며, 듣는 사람에게 영향력이 크지 않다는 것을 발견하였다.

　교사들은 학생들의 입장에서 항상 가장 신뢰할 만한 사람은 아니다. 또래나 보통 성인들의 발언이 어떤 경우에는 더 영향력이 있다. 메시지 전달의 목적이 영향력을 주기 위해서라기보다는 정보 전달에 있다면 어떻게 전달해야 할 것인가? Schmuck과 Schmuck(2001)은 교사가 메시지를 전달하고 받을 때 유의해야 할 사항을 다음과 같이 제안했다.

(1) 메시지 전달

● 진술을 분명하고 짧게 하라(3~4문장). 그럴 경우 듣는 사람들은 메시지를 성공적으로 이해할 수 있다.
● 자신의 행동을 설명과 더불어 기술하고 감정을 이입해서 전달하라.
● 신뢰를 형성하기 위해 감정을 기술하라(예, 나는 기쁘다. 너의 유머감각을 좋아한다.)
● 듣는 사람의 경험, 전문성, 이해 수준에 맞추어 진술하라.

(2) 메시지 수용

- 상대방의 말을 여러분이 듣고 있다는 것을 보여주기 위해 들은 내용을 다시 말하라(예, 내가 들은 것은…인데, 맞는가요?).
- 여러분이 볼 수 없는 타인의 특성이나 동기보다는 행동에 대해 기술하라(예, "너는 무례한 아이다"라고 하기보다는 "너는 이번에 네 번째 방해되는 행동을 했다")
- 메시지 전달자의 감정을 이해하고 있는지를 결정하기 위해 상대방의 표정을 점검하라 (예, "화가 난 이유가 무엇인가?"라고 하기보다는 "네 표정을 보니 화가 난 것처럼 보이는데, 맞니?")

3. 청중의 성향

의사소통에 영향을 미치는 또 다른 요인은 메시지를 전달받는 청자(즉, 학생)이다. 전술한 바와 같이 화자(話者)를 좋아한다면 청자(聽者)는 화자의 말을 더 주의 깊게 들을 것이다. 또한 집단 구성원의 규준도 중요하다. 집단의 결속력이 강한 청자들에게는 집단의 규준과 반하는 청자의 메시지는 영향력이 거의 없을 것이다(Hovland, 1963). 따라서 폭력 집단에 속해 있는 학생들에게 폭력의 위험성을 말하는 것보다는 폭력 집단이나 그 집단의 우두머리가 집단의 규준을 바꾸어 구성원들의 폭력에 대한 신념과 태도를 바꾸도록 노력하는 것이 더 효과적이다.

감수성이 예민한 10대들은 성인들보다 태도가 더 쉽게 변할 수 있다(Krosnick & Alwin, 1989). 중고등학생들의 태도를 긍정적인 방법으로 바꾸어주려는 시도는 효과가 있다. 또한 Hovland(1963)에 따르면 설득하기 쉬운 성격 특성은 자존감과 관계가 있는데, 자존감이 높은 사람에 비해 자존감이 낮은 사람이 쉽게 설득당한다.

청자의 성향은 자리배치, 특히 타인과 의사소통의 양을 결정하는 물리적 관계에 의해 영향을 받는다. 사람들은 특정한 사람과 일대일로 정보를 공유할 때보다는 여러 사람들과 동등하게 정보를 공유할 수 있도록 구조화되었을 때 자신들이 하는 일을 더 좋아하게 된다(Leavitt, 1951). 교사는 모든 학생들이 일련의 의사소통 과정에 참여할 수 있도록 구조화할 필요가 있다.

4. 청중의 반응

능동적인 청자가 수동적인 청자에 비해 화자의 메시지에 의해 더 많은 영향을 받는다. King과 Janis(1956)는 학생들이 의사소통 과정에서 단지 듣기만 하는 것이 아니라 다른 사람에게 설득력있게 들은 내용을 전달하는 역할 놀이를 하도록 했다. 역할 놀이를 했던 학생들은 단지 듣고만 있었던 학생들보다 자신들의 견해를 변경시켰다. 자신의 생각과 행동을 일치시키려는 의도가 행동과 사고를 변화시키는 원인이 되었을 것이다(Festinger, 1957).

학생들이 의사소통 과정에 참여하도록 하는 것은 중요하다. 학생들은 교사와의 질의 응답하기, 메시지 내용을 쉽게 풀어서 말하기, 의사 전달자의 감정에 대한 자신의 이해를 점검하기, 토론 집단에서 다른 학생과 상호작용하기 혹은 협동학습과 같은 다른 형태의 소집단 수업에 참여하기 등을 통해서 의사소통 과정에 참여할 수 있다(Johnson, 2000). 시간이 지나면서 학생들은 메시지의 근원을 망각할지 모르지만, 메시지의 내용에 주의를 기울였다면 그 내용은 쉽게 망각되지 않을 것이다.

VI 우정과 학급풍토

집단 활동의 중요한 산물은 우정(friendship)이다. 집단 맥락에서 구성원들 간의 우정은 그 자체가 응집성(cohesiveness)으로서 이것은 집단에 대한 매력과 구성원들에 대한 애착을 의미한다. 응집성이 있는 집단의 구성원들은 (1) 공통된 집단 정체성을 공유하고(이들은 자신을 집단 구성원으로 간주한다) (2) 공통된 목표 의식을 갖고 (3) 구성원이 아닌 다른 사람들과는 다르게 구성원들과 의사소통을 하고 (4) 수용 가능한 행동과 관련된 공통의 규준을 준수하고 (5) 리더를 포함하여 구체적인 역할을 수용하고 (6) 집단 구성원 간의 위계(즉, 명령 체계)를 형성한다.

사람이 가장 좋아하고 동일시하고 싶은 집단은 그 사람의 준거집단(reference group)이다. 준거집단은 한 개인의 행동과 판단 기준을 갖고 있다. 사람들은 자신의 준거집단에 속한 사람들과 비교하고 판단을 내리며, 준거집단의 규준에 자신을 일치시킨다. 동아리, 패거리(gang), 사교클럽, 단체, 그리고 심지어 특정 학급까지 젊은 학생들이 동일시하고 따르고자 하는 준거집단이 될 수 있다.

> **응집성**
> 집단에 대한 매력과 구성원들에 대한 애착

> **준거집단**
> 한 개인이 가장 좋아하고 동일시하고 싶은 행동과 판단 기준을 갖고 있는 집단

1. 집단을 매력적으로 만드는 것은 무엇인가?

누군가의 요구를 잘 충족시켜 주는 집단일수록 사람들은 그 집단에 매력을 느낀다(Wright & Duncan, 1986). 즉 누군가가 특정 집단의 구성원이 되어 많은 것을 얻는다면, 그 집단의 멤버십은 가치가 있고 매력적이 될 것이다. 그 결과 매력적인 집단의 규준은 구성원의 행동과 의견에 가장 큰 영향력을 행사하게 될 것이다.

누군가의 요구를 충족시켜주기 위한 집단의 능력에 영향을 미치는 한 가지 요인은 명성(prestige)이다. 집단이 중요할수록 집단 구성원의 만족감은 더 증가한다(Meir, Keinan, & Segal, 1986; Napier & Gershenfeld, 2004). 널리 알려진 사교 클럽이나 우등생반은 해당 학생들에게 자신이 중요하다고 느끼게 만들어 그 집단에 대해 더 큰 매력을 느낄 것이다.

집단의 풍토 또한 집단을 매력적으로 만드는데 영향을 준다. 흥미롭게도 집단 구성원들은 경쟁적 집단보다는 협동적 집단에 더 매력을 느낀다(Worchel, Andreoli, & Folger, 1977; Napier & Gershenfeld, 2004). 또한 집단 구성원들이 집단에 기여하고 서로 화합할 수 있다고 지각하는 집단이 그렇지 않은 집단에 비하여 더 매력적인 것으로 간주된다(Spears, Lea, & Lee,

1990).

또한 집단의 크기가 집단의 매력에 영향을 미친다(Napier & Gershenfeld, 2004). 서로 친하게 지낼 수 있고, 참여의 기회가 더 많은 소집단이 대규모 집단보다 더 매력적인 경향이 있다(Lindeman & Koskela, 1994; Wicker, 1969). 집단의 매력에 영향을 주는 또 다른 요인은 보호(protectiveness)이다(Napier & Gershenfeld, 2004). 패거리 집단의 매력은 종종 다른 패거리 집단으로부터 자신들의 구성원들을 보호해줄 만한 능력에 있다는 것이다.

집단이 수행하는 주요 활동과 과업이 집단의 매력에 영향을 준다. 우표 수집 동아리, 스포츠 클럽, 우등생반 등이 그 예이다. 학급 활동이 학생들에게 매력을 주기는 쉽지 않지만, 게임과 같은 수업이나 학생들이 좋아할 만한 활동이 포함된 수업을 한다면 학생들은 학업에 더 매력을 느끼게 될 것이다.

집단의 사회적 구조가 집단의 매력에 영향을 준다. 강력하고 통제적인 리더십을 갖고 협소하고 한정된 우정 패턴을 가진 잘 구조화된(centrally structured) 집단보다는 지원의 범위가 넓고 대인 간의 수용과 거절에 초점이 덜한 산만하게 구조화된(diffusely structured) 집단(예, 교실 집단)이 다수의 구성원에게 더 매력적일 것이다.

사회적 구조의 또 다른 특징은 집단 구성원들 간의 상호작용 기회이다(Napier & Gershenfeld, 2004). 협동학습 집단과 같이 구성원들 간에 상호작용 기회가 많은 교실에서는 구성원들 간의 우정이 형성될 가능성이 더 크다(Epstein, 1983). 자주성(self-reliance) 역시 집단의 매력 정도에 영향을 미치는 요인이다. 자주성이 보장된 학급일수록 학생들이 우정을 형성할 기회가 많다(Epstein, 1983).

마지막으로, 학급 집단의 매력을 결정하는 중요한 요인은 교사의 행동이다. 교사에게 만족하는 학생들은 학교, 학습, 그리고 자신에 대해 긍정적으로 지각한다. 따라서 교사로부터 가치있는 존재로 인정받는 학생들은 학급에서의 경험을 만족스러워하고, 그렇지 않은 학생들은 불만족스러워한다(Stensaasen, 1970).

2. 매력적인 집단에서는 무슨 일이 발생하는가?

🔊 자존감
개인이 자신에 대해 느끼는 중요성의 정도

🔊 개방성
집단 구성원 간의 공개적인 의사소통을 유도하는 신뢰감

🔊 조해리 창
학생들이 자신을 많이 노출시켜 정서적 개방성을 발달시킬 수 있도록 돕는데 사용할 수 있는 모형

매력적인 집단은 구성원들이 중요하다는 느낌을 갖도록 함으로써 구성원의 자존감을 신장시켜주는 경향이 있다. 또한 매력적인 집단은 구성원들 간의 신뢰와 더 많은 의사소통을 가능하게 하는 개방성을 유도한다. Luft(1969)는 '조해리 창'(Johari Window; 이 용어는 Joe Luft와 Harry Ingram의 이름을 조합하여 만듦)을 제안했다. 이 모형에서는 자신을 자신이 알고 있으면서 남이 알고 있는 부분과 남이 모르는 부분, 자신도 모르고 있지만 남이 알고 있는 부분과 남이 모르고 있는 부분 등과 같이 4개의 측면으로 개념화하였다. 매력적인 집단은 다른 영역에 비해 자신도 알고 있고 남도 알고 있는 영역이 비교적 크다. 교사들은 조해리 창 개념에서 학생들로 하여금 자신이 알고 있지만 남이 모른 부분, 남이 알고 있지만 자신은 모르는 부분을 줄이기 위하여 자신들을 더 많이 노출시킴으로써 정서적 친밀성과 개방성 및 자발성을 발달시킬 수 있도록 도와 줄 수 있을 것이다.

집단의 규준이 생산성을 지지한다면, 매력적인 집단은 또한 생산적인 집단이다(Kafer, 1976; Napier & Gershenfeld, 2004). 어떤 집단이 학업성취를 향상시키는 것을 공동의 목표로 삼는다면 구성원들의 학업성취는 향상될 것이다. 교사는 집단의 규준이 생산성을 지향할 수 있도록 협동학습과 같이 함께 과제를 수행할 수 있는 기회를 제공할 수 있다. 교사는 학생들이 집단별로 의사결정을 하도록 함으로써 집단 구성원들의 연대감과 응집성을 발달시킬 수 있다.

매력적인 집단에서 학생들은 신뢰감과 개방성을 경험한다. 이것은 그들의 자존감 신장에 도움이 된다.

3. 학생들 간의 관계 패턴

인기없는 학생에 대한 사회적 지원이나 특별한 지지를 제공하거나 인기가 있거나 영향력이 있는 학생들의 협력을 이끌어내기 위해서는 학생들 간의 관계 패턴을 파악해 보면 도움이 된다. 개별 학생들 간의 관계에 대한 지식은 교사가 (1) 새로운 우정을 촉진하고 (2) 인기가 없는 학생과 인기가 있는 학생과의 교류를 촉진시키는데 도움이 된다(Berg, 2001). 학생들 간의 인기 정도에 대한 측정을 통해 다른 학생들로부터 선택된 학생, 배척된 학생, 소외된 학생 등을 파악할 수 있다(Burn, 2004).

학생들 간의 관계 패턴을 파악하는 한 가지 방법은 학생들에게 자신이 좋아하는 학생 이름 3명과 싫어하는 학생 이름을 적어내도록 한다. 또는 짝을 하고 싶은 학생 이름과 짝을 하고 싶지 않은 학생 이름을 적어내도록 하는 방법이 있다. 어느 경우에서든지 자신이 싫어하는 학생 이름을 적어내도록 요구할 때는 학생들에게 부정적인 감정을 유발시킬 수 있다는 것에 유의해야 한다. 이러한 학생 간의 관계를 그림으로 한 눈에 알기 쉽게 나타낸 것을 소시오그램(sociogram)이라고 한다.

> ◈ 소시오그램
> 관계 패턴을 그린 다이어그램

교사들은 학생들 간의 관계에 많은 관심을 가져야 한다. 또래로부터 이른 시기에 배척당하는 학생은 학급에 소극적으로 참여하고 학교를 회피하려는 성향이 증가되어 성취도가 낮아지게 된다(Buhs, Ladd, & Herald, 2006).

4. 학급풍토

학급풍토(classroom climate)란 이 장에서 집단에 영향을 미치는 요인으로 기술한 기대, 규준, 리더십, 의사소통, 우정 등 모든 요인의 산물이다. 이러한 사회적, 대인 간 차원이 교실이나 학교의 전반적인 관점 혹은 이데올로기를 만들어 조직 구조와 수업에 영향을 미친다.

> ◈ 학교풍토
> 교실 혹은 학교에 작용하는 전반적인 관점 혹은 이데올로기

풍토는 개방적, 폐쇄적(Halpin, 1966), 혹은 효과적, 비효과적(Brookover et al., 1982) 풍토로 기술된다. 개방적 혹은 효과적인 풍토를 조성하는 교사는 다음과 같이 학급을 운영한다.

- 모든 학생들은 자신들의 능력과 노력, 그리고 교사의 헌신과 노력을 바탕으로 학습할 수 있고 높은 성취 기준을 달성할 수 있다.

개방적 혹은 효과적인 풍토에서 조직 구조와 규준은 다음과 같은 특징이 있다.

- 높은 성취에 대한 인정과 보상
- 학생들이 스스로를 표현하고 공평과 존엄성있게 대우 받을 수 있는 기회
- 학생들 상호 간 혹은 교사−학생 간에 협동적, 지원적 상호작용
- 평등, 즉 성별이나 인종에 관계없이 모든 학생들에게 평등한 상호작용과 수업 기회 제공

효과적인 풍토에서 교사들은 항상 동일한 방법으로 가르치고 행동하는 것은 아니다. 교사들은 경우에 따라 지시적 수업, 소집단, 협동학습 등의 방법을 적절히 사용한다. 그럼에도 불구하고 효과적인 풍토에서 교사의 최종적인 목적은 학급의 개인과 집단 모두가 지식과 정서 및 태도 측면에서 최대한의 성취를 얻도록 하는 것이다.

또한 학급이나 학교의 풍토와 학업 환경은 학업적 낙관성(academic optimism)의 반영 정도에 따라 범주화할 수 있다(Hoy, Tarter, & Woolfolk Hoy, 2006). 학업적 낙관성은 교사가 (a) 학생에게 긍정적인 영향을 미칠 수 있다는 신념 혹은 기대 (b) 학부모와 학생과 신뢰를 쌓을 수 있다는 느낌 (c) 학업적 우수성을 추구하도록 동기를 유발시키는 행동 등과 관련이 있다. 학업적 낙관성은 학생들의 학업성취를 향상시킬 수 있는 학교의 규준과 기대를 형성하도록 돕는 것으로 밝혀졌다(Hoy et al., 2006).

요약하자면, 학생들이 즐겁게 학교생활을 할 수 있는 긍정적이고 바람직한 풍토가 있다. 긍정적이고 개방적인 풍토 조성과 더불어 이 장에서 기술한 (1) 기대 (2) 학급 규준 혹은 규칙 (3) 리더십 스타일 (4) 의사소통 기술 등을 참고한다면 학생들에게 집단의 응집성은 물론 만족감과 학업 성취를 극대화할 수 있을 것이다.

학업적 낙관성
교사가 학생에게 긍정적인 영향을 미치고 학업적 우수성을 성취하기 위해 학부모 및 학생과 신뢰를 조성할 수 있다는 신념

10 학습 동기

학습 목표	주요 내용
1. 학습 동기에 대한 사회인지 동기이론을 설명하고 적용할 수 있다.	동기에 대한 사회인지적 접근 • 상호결정론 • 자아성찰능력 • 자기조절능력
2. 자아효능감의 개념과 자아효능감에 영향을 미치는 학교와 교사의 영향력에 관해 설명할 수 있다.	자아효능감– 자신에 대한 신념 • 자아효능감의 정보원 • 자아효능감과 학교
3. 자기조절의 개념, 자기조절과 자아효능감의 관계 및 자기조절 학습자가 될 수 있는 다양한 방법을 설명할 수 있다.	자기조절–자신에 대한 통제 • 자기조절자 되기 • 학습자의 자기조절능력 향상 돕기
4. 귀인이론의 개념 및 특징을 제시할 수 있다. 학습자를 동기유발시키기 위해 귀인이론을 활용하는 방법을 제시할 수 있다.	귀인이론 • 학습자의 귀인 방식 • 성공과 실패에 대한 학습자의 판단 근거 • 책임감과 의도성 평가하기 • 학습자 동기유발에 있어 교사의 역할
5. 학습 관련 동기요인으로서 욕구와 목표를 설명할 수 있다.	동기부여자로서 욕구와 목표 • Maslow의 욕구위계 • 욕구의 해결과 성취를 돕는 전략 • 학습자 목표 지향
6. 내재적 동기와 외재적 동기를 변별하고 동기에 대한 자기결정성 이론을 설명할 수 있다.	동기에 대한 자기결정성 이론 • 내재적 동기와 외재적 동기 • 학습자의 내재적 동기 향상시키기

I   사회인지 동기이론

> 🔷 사회인지적 접근
> 인지적 · 사회적 전략과 동기에
> 영향을 미치는 신념을 강조함

Bandura(1977, 1997)는 동기에 대한 사회인지적 접근을 제안하였다. 사회인지 동기이론은 인지적 · 사회적 전략과 동기에 영향을 미치는 신념을 강조한다. 사회인지적 접근은 상호결정론, 자아성찰능력, 자기조절능력의 세 가지 기본 원리로 구성된다.

1. 상호결정론

> 🔷 상호결정론
> 행동, 개인 요인, 환경 사태로 구
> 성된 상호 체계

사회인지 동기의 기본 원리는 자아체계(self-system) 내에서 행동, 개인 요인, 환경 사태가 서로 상호작용하는 결정인자라는 것이다. 즉, 행동(B), 개인(P), 환경(E)이 상호 영향을 미치는 것을 상호결정론이라 한다.

상호결정론이 어떻게 작용하는지 상상해보자. 나는 나만의 스타일이나 성격뿐만 아니라 나만의 기대와 가치를 가진 개인(P)이다. 나는 지적인 도전과 사회적 상호작용을 좋아한다. 결과적으로 나는 학교에 가는 것을 좋아하며, 학교에서 나의 행동(B)은 긍정적이며 사교적이다. 나의 친구들은 나의 성격(P)을 알며, 환경 사태(E)에 친절하게 반응한다. 친구들 또한 나의 행동(B)에 반응한다(E). 만약 내가 뭔가 이상하거나 예상치 못한 행동을 한다면, 그들은 그 행동에 반응할 것이다. 결국 친구들의 반응(E)은 나의 행동(B)에 영향을 미칠 뿐만 아니라 나의 성격(P)에도 영향을 미치게 된다. 만약 친구들이 나에게 더 이상 친절하게 굴지 않는다면(E), 나는 우울해질 것이다(P). 자아는 하나의 체계이며 그 안의 개인적, 행동적, 그리고 환경적 요인은 서로 영향을 미친다.

> 🔷 자아효능감
> 예기되는 어려운 상황을 다룰
> 수 있는 자신의 능력에 대한
> 판단

사람들은 당신의 성격과 행동에 반응한다. 차례로 당신은 그들이 당신에게 어떻게 반응했느냐에 의해 영향을 받는다. 이것은 상호 결정론이라 불리는 것으로 누군가가 당신을 좋아하면 당신으로 하여금 자기 자신에 대하여 좋게 느끼도록 해준다.

2. 자아성찰능력

학습자가 종종 자신에 대하여 곰곰이 생각하거나 성찰한다는 Bandura(1997)의 주장은 매우 의미가 있다. 인간은 자신의 생각을 점검하고, 생각의 적절성을 행동의 결과를 통해 스스로 판단한다. Bandura(1977)에 의하면, 인간이 자신에 대해 하는 모든 판단 가운데 가장 중요한 것은 자신이 성공적으로 과제를 수행하기에 얼마나 유능한가 또는 얼마나 능력이 있는가에 대한 믿음이다. 그는 이런 믿음을 자아효능감(self-efficacy)이라고 하였다. 자아효능감은 활동의 선택 및 노력의 정도, 어려움에 대한 인내 정도, 불안과 자기 확신 중 어느 것을 가지고 과제에 접근할 것인가에 영향을 미친다(Bandura, 1982).

3. 자기조절능력

사회인지 동기이론의 세 번째 기본 원리는 인간이 행동 통제 능력을 가지고 있다는 것이다. 공부 시간, 수면 시간, 음식 선택, 게임 여부, 대중 앞에서의 대처 전략, 할 말, 숙제 이행 여부 등은 인간이 통제하는 행동들이다. 다른 사람에게 맞추기 위하여 이런 행동을 반드시 할 필요는 없다. 학습자는 자기만의 내적 기준과 동기에 의하여 행동한다(Bandura, 1982). 물론 다른 사람의 반응 방식에 영향을 받지만 주요 책임은 학습자 스스로 지게 된다.

Ⅱ 자아효능감 - 자신에 대한 신념

Bandura의 핵심 개념인 자아효능감은 동기와 행동에 반영된다. 전문 용어인 '지각된 자아효능감'은 "주어진 일을 성공적으로 수행하기 위하여 행동 과정을 조직하고 수행하는 자신의 능력에 대한 주관적 평가"(Bandura, 1986, p. 391)로 정의된다. 바꾸어 말하면, 어려움이 예상되는 상황, 예를 들어 시험, 면접, 대회, 대표수업, 가족구성원 모임 등에 자신이 얼마나 성공적으로 대처할 수 있는가에 관한 개인적 믿음이다. 자아효능감은 보유하고 있는 능력의 정도가 아니라 자신의 능력에 대한 평가이다. 자아효능감은 자신이 다양한 상황을 극복하거나 남보다 더 뛰어난 능력을 가지고 있다는 자신에 대한 주관적 평가이자 신념이다.

(1) 행동에서 자아효능감의 역할

Bandura(1997)는 개인이 성공적으로 행동을 수행할 수 있다는 자아효능감 기대와 특정 행동이 특정 결과를 유발할 것이라는 결과 기대 사이를 구분하였다. 행동 수행은 수행이 특정 결과를 초래할 수 있을 것이라는 추정된 가능성에 기반하는 것이 아니라 행동이 성공적으로 수행될 수 있다는 신념에 기초한다. Bandura에 의하면 행동을 유발하는 것은 결과의 가치나 가능성이 아니라 행동이 성공적으로 수행될 수 있다는 신념이다(물론, 행동을 성공적으로 수행하는 데 필요한 기술을 보유하는 것 또한 필요조건이다).

> 🔎 **자아효능감 기대**
> 성공적으로 수행할 수 있다는 신념
>
> 🔎 **결과 기대**
> 특정 행동이 특정 결과를 유발할 것이라는 예측

(2) 자아효능감 효과

자아효능감 이론은 학습자가 1) 처리능력을 벗어난 상황은 회피하려고 하나 2) 스스로 통제할 수 있다고 생각하는 상황에는 뛰어들려 할 것이라고 예측해준다. 즉, 자아효능감은 행동 및 과제의 시도 여부에 영향을 미친다(Bandura, 1997). 자아효능감에 대한 판단은 또한 투입할 에너지의 양이나 노력, 그리고 장애물에 직면하여 노력을 계속 유지하는 인내 정도에 영향을 미친다. 강한 자아효능감은 도전적 상황에서 실패에 저항하도록 돕는다. 때로는 학습자들이 자신의 기술을 과대평가하는 경향이 있다(예를 들어, 학습장애가 있는 학습자들; Klasson, 2002). 이는 비현실적으로 높은 자아효능감을 갖게 하고 수행상황에서 실패감을 갖게 한다. 학습자는 연습과 경험을 통해 좀 더 현실적인 자아효능감을 가질 수 있도록 배워야 한다(Zimmerman, 1990, 2002).

Bandura(1997)에 의하면 자아효능감은 수행을 기대하는 느낌이나 감정을 유발한다. 즉, 성공하거나 극복할 수 있을 것 같다는 생각은 즐거움과 같은 좋은 정서를 유발하는 반면, 실패를 예상하면 불안과 같은 나쁜 정서를 갖게 한다. 이런 감정들은 수행 자체에 영향을 미친다. 따라서 생각은 감정의 근원이다. 분노, 두려움, 우울과 같은 부정적인 감정을 변화시키거나 없애기 위해서는 먼저 생각, 특히 어려운 상황을 극복할 수 있다고 생각을 바꾸어야 한다.

1. 자아효능감의 근원

자신의 능력에 대하여 가지고 있는 신념이나 자아효능감을 어떻게 발달시키는가? Bandura(1997)는 자아효능감 지각을 유발하는 다음의 네 가지 정보원 즉, 숙달 경험, 대리 경험, 언어적 설득, 생리적 상태를 제시하였다.

(1) 숙달 경험

자신의 수행능력에 대하여 가장 영향력 있는 정보원은 실제 수행 결과와 숙달 경험이다. 성공은 자신이 성공할 능력이 있음을 가르쳐주며, 반복된 초기 성공 경험은 나중에 때때로 찾아오는 실패를 견뎌낼 수 있는 완충제 역할을 해준다. 더욱이, 자아효능감은 실제 행동을 통한 성취감에 기반하므로, 유사한 활동에까지 적용되는 경향이 있다.

교사는 학습자가 자아효능감을 경험할 수 있도록 어떻게 도울 수 있는가? 하나의 기법은 참여 모델이라 불린다; 학습자로 하여금 한 번에 한 단계씩 수행 및 모방하도록 하거나, 가장 쉬운 단계에서 점점 더 어려운 단계로 나아가면서 과제를 마칠 수 있도록 도울 수 있다. 또 다른 방법은 학습자로 하여금 더욱 유능한 학습자 또는 심지어 교사와 협력하여 과제를 마치도록 하는 것이다. 학습자가 발전함에 따라, 보조적인 도움들을 점진적으로 철회함으로써 학습자는 결국 도움을 받지 않고 과제를 성공적으로 마칠 수 있다. 그런 까닭에 참여 모델은 필요한 모든 도움을 받으며 수행하다가 점진적으로 도움을 철수하는 것을 의미한다.

또한 수행은 과제 수행에 대하여 미리 생각해보거나 자신의 이전 수행을 비디오로 확인해보거나, 성공하기 위하여 다르게 행동해야 할 것이 정확하게 무엇인지 스스로에게 말하는 것과 같은 자기 지도전략(self-instructions)의 사용을 통해 촉진될 수 있다. 이 과정은 자신의 사고과정을 소리 내어 말하게 함으로써 활발히 진행될 수 있다(Bandura, 1983). 자신의 성공적 수행을 보거나 지각하는 것은 수행 능력에 대한 신념을 강화시킨다. 개인적 성취-성공 경험- 또는 Bandura가 숙달 경험이라고 명명한 것은 학습자와 교사 모두가 스스로를 믿는 법을 배우는 가장 좋은 방법이다. 그들은 증가된 자아효능감을 가지게 될 것이다.

(2) 대리 경험

자신의 자아효능감 수준에 대한 정보원으로서 개인의 경험에만 의존하지 않는다. 만약 그렇

> 🐾 **참여 모델**
> 처음에는 필요한 모든 도움을 받으며 과제를 해결하다가 점점 그 도움을 철회하는 것

> 🐾 **자기 지시**
> 과제를 성공적으로 끝마치는 방법에 관해 자기 자신에게 말함

다면 우리는 모든 것을 시도해보아야 할 것이다. 인간은 자신과 비슷한 타인이 성공적으로 과제를 수행하는 것을 보는 것만으로 자아효능감 수준을 향상시킬 수 있다(Bandura, 1986; Schunk & Miller, 2002). 즉, 인간은 스스로에게 "만약 다른 사람이 할 수 있다면, 나 또한 할 수 있어." 라고 말한다. 마찬가지로, 비슷한 수준의 사람이 과제에 실패하는 것을 보면 자신의 능력에 대한 판단을 낮추는 결과를 초래한다(Brown & Inouye, 1978). 타인의 경험에 비추어 자신의 자아효능감을 판단하는 것은 주어진 과제를 수행해낼 자신의 능력을 명확히 판단하기 어려울 때 중요한 역할을 한다.

학습자는 자신을 누구와 비교하는가? 그들은 스스로를 실제로 자신과 가까운 곳에 존재하는 살아있는 모델이나 텔레비전, 영화, 또는 잡지에서 보는 상징적 모델과 비교한다. 교사도 하나의 모델로 간주될 수 있다. 교사는 학습자의 자아효능감을 향상시켜주기 위하여 어떻게 모델링해야 하는가? 첫째, 교사는 항상 어려운 과제가 어떻게 수행되어야 하는지 모범이 되는 방법으로 수행해야 한다. 예를 들어, 교사는 수학문제를 풀면서 손쉬운 방법을 사용해서는 안 된다. 이는 학습자들로 하여금 어려운 문제를 쉽게 풀 수 있을 거라고 생각하게 할 수 있다. 둘째, 교사는 위협 요소를 효과적으로 다루는 방법을 보여주어야 한다. 그래야 학습자들은 위기 상황에서 두려움을 통제하는 법을 배울 수 있으며, 할 수 있다는 자신감으로 어려움을 극복할 수 있다(Miller, 1981). 예를 들어, 학습자들이 어려운 수학문제를 풀면서 정답을 확인할 기회가 있다면, 교사는 이때 무엇이 옳은 풀이과정인지 시범 보여야 한다.

(3) 언어적 설득

언어적 설득은 우리가 과제를 성취하기 위해 필요한 능력을 가지고 있음을 설득력 있게 말해주는 것이다. 언어적 설득은 충분히 노력하면 그 일을 수행할 수 있음을 확신시켜준다. 그러나 설득에 의해서는 자아효능감을 증진시키기보다 손상시키기 쉽다(Bandura, 1997).

언어적 설득의 효과는 지각된 신뢰성의 영향을 받는다. 설득자가 많이 믿으면 믿을수록 설득 대상자는 자신의 능력에 대한 자아 인식을 변화시킬 가능성이 증가한다. 그러나 만약 무언가를 할 수 있다고 믿도록 설득당하여, 시도하였으나 실패한다면, 설득자의 견해에 대한 존중은 감소할 것이다.

대부분의 설득자는 설득의 매우 일반적인 형태인 제안(예를 들어 "최선을 다하자")과 보다 강한 설득적 표현인 권유(예를 들어, 운동코치들이 자주 사용하는 말 "너는 할 수 있다")를 사용한다. 이외에 능력에 대한 성찰로 "잘하고 있다"(혹은 "잘 못하고 있다")고 말해주는 피드백이 있다. 더 높은 자아효능감을 유발하는 피드백을 장려하는 것은 학습자로 하여금 더 열심히 공부하고 더 많이 성취하도록 이끌어준다(Schunk, 1983; Tuckman, 1992).

설득을 사용하는 데 있어, 교사는 "구체적인 과제에 관한 피드백"을 제공하고 자아효능감과 연결시키도록 노력해야 한다.

(4) 생리적 상태

어떤 일을 성공적으로 할 수 있을지 아닌지에 대한 판단은 정서 상태나 각성 상태에 의해 조

개인적 성취 – 성공 경험 또는 Bandura가 숙달 경험이라고 부르는 것은 자기 자신을 믿게 하는 가장 좋은 방법이다. 성공 경험을 통해 어린 여성은 자아효능감을 발달시킨다.

> 살아있는 모델
> 실제로 함께 존재하는 사람들

> 상징적 모델
> 텔레비전, 영화, 또는 잡지에서 보는 사람들

> 제안
> 설득의 일반적 형태

> 권유
> 보다 강한 설득적 표현

> 피드백
> 어떤 과제를 얼마나 잘했는지 못했는지에 대한 정보

금은 영향을 받는다. 사람들은 어떤 일을 하는 데 있어 신경이 예민할 때 보다 그렇지 않을 때 과제에 대한 성공을 훨씬 더 많이 예측하는 경향이 있다. 두려움과 불안은 다가올 과제에 대한 스트레스를 낳고 자아효능감을 감소시킨다. 이런 예측되는 두려움을 제거하는 기법은 자아효능감을 향상시키며 수행 향상을 가져온다(Barrios, 1983).

2. 자아효능감과 학교

학교에서 학습자의 지식과 사고기술은 끊임없이 평가되며 타인과 비교 당한다. 우수한 학습자는 강한 자아효능감을 빠르게 발달시킨다. 그렇지 못한 학습자는 자신의 자아효능감을 평가절하하며 이는 그들의 수행을 점진적으로 하락시키는 결과를 초래한다. 이는 특별히 1) 수업이 모든 학습자에게 똑같은 것을 동일한 방식으로 동시에 설명하는 방식으로 이루어질 때 2) 학습자들이 능력에 의해 분류될 때, 3) 경쟁적인 분위기에서 소수의 성공을 위해 많은 학습자들의 실패가 정해져 있을 때 더욱 그러하다(Bandura, 1986).

잘 따라오지 못하는 학습자들의 반복된 실패로 인해 지속적으로 좌절을 경험하는 교사들 역시 교사효능감(teacher efficacy)이 손상되는 경험을 할 수 있다(Dembo & Gibson, 1985). Woolfolk와 Burke-Spero(2005)에 따르면 이런 현상은 교생이었을 때 받았던 지지를 잃어버린 초임 교사들 사이에 흔히 나타난다. 스트레스를 극복할 수 없거나 수업에 대한 학습자의 요구를 해결할 능력이 없다고 스스로 인식할 때 교사들은 자아효능감의 손상으로 고통받는다. 교사는 학습자들의 요구에 민감해야 하면서도 스스로 좋은 교사라고 느낄 수 있게 해주는 성공 경험을 필요로 한다. 그렇다면 어떤 해결책이 있는가? 인지능력에 대한 자기인식은 상당 부분 사회적 비교나 학습자 간의 비교에 기반하기 때문에 교사는 아래와 같이 행동하는 것이 바람직하다.

> **교사효능감**
> 교사 자신이 교수를 얼마나 잘했는지 못했는지에 대한 자기 판단

- 학습자들을 다양한 활동에 참여시키기
- 개별 학습자의 능력에 맞게 수업을 차별화하기
- 경쟁전략보다 협력전략을 사용하기
- 상대평가를 피하기

앞서 제시된 기법들은 학습자로 하여금 개인적 기준에 비추어 자신의 진행 상황을 점검하도록 고무하기 때문에 개개인의 능력을 향상시킬 수 있다. 개별화된 교실구조는 더 높은 자아효능감을 갖게 하며 교사평가나 동료평가 의존성을 감소시킨다. 개별화되고 수용적인 교실 환경에서 학습자의 성공은 교사의 성공과 교사효능감을 증가시킨다.

Ⅲ 자기조절능력-자신에 대한 통제

　자신의 행동에 대한 영향력인 자기조절능력은 인간 존재의 이유이다. 만약 우리의 행동이 순전히 외적 환경에 의해서만 영향을 받는다면 우리는 마치 모든 외부의 힘에 순간순간 반응하는 "풍향계"와 같을 것이다(Bandura, 1986, p. 335). 그러나 자기조절은 의지력에 의해서만 성취되는 것이 아니다. "사람들은 자신의 생각, 감정 및 행동에 대한 통제력을 발휘하는 자기지시적 능력을 가지고 있다"(Bandura, 1986, p. 335). 그러나 자기지시적 능력에 회의적인 사람들은 도전적인 상황을 효과적으로 처리하는 자신의 능력을 과소평가하는 경향이 있다. 위의 사례에 제시된 La Tisha의 경우 다행히 필요한 도움을 알아내고 이를 적절히 구함으로써 자신의 통제력을 연습할 수 있었다.

1. 자기조절자 되기

　공부하기, 다이어트하기, 운동하기, 좋은 기분으로 있기, 아침에 일찍 일어나기와 같은 도전적인 일을 시도하는 데 있어 특정 행동을 선택하고, 인내하고, 끝까지 밀고 나가며 성공하게 하는 자신에 대한 통제 능력은 자신의 능력 신념에 일부 영향을 받는다. 즉, 자기조절은 자아효능감의 영향을 받기 때문에 자기조절 효능감이라고 할 수 있다. 어려움을 극복하는데 필요한 자아효능감을 가진 사람들은 고위험 상황에서도 성공에 필요한 노력을 기울일 수 있다. 성공은 자기조절 효능감을 더욱 강화시키는 반면, 실패는 어쩌다 발생한다고 하여도 대처효능감에 대한 불신과 회피 성향을 초래한다. 일단 개인이 자신을 무능하다고 인식하면 더 이상 극복 노력을 기울이지 않게 되며, 결과적으로 자아통제감을 완전히 상실하는 결과를 초래한다(Baudura, 1997).

　필요한 대처기술과 자기조절 효능감 또는 자신의 능력 신념은 대부분 숙달 경험을 통해서 형성되며 훈련을 통해서 강화될 수 있다(Cleary & Zimmerman, 2004). 높은 자기조절 효능감을 가진 사람들은 낮은 자아효능감을 가진 사람들보다 흡연 충동을 더욱 잘 조절하는 경향이 있다(Condiotte & Lichtenstein, 1981).

　높은 자아효능감을 가진 학습자는 낮은 자아효능감을 가진 학습자들보다 자율과제 프로그램에 자발적으로 참여하는 경향이 높기 때문에 보너스 점수를 받기도 한다(Tuckman & Sexton, 1991). 스스로 높은 신체효능감을 가지고 있다고 인식하는 심장병 환자들은 그렇지 못한 사람들보다 회복하기 위한 운동을 더 많이 한다(Ewart, Taylor, Reese, & DeBusk, 1983). 자기조절은 건강과 안녕을 유지하는데 매우 중요하다(Bandura, 2005).

Steve Skjold/Alamy

많은 학습자가 수학과 같은 특정 교과에 어려움을 겪고 있으며, 공부를 해야만 하는 상황을 회피하고자 노력한다. 학습자는 스스로 도전적 과제를 공부할 수 있도록 동기화시키며 자기조절을 할 필요가 있다. 이를 위한 한 가지 방법은 개인 트레이너처럼 가르쳐줄 개인교사와 함께 공부하는 것이다.

2. 자기조절능력 향상

자기조절능력의 세 가지 요소는 아래와 같다(Zimmerman, 1998, 2000; Zimmerman & Schunk, 2004).

- 자기점검은 단순히 습관적으로 행동하는 것이 아니라 자신의 행동을 주의 깊게 관찰하는 것이다. 즉, 자신이 무엇을 하고 있는지, 제대로 지각하고 있는지, 사물을 정확히 인지하고 있는지 아는 것이다. 이는 현실적 수행 기준을 설정하고 행동에 나타나는 변화를 평가하는데 필요한 정보를 제공하여 준다.
- 자기평가는 내적 평가기준과 타인과의 비교를 토대로 수행결과가 바람직한지 그렇지 않은지를 판단하는 것이다. 자기평가는 자신의 행동에 반응하는데 필요한 정보를 제공해준다.
- 자기보상은 자신의 행동에 대하여 보상을 주는 것이다. 이는 자신의 유능함과 능력을 확인시켜주며 자신에게 만족감을 주고 흥미를 증가시켜 준다(외적보상에 약하면 약할수록 자기보상에 대한 의존성은 더욱 강해진다).

자기점검, 자기평가, 자기보상의 세 가지 요소가 자기조절에 최대한 긍정적으로 기여할 수 있도록 하기 위해 아래 제시된 목표설정과 전념의 두 가지 전략을 권장한다.

(1) 목표설정

Bandura(1997, p. 128)에 따르면, "목표는 주로 자기보상에 의해 작용한다. 개인적 자아효능감은 중요한 자기 영향력 요인 가운데 하나이다." 목표를 분명히 하면 그 목표를 달성하기 위해 필요한 일들을 할 가능성이 높다. 수행(그들이 지금까지 해온 것)에 대한 이해와 비교 준거(그들이 할 수 있는 것) 모두 동기를 유발하는데 필요하며(Bandura & Cervone, 1983; Locke & Latham, 2002), 목표는 그런 비교 준거를 제시해 준다. 목표는 자신이 얼마나 잘 하고 있는지에 대한 판단을 도울 뿐만 아니라 자신의 능력 평가에 대한 기준을 제공한다. 이것들은 자아효능감의 근원이 된다. 목표설정은 학문적 성취에 강한 영향을 미친다(Zimmerman, Bandura & Martinzex-Pons, 1992). Bandura(1997)는 다음의 목표설정을 권장하였다.

- 목표는 구체적이어야 한다. 그래야 자신으로 하여금 그 목표를 지키게 할 수 있다.
- 도전적이지만 달성 가능한 목표여야 한다. 너무 쉽거나 너무 어렵지 않아야 한다. 그래야 열심히 노력할 수 있으며, 그 목표에 도달하지 못하였더라도 실망하지 않게 된다.
- 먼 미래의 목표보다 단기적 목표로 여기-지금에 충실한 목표여야 한다. 그래야 목표와 관련하여 지금 무언가를 할 수 있다.
- 자기가 결정한 목표로 다른 사람이 아닌 자신이 선택한 목표여야 한다. 그래야 그 목표를 향한 진행 경과에 대하여 책임을 질 것이다.
- 하나의 전체적인 목표보다 작은 하위 단계로 구성된 점진적인 목표여야 한다. 그래야 각

하위 목표의 성취가 만족감을 줄 수 있으며 계속적인 목표 성취를 위해 노력하게 하는 도구가 될 수 있다. 그래야 간헐적인 실수도 성공을 위한 한 걸음으로 받아들일 수 있다. 하위 목표는 가이드의 역할을 하며 현재 행동에 대한 동기가 된다. 하위 목표의 성취는 또한 자기 만족감을 제공하여 목표를 달성하는 내내 지속적인 노력을 기울일 수 있도록 해준다.

(2) 전념

일단 목표를 설정하고 나면, 설정된 목표에 전념해야 한다. 전념은 당신으로 하여금 목표를 중요한 것으로 간주하고 목표를 달성할 것을 맹세하고, 할 일을 미루거나 게을리하지 않으며, 최선을 다하여 노력하며, 결과에 책임을 지게 한다. 목표에 대한 전념이 강하면 강할수록 그 목표를 달성하기 위한 노력도 더욱 강하게 한다. Bandura(1986)는 목표를 타인에게 공개적으로 말할 것을 제안한다. 그렇게 하면 창피함과 같은 부정적인 사회적 결과를 회피하기 위하여 열심히 노력할 가능성이 증가하기 때문이다. 자기조절의 가장 강력한 "적들" 가운데 하나는 미루는 버릇이다. 교사로서 학습자에게 다음과 같은 일들을 하도록 가르칠 수 있다(Tuckman, 1989).

> 🍃 **미루는 버릇**
> 활동이나 과제를 회피하거나 미루고 자신의 행동에 대해 변명함

- 현실적으로 달성 가능한 하위목표를 골라라. 예를 들어 한번에 30분씩 공부하기.
- 해야 할 것과 하지 말아야 할 것들의 긍정적, 부정적 결과를 모두 적어라. 이것은 이성적으로 사고하는 것을 의미한다.
- 매일의 일과표를 만들어라. 매일의 과제를 적절한 순서로 목록화해라. 어떤 과제도 한 시간 이상 걸리지 않도록 해야 한다. 어떤 행동을 해야 하는지 정확히 기술해야 한다.
- 노력에 대한 즉각적인 긍정적 결과(보상)를 제공해라. 예를 들면 한 가지 목표를 달성한 후에 음악을 듣거나 간식을 먹으며 휴식을 취해라.
- 사회적 지지를 얻도록 해라. 예를 들어 스터디그룹을 만들어 공부해라.

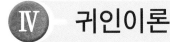

Ⅳ 귀인이론

Weiner(1986, 1992, 2004)가 제안한 귀인이론은 개인이 지각하는 실패나 성공의 원인을 토대로 동기를 설명한다. 모든 행동에는 결과가 뒤따르므로, 성공하기 위하여 수행하는 사람은 행동 그 자체 뿐만 아니라 결과 또한 경험하게 된다. 귀인이론에 따르면, 개인은 무엇이 나를 성공하게 했는가? 무엇이 나를 실패하게 했는가? 나의 성공 또는 실패는 어떤 원인에 귀인하는가?와 같은 질문에 답을 하면서 결과를 특정 원인으로 돌린다. 원인은 관찰될 수 없기 때문에, 추론에 의해 결정된다. 그런 까닭에 귀인이론은 성공이나 실패를 설명하기 위한 인과적 추론에 대한 이론으로 자신의 수행 결과를 설명하기 위해 선택하는 원인이다.

Weiner(1986, 2004)는 사람들이 성공과 실패의 원인으로 다섯 가지 귀인, 즉, 능력, 노력, 과

> 🍃 **귀인**
> 결과의 원인에 대하여 스스로에게 설명하기 위한 추론이나 판단

귀인이론에 따르면, 학습자들은 자신의 성공과 실패의 원인을 파악하기 위해 노력한다. 시험을 본 후, 학습자들은 종종 자신의 수행 수준을 설명하기 위해 난이도에 대한 판단을 비교한다.

제난이도, 운, 그리고 타인의 도움을 사용한다고 하였다. 성공과 실패는 (1) 얼마나 많은 능력과 기술을 가지고 있는가, (2) 얼마나 많은 노력을 기울였는가, (3) 과제가 얼마나 어려운가, (4) 얼마나 운이 좋은가, (5) 얼마나 많은 도움을 받았는가에 의해 좌우된다.

1. 귀인 형성 방법

Weiner는 학습자가 성공과 실패의 원인을 어떻게 찾게 되는지 설명하였다. 그림 10-1은 이를 잘 보여준다.

1단계: 지금까지 수행한 몇몇 행동의 상대적인 성공과 실패 정도를 결정해라(예를 들어, 다른 시험에서 좋은 점수를 받았다 또는 나쁜 점수를 받았다).

2단계: 그 결과에 대한 정서적 반응을 확인한다(예를 들어 나쁜 학점은 나를 미치게 한다. 또는 좋은 학점은 나를 행복하게 한다).

3단계: 이 반응을 설명하는데 필요한 과거 경험에 대해 생각해보아라(예를 들어 시험은 종종 매우 어려웠다. 또는 내가 열심히 공부하면 시험은 그렇게 어렵지 않다).

4단계: 현재의 성공이나 실패를 설명할 귀인을 확인해라(예를 들어, 이 강좌는 버티기 너무 힘든 강좌이다. 아무 도움을 받지 않고 나는 이 강좌를 듣기 어렵다.)

5단계: 현재 결과의 원인으로 선택한 귀인의 특징을 검토해보아라.

6단계: 일어난 일에 대하여 어떻게 느끼는지 자신감인지, 수치심인지, 분노인지 죄책감인지 정확히 파악해라.

7단계: 다음에 어떤 일이 일어날 것 같은지 신념의 형태로 미래를 예측해보아라(예를 들어 내가 이 시험을 통과할 가능성은 전혀 없어. 나는 높은 점수를 받을거야).

8단계: 후속행동을 선택하고 실행해라(예를 들어, 나는 이 과목을 포기할거야. 나는 이 강좌

그림 10-1   귀인을 형성하는 단계

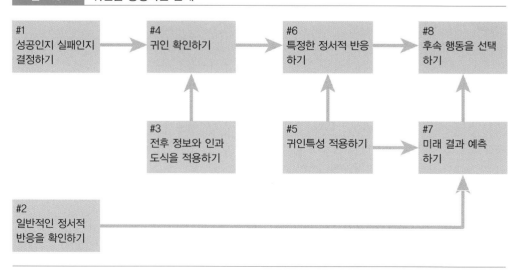

를 친구들에게 추천할거야).

그리고 나서 다시 1단계로 돌아가 모든 단계를 다시 실행해보아라. 이렇게 일반적 패턴이 나타난다(Weiner, 1992).

귀인에 대한 신념이나 추론은 정서적 반응과 미래결과 예측을 유발하고, 이는 후속 행동에 영향을 미친다. 다시 시도할 것인가 말것인가? 이는 이전 사건 결과의 원인을 무엇이라고 생각하는가에 달려있다.

2. 과업 성공과 실패의 귀인 성향 원인

학습자들은 어떻게 특정 과제의 성공이나 실패의 원인을 노력, 능력, 운 또는 과제 난이도로 돌리는가? 아래 몇 가지는 학습자들이 특정 귀인 성향을 갖게 하는 몇 가지 정보원들이다.

- 과거 성공 경험
- 타인의 성공 관찰
- 과제 대비 들인 시간
- 타인 도움 정도
- 결과의 무작위성

(1) 특성과 기능

일단 특정한 과제의 성공과 실패에 대한 원인이나 귀인이 결정되고 나면 다음 단계는 그 결정의 결과를 파악해야 한다. 성공의 원인을 능력으로 귀인하는 것과 노력으로 귀인하는 것을 다르게 느낄 것인가? 대답은 "그렇다"이다. Weiner(1986, 1992)는 사람들로 하여금 다양한 귀인에 다르게 반응하도록 이끄는 귀인의 3차원-원인 소재, 안정성, 그리고 통제가능성-을 제시하였다.

(2) 원인 소재

이것은 결과의 지각된 원인의 위치를 말한다. 내적 귀인은 개인의 내부에서 나오는 것이며 외적 요인은 개인의 외부에서 비롯된 것이다. 내적 귀인은 능력, 노력, 기분, 성격 그리고 신체

| 표 10-1 | 삼차원에 제시된 각 귀인별 특성 |

귀인	특성					
	원인 소재		안정성		통제가능성	
	내적	외적	안정	불안정	통제가능	통제불가능
능력	×		×			×
노력	×			×	×	
과제난이도		×	×			
운		×		×		×
도움		×		×		×
질병	×			×		×
기분	×			×		×
전략	×			×	×	

적 상태를 포함한다. 외적 귀인은 과제난이도, 운, 그리고 타인의 도움을 포함한다. 성공의 내적 귀인은 자신감의 원인이 된다. 외적 귀인에는 그런 효과가 없다(Weiner, 1992). 만약 누군가가 자신의 능력이나 노력으로 공부를 잘한다고 생각하면 그는 자신에 대하여 만족감을 느낄 것이다. 만약 누군가가 시험문제가 쉬워서 좋은 성적을 받았다고 생각한다면 성공을 자신의 공으로 돌릴 수 없다. 쉬운 문제임에도 불구하고 실패했을 경우, 그 실패의 원인을 자신의 능력이나 노력 부족으로 돌리기보다 차라리 교사를 비난하는 것이 더 낫다.

(3) 안정성

안정성은 귀인의 변하지 않는 속성 또는 일관성을 나타낸다. 이전 사건의 결과가 안정적 귀인(예를 들어 능력 또는 과제난이도)이라고 믿는다면 후속 결과도 같을 것으로 쉽게 예측할 것이다. 만약 누군가가 오늘 실력이 거의 없어 테니스시합에서 졌다고 생각한다면 내일 시합에서도 질 것으로 예측할 것이다. 왜냐하면 능력이 그렇게 짧은 시간에 변할 것 같지 않기 때문이다.

불안정 귀인(노력, 운, 기분, 또는 타인 도움)을 토대로 한 결과는 내적 귀인처럼 후속 결과를 반드시 예측하여 주지 않는다(Weiner 1992). 만약 복식경기에서 파트너때문에 졌다고 생각한다면 반드시 내일 또 질 것이라고 예측하지는 않는다. 안정적 귀인의 경우 사람들은 결과가 지속될 것으로 예측하기 때문에 안정적 귀인에 기반한 결과에 훨씬 더 정서적으로 반응한다. 따라서 안정적 귀인은 정서적 반응과 미래 후속 결과에 대한 기대에 영향을 미친다.

(4) 통제가능성

통제가능성은 성공과 실패의 원인이 자신의 의지에 따라 통제될 수 있는지 그리고 선택에 의하여 의도적으로 변화될 수 있는가를 말한다. Weiner의 귀인 차원 가운데는 오로지 노력만이 통제가능하다. 노력만이 실패를 성공으로 변화시킬 수 있는 유일한 것이다. 그러나 Tuckman과 그의 동료들(2008)은 통제가능한 두 번째 전략으로 전략을 제안하였다.

　Dweck(1999, 2002)은 능력귀인에 대한 두 가지 사고방식을 제시하였다. (1) 항상성 신념을 사용하는 것은 능력을 안정적이고 통제불가능한 것으로 간주하는 것이고 (2) 향상가능성 신념을 가지는 것은 능력을 불안정적이고 통제가능한 것으로 믿는 것이다. 후자인 향상가능성 신념을 가진 사람의 경우 노력을 하면 연습을 통해 지식과 기술이 향상된다고 생각한다. 따라서 능력은 불안정적이고 통제가능하다. Weiner와 Dweck의 능력에 대한 관점의 차이는 개인의 지적 재능 또는 역량의 안정적이고 통제불가능한 측면으로 기술되는 능력보다 적성이란 용어를 사용함으로써(Heider, 1985) 해결될 수 있다. 귀인의 몇 가지 특성을 아래 제시하였다.

- 귀인은 미래 목표 기대와 후속 행동에 영향을 미친다. 예를 들어 실패를 안정적 요인으로 귀인하면 실패가 재현될 것으로 예측하고 실패상황을 회피하게 할 수 있다.
- 귀인은 특별한 정서적 반응을 유발한다. 통제가능한 노력으로 귀인된 실패는 죄책감 또는 수치심을 낳는 반면 통제불가능한 타인 도움 부족, 운이 없음, 어려운 과제로 귀인된 실패는 분노를 유발한다(DeJuan의 경우처럼).
- 귀인은 자아상 형성에 기여한다. 내적인 능력 또는 노력에 귀인된 성공은 자부심과 긍정적 자아상을 갖게 하는 반면 외적으로 귀인된 성공은 정서적 반응을 수반하지 않는다.

　전체적으로 노력이 가장 중요한 귀인으로 간주된다. 왜냐하면 노력은 내부에서부터 나오는 것으로 개인의 통제하에 있고 변화가능하기 때문이다. 능력을 변화시키는 것은 매우 어려우며, 행운을 위해 무언가를 한다는 건 거의 불가능하기 때문이다. 사람들은 도움을 청할 수 있지만 타인의 도움을 항상 보장할 수는 없다. 사람들은 더 쉬운 과제를 찾을 수 있지만 결코 그 과제들이 더 쉬울 것이라고 보장할 수 없다. 그런 까닭에 만약 성공하기를 원한다면 할 수 있는 최선의 선택은 노력하는 것이다. 따라서 교사는 학습자로 하여금 성공으로 이끌 수 있는 통제가능한 귀인인 노력에 초점을 맞추도록 해야 한다.

(5) 정서의 역할

귀인모델은 아래와 같이 나타날 수 있음을 기억해라.

지각된 귀인　➡　정서 반응　➡　미래 기대　➡　후속 행동

　우리의 정서적 반응과 타인의 정서적 반응은 기대하는 바와 행동에 영향을 미친다. 마찬가지로 타인에 대한 우리의 정서적 반응은 어떻게 느끼는지, 무엇을 기대하는지, 어떻게 행동해야 할지를 말해준다(이는 상호결정론과 유사하다). 예를 들어, 냉담함이나 거부당함을 느낄 때, 사람은 무엇을 하는가? 일반적으로 그들은 하고 있던 시도를 멈추거나 그밖의 다른 일을 시도한다. 왜냐하면 현재 방식을 지속하는 것은 소용없다고 생각하기 때문이다. 감사나 안도는 사람들로 하여금 감사를 표현하는 방식으로 행동하도록 하고 도움을 받지 않고는 일을 진행하지 않도록 한다.

사람들이 받는 감정은 어떠한가? 그 감정들은 어떤 정보를 전달하는가? 어떤 학습자를 동정하거나 안타깝게 여기는 교사는 그 학습자가 유능하지 않거나 또는 영리하지 않다고 말하는 것일 수 있다. 학습자가 제출한 과제에 대하여 교사가 노여움을 표현하는 것은 해당 학습자가 충분한 노력을 기울이지 않았음을 말해주는 것일 수 있다. 심지어 교사의 공감하는 표현조차 학습자로 하여금 자기 스스로 우수하다고 느끼지 못하게 할 수 있다. 오히려 학습자민의 힘으로는 어떤 일을 할 수 없음을 시사할 수 있다.

3. 책임감과 의도성 판단

🔵 **책임감**
결과가 자신에게 달려있다는 예측 또는 판단

🔵 **의도성**
무언가를 의도적으로 함

학습자가 부정적이거나 실패한 행동의 원인을 노력과 같은 통제가능한 귀인으로 돌린다면 그는 책임감을 느낄 것이다. 준비 부족으로 시험을 망치는 것이 좋은 예가 될 것이다. 만약 공부를 하지 않기로 선택했다면 그것은 의도성을 반영한 것이다. 노력은 통제할 수 있기에 좋은 결과를 원한다면 노력을 하는 것이 책임감이다. 그러나 원인을 과제 난이도나 능력과 같은 통제불가능한 귀인으로 돌린다면 책임감을 느끼지 않는다. 시험이 수업시간에 배운 내용을 다루지 않아 비상식적으로 어려웠기 때문에 시험을 못 보는 것이 그 예가 될 수 있다. 시험문제는 통제할 수 없기 때문에 시험을 못 보아도 그의 잘못은 아니다. 이런 판단은 당신의 행동을 관찰하는 교사처럼 다른 사람에 의해서도 이루어질 수 있다. 만약 당신이 아프고 이를 증명할 의사 진단서가 있다면 교사는 결석을 추궁하지는 않을 것이다. 그러나 만약 당신이 TV를 보며 집에 머무른다면 책임을 져야 할 것이다.

Weiner(1985)는 자신의 무책임성에 대한 판단은 죄책감을 낳고, 이는 더 잘 수행하기 위해 행동을 변화시키도록 유도할 가능성이 있는 반면, 무책임성에 대한 타인의 평가는 분노를 촉발하고 전형적으로 처벌을 초래한다는 증거를 제시하였다. 충분히 공부하지 않았기 때문에 시험을 망친 자신을 돌아보면 다음에는 더 열심히 공부해야겠다고 개인적으로 동기화될 가능성이 높은 반면, 부모나 교사는 처벌을 할 수 있다. 또한 낮은 학점은 그 자체로 처벌이 된다.

전형적으로 대조되는 두 가지 귀인은 노력과 능력이다. 두 가지 모두 내적 귀인이지만 노력은 통제가능하고 능력은 통제불가능하다. 능력은 개인이 지닌 어떤 내적인 특성으로 개인의 통제를 벗어난 것일 수 있다. 과잉행동과 수줍음을 생각해보자. 과잉행동 아동은 동료와 교사에게 종종 분노와 무시를 유발하는 경향이 있는 반면 수줍음은 전형적으로 "본성"으로 간주되기 때문에 수줍음 많은 아이는 공감과 지지를 이끌어낸다(Juvonen, 1991, 1992).

4. 동기유발에서의 교사의 역할

학습자가 동기유발된다는 것은 노력을 기울인다는 것을 의미하고, 노력을 기울이기 위해서는 노력이 성공의 필요조건(또는 원인)이라는 신념을 필요로 한다. 동기화되는 것은 또한 당신이 스스로 성공하도록 도울 수 있다고 믿으며 성공할 것이라고 확신하는 것이다. 결국, 동기화되기 위해서는 당신이 성공할 능력이 있다고 믿을 필요가 있다.

(1) 교사는 귀인정보를 전달한다

교사가 직면한 과제는 학습자들이 성공하도록 돕는 것 뿐만 아니라 학습자들이 성공의 원인을 자신의 능력과 노력때문이라고 믿도록 돕는 것이다. 학습자가 성공과 실패의 귀인에 대하여 갖는 신념에 교사가 영향을 미치는 세 가지 중요한 방식이 있다(Graham & Weiner, 1983). 이것들은 (1) 교사가 구체적인 수행 피드백과 수행 중 고쳐야 할 사항을 학습자에게 말해주기, (2) 학습자에 대한 교사의 비언어적 정서 반응(예를 들어, 공감, 분노, 체념, 놀람) 그리고 (3) 교사의 학습자에 대한 후속행동(예를 들어 도움을 제공하거나 추가 과제를 내기)이다. 교사는 학습자들 특히 성적이 낮은 학습자들에게 자신의 말이나 행동으로 전달하고 있는 귀인정보를 이해할 필요가 있다. 왜냐하면 학습자는 자신의 능력을 추론하기 위해 교사가 전달하는 이 정보를 활용하기 때문이다.

다른 학습자를 괴롭힌 것과 같은 부정적인 행동에 대해 책임을 지는 것으로 보일 때, 교사와 행정가는 그 모습을 보지 못했을 때보다 더 많이 그들을 처벌할 가능성이 있다.

(2) 교사가 저성취 학습자를 대하는 방법

Good과 Brophy(2002)에 따르면 교사는 저성취 학습자와 고성취 학습자를 다르게 대한다. 구체적으로 교사는 저성취 학습자에게는 덜 요구하며, 관심을 거의 기울이지 않으며, 부탁받지도 않은 도움을 제공할 수 있다. 동정심과 혼합된 교사의 이런 행동은 학습자로 하여금 저성취가 능력의 부족때문이라고 추론하게 한다. 능력은 내적이고 안정적이며 통제불가능해 보이기 때문에 그들은 모르는 사이에 조금씩 학습된 무기력에 빠지게 된다. 아무도 능력 부족이 미숙한 수행의 원인이라고 믿기를 원하지 않지만, 학습자들은 그런 메시지에 무기력하고 통제불가능한 자세를 취함으로써 반응한다.

중요한 것은 칭찬과 비난의 사용이다. 교사가 학습자의 낮은 능력을 인식하고 학습자의 수행을 지나치게 비판한다면 교사가 얼마나 부정적으로 느끼고 있는가가 학습자에게 분명히 전달된다. 이 비난 행동을 피하기 위하여, 많은 교사들은 다른 방법을 취하지만 이 역시 같은 메시지를 강하게 전해준다(Good & Brophy, 2002). 교사가 저성취 학습자에게는 눈에 띄게 쉬운 과제를 내고, 이를 성공적으로 마쳤을 경우 지나치게 칭찬한다면, 교사가 자신이 능력이 별로 없다고 믿고 있다고 학습자는 인식하지 않을 수 없다. 종종 저성취 학습자에 대한 교사의 과잉 행동은 학습자의 능력 부족을 시사한다.

(3) 동기유발을 시키기 위한 교사의 역할

첫째, 교사는 성취도나 결과보다 기술과 지식 습득 과정 그 자체를 강조할 수 있다. 교사는 학습 결과보다 학습자의 노력에 반응해야 한다. 단순히 학습자의 수행 결과에 점수를 매기기보다 학습자에게 반응의 정확성 또는 부정확성에 대하여 구체적인 정보를 제공해야 한다. 학습자의 성격이나 가정교육보다 그들의 수행에 구체적인 피드백을 제공하고, 다른 학습자와 비교하지 않으며, 해당 학습자의 수행에 구체적으로 반응해주는 것이 학습자로 하여금 학습에 초점을 맞출 수 있도록 돕는 것이다.

둘째, 교사는 학습자 사이의 경쟁을 줄임으로써 동기나 노력을 향상시킬 수 있다. 협동학습 접근법과 완전학습 접근법은 학습자들로 하여금 자신의 수행을 다른 친구들의 수행 결과와 비교함으로써 부정적 귀인을 하지 않도록 도와준다. 협동학습과 완전학습은 전통적인 강의식 접근법보다 성공 경험을 필요로 하는 학습자들에게 성공을 맛보게 할 가능성이 훨씬 더 높다.

셋째, 교사는 학습자로 하여금 능력 외의 다른 귀인을 토대로 수행 결과를 평가하도록 도울 필요가 있다. 능력에 대한 평가는 자존감과 자신감과 연결되고, 부정적 판단은 학습자의 자발적 수행 의지에 대부분 좋지 않은 영향을 미치기 때문에 능력 외의 다른 요인으로 귀인하는 것은 중요하다. 이는 결과보다 노력을 강화하는 하나의 방법으로 학습자는 성공의 원인을 능력이 아니라 노력으로 귀인할 것이다. 또 하나의 방법은 Tuckman(2008)이 제안한 새로운 귀인인 전략을 소개하는 것이다. 전략은 무언가를 행하는 방법을 의미한다. 만약 학습자가 시험을 잘 못봤을 경우, 교사는 실패를 전략의 부재로 귀인하고 전략을 향상시키도록 돕고, 그렇게 하려는 노력을 칭찬함으로써 실패를 성공으로 전환시킬 수 있다.

넷째, 교사는 학습자로 하여금 성공가능성을 높이고 자신의 능력에 대한 개인적 평가를 높여주기 위하여 현실적인 목표 설정을 강조해야 한다.

다섯째, 교사는 자신이 학습자에게 보내는 귀인 메시지를 점검하고, 필요한 경우 언어적 피드백 진술의 내용이나 방식을 수정해야 한다. 오디오나 비디오 녹음은 매우 유용하다.

여섯째, 교사가 수업 운영과 관리에 있어 실패와 좌절을 경험하더라도 지각된 학습 무기력 패턴에 빠지지 않도록 주의할 필요가 있다. 귀인이론은 학습자뿐만 아니라 교사에게도 적용된다. 교사는 자신의 수행 결과, 특히 학습자들이 학습하도록 잘 도왔는지 그렇지 못했는지에 대하여 원인을 찾게 된다. 지나친 실패에 대한 지각은 교사로 하여금 교수능력이 별로 없다고 생각하게 한다. 그 결과 극도의 냉소주의에 빠질 수 있으며 점진적으로 수행이 더욱 악화될 수 있다.

일곱째, 교사는 학습자들이 스스로를 더욱 긍정적으로 인식하여 동기화되고 성취를 갈망하도록 돕기 위하여 이들을 격려하고 자극할 필요가 있다. 격려와 자극이 무엇을 의미하는지 아래 몇 가지를 제시하였다.

1. 격려는 자기 자신과 타인의 능력에 대한 긍정적 신념을 토대로 하여야 한다. 학습자를 있는 그대로 받아들여라.
2. 격려는 학습자가 자신과 자신의 능력을 믿도록 도울 수 있는 의도된 것이어야 한다.
3. 격려는 학습자로 하여금 실수가 실패가 아님을 깨닫게 함으로써 불완전함을 감수하도록 돕는다.
4. 격려는 칭찬과 다르다. 어떤 긍정적인 변화든 격려할 수 있다. 이는 교사가 학습자를 수용하고 존중함을 의미한다.
5. 격려는 노력에 초점을 두어야 한다.
6. 격려는 낙담의 반대말이다. 부정적인 말이나 결과를 예측하여 제공하거나, 비합리적으로 높은 목표설정이나 지나친 경쟁을 하도록 함으로써 학습자들을 낙담시키지 않도록 한다.
7. 격려는 학습자가 노력하고 있으며 그 노력이 가치있는 것임을 확인시켜준다.

V 동기유발자로서 욕구와 목표

욕구와 목표 접근법은 학습자의 성취동기를 설명해준다. 욕구와 목표는 선택하는 과제 및 노력에 대한 강력한 동기유발자로 설정 목표와 추진력에 영향을 미친다.

1. Maslow의 욕구위계이론

Maslow(1970)는 자신의 내재적 가능성과 타인의 기대욕구를 실현하고 현실화하려는 동기를 아래와 같이 구별하였다.

건강한 성장이란 평생 동안 개인이 직면하는 끊임없는 자유 선택 상황의 연속으로, 인간은 성장과 안전 사이에서 주기적으로 선택해야만 한다. 성장을 선택하기 위해서는 성장이 안전보다 더욱 매력적이고 덜 위험함을 파악해야 한다. 만약 성장이 너무 매력이 없거나 위험하다면 개인은 안전을 다시 선택할 것이다.

Maslow는 그림 10-6처럼 인간이 내재적으로 가지고 있는 욕구의 위계를 제시하였다. 그는 가장 우선적이며 기본적인 생리적 욕구에서부터 가장 고차적인 자아실현 욕구의 위계를 제시하고 있다. 하위욕구일수록 더욱 기본적인 욕구로 결핍 욕구라 명명하였다. 이는 하위 욕구들이 생존을 위협할 수 있는 결핍을 극복하려는 복구를 포함하고 있기 때문이다. 상위 욕구일수록 성장 욕구라 하였는데 이는 이 욕구들이 삶의 질 향상에 기여하기 때문이다.

1단계 욕구는 먹고 자며 위험으로부터 안전하고자 하는 가장 낮은 수준의 결핍 욕구인 생리적 욕구이다. 대부분의 경우 이 욕구는 쉽게 충족되나 일부 사람들의 경우에는 그렇지 않다. 성장보다 안전이 더 신경 쓰이며, 특별히 안전 유지를 위해 모든 노력을 투입해야 한다면, 사람들은 이 욕구 단계를 벗어나 나아가지 못한다. 즉, 성장하도록 동기화되지 않을 것이다. 인간은 일단 안전하다고 느끼면 타인의 인정을 얻으려 하며, 자존감, 지적 욕구 그리고 심미적 성장 욕구를 충족시키려 노력할 것이다. 일단 성공경험을 가지게 되면 사람들은 궁극적으로 성장의 가장 정점인 자아실현 욕구에 도달하려 할 것이다.

욕구이론은 교사에게 중요한 시사점을 제공한다. 피곤하고 배고프고 졸리며, 불안하고 놀란 상태이며, 전체적으로 정서적 지지가 부족한 혼란스러운 상태로 학습자들이 학교에 오게 된다면 그들은 성장 욕구 즉, 지적 욕구, 심리적 욕구, 자아실현 욕구를 추구하도록 동기화되지 않는다.

> **결핍 욕구**
> 더 낮은 보다 기본적 욕구

> **성장 욕구**
> 삶의 질 향상에 기여하는 더 높은 욕구

> **자아 실현**
> 개인적 성장의 궁극적 과정

> **성취 욕구**
> 성취를 향한 개인의 추진력에 영향을 미치는 성공에 대한 동기

표 10-2	
성장 욕구	자아실현 욕구
	심미적 욕구
	지적 욕구
결핍 욕구	자존 욕구
	소속과 애정 욕구
	안전 욕구
	생리적 욕구

2. 학습자 성취를 돕는 전략

McClelland(1985; Atkinson, 1964)는 일부 사람들의 성취를 향한 열정에 영향을 미치는 동기를 발달시켜 나간다는 이론을 제안하였다. 그는 이것을 성취 욕구라 하였다. 이 욕구는 교육과 사업 분야의 성공에 있어 특히 중요하다.

McClelland는 성취 욕구와 대조적으로, 일부 사람들은 실패를 회피하려는 욕구가 있다고 믿었다. 높은 성취 욕구를 가진 사람들은 적절한 난이도를 가진 과업을 선택한다. 반면, 실패를 회피하려는 사람들은 성공이 실제적으로 보장된 매우 쉬운 과제를 선택하거나 실패가 당연히 예상되는 매우 어려운 과제를 선택함으로써 실패를 개인의 책임 문제로 만들지 않는다(Atkinson, 1964). 성취 동기를 가진 사람들에게 실패 자극은 더욱 노력하게 하는 요인이지만 실패 회피자들은 확실한 성공이 보장되는 안전성을 선호한다.

Stipek(2002)은 초등학생을 대상으로 연구한 결과, 고학년의 경쟁은 과제보다 결과에 초점을 맞추고 실패를 회피하는데 관심을 갖게 한다고 결론 내렸다. 학년이 올라감에 따라, 스스로 기대하는 수행 결과가 점점 교사로부터 받게 되는 수행 피드백에 영향을 받게 된다(Eshel & Klein, 1981). 지나치게 신랄한 피드백과 저조한 성적은 높은 성취 동기를 가진 학습자들을 높은 회피 동기를 가진 학습자로 빠르게 전환시킬 수 있다.

시간이 지남에 따라 성취 동기는 유능하다고 느끼고 환경을 효과적으로 다루려는 내적 동기인 숙달 동기로 재개념화되었다(Harter, 1981). 숙달 동기는 다음의 다섯 가지 측면을 갖는다.

◑ 숙달 동기
유능하다고 느끼고 환경을 효과적으로 다루려는 내적인 욕구

◑ 성취 전략들
성취를 추구하고자하는 사람들의 동기를 증가시키려는 McClelland의 네 가지 전략 기법

- 쉬운 과제보다 도전적 과제를 선호한다.
- 교사를 기쁘게 하거나 좋은 학점을 받기 위해서라기보다 자신의 흥미를 충족시키기 위하여 공부하려는 경향이 있다.
- 교사에 의존하기보다 독립적으로 수행하고 숙달하려고 노력한다.
- 교사의 판단보다 자신의 판단에 의존한다.

모든 학습자들이 배울 수 있다고 믿으며, 개방적이며 우호적인 분위기를 조성할 수 있으며, 학습자들로 하여금 판단에 대한 두려움 없이 자유롭게 참여할 수 있도록 허용하는 교사들은 학습자들의 자아실현을 증진시키려고 노력한다.

● 성공과 실패에 대한 자신만의 준거를 사용한다.

3. 학습목표 지향성

  Gomez는 학습자들이 성적에만 관심을 가지는 것이 아니라 생물을 진짜로 이해하고 좋아하게 만들겠다는 목표를 가진 9학년 생물교사이다. 이를 위하여 Gomez는 학습자들이 실제로 체험할 수 있는 수업을 개발하기 위하여 많은 시간을 투자하였다. 그는 학습자들이 광합성, 세포성장, 유전 그리고 소화와 같은 개념들을 탐색하도록 돕기 위한 프로젝트를 설계하였고 그들이 프로젝트를 잘 진행하도록 도왔다. 예를 들어, 그는 단세포 조직을 구하여, 슬라이드를 만들고 현미경을 사용하여 세포를 관찰하는 방법을 보여주었다. 그의 수업을 듣는 것은 실제적인 학습을 경험하는 것이다.

  최근 학습자들이 추구하는 서로 다른 목표 유형에 대한 관심이 증가하고 있다. Ames(1992)는 성취 상황에 반응하는 두 가지 상반된 목표 지향 유형 즉, 숙달 목표 지향과 수행 목표 지향을 제안하였다(Pintrich, 2003). 숙달 목표 지향은(때로 학습목표 또는 과제목표라고도 불림) 학습 자체에 초점을 맞추고, 도전적인 무언가를 성취하고, 새로운 능력 개발을 좋아한다. 반면 수행 목표 지향은 높은 성적을 받거나 집단에서 일등이 되는 것과 같은 구체적이고 긍정적 결과에 대한 욕구를 반영한다. Pintrich(2000a)는 목표 지향성이란 자기 자신의 유능함을 규정하는 데 있어 개인이 가지고 있는 기준을 의미한다고 하였다. 숙달 목표를 지향하는 사람은 무언가에 대한 향상으로 유능함을 정의하는 반면 수행 목표 지향은 유능함을 다른 사람보다 뛰어난 것으로 인식한다. Elliott와 McGregor(2001)는 학문적 과제를 회피하려는 학습자들을 과제 회피 지향 또는 숙달 회피 목표를 가지고 있는 것이라고 표현하였다.

  숙달 목표 지향은 수행 목표 지향보다 더욱 긍정적인 관점에서 설명되어 왔다. Dweck과 Leggett(1988)는 숙달 목표 지향이 노력을 통해 지능이 향상될 수 있다는 지능향상 가능성 신념과 관계가 있는 반면 수행 목표 지향은 지능이 고정되어 있으며 변화불가능하다고 믿는 지능항상성 신념과 관계가 있다고 하였다. Maehr와 Midgley(1996)는 숙달 지향 목표를 가진 학습자들은 성공을 향상으로 인식하는 반면 수행 지향 목표를 가진 학습자들은 높은 학점, 승리, 인정으로 인식한다. 숙달 지향 학습자들은 자신만의 내적 평가기준을 토대로 자신을 평가하지만 수행 지향 학습자들은 사회적 규준과 비교를 통해 상대적으로 평가한다. 또한, Pintrich와 Midgley(2001)는 숙달목표가 대학생의 자기조절과 관련이 있음을 보고하였다. 숙달 목표 지향을 가진 학습자는 수행 목표를 가진 학습자보다 더욱 적절하게 도움을 청하는 경향이 있다. 더욱이 숙달 목표를 갖는 것은 학습자로 하여금 내적인 흥미에 기반하여 학습하도록 하며(Butler, 2000; Harackiewicz, Barron, Tauer, Carter, & Ellito,

---

📎 **목표 지향**
성취 상황에 접근하고 참여하고 반응하는 방법

📎 **숙달**
얼마나 많은 전문가 기술과 지식을 가지고 있는가

📎 **수행**
과제 완수를 얼마나 잘 하는가

📎 **숙달 목표**
학습 자체에 초점을 두는 목표

📎 **수행 목표**
특정한 긍정적 결과에 대한 열망을 반영한 목표

📎 **과제 회피 목표**
과제를 회피하는 동기

📎 **숙달 회피 목표**
학문적 과제를 회피하려는 동기

Jupiter Images

학습자들은 성취 전략을 학습하고 적용하기 위하여 컴퓨터 중재 수업을 활용할 수 있다.

2000), 학교에서 더욱 높은 학업성취를 하도록 돕는다(Sins, vanjoolingen, Savelsbergh, & van Hout-Wolters, 2008).

그러나 불행히도 이 두 개의 목표 지향 모델은 학습자들이 설정한 목표를 분류하는데 충분한 증거를 제시하지 못하였다. 예를 들어, 숙달 목표는 수행 목표보다 학업성취도와 상관이 낮은 것으로 보인다. "좋은" 숙달목표 대 "나쁜" 성취목표라는 단순한 이분법적 분류는 부적절함을 시사한다(Harackiewicz, Barron & Elliott, 1998). 특정 결과에 대하여 숙달 목표보다 수행목표를 갖는 것이 더 좋을 수 있다고 인식하면 일부 사람들은 수행 목표를 수행접근(단순히 남을 이기려 노력하는 것)과 수행회피(바보처럼 보이거나 상대적으로 무능해보이지 않으려고 노력하는 것)로 나누려한다. 수행접근 목표는 수행회피 목표보다 더 적응적이다(Harackiewicz, Barron & Elliott, 1998). 교사들은 학습자들이 숙달 학습 목표를 갖도록 어떻게 도울 수 있는가? Pintrich와 Schunk (2002)는 다음과 같은 방법을 추천하였다;

- 새롭고, 다양하고 흥미있는 여러 가지 적절하고 "실제적인" 학습 활동을 사용한다.
- 학습자의 관점에서 그들의 능력에 합당한 수준의 과제를 제공해라. 그들에게 선택권과 통제권을 허용하고 과제를 해결하는데 어려움이 있는 학습자들의 경우 과제를 마치기 위해 필요한 시간을 조정할 수 있도록 한다.
- 개인적 향상, 발달 및 숙달에 초점을 맞추고 이를 인정해주며 가능한 한 개인적 발달을 평가한다.
- 학습자의 노력을 인정해주고 학습자의 실수를 학습기회로 반응한다.
- 이질집단으로 형성된 협동학습 전략을 사용한다.

Ⅵ 동기에 대한 자기결정성 접근

자기결정성 이론
최적의 학습과 적응을 위하여 자신의 환경에서 어떻게 행동할 것인가를 자기 스스로 결정하는 것

Deci(1980, p. 26)는 자기결정성을 "자신의 의지를 극대화하는 과정", 즉, 최적의 학습과 적응을 위하여 자신이 처한 환경에서 어떻게 행동할 것인가를 스스로 결정하는 것으로 정의하였다. Deci와 Ryan(1985)와 Deci, Vallerand, Pellertier와 Ryan(1991)은 개념적 이해, 지식의 유연한 사용, 자신에 대한 좋은 느낌, 자기의지로 행동하기, 그리고 사회적 환경에 맞추기를 최적의 학습과 적용 곧 자기결정론의 결과의 주요 특징으로 간주하였다.

대부분의 동기유발 접근법들이 그 핵심에 의지를 담고 있는 반면, 자기결정성 접근법은 더 나아가 자기결정이나 선택에 의해 수행이 이루어지는 의도적 행동과 순응이나 반항을 초래하는 외적인 힘에 의해 통제되거나 강요되는 행동을 번별하였다(Deci et al., 1991; Orbell & Sheeran, 2000). 행동을 발휘하게 하기 위해, 자기결정성 이론은 세 가지 내적인 욕구 즉, 유능감, 관계유지, 그리고 자율성(또는 자기결정)의 욕구를 제안한다: 이 욕구들이 충족될 때, 동기, 수행 그리고 발달을 최대화하도록 허용한다(Ryan & Deci, 2000).

1. 내재적 동기와 외재적 동기

자기결정성 이론 접근법은 즐거움과 만족을 위해 행동을 하는 내재적 동기와 어떤 결과를 얻는 수단이 되는 행동을 하는 외재적 동기 간의 변별을 중요하게 다룬다. 예를 들어 내용 자체에 재미가 있기 때문에 책을 읽는 것은 내재적 동기를 반영하는 것이다. 그러나 과제이기 때문에 읽는다면 그것은 외재적 동기가 반영된 것이다. 앞에서 제시된 Conrad는 분명히 내재적 동기가 생기는 과제에만 최선을 다하며, 외재적 동기를 필요로 하는 활동에는 최소한의 노력만을 하는 경향이 있다.

즐거움과 만족을 위해 행동을 한다는 것은 내재적 동기를 나타낸다. 학습자들은 해야 하기 때문이 아니라 하고 싶어서 행동을 할 때가 종종 있다.

이 이론은 인간의 행동을 자율성의 정도에 따라 순전히 타율적인 행동(외재적으로 동기화된 행동)에서 완전히 자기 결정된 행동(내재적으로 동기화된 행동)에 이르는 일련의 연속체 선상에서 나타나는 네 가지 유형 차이를 구분한다(Deci et al., 1991; Ryan & Deci, 2000). 자기결정성 이론에 따르면 외재적 동기에서 내재적 동기로의 점진적 변화는 세 가지 기본적인 욕구에 의해 동기화된다. 자율성에 대한 네 가지 조절 양식 또는 내면화 연속체를 아래 제시하였다.

> 🔘 **내재적 동기**
> 즐거움과 만족을 위해 행동을 함

> 🔘 **외재적 동기**
> 어떤 결과를 얻는 수단이 되는 행동을 함

- 외적 조절이란 외적 보상의 제안이나 처벌 위협과 같은 외부적인 힘에 의해 작용하는 동기이다(예를 들어 지각한다면 교사로부터 처벌을 받을 것이기 때문에 수업에 늦지 않는다). 이는 가장 최소로 자기 결정된 것이다.
- 부과된 조절이란 순응하도록 자기 스스로 강제하는 원인이 되기에 충분히 내면화된 외적인 힘에 기반한 동기이다(예를 들어 나쁜 사람처럼 보이고 싶지 않아 수업시간에 늦지 않는다). 자신이나 타인의 인정을 추구하며 죄책감이나 불안 혹은 자기 비난을 피하기 위해 행동을 조절한다.
- 확인된 조절이란 예전에는 외적으로 조절되었던 가치나 목표를 자신의 것으로 수용하고 선택해서 행동을 하는 동기를 말한다. 즉, 개인적으로 중요하거나 자신이 설정한 목표를 추구하기 위해 동기화된 행동을 말한다(예를 들어, 수업을 잘 이수하는 것이 중요하다고 느끼기 때문에 수업시간에 늦지 않는다.)
- 통합된 조절이란 환경에 의해 강요되거나 방해되는 것이 아니라 내면화의 자연스런 결과로 자아감을 토대로 한 동기이다(예를 들어 나는 원래 가치 있는 사람이기 때문에 수업시간에 늦지 않는다). 이것이 가장 자기 결정된 동기이다.

> 🔘 **내면화**
> 외재적 동기에서 내재적 동기로의 점진적 이동

(1) 자기결정성 자극하기

Deci와 그의 동료들(1991)은 자율성 지지 접근법을 적용할 것을 권장하였다. 자율성 지지 접근법이 자율성이 학습자들의 긍정적 학습 결과와 상관이 있다는 연구결과를 기반으로 한 것이다. 예를 들어, Gottfried(1990)는 특정 교과에 대한 학습자의 내재적 동기와 표준화된 성취도 검사 점수는 정적 상관이 있다고 보고하였다. 자기결정성을 지지하기 위해, Deci와 그의 동료들(1991)은 교사가 다음과 같이 해줄 것을 권장하였다.

- 학습자의 행동을 통제하려는 의도인 보상, 처벌, 수행 평가, 그리고 마감시간과 같은 외적 사태의 영향을 최소화해라.
- 위에 제시된 것들 대신에, 학습자들에게 선택권을 부여하고, 학습자들이 흥미가 없거나 일상적 과제를 해야만 할 때 그들이 가질 수 있는 부정적 감정을 인정해라.
- 학습자들의 독립성을 손상시키기보다 인정하는 비통제적 방식을 사용하라(예를 들어 ~ 해야만 한다나 ~ 하는 것이 당연하다와 같은 말보다 비강제적인 말을 사용해라).
- 통제적이라기보다 자율적이며 지지적이라고 인식할 수 있는 전반적인 학급 분위기 형성에 초점을 두어라.

(2) 보상의 서로 다른 유형

Deci(1975)는 모든 보상이 통제적 측면과 정보적 측면을 가지고 있다고 주장하였다. 정보적 측면은 수혜자에게 그들의 유능함과 자기결정성에 대한 정보를 제공한다는 것이다. 만약 통제적 측면이 지배적이라면, 보상은 외적인 것으로 지각될 것이다. 만약 정보적 측면이 지배적이라면 이는 유능감과 자기결정성을 발생시킬 것이다. 학습자의 과제 성취 또는 특정 수준의 수행(예를 들어, 네 숙제를 모두 끝냈다면 나가서 놀 수 있다)에 따른 보상은 통제적 행동을 목적으로 하며 학습자들로 하여금 자신의 행동을 외적인 힘-보상을 주는 사람-으로 귀인하게 한다. Deci, Koestner, & Ryan(1999)에 따르면, 지속된 흥미는 보상의 활용가능성에 달려있다. 자신의 유능함에 대한 정보를 전해주는 실제 성공적 수행 뒤에 따르는 보상(예를 들어, 이전에는 풀 수 없었던 문제를 푼 후에 주어지는 칭찬)은 유능감을 갖게 하며 흥미가 유지되도록 하는데 내부에서 그 원인을 찾게 한다. 앞서 교사에게 권장되었던 방법들처럼 통제적 측면을 강조한 보상들은 가급적 피해야 한다.

(3) 내재적 동기 증가시키기

학습에 대한 내재적 동기가 거의 없는 학습자들을 어떻게 할 것인가? 교사는 어떻게 내재적 동기를 갖게 할 수 있을까? Lepper와 Hodell(1989)은 도전, 호기심, 통제, 그리고 환상이라는 네 가지 요소를 제안하였다. 도전은 이미 이 장의 앞에서 다루었다. Bandura는 "도전적이지만 달성 가능한" 목표를 설정할 것을 제안하였다. Tuckman(2003) 역시 성취도 향상을 위한 첫 번째 전략으로 도전적이지만 달성가능한 목표를 설정하여 "합리적 위험을 감수하기"를 활용할 것을 제안하였다. 도전은 학습자들이 긍정 심리인 희망을 보일 때 더 쉽게 극복된다(Snyder, Rand, & Sigmon, 2002). 자기결정성을 발달시키도록 돕는 교사는 학습자들이 희망적으로 느끼고 학교 공부를 더 잘하게 한다(Snyder, Shorey, Cheavens, Pluvrs, Adams, & Wiklund, 2002).

Lepper와 Hodell에 의하면, 호기심은 알고 있는 지식과 다르거나 놀라운 정보에 의해 생긴다. 호기심은 환경을 탐색하면서 접하게 되는 정보에 의해 촉진될 수 있다. 호기심은 또한 지지

🌐 희망
원하는 것을 가질 수 있으며 일이 잘 풀릴 것이라는 느낌

적이고 탐색을 격려하는 집안 분위기에 의해 자극될 수 있다(Gottfield, Fleming, & Gottfried, 1998; Meece, 2002). 통제는 자신의 학문적 결과를 제어함을 의미한다. 의사결정 과정에서 학습자에게 선택권을 부여하는 것은 통제감을 갖게 한다. 마지막으로 가상놀이, 모의상황, 그리고 게임과 같은 환상은 종종 지루함을 흥미로 변화시킬 수 있다. 교사는 수업을 즐거운 모험으로 변화시킬 수 있는 방법을 고안하기 위해 흥미 요소에 자신의 창의성을 결합시켜야 한다.

표 10-3   다섯 가지 동기유발 접근법 비교

접근방법	주요 개념	의미	교사 조력 방법
사회 인지 (자아효능감, 자기조절능력)	•상호결정론 •자아효능감 •자기조절능력	•행동, 사람, 환경이 함께 작용함 •자신의 능력에 대한 판단 •자신의 행동에 영향을 미치는 능력	•개인의 욕구에 맞게 수업을 설계하기 •완전학습을 촉진하기 •학습자에게 자기 점검, 목표 설정을 가르치기
귀인이론	•귀인 •귀인 특성 •책임감 •학습된 무기력	•성공과 실패의 원인(노력, 능력, 운) •소재, 안정성, 통제가능성 •통제가능한 원인으로 결과를 귀인하기 •반복된 실패로 인해 통제감을 잃음	•모든 학습자들을 똑같이 대하기 •성취(결과)가 아니라 학습(과정)을 강조하기 •귀인 메시지를 점검하기 •요청하지 않은 도움을 제공하지 말기
욕구와 목표	•욕구위계 •성취욕구와 전략 •목표지향	•음식, 안전, 사랑, 자존, 자아실현 •성취하고자 함 그리고 성공을 위한 기법을 사용 •숙달(학습) 목표 대 수행 목표	•생리적 욕구에서 시작하여 상위욕구로 옮겨가기 •학습자에게 성공전략을 가르치기 •숙달 목표를 장려하기
자기결정성 이론	•내재적 동기 •외재적 동기 •내면화	•선택에 의한 수행 •완성된 수행 •외재적 동기를 내재적 동기로 전환	•도전, 호기심, 통제, 그리고 환상을 제공하고 자극하는 활동을 제공하기

11 학급 관리

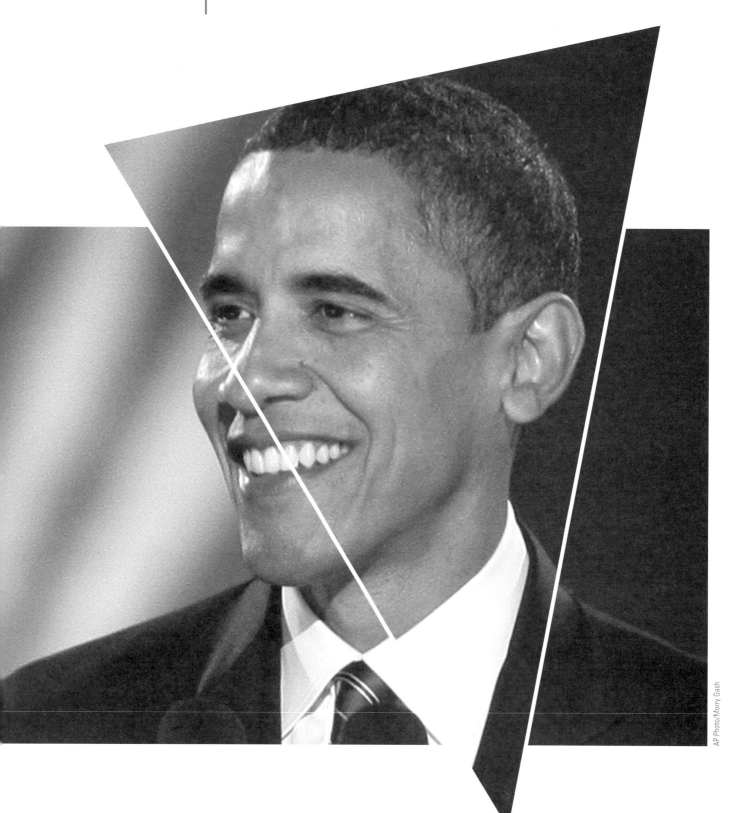

학습 목표	주요 내용
1. 학습공동체 형성의 중요성을 설명하고 Kohn의 세 가지 선행 요건과 학습공동체의 효과를 높이기 위한 네 가지 전략을 제시할 수 있다.	학습공동체 형성하기 • 학습공동체의 선수요건 • 효과성과 학습공동체
2. 효과적인 학습공동체를 유지하기 위해 필요한 절차에 대하여 설명할 수 있다.	효과적 학습공동체를 유지하기 • 적절한 시간 사용 • 교육과정 개발 • 물리적 공간의 설계와 조직 • 학급규칙 만들기
3. 학습자와 그 가족에 대한 관심과 존경을 가지고 적절한 행동을 시범보이며, 비언어적 메시지와 나─전달법을 통해 부적절한 행동을 중재하는 방법을 제시할 수 있다.	학습공동체에서 부적절한 행동에 반응하기 • 관심 갖기와 관점 취하기 • 가정문화와 가족 연대 • 중재 모형
4. 학습공동체 구성원의 안녕을 위해 폭력 및 사이버폭력 예방의 중요성을 논할 수 있다.	학교 폭력 • 폭력에 대한 교사의 신념 • 예방 과정 • 사이버 폭력
5. 문화적으로 반응적인 학급 관리의 다섯 가지 구성요소를 간략히 제시하고 교실이 이런 유형의 환경으로 어떻게 전환될 수 있는지 설명할 수 있다.	문화적으로 반응적인 학급 관리 • 자기민족중심주의의 인식 • 학생 문화에 대한 지식 • 폭넓은 맥락 이해 • 적절한 관리 전략 사용 • 학생들 배려에 주력
6. 학습 참여를 극대화하는 Kounin의 방법을 자세히 기술하고, 학급관리에 대한 자기주장훈련 접근법을 설명할 수 있다. 초등 및 중등 학급에 적절한 훈련 계획안을 제안할 수 있다.	기타 학급관리 패러다임 • Kounin 접근법 • 자기주장훈련 접근법

학습공동체 형성하기

학습공동체는 학습자들이 학습경험을 공유하고 서로를 통해 배울 수 있음을 강조한다.

⚫ 학습공동체
공동체 구성원의 학문적, 개인적, 사회적 발달을 증진시키는 데 초점을 두는 사람들의 집단

교실은 단순히 학생과 교사가 만나는 물리적 공간인 반면, 학습공동체는 구성원의 학문적, 개인적, 사회적 발달에 초점을 두는 사람들의 집단이다. 다시 말해, 학습공동체는 학생이 어려운 질문도 하고, 실수도 하면서 생산적이고 사려깊은 성인이 되도록 돕는 지식과 기술 이해를 발달시킬 수 있도록 적극적으로 지지하고 안전함을 제공하는 곳이다.

1. 공동체의 선행요건

Kohn(1996)에 따르면, 책임과 배려가 보장된 학습공동체를 형성하기 위해서는 세 가지 선행조건을 충족시키는 것이 중요하다.

1. 시간. 교사, 학생, 그리고 학부모는 교실 전체가 즉각 하나의 공동체로 전환될 수 있다고 기대해서는 안된다. 효과적인 학습공동체가 형성되고 있다는 믿음을 주기 위해서는 시간이 필요하다.
2. 소수의 구성원. 집단의 규모가 커짐에 따라 공동체 구성원 간 상호작용의 질과 양이 감소된다. 학습공동체를 원활하게 운영하기 위해서는 집단의 크기를 신중히 고려한다.
3. 헌신적 교사. 학습공동체는 학교 발전을 주요 임무로 간주하는 헌신적인 교사를 필요로 한다. 학습공동체는 교실과 학교에서 학습자를 가장 잘 지원할 수 있는 방법에 대한 교사 간의 대화통로를 다양하게 열어준다.

2. 학습공동체 효과

만약 선행요건이 충족된다면, 교사는 효과적인 학습환경을 조성하기 위해 학생들과 협력하여야 한다. Kohn(1996)은 학습공동체 효과를 높여줄 몇 가지 전략을 제시하였다. 첫째는 교사와 학생 간의 관계를 강화시키는 것이다. 교사들의 경우 전통적으로 절제적이며 엄격한 리더로 간주되어 감정을 드러내면 심약한 것으로 인식된다. 그러나 이는 진정성을 방해하고 학생과 교사의 관계 개선을 어렵게 한다. 학습자의 학습환경은 진심으로 배려하는 교사와 함께 있다고 느낄 때 개선된다.

학습공동체 기능을 향상시키는 두 번째 전략은 교실에서 학생 간의 관계를 강화시키는 것이다. 효과적으로 기능하는 학습공동체 내에서 학생들은 서로에 대해 그리고 서로로부터 배운다. 학습공동체는 개별 학생 뿐만 아니라 그들이 집단적으로 할 수 있는 것에도 가치를 둔다.

세 번째 전략은 교실전체 그리고 학교전체 차원의 경험을 제공하는 것이다. 대부분의 미국학

교에서는 학생들이 독립적으로 학습활동에 참여한다. 학생들은 각자 개별적인 숙제를 하고, 보고서를 쓰며, 개별 시험을 치르며, 자신만의 포트폴리오를 만들어간다. 그러나 학습공동체는 개인 성취도를 강조하는 방식이 다른 전문 조직과 약간 다르다. 대부분의 회사는 집단의 목표를 달성하기 위한 개별 과업들이 있으며, 이를 위해 개인의 다양한 강점을 이용한다. 학습공동체는 공유된 목표를 달성하기 위해 학급 전체 활동을 제공한다.

마지막 전략은 학문적 수업을 강조하는 것이다. 이 전략은 학업 문제 역시 학습공동체 내에서 논의될 다른 어느 이슈만큼이나(예를 들어 사회적, 행동적 문제들) 자유롭게 논의되어야 한다는 전제를 토대로 한다.

효과적인 학습공동체 유지하기

1. 시간의 적절한 사용

교사의 뜻대로 할 수 있는 가장 중요한 자원 가운데 하나는 시간이다. 그러나 수업시간은 고정되어 있으며 학생들은 서로 다른 속도로 배운다는 사실을 전제로 할 때, 교사의 시간 활용 방법은 개별 학생의 성취도 향상에 매우 결정적이다. 시간 관리와 관련하여 효과적인 교사의 필수 과업은 학문적 발달 및 개인적 성장 목표를 추구하는 데 사용하는 생산적인 시간은 늘리고 비생산적인 활동을 위해 사용하는 시간은 최소화하는 것이다.

> 🌀 학습중심 학급관리
> 훈육의 특성을 통제에서 학생의 자기조절과 공동체 책임을 고무하는 것으로 변화시킴

교사가 인지해야 하는 가장 분명한 것은 학생과 함께 있을 수 있는 실제적으로 주어진 시간의 양이다. 할당 시간은 학생들이 매년 학교에서 보내는 시간 전체를 의미한다. 그러나 효과적인 교사는 얼마의 시간을 배정받았느냐가 아니라 시간을 어떻게 활용하는가에 더욱 초점을 둘 필요가 있다. 집중 시간은 학생이 적극적으로 학습목표 달성을 위해 사용한 시간을 말한다. 교사는 학생들로 하여금 목표를 이해하고 시간을 적절히 배분하고 활용하도록 함으로써 집중 시간을 최대화 할 수 있도록 그들을 도와야 한다(NEA, 2006).

2. 교육과정 개발

교사가 할당 시간을 적절히 사용하는 것은 효과적인 학습환경을 구축하는데 중요하지만 할당 시간 전부를 단순한 행동으로만 채우는 것은 학습을 실제로 촉진시키는데 도움이 되지 못한다. 때로는, 교사나 부모들은 학생이 바쁘게 움직이기만 하면 그들이 생산적일 것이라고 잘못 추론한다. 이 생각은 초임 교사로 하여금 **빽빽한** 학습활동을 지나치게 강조하게 할 수 있다. 교사가 효과적 학습환경을 유지하기 위해 할 수 있는 중요한 것 가운데 하나는 흥미있고 잘 계획된 교육과정을 만드는 것이다. 흥미있는 교육과정의 가장 중요한 효과는 학생의 학습을 향상시켜주는 것이지만 또한 학생의 무관심과 나쁜 행동을 예방해주는 데도 효과가 있다.

3. 물리적 공간의 설계와 조직

학급 분위기로 언급되는 교실 환경은 학생들의 학습과 동기에 중요하다. 이는 수많은 요인에 의해 영향을 받는데 그 중 하나가 학급 배열이다. 물리적 환경 조직은 매우 중요하며 학생들에게 반응적인 교실문화를 조성하려는 교사의 의도를 시사한다(Weinstein, Curran, & Tomlinson-Clarke, 2003). 초등 및 중등교사가 학급을 배열하는데 도움이 되는 여섯 가지 원칙은 아래와 같다.

● 교사가 모든 학생들을 쉽게 볼 수 있도록 좌석을 배열하라.
● 모든 학생들이 쉽게 프레젠테이션을 보면서 설명을 들을 수 있도록 물리적 환경을 조직해라.
● 공용 물건에 쉽게 접근 가능하도록 교실을 조직해라.
● 좌석과 활동 영역 사이에 분명하고 넓은 통로를 만들어 교실을 쉽게 돌아다닐 수 있도록 해라.
● 불필요한 방해를 유발하지 않도록 공간을 구성해라.

교실공간조직에 대한 또 다른 방법은 수업활동과 교실의 물리적 공간배치를 연결시키는 것이다.

4. 학급 규칙 만들기

규칙은 교육체제에서 다른 사람의 권리를 해치지 않으면서 개인의 자유를 최대한 허용하는 것인 만큼 중요하다. 초보 교사는 학급 규칙을 만들기 전에 학교 규정집을 살펴볼 것을 권한다. 학교 규칙과 개별 학급 규칙 사이를 일치시키는 것은 매우 중요하다(Weinstein, 1996). 교사와 학생 모두 특정 행동이 상황에 따라 허용되거나 허용되지 않을 수 있음을 고민하지 않아도 될 때 스트레스를 덜 받게 되며, 덜 혼란스런 상황에서 생활하는 것이 가능해진다.

교사는 학교 공동체 규정에 익숙해진 후에 자신의 학급 규칙에 관심을 기울일 수 있다. 경력 교사는 종종 학급 규칙을 설정하는 데 있어 실질적인 학생 참여를 기대한다. 모든 학생들은 어느 정도의 자율성, 유능함, 소속감, 유대관계, 자존감, 참여의식 및 즐거움을 필요로 한다(Raffini, 1996). 학급 규칙을 만드는데 학생을 참여시킴으로써 학급 규칙들을 비판적으로 검토하여 예측 가능하고 공정한 학습환경을 만드는데 도움이 되도록 한다.

모든 연령의 학생들에게 학급 규칙을 만드는데 참여할 수 있는 기회를 제공하는 것이 좋다. 이는 민주적 학습환경을

효과적인 교사는 학생이 전통적 의자 대신에 짐볼을 사용하도록 허용하는 것과 같이 자신의 학급을 창의적으로 설계하기 위한 방법을 생각한다.

DAVE RACZKOWSKI/Grand Rapids Press/Landov

조성하도록 돕는다(Devris & Zan, 2003). 경력 교사는 모든 학생들을 보호하고 학습 기회를 최대한 제공할 수 있도록 돕는 학급 규칙에 대한 아이디어를 제시한다. 학급 규칙 설정을 위한 몇 가지 일반적인 원칙들을 아래에 제시하였다(Miller, 2004; Rademacher, Callahan, & Pederson-Seelye, 1998).

- 규칙은 합리적이어야 한다.
- 규칙은 분명하고 긍정적으로 전달되어야 한다.
- 규칙은 긍정적으로 표현되어야 한다.
- 규칙은 공정해야 한다.
- 규칙의 수는 적어야 한다.
- 규칙을 구체적으로 가르쳐야 한다.
- 규칙을 잘 보이게 진열하여야 한다.
- 규칙은 일관성 있게 적용되어야 한다.

효과적인 학습공동체를 형성하는 하나의 방법은 모든 공동체 구성원들이 동의하는 규칙을 잘 보이게 전시하는 것이다.

모든 교실에 효과가 있는 규칙이란 없다. 심지어 같은 교실에서도 해가 바뀌면 규칙은 달라진다.

학습공동체를 위한 규칙을 학기 초에 만들면서, 중요하지 않거나 바꿀 필요가 있는 규칙을 포함시켰거나, 학습공동체의 기능을 향상시켜 줄 수 있는 규칙을 한두 개 빠뜨릴 수 있다. 따라서 필요한 경우, 규칙을 수정하고 첨가하고 삭제할 수 있는 절차를 학생들과 논의하는 것이 중요하다(Miller, 2004).

Ⅲ 잘못된 행동 중재하기

앞에 제시된 효과적인 학습공동체의 형성과 유지를 위한 전략들은 서로 존경하고 생산적인 학급 환경을 만듦으로써 수업을 방해하는 많은 잘못된 행동들을 예방하는데 도움이 된다. 그럼에도 여전히 교실 환경을 위협하는 요소들은 존재하며 교사들이 이런 방해 행동을 어떻게 해석하고 반응하는가는 학급의 미래 성공에 영향을 미칠 것이다.

잘못된 행동이란 제3자를 다치게 하거나 학습을 방해하는 부적절한 행동을 말한다. 잘못된 행동은 새로운 현상이 아니다. 잘못된 행동은 지금까지 계속되어 왔으며 앞으로도 학생들의 충족되지 않은 욕구와 자극이 존재하는 한 계속 나타날 것이다. 교실에서 잘못된 행동이 일어났을 때 교사는 이에 관한 많은 결정을 내려야 한다. 잘못된 행동을 즉시 중재해야 하는가, 무시해야 하는가, 또는 나중에 중재해야 하는가? 중재의 성격은 어떠해야 하는가? 잘못된 행동의 원인을 어떻게 해석하는가는 답을 어떻게 내리는가에 영향을 미친다. 만약 교사가 학생의 잘못된 행동을 개인화 할 경우 문제가 확대될 수 있다. 또한 교사의 신념, 배경, 오개념 및 고정관념이 잘못

Frank Siteman/PhotoEdit

효과적인 학습공동체는 학급구성원에게 중요한 문제를 토의하기 위해 집단으로 자주 모임을 갖는다.

된 행동을 무엇으로 간주하는가에 영향을 미칠 수 있음을 상기해야 한다.

　　Bond(2007)는 전형적으로 잘못된 행동은 학생들이 수업에 동기화되지 않았을 때 또는 교사가 적절한 행동을 가르치고 보여주지 않았을 때 발생한다는 사실을 발견하였다. 만약 문제행동을 한 학생이 타인에게 무례하게 굴려고 했다고 생각하는 대신 더 많은 관심을 끌기 위하여 그렇게 행동했다는 것을 알았다면, 잘못된 행동에 다르게 반응할 것인가? 만약 어떤 학생이 수업이 지루하다고 수업을 방해하려 하다면 당신은 어떻게 반응할 것인가? 하나의 가능한 반응은 그를 수업에 참여시킬 수 있도록 동기화시키는 활동이나 경험을 제공하도록 수업 방향을 전환하는 것이다. 방향조정은 학생들이 문제행동에서 과제관련 행동으로 주의를 전환시키는데 도움을 준다(Rothstein-Fisch & Trumbull, 2008).

1. 관심 갖기와 관점 취하기

　　교사와의 관계는 잘못된 행동의 발생비율과 중재 방식에 영향을 미칠 수 있다. 100편 이상의 연구를 분석한 결과, 학생들과 좋은 관계를 유지하는 교사의 경우 학생들이 잘못된 행동을 하는 비율이 30% 적은 것으로 나타났다(Marzano, Marzano, & Pickering, 2003).

　　개별 학생들이 모두 가치로움을 보여줄 수 있는 하나의 혁신적 전략은 아침 모임을 갖는 것이다(Kriete, 2003). 유초등 학생들의 경우 아침을 시작할 때 서로를 환영하고 삶의 소소한 것들을 나누고 사회화를 연습하는 30분 몰입 시간을 갖도록 한다. 학생들과 잘 지내기 위해, 교사는 그들의 삶을 더 잘 알아야 하며, 그들에 대한 신뢰를 쌓아야 하며, 그들에게 학습과 행동의 더 많은 선택권과 통제권을 허용해야 하며, 학생들이 가진 다양한 장점을 가치롭게 해줄 방법을

잘못된 행동
다른 사람을 다치게 하거나 학습을 방해하는 부적절한 행동

전환하기
학생으로 하여금 참여하도록 동기화되는 활동이나 경험으로 전환하기

찾아야 할 필요가 있다(Hoffman & Levak, 2003). 중등학교 교사들은 협동학습 전략을 의미있게 사용함으로써 교실 내 친밀한 관계와 공동체 의식을 구축할 수 있다. 이런 종류의 관계는 학생의 흥미를 알고 이런 흥미를 교실 수업에 포함시킬 방법을 찾고 학생의 욕구에 민감하고 학생들이 교사와 함께 공유하기 원하는 것을 들어줌으로써 형성될 수 있다(Mendes, 2003).

2. 가정 문화와 가족 연대

학생들이 타인 존중을 배우도록 돕는 한 방법은 이를 모델링해주고 꾸준히 가르치는 것이다. 학생들은 교사가 다른 성인들 및 학생들과 상호작용하는 방식에 주의를 기울인다. 잘못된 행동에 대해 단순히 처벌을 하는 대신 학생들이 타인을 대하는 방법과 교실활동에 효과적으로 참여할 수 있는 방법에 관하여 어떻게 좋은 의사결정을 내리는지를 가르쳐줄 기회로 사용할 필요가 있다(Curwin & Mendler, 1997). 종종, 학습공동체를 방해하는 학생들은 교사가 그런 상황에서 왜 특별한 행동을 기대하는지를 모른다(Appelbaum, 2002). 따라서 특정 행동이 왜 중요하고 어떤 행동이 학습공동체 구성원들 사이에서 나타나야 하는지를 가르치는 것이 중요하다.

학생들을 수업활동에 적극적으로 참여시킬 수 있는 하나의 방법은 그들의 문화에 주목하고 이를 가치롭게 여기는 것이다(Delpit, 2006). 학생들의 문화와 가정 배경을 가치롭게 여기는 것은 교실 내 발생할 문제를 최소화시킬 것이며, 그들의 학습능력을 향상시켜줄 것이다.

3. 중재 모형

중재 시기와 성격을 결정하는 것은 중요한 교수 기법이다. 개별 학생 및 교실, 그리고 상황 모두 독특하기에 일원화된 접근방식으로 중재를 시도하는 것은 실패를 초래할 것이다. 어떤 중재를 언제 하느냐도 중요하지만 어떻게 전하느냐도 중요하다. 교사가 교실에서 행동하고 말하는 것은 엄청난 힘을 가지기 때문에 쉽게 학생의 감정을 다치게 할 수 있다. 따라서 중재 방법들이 노여움이나 비꼼 없이 전해지는 것이 중요하다(Pedota, 2007).

소소한 문제행동은 처음에는 눈을 맞추거나 가까이 다가가기와 같은 비언어적 수단을 통해 해결할 수 있다(Evertson & Harris, 1992). 처음의 소소한 문제행동은 비언어적 중재 방안의 사용을 고려해보는 것이 좋다. 왜냐하면 다른 접근방법들보다 수업분위기를 덜 방해하고 학생이 수치심을 갖지 않게 할 수 있기 때문이다. 만약 교사가 언어적 중재가 적절하다고 판단할 경우, Weinstein과 Mingnano(2007)은 비지시적 언어 중재와 나-전달법을 사용할 것을 권장한다. 비지시적 언어 접근법은 교사로 하여금 과제외 행동에 대한 직접적인 주의를 끌지 않은 채 학생이 다시 과제에 집중하도록 도울 수 있다.

또 다른 언어적 전략은 나-전달법이다. 나-전달법은 힐난하지 않는 방식으로 잘못된 행동이 학습분위기에 어떤 영향을 미치는지를 설명하는 교사의 진술방식을 말한다. 예를 들어, 만약 어떤 학생이 친구의 실수를 보고 비웃는다면, 교사는 "만약 내가 칠판에 무언가를 쓰다가 실수를 했는데 네가 나를 비웃는다면, 나는 기분이 매우 나빠져" 라고 말함으로써 중재할 수 있다.

> 🔊 나-전달법
> 힐난하지 않는 방식으로 잘못된 행동이 학습환경에 어떻게 영향을 미치는지를 설명하는 교사의 진술방식

표 11-1	주요 개념 확인표
잘못된 행동을 다루는 전략	
문제행동으로부터 과제 행동으로 학생의 주의를 돌리기(Rothstein-Fisch & Trumbull, 2008)	
학생에 관심과 존경을 표하기(Brown, 2004)	
학생의 가족과 문화에 관심과 존경을 표하기(Delpit, 2006; Epstein & Salinas, 2004)	
적절한 행동을 가르치고 모범 보이기(Cruwin & Harris, 1992)	
화내거나 비난하지 않고 중재방안을 전하기(Pedota, 2007)	
과제 외 행동을 하고 있는 학생에게 눈을 맞추거나 가까이 다가가는 것과 같은 비언어적 접근방법 시도하기(Evertson & Harris, 1992)	
학생을 다시 집중시키기 위해 비지시적 중재방안과 나 전달법을 사용하기(Weinstein & Mignanao, 2007)	
부적절한 행동 보다 적절한 행동에 더 많은 주의를 기울이기(Curwin & Mendler, 1988)	

이런 종류의 반응은 "너는 친구들에게 무례하게 구는구나."라고 말하는 "너 전달법"과 매우 다르다.

어떤 중재방안을 선택하든 기억해야 할 주요 사항은 학생의 존엄성을 보존하기 위해서 모든 노력을 기울여야 하며, 어떻게 좀 더 적절하게 행동할 수 있는지, 그리고 왜 그런 행동이 바람직한지를 보여주려고 노력해야 한다는 점이다. 중재방안을 실시할 때, 반응방식에 일관성이 있어야 하며 적개심을 가져서는 안된다(Curwin & Mendler, 1988).

4. 학교 폭력

폭력이란 신체적이든 정서적이든 제 3자의 반복되는 괴롭힘을 말한다. 폭력은 여러 가지 형태를 취한다. 반복적인 밀기나 때리기가 될 수 있으며 잔인하고 폭력적인 언어를 지속적으로 사용하는 것일 수 있다. 또한 제 3자에 대한 소문을 퍼뜨리는 것과 같이 약간 교묘한 것일 수 있으며 생일파티, 점심식사 또는 스터디 모임에서 특정 친구를 배제함으로써 왕따시키는 것도 될 수 있다. 남학생과 여학생 모두 괴롭힘에 가담하지만 남학생은 신체적인 공격을 주로 하는 반면, 여학생은 특정 활동에 특정 아이를 배제하는 것과 같은 우회적인 방법을 주로 사용하는 경향이 있다(Bullock, 2002). 괴롭히는 친구들은 종종 동년배이며 같은 반 친구이기도 하다(Beaty & Alexeyev, 2008). 연구결과는 10명 가운데 1명이 학교 폭력의 희생자임을 보여주고 있다(Perry, Kusel, & Perry, 1988). 학생들이 직접적인 폭력의 희생양이 아닐지라도, 타인을 괴롭히거나 이를 목격함으로써 여전히 영향을 받을 수 있다.

올림픽 챔피언 마이클 펠프스가 학교에서 친구들의 괴롭힘에 시달렸다는 사실을 알면 당신은 놀랄 수도 있다. 교사가 폭력을 근절시키기 위해 사용할 수 있는 전략들은 무엇인가?

(1) 학교 폭력에 대한 교사의 신념

폭력에 대해 다소 긍정적인 일부 교사들의 경우 교실에서 폭력을 근절시키는 것이 더욱 어려울 수 있다. 그런 까닭에, 교사가 폭력을 예방하고 최소화하는 첫 번째 단계는 폭력에 대한 신념을 점검하는 것으로써 시작된다. 교사들은 괴롭힘을 가하거나 공격적인 학생들이 낮은 자존감으로 고통받으며 자신에 대한 가치 인식을 높여주기 위하여 노력할 필요가 있다고 생각한다. 그러나 선행연구들은 공격적인 학생들은 믿을 수 없을 만큼 높은 자존감과 특권의식을 가지는 경향이 있음을 보여준다(Baumeister, 2001). 그런 까닭에 폭력을 가하는 친구들이 자신에 대하여 더 잘 느끼도록 돕는 대신, 그들의 폭력적 행동을 감소시키기 위하여 타인에 대한 공감능력을 발달시키도록 도울 필요가 있다.

(2) 중재 과정

예방적인 단계가 교실 환경에서 폭력을 최소화하고 제거하는데 효과적일 수 있다. 폭력에 대한 자신의 신념을 수정하는 것 외에 또 다른 중요한 단계는 폭력에 대한 분명한 규정을 만드는 것이다. Cooper와 Snell(2003)은 학교는 안전하고 위험이 없는 곳이라고 공식적으로 선언하고 괴롭힘 행동의 예를 분명히 제시할 뿐만 아니라 이런 괴롭힘 행동을 어떻게 처리할 것인지에 대한 분명한 절차를 제시하여야 한다고 하였다. 더불어 1) 폭력 예방을 논의하기 위한 학급 회의시간, 2) 괴롭히거나 괴롭힘을 당하는 친구들과의 개별적인 만남, 3) 가해자와 피해자의 부모 상담, 4) 가해자와 부모, 그리고 교사가 함께 폭력 예방대책을 세울 기회를 제공하여야 한다(Olweus, 2003).

교사는 학생들에게 교실에서 자신을 위협하거나 불편하게 만드는 것들을 익명으로 적어내도록 하고 이 정보를 활용하여 학급회의를 시작한다(Bullock, 2002). 또 다른 전략은 괴롭힘을 가하고 있는 학생들에게 괴롭힘을 그만 두라는 구체적인 말을 하도록 도울 수 있는 직접적인 활동을 학생들과 함께 할 수 있다(Piotrowski & Hoot, 2008). 예를 들어, McKinley(2004)는 못살게 굴고 괴롭히는 친구가 피해자에게 뭔가 상처 주는 말을 할 때 "나를 혼자 내버려둬."와 같이 자신감 있는 말로 되받아치거나 "나에게 그렇게 말해줘서 고마워" 처럼 좀 더 냉정하게 감정에 움직이지 않고 응대할 수 있다. 또한 피해자로 하여금 다른 학생들이 그들을 괴롭힐 때 어떻게 대응하는지 역할놀이를 하도록 할 수 있다(Beaty & Alexeyev, 2008).

(3) 사이버 폭력

사이버 폭력이란 문자 메시지를 보내거나 SNS와 같은 기술을 이용하여 타인을 다치게 하거나 위협하거나 괴롭히는 말이나 이미지를 보내는 것을 말한다. 사이버 폭력을 당하는 학생들은 종종 전통적 의미에서 괴롭힘을 당하던 바로 그 학생들이다(Feinberg & Robey, 2008). 사이버 폭력 역시 전통적인 폭력만큼 학생들을 상처주고 힘들게 할 수 있다. 심지어 더 많은 학생들이 그런 말이나 이미지에 노출될 수 있고 가해자를 정확히 파악하기 어렵기 때문에 더욱 심각한 해를 초래할 수 있다. 전통적 폭력만큼이나 사이버 폭력도 이제 보편화되었다. 문화비교연구는 4명 가운데 1명의 캐나다인 그리고 3명 가운데 1명의 중국인이 사이버 폭력을 당한 경험이 있다

> 🔊 **사이버 폭력**
> 타인을 다치게 하거나 위협하거나 괴롭히는 말이나 이미지를 보내기 위해 문자 메시지를 보내거나 SNS와 같은 기술을 이용하는 것

고 보고하였다(Li, 2008).

Hall(2007)은 사이버 폭력을 해결하는 다양한 전략을 제안하였다. 그중 가장 중요한 부분은 교사가 폭력 및 사이버 폭력에 대한 내용을 교육과정에 포함시켜 수업을 진행하고, 부모 및 기타 양육자에게 관련 정보를 제공한 후 그들로 하여금 사이버 폭력의 결과로 생기는 부정적 결과에 대해 학생과 함께 토의하도록 고무하고, 학교가 폭력문제와 그 결과를 처리하기 위해 학교에 오게 될 법적 집행관과 연합을 맺는 것을 지지하는 것이다.

문화적 배경을 고려한 학급 관리

🌀 문화적으로 반응적인 학급 관리
학생과 교사의 문화를 가치롭게 여기는 지지적인 교실 분위기를 조성하고 학급관리 전략으로 이런 문화적 특성을 활용하는 학급 관리 전략

문화적 배경을 고려한 학급 관리(Culturally responsive classroom management: 이하 CRCM)는 학생과 교사의 문화를 가치롭게 여기는 지지적인 교실 분위기를 조성하고 이런 문화적 특성을 학급관리 전략으로 사용하는 것을 말한다. Weinstein, Tomlinson-Clarke, 그리고 Curran(2004)이 주장했던 것처럼, "우리는 다양성이 학급관리에 있어 서로 다른 접근법을 취하게 하는지 확인하고, 인종적으로 다양한 교실에서 어떤 종류의 문화적 갈등이 발생하는지 점검하고, 예비교사가 다문화적으로 유능해지도록 도울 수 있는 가장 최상의 방법들을 고려할 필요가 있다"(p. 27). 이런 질문에 답하기 위하여 Weinstein, Tomlinson-Clarke, 그리고 Curran(2004)은 CRCM 방법을 교실에 적용하는데 교사들이 주의해야 할 다섯 가지 요소를 제시하였다: 교사 자신의 자민족 중심주의에 대한 인식, 학생의 문화적 배경에 대한 지식, 더 폭넓은 사회적, 경제적, 정치적 맥락 이해, 문화적으로 적절한 관리 전략을 사용하는 능력과 의지, 그리고 배려적인 교실을 형성하려는 노력이 그것이다.

1. 교사 자신의 자민족 중심주의에 대한 인식

다문화적 유능함을 가진 교사가 되기 위해, 교사는 먼저 자신도 자신만의 문화를 가지고 있음을 인식해야 한다. 자민족 중심주의는 자기 문화 중심의 인식과 가치 부여를 말한다. 자료에 의하면 미국의 경우 교사교육 프로그램에 참여하는 인종 중 86%가 코카시안으로 압도적으로 많으며 7%가 아프리카계 미국인, 3%가 라틴계(Ladson-Billings, 2001)인 것으로 나타났다. 그러나 예비교사들을 대상으로 조사한 연구결과 그들은 스스로를 정상적이고 중립적이라고 인식하고 있는 것으로 나타났다(Weinstein, Tomlinson-Clarke, & Curran, 2004).

🌀 자민족 중심주의
자기 문화중심의 인식과 가치 부여

Tomlinson-Clark 그리고 Ota Wang(1999)은 학생들로 하여금 자민족 중심주의 인식을 도울 수 있는 흥미있는 세 가지 활동을 제안하였다. 첫째는 개인적 신념과 가치체계에 초점을 둔 자료를 읽게 하는 것이며, 두 번째는 특정 집단의 일원이 되어 다른 집단의 사람들이 어떻게 상호작용하는지 이들을 중재하도록 해보는 것이다. 마지막 하나는 역할놀이를 통해 문화적으로 반응적인 학급 관리 방법을 연습하도록 하는 것이다. 우리는 자기의 관점과 가치를 통해 타인과

타인의 문화를 바라보고 평가하기 때문에 자민족 중심주의에 대한 자기인식은 중요하다.

2. 학생의 문화적 배경에 대한 지식

일단 교사가 자신을 문화적 편견이 있는 존재로 인식하기 시작하면 학생들 역시 사고, 신념 그리고 가치관에 영향을 미치는 그들만의 문화를 가지고 있는 존재로 생각하는 문이 열린다.

Weinstein, Tomlinson−Clarke 그리고 Curran(2004)은 일부 문화권의 경우 개인을 중심으로 하는 경향이 있는 반면 일부는 집단을 더욱 강조하는 경향이 있다고 설명하였다. 개인주의 문화는 자아를 강조하고 개인적 목표, 독립 그리고 성취를 가치롭게 여긴다. 집단주의 문화는 자아보다 집단의 요구를 더욱 중요시하며 집단 조화를 가치 있게 여기는 경향이 있다.

> 🔊 개인주의적 문화
> 개인을 강조하는 문화이며 개인의 목표, 독립성 그리고 성취를 가치롭게 여김

> 🔊 집단주의적 문화
> 개인보다 집단의 요구에 중점을 두는 문화로 집단의 조화를 가치롭게 여기는 경향이 있음

3. 더 폭넓은 맥락 이해하기

학생의 문화가 특정 사회의 지배적인 문화와 다를 때, 그 학생의 태도, 신념, 그리고 행동 역시 사회의 기준과 다를 것이다. 교사는 공립학교 조직과 실제가 더 큰 사회의 지배적 문화에 의해 주로 영향을 받아왔음을 인식할 필요가 있다. Weinstein, Tomlinson−Clarke, 그리고 Curran(2004)은 "현재 관례와 정책이 제도적인 차별을 강화하고 있지는 않은지 재검토할 필요가 있다. 만약 우리가 자주 처벌받는 아이를 본다면(예를 들어 아프리카계 미국 소년), 우리는 인종별 또는 성별 패턴이 있다고 결론내릴 수 있다"(p. 31).

4. 문화적으로 적절한 관리 전략의 사용

CRCM의 핵심은 교사가 학급 관리를 계획하고 의사결정을 할 때, 교사 자신의 문화와 더불어 학생의 문화에 대하여 통찰하는 것이다. Weinstein, Tomlinson−Clarke 와 Curran(2004)이 제안한 사고−촉발 전략은 학생들에게 "자신의 문화적 전제와 가치를 분명히 말하고 이를 학교와 가정의 문화 및 가치와 비교해보도록 하는 것이다" (p. 33)

5. 배려적 교실 분위기 형성 노력

학생과 교사가 서로를 소중하게 여기며 기꺼이 서로 협력하려고 할 때, 교실 분위기는 효과적으로 CRCM 원리들을 구체화시킨다. 선행연구는 CRCM에서 가장 효과적인 배려 유형이 "확고하지만 동정적인, 권위적이지만 애정이 있는, 빈틈이 없으면서도 존경을 표하는 것"임을 보여준다. 이와 대조적으로 백인 교사들은 권위적인 교사의 이미지를 다소 불편해하는 경향이 있다(Weinstein, Tomlinson−Clarke, & Curran, 2004).

Christian Kober/Robert Harding World Imagery/Getty Images

집단주의적 문화는 집단 조화에 가치를 두는 경향이 있다.

Ⓥ 기타 학급 관리 패러다임

1. Kounin 접근법

Kounin(1970)은 학습자의 참여를 높일 수 있었던 교사들과 학생의 주의를 집중시키려 노력했지만 성취도를 높일 수 없었던 교사들의 서로 다른 사례를 연구하였다. Kounin은 효과적인 학습 환경은 미리 계획되어야 하고, 반응적이기보다 사전대책을 강구하는 것이 더욱 중요하다고 주장하였다. 그의 주장의 핵심은 교사가 행동하고 수업환경을 설계하는 방법이 학생들의 행동에 영향을 미친다는 것이다. Kounin은 교사가 효과적인 실천가가 되도록 돕는 네 가지 행동전략을 개발하였다.

(1) 상황파악

상황파악
교사가 교실에서 무슨 일이 일어나고 있는지 항상 주의깊게 인식하고 있는 것

상황파악이란 교사가 교실에서 무슨 일이 일어나고 있는지 항상 주의깊게 인식하고 있는 것을 말한다.

- 교실을 돌아다녀야 한다.
- 학급 학생들의 모든 것을 듣고 보는 것이 가능하도록 교실에 머무르도록 노력해야 한다.
- 독립과제 시간이나 협동학습 시간에 학생들과 주기적으로 상호작용해야 한다.

(2) 동시처리

동시처리
교사가 두 가지 혹은 그 이상의 여러 가지 일을 동시에 점검하고 심지어 관리 감독하는 중요한 교수 실제

동시처리는 교사가 두 가지 혹은 그 이상의 여러 가지 일을 동시에 점검하고 심지어 관리 감독하는 것을 말한다. 예를 들어 한 학생이 교사에게 질문을 하고 있는 동안에 다른 학생이 과제를 제출하려면, 교사는 다른 학생의 질문에 대한 초점을 잃지 않으며 생기있는 미소로 과제를 받음으로써 동시처리를 할 것이다. 교사는 수업을 하면서 동시에 주의가 산만한 학생을 조용하게 만든다. 동시처리기술이 특별히 필요한 두 가지 경우가 있다. 첫째, 조별학습이 이루어지는 동안, 교사는 여러 조를 효과적으로 동시에 처리해야 하며 몇몇 소집단의 서로 다른 욕구 충족을 도와야 한다. 둘째, 전체 학생들을 대상으로 시범수업을 할 때 학생들의 활동과 주의에 초점을 잃지 않으면서 잘못된 행동에 동시에 반응하는 행동을 할 필요가 있을 수 있다.

Kristian Sekulic, 2009/Used under license from Shutterstock.Com

다양한 문화권은 비언어적 행동에 대한 서로 다른 규범을 가진다. 당신의 학생은 문화적 배경에 따라 눈을 더 잘 맞추거나 그렇지 못할 수 있다.

(3) 순조로운 진행과 가속력 유지

교직은 하나의 전문 직업으로서 많은 면에서 회사의 중간 관리와 유사하다. 교직 업무에서 가장 간과되는 측면 가운데 하나는 교사가 전형적으로 20-30명을 책임지는 리더라는 점이다. 리더로서, 교사는 학생들의 행동을 조율할 책임이 있으며, 그들이 다양한 활동을 시작하고 지속하며 멈추도록 도와야 한다.

Kounin은 학생들이 활동의 전환을 기대하는 두 가지 일반적인 방법을 설명하였다. 전환의 한가지 유형은 학생이 교실 내 한 장소에서 다른 장소로, 학교 내 특정 장소에서 다른 장소로 이동하는 물리적인 것이다. 이는 초등교사가 학생들을 교실에서 식당으로 이동시킬 때 발생할 수 있다. 두 번째 유형은 심리적인 것이다. 심리적 전환은 학생이 배우고 있는 학습 내용의 변화를 포함한다. 따라서 심리적 전환이란 학생이 생각하고 있는 것을 변화시키는 것이며 물리적 전환은 학생의 위치를 바꾸는 것이다. 전환의 유형에 상관없이 전환이 순조롭고 가속력있게 진행되어야 한다.

교수 실제로서, 순조로움은 교사가 갑작스럽거나 생뚱맞은 휴식시간 없이 활동이나 장소를 전환함으로써 활동들이 조화롭게 연계되어 진행되는 것을 의미한다. 교사가 순조로운 수업진행을 방해하지 않기 위해 피해야 하는 몇 가지 행동들이 있다. 자극 구속, 끼어듦, 대롱 매달림, 단절이 그것이다.

자극구속은 교사가 수업의 초점을 유지하는데 어려움을 겪는 것을 의미한다.

끼어듦은 학생이 작업을 하는 동안 방해에 대해 학생이 미처 대비할 시간을 주지 않고 질문, 지시, 요구, 또는 말을 함으로써 그들의 활동에 "갑작스럽게 끼어듦"을 말한다.

대롱 매달림은 교사가 하나의 수업활동을 할 때, 잠시 다른 일을 하기 위해 그 활동을 멈추었다가 다시 돌아가는 것을 말한다.

가속력 유지란 수업 도중 적절한 속도를 유지하는 교수 실제를 말한다.

과잉 머물기는 교사가 필요한 시간 이상으로 어떤 행동이나 주제에 초점을 맞추는 부정적인 교수 실제이다. 과잉설명은 흔히 "죽은 말에 채찍질하는 헛수고"로 언급된다. 교사가 핵심에서 벗어나 이상하게 오래 설명할 때 학생의 주의가 흐트러지는 모습을 쉽게 볼 수 있다.

과잉 머물기는 또한 실제 활동 대신 자료에 너무 많은 시간을 소비할 때 발생한다.

(4) 전체 학생 시야에 두기

교사는 대략 20~30명의 학습을 동시에 책임져야 한다. 그런 까닭에, 다수의 학습자들의 주의를 계속 유지시키는 기술은 매우 중요하다. Kounin은 집단적으로 주의집중을 향상시킬 수 있는 두 가지 방법 즉, 집단 경계와 책무성을 제안하였다.

집단 경계란 원래 교사가 전체 학생들에게 질문을 던지고 무작위로 학생을 호명하여 답하도록 하는 기법을 말한다. Kounin은 전체 학생의 주의집중을 높여줄 다섯 가지 실제적인 방법과 주의집중을 떨어뜨리기 때문에 피해야 하는 세 가지 실제를 제시하였다. 이를 표 11-2에 제시하였다.

책무성은 수업환경에서 전체 학생의 주의집중을 유지시키는데 기여하는 교수 실제이다. 책

물리적 전환
학생을 교실이나 학교의 한 장소에서 다른 장소로 이동하게 하는 것

심리적 전환
학생이 배우고 있는 내용의 변화를 포함

순조로움
교사가 갑작스럽거나 생뚱맞은 휴식시간 없이 활동이나 장소를 전환함으로써 활동들이 조화롭게 연계되어 진행되는 것

자극구속
현재 하고 있는 활동이 무엇이든지 새로운 자극을 유발하는 모든 사태나 자극에 반응하는 것

끼어듦
학생이 수행하고 있는 동안 학생이 미처 대비할 시간을 주지 않은 채 질문, 지시, 요구, 또는 말을 함으로써 그들의 활동에 "갑작스럽게 끼어듦"

대롱 매달림
교사가 하나의 활동을 할 때 잠시 동안 다른 활동을 하기 위해 그 원래 활동을 멈추었다가 다시 그 활동으로 돌아가는 것

가속력 유지
수업 도중 적절한 속도를 유지하는 교수 실제

과잉 머물기
교사가 어떤 행동이나 주제에 필요 시간 이상으로 초점을 맞추는 부정적인 교수 실제

책무성
모든 학생들이 자신의 생각을 설명할 수 있어야 함

임감은 모든 학생이 자신의 생각을 설명할 수 있어야 함을 말한다. 단순히 정답만을 말하는 것이 아니라 생각의 논리를 설명하도록 함으로써 주의집중을 높일 수 있다. Kounin이 제시한 학습자의 책임감을 높여주는 네 가지 방법을 표 11-3에 제시하였다.

표 11-2   전체 학생의 주의집중 향상과 감소

주의집중 향상	주의집중 감소
질문하기 전에 "잠시 멈추어 학생들이 긴장하는 시간"을 갖도록 해라.(예: '이 문제는 누가 제대로 알고 있는지를 나에게 알려줄 것이다'라고 말한다)	다른 친구들의 관심을 유발하지 않은 채 한 학습자의 반응에 전적으로 초점을 맞춘다.
학생으로 하여금 누가 답하게 될지를 알게 하지 말아라.	질문하기 전에 누가 그 질문에 답하게 될지 정한다.
항상 정답을 알고 있는 것처럼 보이는 소수의 학생을 호명하는 대신 모든 학생들이 참여할 수 있도록 해라.	학습자로 하여금 매우 예측가능한 그리고 이미 정해진 순서에 의해 질문에 답하도록 한다.
처음 토의 주제에 대하여 한 학생으로 하여금 자신의 의견을 말하도록 한 후 다른 학생에게 처음 의견을 더욱 정교화하도록 해라.	
새롭거나 흥미로운 예시, 내용, 혹은 이야기를 덧붙여라.	

표 11-3   학습자 책임감 향상 방법

학습자로 하여금 자신의 지식 및 기술을 표현하고 자신의 생각을 설명하도록 해라.
학습자로 하여금 동시에 제창하며 단체로 한 질문에 답하도록 해라.
교실을 돌아다니며 개별 학생 및 전체 학생의 활동 정도를 점검해라.
자신의 활동을 보여줄 준비가 된 자원자로 하여금 자신의 작품을 보여주거나 특정 입장이나 이해를 지지하는 발언을 하도록 해라.

2. 자기주장 훈련법

📖 **자기주장 훈련 접근법**
학생은 "학습할 권리"와 자신의 학습이 방해받지 않는 교실 환경을 가질 권리를 가짐

Canter와 Canter(2002)는 자기주장 훈련법이라 불리는 학급관리 방법을 개발하였다. 자기주장 훈련 접근법의 핵심은 학생들이 "학습할 권리"와 자신의 학습을 방해받지 않는 교실 환경을 가질 권리를 가진다는 것이다. 이 프로그램은 긍정적인 학습 분위기를 촉진하는데 효과적이며 특히 초등학교 수준에서 더욱 효과가 있다는 것이 증명되었다(Mandlebaum, Russell, Krouse, & Gonter, 1983). 자기주장 훈련 접근법에 따르면, 교사는 다음의 네 가지 역량을 소유해야 한다.

- 관찰 가능한 학급 규칙을 통해 학생이 성공하기 위해 반드시 수행해야 하는 행동을 분명히 하기
- 적절한 행동에 일관성 있게 반응하기("나를 미워해도 되요. 단 나를 무시하지만 말아요"

라는 속담을 기억해라. 이는 본질적으로 교사로 하여금 학생들이 주목받고 있음을 느끼고 학습이 성공적으로 이루어질 수 있도록 돕는 역할을 잘 해내고 있음을 확신시켜 준다)

● 학생들이 자신의 학습을 망치거나 다른 친구의 학습을 방해한다는 편견 없이 체계적으로 반응하기

● 양육자, 가족, 그리고 행정가의 지지와 필요한 경우 그들의 도움과 전문지식을 요청하기

효과적인 교사는 학생이 참여하고 학습하기를 원하는 활동을 창안한다.

더욱이, 자기주장 훈련법은 교사가 학습 환경 분위기를 설정하는 세 가지 반응 양식 가운데 하나를 취하고 있음을 보여준다. 자기주장 훈련법의 주요 특징은 교사로 하여금 자신에게 적합한 반응 양식을 확인한 후 효과적인 요소는 강조하고 효과가 없는 요소들은 최소화하거나 제거하도록 돕는다.

첫째, 비단정적 반응 양식은 교사가 예상되는 일에 대하여 좀처럼 분명하게 표현하지 않으며 반응에 일관성이 없는 수동적인 접근법이다. 비단정적 반응 양식을 가진 교사와 공부를 하는 학생들은 종종 규준이나 수업의 결과에 대해 혼란스럽고 자신의 학습 결과를 예측하기 어려워한다.

둘째, 적대적 반응 양식은 학생들이 자기조절하고 자신의 행동을 합리적이고 일관성 있는 준거에 따라 조절하도록 돕는 것보다 학생과 그들의 행동을 통제하는데 더욱 흥미가 있는 교사의 학급관리 접근법이다. 적대적 반응 양식을 가진 교사들은 교실을 학생들과 싸워야 하는 전쟁터로 간주하는 경향이 있다. 이런 교사의 행동은 종종 권위주의적이고 융통성 없는 것으로 특징화된다.

세 번째, 단언적 반응 양식은 학생들로 하여금 자신의 행동에 대한 교사의 기대를 인식하고 이를 명확하게 말할 수 있는 학습 환경을 조성하는 교사의 접근법이다. 이런 유형의 환경에서, 학생들은 얼마나 몰입하느냐 아니면 학습 환경에서 벗어났느냐에 따라 어떤 결과가 발생할지를 안다. 교사의 이런 반응 양식은 학생과 다른 사람들에 의해 안전하고 공정하게 간주된다.

자기주장 훈련 접근법에 따른 효과적 학습 환경을 조성하는 핵심 요소는 긍정적인 학습 환경을 조성하는데 필요한 것들을 학생들에게 분명하게 보여주는 학급 훈련 계획을 개발하는 것이다. 그 계획은 규칙, 긍정적 인식, 그리고 결과의 세 가지 요소를 담고 있다: 이 계획의 가장 중요한 요소는 긍정적 인식에 초점을 맞추는 것으로 적절하게 행동함으로써 교사의 주의를 획득할 수 있는 학생의 능력을 인식하는 것이다. Ferguson & Houghon(1992)은 긍정정 인식 측면 즉, 교사 칭찬이 학생의 과제 행동에 어떻게 영향을 미치는가를 연구하였다. 연구결과 대부분의 경우 교사 칭찬의 긍정적 인식은 학생의 수행을 향상시켜주는 것으로 나타났다. 그러나 추후 연구 결과 교사의 칭찬은 예전의 수준으로 돌아가 있는 것을 발견하였다. 이는 방심하지 않고 계속 주의 깊게 자기주장 훈련 접근 계획을 수행할 필요가 있음을 시사한다(Canter & Canter, 2001). 표 11-4와 표 11-5는 각각 초등학교와 중등학교 수준에서 적합한 학급계획의 예를 제시한다.

● 비단정적 반응 양식
교사가 좀처럼 무엇을 기대하는지 분명히 제시하지 않으며 반응에 있어 비일관된 수동적인 접근법

● 적대적 반응 양식
합리적이고 일관성있는 준거에 따라 행동하고 자기조절할 수 있도록 학생들을 돕는 것보다 그들의 행동을 통제하는데 더욱 흥미가 있는 교사의 학급관리 접근법

● 단언적 반응 양식
학생들로 하여금 자신의 행동에 대한 교사의 기대를 인식하고 이를 명확하게 말할 수 있도록 학습 환경을 조성하는 교사의 접근법

● 학급 훈련 계획
긍정적인 학습 환경을 조성하는데 필요한 것들을 학생들에게 가리키는 것

● 긍정적 인식
적절하게 행동함으로써 교사의 주의를 획득하는 학생의 능력

표 11-4	초등학생에게 적합한 자기주장 훈련 계획

학급규칙	
• 지시를 따르기	
• 손, 발, 그리고 사물이 교사를 향하기	
• 괴롭히거나 호명하기 없기	

지지적 피드백	
• 언어적 표현	
• 개인적 보상하기: 가정으로 칭찬카드 보내기, 부모에게 전화로 긍정적 메시지 전하기, 교실특권 제공하기	
• 학급전체 보상하기	

교정 행동	
• 규칙을 첫 번째 어겼을 때	규칙을 상기시키기
• 규칙을 두 번째 어겼을 때	학생들로부터 떨어져 교사근처에 5분간 있기
• 규칙을 세 번째 어겼을 때	학생들로부터 10분간 떨어져있기
• 규칙을 네 번째 어겼을 때	부모에게 이 사실을 알리고 학생은 성찰일지 쓰기
• 규칙을 다섯 번째 어겼을 때	교장에게 알리기
• 규칙을 여섯 번째 어겼을 때	교장에게 알리기

표 11-5	중학교에 적합한 학급관리 계획(Canter & Canter, 2001)

학급 규칙	
• 지시를 따르기	
• 수업시간 종이 울리면 교실에서 자리에 앉기	
• 다른 친구를 괴롭히거나 해치지 않기	

지지적 피드백	
• 언어적으로 칭찬하기	
• 개인적 보상하기: 가정에 칭찬카드를 보내기, 면제	
• 학급전체 보상하기	

교정행동	
• 규칙을 첫 번째 어겼을 때	상기시키기
• 규칙을 두 번째 어겼을 때	수업을 마친 후 1분간 교실에 더 머물게 하거나 자리 바꾸기
• 규칙을 세 번째 어겼을 때	수업을 마친 후 2분간 더 교실에 머물기
• 규칙을 네 번째 어겼을 때	부모 호출
• 규칙을 다섯 번째 어겼을 때	행정가에게 알리기
• 심각한 사항	행정가에게 알리기

12 | 교수 설계

학습 목표	주요 내용
1. Gagne의 여덟 가지 학습단계와 학습과정을 기술하고, 각 단계나 사태에 내포된 구체적인 학습조건을 설명할 수 있다.	Gagne의 학습조건과 교수 • 수업에서 학습의 과정 • 교수 사태 • 학습조건 : 인지적–행동적 관점
2. Gagne의 다섯 가지 학습결과를 구별할 수 있다.	Gagne의 학습결과 • 언어적 정보 • 지적 기능 • 인지 전략 • 태도 • 운동기능
3. (1) Bloom의 분류학을 이용한 목표 분류 방법, (2) 교수목표 설정 방법, (3) 교수활동 개발 방법 (4) 매체 개발 방법을 포함하여 교수설계모형 단계들을 (Gagne의 이론에 따라) 범주화할 수 있다.	교사를 위한 교수설계 • 교수목표 확인하기 • 목표 확인하기 • 교수활동 계획하기 • 교수매체 선정하기 • 교수실행과 수정하기
4. Bloom의 완전교수/학습모형을 학교학습 이론을 토대로 특징 및 효과성을 설명할 수 있다.	완전학습모형 • 학교학습이론 • 완전교수
5. 발견학습을 교수설계에 적용할 수 있다.	발견학습 • 발견을 위한 교수 • 자신이 선호하는 교수법 발견

Gagné의 학습조건과 교수

Gagné의 접근법은 (1) 유의미한 학습자료를 학습하는 동안 학습자가 겪어나가는 인지적 단계와 과정 및 각 단계를 촉진시키기 위한 학습조건, (2) 학습의 결과로 획득하게 되는 다양한 학습결과, (3) 학습이 성공적으로 이루어지기 위해 조성되어야 하는 교수사태에 초점을 둔다. 교수사태와 학습조건을 수업에 통합시킴으로써 교사는 다양한 학습결과를 촉진시킬 수 있다. Gagné의 모형은 학습에 도움이 되는 학습조건을 구성하는 틀을 제공해준다.

1. 수업에서 학습의 과정

Gagné의 학습모형은 학습 전 조건, 학습 중 조건, 그리고 학습 후 결과 세 부분으로 구성된다. Gagné 모형의 구성 요소 관계를 표 12-1에 제시하였다. 가장 중요한 단계인 학습 중 조건은 학습자가 새로운 기능을 획득하기 위해 요구되는 내적 조건인 여덟 가지 학습단계와 학습과정을 지원하기 위해 요구되는 외적 조건인 아홉 가지 교수사태로 구성된다.

그림 12-1은 학습과정과 교수사태를 동시에 설명해준다. 예를 들어, 신호등이 빨간색으로 바뀌면, 감각수용기(오감각)는 이를 받아들이고 감각등록기 또는 감각기억을 통해 메시지를 단기기억으로 보낸다. 장기기억은 빨간 색은 멈추라는 의미임을 말해주며, 이에 따라 반응 생성기(이 경우 몸)는 브레이크를 밟는다.

(1) 주의

학습이 시작되기 위해서는 자극이 들어와야만 하며, 자극 수용은 학습자가 그 자극에 주의를 집중할 것을 요구한다. 만약 학습자가 수업에 주의를 기울이지 않는다면, 학습은 거의 일어나지 않을 것이다. 교사가 수업을 하는 동안 딴짓을 하고 있는 학습자는 수업에 집중하지 않으며 그 결과 수업의 메시지를 듣지 못한다.

(2) 동기

학습 초기에 중요한 것은 목표 달성을 위해 노력하려는 동기를 유발시키는 것이다. 대부분의 학습자들은 목표를 성취하거나 유능하게 수행하려는 욕구를 가지고 있는 것으로 알려져 있

● Gagné의 모형
R. M. Gagné가 개발한 학습과정, 학습사태 및 학습결과에 초점을 둔 학습과 수업 체계

● 조건
학습이 일어나기 위한 필수 요건

● 과정
학습자가 의미있는 학습자료를 학습하는 동안 겪는 단계

● 사태
학습이 성공적으로 이루어지기 위해 조성되어야 하는 환경

● 결과
학습의 결과로 획득될 특수 능력

표 12-1 　Gagné 모형의 구성 요소

학습 전	학습 중	학습 후
선수 학습 능력을 가진 학습자	학습단계(내적 조건)	학습결과: 언어정보, 지적 기능, 인지 전략, 태도, 운동 기능
학습자 분석(능력 확인하기)	교수사태(외적 조건)	

| 그림 12-1 | 학습자 구조와 학습과정의 관계(R.M. Gagne & K. L. Medsker, 1996) |

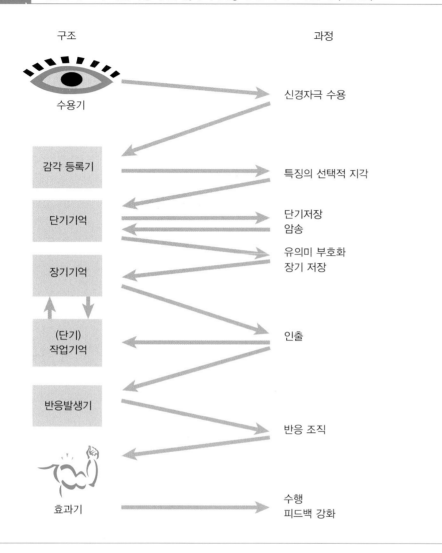

다(White, 1959); 만약 학습과정에 참여하려 한다면 이 욕구가 활성화되어야 한다. 특정목표를 성취하려는 동기를 유발하기 위해서 Gagné는 학습자에게 수업에 참여한 결과 얻게 될 것들을 기대하게 하는 방법의 장점을 주장하였다. 교사는 학습을 마쳤을 때 무엇을 할 수 있게 되는지 말해줌으로써 학습자에게 기대를 갖게 할 수 있다(Gagne & Driscoll, 1988; Driscoll, 2008).

(3) 특징의 선택적 지각

주의를 집중하는 것은 제시되는 정보에 대하여 단순한 인상 이상을 갖는 것이다. 학습자들은 제시된 자료 중 읽기 목적과 관련된 일부를 선택적으로 인식한다. 더욱이, 자극 상황에 대한 선택적 인식은 학습자로 하여금 다양한 자극, 모양, 문자, 단어, 의미들을 변별할 것을 필요로 한다. 학습자는 더 중요한 것과 덜 중요한 것을 구분해야 한다. 그래야 중요한 것을 선택적으로 지각하고 더 많은 주의를 기울일 수 있다.

일단 학습자가 핵심 특징을 선택적으로 인식하고 나면 이 정보를 단기기억에 저장해야 한다. 정보가 저장되기 위해서는 결과적으로 인식이 가능한 형태로 변환되어야 한다. 한 가지 어려움은 단기기억은 기억할 수 있는 시간(대략 20초 정도)과 동시에 기억될 수 있는 항목의 수(7)에 한계가 있는 제한된 용량을 가지고 있다는 점이다. 기억 시간의 한계를 극복하기 위하여 학생들은 전화번호를 기억할 때처럼 저장된 자료를 되풀이하여 반복해야 한다(암송). 기억 항복의 수를 극복하기 위해서는 부분을 결합하여 묶음이나 덩어리(청킹이라 불림)로 결합하여 기억할 수 있다.

● 단기기억
제한된 용량의 기억

● 암송
저장된 내용을 되풀이하여 반복함

● 청킹
정보 단위를 의미있는 그룹이나 덩어리로 묶기

(4) 유의미 부호화

새로운 정보가 장기기억으로 들어가려면 다시 한번 변환되어야 한다. 새로운 정보를 잘 기억하고 유지하기 위해 유의미하게 조직하는 과정을 유의미 부호화라고 한다. 유의미 부호화는 다양한 방법으로 이루어질 수 있다(7장의 사고와 기억에서 대부분 다루었음). 몇 가지 예를 들면, 단어를 문장으로 연결하거나(Bruning et al., 2004) 단어를 그림으로 그린다(Sadoski, Goetz, & Rodriguez, 2000). 학습자들은 교수과정에서 특별한 안내를 받지 않으면 종종 자신만의 유의미 부호화 방법을 학습하거나 개발하기도 한다.

(5) 장기기억 저장

유의미하게 부호화된 새로운 정보들은 장기기억에 저장된다. 정보들은 한동안 기억되다가 사라질 수 있다. 복습과 연습은 정보가 장기기억에 머무르도록 돕는 활동들이다.

(6) 탐색과 인출

장기기억에 저장된 정보 중 일부를 사용할 필요가 있을 때, 저장된 모든 정보들 가운데 탐색되고 발견되어야만 하는 특정 정보가 인출되고 회상되어야 한다. 누군가의 기억을 불러일으키기 위해 이전 학습 내용을 회상하도록 돕는 단서들을 사용할 수 있다. 수업설계자들은 인출 과정을 자극하거나 활성화시킬 단서를 제공하는 것이 좋다.

● 단서
이미 학습한 무언가를 재생하기 위해 사용되는 것

(7) 수행

학습이 이루어졌음을 증명하고 피드백을 제공하기 위해, Gagné는 다음 단계가 수행되어야 한다고 주장하였다. 수행의 실제 특성은 학습결과를 나타낸다. 학습이 이루어졌음을 확실히 하기 위해, 교사는 한 가지 이상의 수행을 요구하는 것이 일반적이다. 중요한 점은 학습이 다양한 맥락에서 적용될 수 있음을 보장하기 위해 수행 상황이 학습 상황과 정확히 일치하지 않아도 된다는 점이다.

(8) 피드백

학습자가 자신의 수행이 주어진 상황의 요구조건을 충족시켰는지 또는 학습목표의 달성여부를 파악하고 학습 첫 단계에서 설정했던 자신의 기대가 적절한 것이었는지 아닌지를 확인하는 것은 중요하다. 피드백은 수행의 적절성 또는 부적절성에 대한 정보를 나타낸다.

2. 교수사태

가네의 접근법 중 가장 구체적인 모습은 교수사태이다. 교수사태는 내적인 학습 과정에 해당하는 아홉 가지 일련의 활동이 순서대로 진행된다. 맨 처음 주의집중으로 시작하여 교수목표의 제시, 선수지식의 회상, 자극자료의 제시, 학습 안내, 수행 유도, 피드백 제공, 수행 평가, 파지와 전이 향상이라는 총 아홉 가지 단계로 수업을 구성할 때 효과적인 학습이 이루어진다.

> 🔎 **전이**
> 지식을 다양한 상황에 적용할 수 있는 것

(1) 사태 1. 주의 획득

Gagné에 의하면 수업에서 첫 번째로 이루어져야 하는 것은 학습자의 주의를 획득하는 것이다. 이는 종종 "이것은 중요해요.", "나는 여러분들이 이것에 특별히 주의집중하기 바랍니다."와 같은 언어적 지시를 통해 이루어진다. 교사는 강렬한 자극(교수자료 나누어주기 또는 목소리를 변화시키기)을 사용하거나 시범을 보이는 것과 같은 다른 주의집중 획득 방법도 생각해야 한다.

(2) 사태 2. 목표 안내

학습의 두 번째 조건은 학습이 끝난 상태에 대한 기대를 제공하는 것이다. 학습자에게 "이것은 이 단원을 마치고 나서 할 수 있게 되는 것이다."처럼 수업목표를 말해주는 것은 기대를 높이는데 도움을 준다.

> 🔎 **학습목표**
> 수업의 목적

(3) 사태 3. 선행지식의 재생 자극하기

학습의 세 번째 사태는 학습자가 새로운 학습을 하기 위해 필요한 선행지식과 기능을 이미 숙달하고 있음을 확인하는 것이다. 새로운 학습은 반드시 사전 학습을 기반으로 한다. 그런 까닭에 새로운 학습은 (1) 필수적인 선수 학습이 이미 이루어졌는지, (2) 적용해야 하는 선행지식을 알고 있는지, (3) 필수적인 선행지식을 기억할 수 있는지에 좌우된다. 이 학습사태를 실행하기 위하여 교사는 먼저 어떤 사전 학습이 새로운 학습과 관계가 있는지를 확인하고, 이를 지적하거나 재진술해주어야 한다. 이때 교사는 옛 자료를 다시 가르칠 수 있고 학습자로 하여금 이미 배웠던 과제를 스스로 수행해보도록 할 수 있다. 새로운 과제를 학습하기 전에 알고 있어야 하는 과제들을 선행지식이라고 한다. 선행지식을 모르고서는 새로운 학습이 일어나지 않는다.

> 🔎 **선행지식**
> 새로운 내용을 학습하기 전에 반드시 알고 있어야 하는 과제들

(4) 사태 4. 자극자료 제시하기

학습의 네 번째 조건은 학습내용이 학습자에게 다양한 방식으로 제시되어야 한다는 것이다. 학습자는 새로운 정보의 제시를 필요로 한다. 주의집중하고 기대에 찬 학습자로 하여금 과제를 숙달하도록 해주는 것은 이전 정보와 새로운 정보의 결합이다. 새로운 정보를 제공한다는 것은

학생에게 새로운 자극을 제시한다는 것을 의미한다. 새로운 자극자료 제시는 변별적 특징을 직접 알려주는 형태를 취할 수 있다("이 분수들은 같은 분모를 가지기 때문에 더해지거나 뺄 수 있다").

(5) 사태 5. 학습안내 제공하기

학습에 대한 다섯 번째 조건은 학습될 과제의 모든 구성요소들이 필요한 방법으로 결합되어야 한다는 것이다. 구 정보와 신 정보를 적절하게 결합하고 학습결과가 장기기억으로 저장되도록 하기 위해, 학습자에게 도움과 안내를 제공해야 한다. 학습안내 제공은 결합된 정보가 유의미하게 부호화될 수 있는 방법에 초점을 맞춰야 한다. 예시, 시범, 도표 및 요리법과 같은 단계별 학습안내는 학습자가 목표를 수행하는 데 있어 적절한 방법으로 정보를 결합하고 저장하고 인출하는데 도움을 준다.

(6) 사태 6. 수행 유도하기

학습에 대한 여섯 번째 조건은 학습과제의 결합된 요소들이 실제로 교사에 의해 실행되는 것이다. 실행단계는 학습이 이루어져 새로운 정보와 기능이 장기기억으로 부호화되어 저장되는 것을 확실히 해준다. 이 단계는 학습자가(스스로 그리고 교사에게) 새로운 학습이 사실상 이루어졌음을 입증할 기회이다. 워크시트를 작성하거나, 숙제를 하거나, 답을 말하거나, 실험을 마치거나 방금 배운 것을 시도해보게 함으로써 수행이 유도된다.

(7) 사태 7. 피드백 제공하기

학습의 일곱 번째 조건은 수행이 얼마나 성공적이고 정확했는지를 알게 되는 단계이다. 수행 다음 단계는 학습자의 수행이 얼마나 좋았는지 또는 얼마큼 향상되었는지를 알려주는 수행에 대한 정보 즉 피드백을 제공하는 것이다. 성공적인 수행은 긍정적인 피드백을 가져오고, 이는 과제 수행의 강화물로 기능한다. 이제 학습자는 학습 목표에서 요구되는 능력을 자신이 성취하였음을 알게 된다. 피드백을 통해 어떤 부분이 개선되어야 하는지를 알게 된 학습자에게 추가 연습 기회와 다시 피드백을 받을 수 있는 기회가 제공되어야 한다.

(8) 사태 8. 수행 평가하기

여덟 번째 사태는 후속 학습에 대한 처방을 할 수 있도록 학습 정도를 평가하는 것이다.

(9) 사태 9. 파지와 전이 촉진시키기

학습에 대한 마지막 단계에서는 다양한 상황에 적용하여 일반화시키고 오래 기억할 수 있도록 하는 경험이 이루어진다. 그런 까닭에, 마지막 단계는 복습과 적용을 주요 특징으

Jaume Gual/age fotostock/PhotoLibrary

수행은 학습의 핵심과정이다. 수행은 학생이 수업으로부터 자신이 학습한 것을 보여주도록 도우며 교사로 하여금 피드백을 제공할 기회를 제공한다.

표 12-2	학습과정과 교수사태 관계	
과정	사태	예시
주의	학습자 주의를 획득하기	"일자리 구하는 것이 얼마나 중요한지 우리는 잘 알고 있습니다. 오늘은 일자리 구하는데 도움을 줄 것을 배울 것이기 때문에 주의깊게 들어주시기 바랍니다."
동기	학습자에게 목표 안내하기	"우리는 이제 입사지원서 쓰는 법을 배울 것입니다!"
특징의 선택적 지각	사전 학습의 회상을 자극하기	"우리는 이미 상용문서 쓰는 법을 배웠습니다."
	자극을 제시하기	"입사지원서는 당신의 배경, 흥미, 자격, 그리고 직업 열망 등을 기술하는 상용문서입니다."
유의미 부호화 장기기억 저장	학습 안내를 제공하기	"여기 입사지원서 예시가 있습니다. 한번 같이 검토해보고 각 부분에 대하여 확인하고 설명해봅시다."
탐색과 인출 수행	수행을 유도하기	"이제 자신의 입사지원서를 써볼 차례입니다."
피드백	피드백 제공하기	"나는 당신의 입사지원서를 꼼꼼히 읽었으며 옆에 나의 의견을 적어두었습니다."
	수행 평가하기	"이제 사용문서를 작성하는 당신의 능력을 평가할 것입니다."
	파지와 전이 확대하기	"여기 실제 학생이 있습니다. 이 학생을 위해 지원서를 써주기 바랍니다."

로 한다. 다양한 상황과 맥락에 적용해보는 것은 과제가 원래 학습이 이루어졌던 특정 상황을 벗어나 전이되고 사용될 수 있도록 하는데 도움을 준다.

3. 학습조건: 인지 행동적 관점

Gagné의 학습조건은 행동적 목표, 선수학습, 반복, 연습 그리고 피드백을 강조하기 때문에 행동적 접근의 많은 특성을 가지고 있다. 하지만 이 모형은 Skinner의 강화모델 또는 초기 행동주의적 교수모형보다 훨씬 더 복잡하다. 이 모형은 학습을 단순한 연합 이상의 것으로 설명한다.

Ⅱ Gagné의 학습결과

Gagné는 수행을 분류하는 다섯 가지 범주의 학습결과를 제시하였다. 다섯 가지 학습결과 범주는 언어적 정보, 지적 기능, 인지 전략, 태도 그리고 운동기능이다. 학습결과의 분류는 공통된 특징을 가지고 있는 과제 수행을 범주화함으로써 이 범주화된 결과를 촉진시키기 위해 충족되어야 하는 학습조건에 초점을 두게 한다는 점에서 가치가 있다.

1. 언어적 정보

▣ 언어적 정보
학습되고 기억되어 나중에 재생될 수 있는 사실들로 구성

▣ 선언적 지식
사실, 생각, 또는 사실의 연합등과 같은 언어적 정보 단위

▣ 명제
지식을 표상하는 생각

언어적 정보는 지식을 나타낸다. 언어적 정보는 기억되어 나중에 회상될 수 있는 사실들로 구성된다. 언어적 정보는 전화번호, 시구절, 축구경기 규칙, 행성이름, 그리고 구구단과 같은 사실들을 포함한다. 무언가를 명명하고, 나열하고, 진술하도록 요구받을 때, 학생들은 일반적으로 언어적 정보를 제공하도록 요청받는 것이다.

선언적 지식은 언어적 정보의 단위이다. 이는 사실 혹은 사실들 간의 관계로 간주될 수 있다. Gagne, Yekovich, 그리고 Yekovich(1993)는 선언적 지식을 표현하기 위해 명제(propositions)라는 용어를 사용하였다. 명제는 논제라 불리는 명사 그리고 관계(R)라 불리는 동사를 담고 있다. "Tony는 Herb를 태워 주었다"라는 명제에서 Tony는 주어가, Herb는 수용자, 태움은 객체가 된다. 관계는 주었다가 된다.

명제들은 네트워크 형태를 취하며 연결될 수 있다. 관계가 없는 정보조각들보다 조각 정보들의 연결인 명제적 네트워크화되면 훨씬 더 저장이 잘 될 수 있다. 그림 7-1에 명제적 네트워크의 예를 제시하였다.

지식은 수많은 기능을 한다. 학습이 생각의 블록을 쌓는 것처럼 이루어진다는 의미에서 지식은 심화학습을 위한 선수조건으로 작용할 수 있다. 지식은 일상의 의사소통을 위한 부호를 제공한다는 점에서 실질적으로 중요할 수 있다. 일부 사람들은 두뇌에 정보를 저장하고 그것을 다양한 목적으로 사용한다. 결국 지식은 사고를 위한 음식을 제공한다. 즉, 지식은 사고와 문제해결을 위한 요소를 제공한다.

2. 지적 기능

▣ 지적 기능
무언가를 하는 방법을 아는 지식을 표상함

▣ 절차적 지식
학습자로 하여금 문제를 해결할 수 있도록 해줌

내용을 아는 것인 선언적 지식과 대조되는 지적 기능은 무언가를 하는 방법을 아는 것으로 절차적 지식(Gagne et al., 1993)으로 불린다. 지적 기능은 무언가에 대해 진술하는 것 뿐만 아니라 이러한 행위를 수행하는 능력으로, 무엇을 할 수 있는 능력이다. 지적 기능은 사실을 행동으로 전환시키는 기제가 된다. 이차방정식에서 해답을 제시할 수 있다든가, 주어진 여러 개의 도형을 서로 식별할 수 있다든가 하는 것이 지적 기능에 해당된다.

지적 기능은 중요하다. 우리가 무언가를 지식으로 학습했을 때 단순히 기억하는 것과 실제

로 행동하는 것과는 매우 차이가 있기 때문이다. Gagné는 지적 기능을 가장 단순한 변별에서 가장 복잡한 상위법칙에 이르기까지 다섯 가지 유형으로 제시하였다.

변별은 대상이 가진 하나의 특징과 다른 특징을 구분하는 능력으로 비슷한 여러 대상을 구별할 수 있는 능력을 의미한다. 즉, 변별학습에 의해 가능한 수행은 자극의 차이를 변별하는 능력이다. 이것은 이런 자극들을 반드시 사용하거나 명명하거나 해야 하는 것을 의미하지 않는다. 변별은 특징의 선택적 지각으로 앞에 기술되었던 것들을 학습하는 과정에 포함하는 기제이다. 아래 두 가지 기호를 한번 살펴보자.

> **📖 변별**
> 대상이나 상징의 한 특징을 변별해내는 능력을 표상함

하나는 다른 하나보다 더 작으며 그들의 모양은 서로 다르다. 이것들이 뜻하는 바를 모를 수도 있으나 적어도 그것들이 다르다는 것은 알 수 있으며 둘 사이를 변별할 수 있다. 다음 두 가지 그림이 있다. 이 사물들의 이름을 모른다 할지라도 이것들이 다르게 보이기 때문에 다르다는 것을 알 수 있다. 따라서 이 둘을 구별할 수 있다.

구체적 개념은 대상이나 사건이 다름을 변별하는 능력 이상의 것이다. 구체적 개념은 대상의 특성, 대상 및 사태를 확인하고 명명하고, 분류하는 것이다. 위에 제시된 물건들은 럭비공과 축구공이다. 우리는 물건의 이름은 모르더라도 모습은 알고 있다. 제조사나 또는 재질은 다양할 수 있으나 물건의 정체성은 변함이 없기 때문에 항상 같은 것으로 인식 가능하다. 이는 일반적으로 어릴 때 배웠던 많은 구체적 개념들의 일부를 보여준다. '부드러움' 대 '거침', '둥글다' 대 '각지다'와 같은 사물의 특징과 '가깝게'와 '멀게', '위'와 아래', '높은'과 '낮은'과 같은 관계적 개념들도 구체적 개념에 해당한다.

> **📖 구체적 개념**
> 대상과 사태를 확인하고 명명하거나 표시하는 능력

> **📖 정의된 개념**
> 대상의 정의, 대상의 특성, 그리고 대상들의 관계를 정의함

Gagné와 Driscoll(1988)에 따르면 구체적 개념 학습을 나타내는 수행은 "대상의 종류와 특성 및 그 관계를 확인하는 능력"이다. 학습자는 구체적인 대상의 이름 또는 호칭을 알아야 하며(예를 들어, 중앙에 있는 것들, 사각형, 가장 큰, 고래), 특징으로 그 유형을 확인할 수 있어야 한다. 한 마리 고래를 보면, 고래 유형을 확인할 수 있거나 고래라는 명칭을 정확하게 말할 수 있어야 한다.

정의된 개념은 대상, 대상의 특성, 대상 사이의 관계에 대한 정의를 말하는 것이다. 예를 들어, "주 수도" 또는 "슈퍼마켓" 또는 "화학 요소" 등이 그것이다.

지적기능은 저학년부터 가르치기 시작한다.

학교 학습의 주요 활동은 이런 복잡한 개념들을 이해하기 위해 이루어진다. 학습자들은 개념의 예를 분류함으로써 정의된 개념을 습득하였음을 보여준다. 음식 재료 배열을 생각하면 슈퍼마켓이 떠오를 것이며 화학물질 목록을 받으면 그 재료를 이루는 화학 성분을 확인할 것이다. 정의된 개념을 사용하여 그것이 무엇을 뜻하는지 그리고 주요 특징은 무엇인지를 알아야 한다. 모든 가능한 사례늘을 제시할 수 없으며 단순히 인식에만 의존할 수 없다. 사물의 본질적인 특성을 인식하기 위하여 정의를 알아야 한다.

법칙은 단순히 그것이 어떻게 이루어지는가를 기술하는 것이라기보다 무언가를 할 수 있는 능력을 나타낸다. Gagné의 용어를 빌면 법칙은 절차적 지식이며, 무언가를 하는 방법을 아는 것이다.

많은 법칙들이 읽기와 계산할 때 적용된다. 읽기는 인쇄된 기호의 해독이다. 단어의 의미를 파악하기 위하여 법칙을 적용한다. 수계산을 하는 것은 법칙의 확장된 사용을 필요로 한다. 방정식 $4x+3=19$를 풀기 위해서는 방정식의 한 쪽에서 다른 쪽으로 숫자를 이동시키는 법칙과 방정식의 양쪽을 같은 숫자로 나누는 법칙을 알아야 한다.

모든 방정식의 해법을 배우고 모든 것을 기억할 필요가 없다. 일단 방정식 해법을 배우고 나면 그 법칙에 해당하는 모든 방정식, 심지어 전에 본 적도 없는 방정식을 풀 수 있다. 따라서, 법칙은 기억력의 확장을 요구하지 않으면서 정신능력을 엄청나게 확장시킨다.

Gagné에 의하면 상위 법칙은 간단한 법칙들의 결합으로 이루어진 복잡한 법칙이다. 교사는 수업계획을 세우면서, 어떤 목표를 설정하고, 어떤 자료를 어떻게 다룰 것인지, 어떻게 학습 정도를 파악할 것인지를 결정하기 위해 상위법칙을 사용한다.

🌀 법칙
단순히 대상이 어떻게 이루어지는가를 설명하기보다 무언가를 할 수 있는 능력을 표상함

🌀 상위법칙
단순한 법칙들의 결합으로 구성된 복잡한 법칙

🌀 실행 통제
학습과정을 관리하는데 사용될 수 있는 인지전략

🌀 태도
선호를 나타냄

3. 인지전략

인지전략은 주의집중, 기억 및 사고를 이끌어가는 전략으로 무언가가 학습되는 방법을 말한다. 자기 안내와 자기 점검과 같은 전략들은 실행적 통제 과정이라고 불릴 수 있다. 학습하면서 한 단원을 건너뛰거나 개요를 말하거나 여백에 주석을 단다는 것은 인지전략을 활용하고 있음을 의미한다. 즉, 인지전략은 적용하기로 선택한 학습과정을 관리하는 방법이다.

4. 태도와 운동기능

태도는 선호 혹은 비선호를 말한다. 앞서 제시된 학습결과 유형들처럼, 태도도 학습된다. 교사는 학습자로 하여금 학교, 학습 교과를 좋아할 수 있도

수학문제를 풀기위하여, 학생들은 절차적 법칙을 배울 필요가 있는 안내를 받아야 한다.

록 가르치거나 영향을 미칠 수 있다. 태도는 정의적 영역(Krathwohl, Bloom, & Masia, 1964) 또는 감정 영역에 해당한다.

사물 또는 사람에 대한 일반적 태도 또는 정서는 가치라고 불린다. 자신에 대한 가치와 태도는 자존감을 구성하고 학교 행동과 수행에 많은 영향을 미칠 것으로 예측된다.

운동 기능은 과제를 수행하기 위하여 사용하는 근육을 포함한 정확하고 정밀한 움직임이다. 농구공을 던지기, 공을 치기, 표적 맞추기와 같은 스포츠 활동들은 타이핑하기, 또는 버스를 운전하기와 같은 다양한 작업 활동을 할 때처럼 운동기술을 필요로 한다. 이런 활동 각각은 또한 지적 기능과 태도를 필요로 할 수 있지만 그 수행을 부드럽고 자동적으로 하는 것을 배우기 위해 먼저 요구되는 것은 운동 영역이다.

> ● 정의적 영역
> 감정의 영역

> ● 운동 기능
> 어떤 과제를 실행하도록 해줄 수 있는 근육 사용을 포함한 정밀하고 정확한 움직임

교사를 위한 수업설계 모형

Gagné의 학습모형을 기초로 Reiser와 Dick(1996)은 교사를 위한 수업설계 모형을 제안하였었다. 이 모형은 수업 목적 확인 → 수업 목표 확인 → 수업 활동 계획 → 수업 매체 선택 → 평가 도구 개발 → 수업 실시 순으로 구성된다. 수업을 실시하고 평가결과를 목표에 반영하는 환류 구조로 되어 있다. 이 모형은 다음과 같은 특징을 가지고 있다:

1. 수업은 분명하게 진술된 목표를 기반으로 한다.
2. 평가는 수업과 같은 목표를 토대로 하여야 한다.
3. 수업매체는 교수 전달 체계의 일부로 사용된다.
4. 학생 수행을 토대로 평가하고 수업을 다시 적용하기 전에 필요한 경우 수정을 한다.

> ● 교수설계 모형
> 목표 분류, 수업 목표 준비, 수업 활동 개발과 매체 선택하기

1. 교수 목적 확인

일반적으로 교수 목적은 교육과정의 형태로 교사에게 제시된다. 목표는 보편적으로 사용되는 분류체계인 Bloom의 분류학을 토대로 분류될 수 있다(Bloom et al., 1956). 이를 인지적 영역에만 적용하여 그림 12-3에 제시하였다. 이 인지적 영역의 목표는 복합성이 증가함에 따라 6개의 범주인, 지식, 이해, 적용, 분석, 종합, 평가로 분류된다. Bloom(1956)의 분류학은 교사들이 (1) 이해하다와 같은 모호한 용어를 정의함으로써 수업과 평가 관련 정보에 대한 의사소통을 도우며, (2) 수업에 포함시키길 원하는 목표를 확인하고 (3) 교수활동의 확장 방향을 확인하고 (4) 학습경험을 계획하고 (5) 평가도구를 개발하는데 도움을 준다. 또한 목표의 위계적 특성 때문에 교사들로 하여금 수업 목표를 계열성 있게 배열할 수 있도록 돕는다.

Anderson과 Krathwohl(2001)은 Bloom의 목표분류학 수정판을 개발하였다. 6개의 목표위계는 (1) 기억, (2) 이해, (3) 적용, (4) 분석, (5) 평가, (6) 창안으로 명칭을 변경하였다. 목표

> ● Bloom의 분류학
> 여러 수준별로 조직화된 인지적 영역 내 범주들의 분류 체계

그림 12-2 인지적 영역 목표 분류(Bloom et al., 1956)

1.00 지식
1.10 특수 지식
1.11 용어 지식
1.12 특수 사실 지식
1.20 특수 사실을 다루는 방법과 수단에 관한 지식
1.21 관례
1.22 동향과 결과
1.23 분류와 범주
1.24 준거
1.25 방법론
1.30 보편적, 추상적 상시에 관한 지식
1.31 원리와 일반화
1.32 이론과 구조
2. 이해
2.10 번역
2.20 해석
2.30 추론
3.00 적용
4.00 분석
4.10 요소 분석
4.20 관계 분석
4.30 구조 원리 분석
5.00 종합
5.10 독특한 의사소통 창안
5.20 조작의 계획 및 절차 창안
5.30 추상관계 추출
6.00 평가
6.10 내적 준거 평가
6.20 외적 준거 평가

분류는 사고와 관찰 결과를 조직화하는데 도움이 되지만, 모든 학습목표를 포함한다고 할 수 없으며 모든 목표를 모두 동일한 방법으로 분류해야 함을 의미하는 것도 아니다.

2. 목표 확인

학습목표
교사가 수업의 결과로서 학생이 할 수 있게 되기 원하는 것들에 대한 명확한 진술

학습목표는 학습자가 학습의 결과 무엇을 할 수 있게 되는지를 분명하게 진술해주어야 한다. 목표 진술은 목표 달성 혹은 목표 미성취가 관찰가능하고 측정가능한 방식으로 이루어져야 한다. 바꾸어 말하면, 학습목표는 교사가 학습경험을 제공하기 위하여 무엇을 할 것인지 설명하는 것이 아니다. 오히려 학습목표는 수업을 마친 후 학습자가 할 수 있게 되는 것이 무엇인가를 기술하는 것이다.

대부분의 목표는 각 장의 시작부분에 제시되는 것처럼 행위 동사를 사용하여 간단한 행위문으로 진술된다. 좀 더 상세한 진술형태에서는 목표가 두 부분 즉, 행위가 이루어지는 조건에 대한 진술과 그 행동이 판단되는 준거를 포함한다. 목표 또는 행동 진술은 그 자체에 의해서든 또는 다른 조건과 준거와 결합해서든 행위동사를 사용하여 학생의 의도된 학습 성과를 나타낸다. 인지적 영역 목표 분류를 토대로 학습 목표를 진술하는데 사용 가능한 동사 목록을 표 12-3에

표 12-3	인지적 영역 목표분류에 따른 목표진술을 위한 행위 동사
범주	대안적 동사
지식	정의하다, 기술하다, 확인하다, 명명하다, 열거하다, 결합하다, 개요를 말하다, 선택하다, 진술하다
이해	전환하다, 구별하다, 추정하다, 설명하다, 일반화하다, 예시들다, 추론하다, 예측하다, 요약하다
적용	변화시키다, 계산하다, 검증하다, 발견하다, 조작하다, 수정하다, 예측하다, 준비하다, 만들다, 보여주다, 풀다, 사용하다
분석	도표로 그리다, 변별하다, 추론하다, 관계짓다, 추론하다, 선택하다, 세분화하다
종합	범주화하다, 결합하다, 편집하다, 구성하다, 창안하다, 설계하다, 고안하다, 다시 쓰다, 요약하다, 말하다, 쓰다
평가	평가하다, 비교하다, 결론내리다, 대조하다, 비평하다, 설명하다, 변별하다, 관계짓다, 정당화하다, 지지하다

제시하였다.

예를 들어 고등학교 화학과목 목표 가운데 '보일의 법칙을 가르치기'가 있을 경우, 수업목표를 '보일의 법칙을 이해한다'라고 설정할 수 있다. 그러나 '이해한다'는 행위동사가 아니다. 학습자가 보일의 법칙을 이해했음을 보여주기 위하여 무엇을 할 수 있어야 하는가? 교사는 가스의 부피와 온도를 제시하고 학습자에게 가스의 압력을 찾으라고 지시한다고 가정해보자. 만약 학습자가 이를 해결할 수 있다면, 주어진 부피와 온도를 고려하여 가스의 압력을 찾는 절차를 설명할 수 있다면 그때 교사는 학습자가 보일의 법칙을 "이해했다"고 결론 내릴 수 있다.

3학년 문학시간으로 또 다른 예를 하나 들어보자. 교과 목표는 학습자에게 단어와 운율을 가르치는 것이다. 교사는 학습자가 단어가 운율이 맞을 때와 맞지 않을 때를 "알기"원한다. 그의 수업 목표는 따라서 다음과 같이 된다.

- 하나의 단어와 단어 목록이 주어지면 한 단어와 운율이 맞는 단어를 목록에서 확인하기

7학년 영어 시간에, 교사는 학생들이 이야기에 나오는 등장인물에 대해 얘기할 수 있기를 원한다. 따라서 다음과 같이 된다.

- 이야기가 주어지면, 신체적 특징, 성격 그리고 이야기에서 그들이 어떻게 행동했는지를 포함하는 기술을 함으로써 이야기에 나오는 등장인물을 묘사하기.

마지막 예시에서 수업목표 진술에 상세한 준거 즉, 등장인물에 대한 어떤 내용이 포함되어야 하는지 제시해야 한다는 점을 주목해라. 그렇지 않으면 학습결과가 성공인지 실패인지를 구분할 수 없기 때문이다. 처음 제시된 두 가지 예시는 정답이 하나이기 때문에 미리 상세화될 수 있다. 반면 세 번째 예시는 정답의 "당위성"이 판단을 요구하기 때문에 구체적인 준거가 필요하다.

편리성때문에 학습목표가 종종 짧은 형태나 학습자의 성취 행동으로만 제시된다. 그러나 평가가 제대로 이루어지기 위해 학습목표는 학습자 행동과 수행조건 및 준거를 포함하여 진술되

어야 한다.

　Reiser와 Dick 모형에 의해 설계되는 수업은 학습목표와 학습자의 특징에 의해 영향을 받는다. 학습목표 달성을 위해 선수학습을 필요로 하는 경우가 있다. 선수학습 요소란 학습자가 주어진 학습목표를 달성하기 위하여 이미 학습했어야 하고 사용할 수 있어야 하는 지식과 기술을 나타낸다. 대부분의 학습은 계열적이기 때문에 수업의 많은 부분들이 다음에 이어질 내용을 이해하기 위해 필요한 선행지식으로 가르쳐진다. 교사는 부분에서 부분으로 순서대로 진행해 나가야 한다.

　그러나 모든 학습자들이 모든 선수학습 요소를 습득한다고 장담할 수 없다. 약간이라도 의심이 든다면, 확인하는 편이 더 낫다. 이를 위해 교사는 선수학습이 무엇인지 구체화할 수 있어야 한다. 일단 선수학습이 확인되고 나면 교사는 진단평가를 통해 이를 확인할 수 있다.

🌀 선수학습 요소
학습자가 주어진 학습목표를 달성하기 위해 이미 학습하고 사용할 수 있어야 하는 지식과 기능

🌀 진단 평가
선수학습 요소의 존재나 부재 여부를 파악하기 위하여 수업 전에 실시하는 평가

3. 교수 활동 계획

　Reiser와 Dick(1996)에 의하면, 수업계획은 표 12-2에 요약된 Gagné의 교수 사태를 반영하여 여섯 가지 활동 (1) 동기유발, (2) 목표제시, (3) 선행지식 확인, (4) 정보와 예시 제시, (5) 연습과 피드백 제공, (6) 요약하기를 포함해야 한다.

4. 교수 매체 선정

🌀 교수 매체
수업을 촉진시키기 위하여 사용되는 자료(예를 들어, 필름, 워크시트)

　Reiser와 Dick(1996)은 교수 매체를 선택하는데 있어 3가지 질문을 할 것을 제안하였다.
　1. 교수 매체가 실용적인가? 다시 말해 활용가능한가 또는 구할 수 있는가?
　2. 교수 매체가 학생들에게 적합한가?
　3. 교수 매체가 특정한 교수 활동을 진행하는데 잘 맞춰져 있는가?

　매체는 앞서 제시된 여섯 가지 교수활동에 적합해야 한다. "매체"는 반드시 TV, 필름, 또는 컴퓨터를 의미하는 것은 아니다. 워크지, 다른 유인물, OHP를 포함한 많은 매체들이 준비될 수 있고 제작될 수 있다. 교재는 또한 수업을 위한 매체이다. 교사가 수업을 진행할 때, 교사도 하나의 매체이다. 학생이 준비된 보고서나 토론을 통해 정보를 제시한다면 그들도 매체이다. 교재와 기타 유인물의 경우, 교사는 다음을 확인하기 위하여 그것들을 꼼꼼히 점검해야 한다(Reiser & Dick, 1996).

　1. 내용이 정확하고, 최신이며, 이해가능하고 편향되어 있지 않은가?
　2. 주요 주제와 풍부한 예시들이 제시되며 학년 수준에 맞게 잘 쓰여졌는가?
　3. 수업설계는 교사의 목표에 적합한 요소들을 반영하고 요약, 연습활동, 그리고 동기부여활동 등을 포함함으로써 학습을 촉진시킬 것인가?

학생은 이 목적을 달성하기에 적합한 교수 매체로부터 정보를 습득할 수 있다. 교사는 그들의 수업 계획에 매체 시범을 포함시킬 수 있다.

4. 어떤 활동이 효과적이었는지를 보여줄 수 있는 자료가 활용가능한가, 교실에서 실행될 수 있는 어떤 활동 등이 포함되어 있는가, 보충 자료가 활용가능한가?

5. 실행과 점검

교수설계모형의 핵심은 수업이 수정되어야 한다는 것이다. 수업 결과를 토대로 효과가 있었던 것과 효과가 없었던 것을 확인하고 이를 토대로 교수설계의 수정이 이루어져야 한다. 종종 수업을 설계하고 나면 그대로 계속 가르치는 경향이 있다. 그러나 좋은 교수 설계자는 자신의 자료에 학습자가 보여주는 반응 뿐만 아니라 수업 중 이루어지는 평가에서 얼마나 잘 해내는가를 관찰함으로써 교수자료 및 학습활동을 평가한다. 이렇게 수업 중에 이루어지는 평가를 형성평가라고 한다. 만약 평가 결과, 모든 또는 대다수 학습자가 하나 또는 그 이상의 수업 목표를 달성하는데 실패한다면 교사는 이 사실에 주목할 뿐만 아니라 교수 계획을 바꾸어 이런 일이 다시 일어날 가능성을 최소화하여야 한다.

> **형성평가**
> 학생들에게 학습이 제대로 이루어지고 있는지 그렇지 않은지를 파악하기 위해 사용하는 교수 접근법

Ⅳ　완전학습모형

완전학습모형은 Bloom(1997)에 의해 제안된 학교학습 접근을 토대로 한다. 완전학습의 핵심은 개별 학생들이 다음 단계로 넘어가기 전에 각각의 학습 과제를 완전하게 숙달하기 위해 필요한 만큼의 시간과 교수를 제공하는 것이다. 그런 까닭에 학습목표를 성취하기 위하여 가능하다면 수업절차를 학생 개개인의 능력과 학습속도에 최적화 되도록 구성하여야 한다.

> **완전학습모형**
> 개별 학생들이 개별 학습과제를 숙달하는데 필요한 만큼의 충분한 교수 시간과 수업을 제공

> **숙달**
> 충분한 수업이 주어지면 성공적으로 과제를 완성할 수 있음

1. 학교 학습 이론

Bloom의 모형은 학습 과제에 대한 세 가지 학습 결과 즉, (1) 성취 수준과 유형, (2) 학습 속도, (3) 정의적 결과(주로 태도)는 세 가지 변인 (a) 인지적 출발점 행동, (b) 정의적 출발점 태도, (c) 수업의 질의 상호작용 결과로 나타난다고 가정한다. 바꾸어 말하면, 학교학습은 학습자의 이력(이미 배운 내용과 이미 가지고 있는 정서)과 수업의 질이 서로 영향을 미쳐 나타난다. 이 두 가지 구성 요소는 수정될 수 있다. Bloom에 따르면 아주 좋은 조건하에서는 학습자의 개인차가 대부분 사라지지만 불리한 학습조건하에서는 오히려 더 크게 개인차가 벌어진다. 완전학습은 본질적으로 적절한 학습조건만 제공한다면 이 세상의 누군가가 배울 수 있는 것은 거의 모든 다른 사람도 배울 수 있다는 것이다.

Bloom의 학교학습은 1963년 Caroll의 학교학습모형을 이론적 근거로 한다. Caroll의 학교학습모형은 (1) 학습자의 학습에 요구되는 학습시간과 수업, (2) 이 기준을 충족시키기 위한 학

완전 교수에서는 다음 단계로 넘어가기 전에 필요로 하는 학생들에게 추가적인 수업이 제공된다.

습기회와 수업의 질에 의해 영향을 받는다. 즉, 교수에 할당된 시간과 그 시간 동안 제시된 수업의 질이 학습자의 학습에 필요한 정도와 맞아떨어진다면 학습이 일어난다.

Bloom과 Carroll의 접근법 모두 충분한 조건이 주어진다면 실제적으로 모든 학생들이 모든 학습과제를 성공적으로 달성할 수 있다는 논쟁적인 결론을 주장한다. 학습자는 선수학습을 배울 필요가 있으며, 시간과 질의 관점에서 이들에게 적합한 수업이 제공되어야 한다. 그리고 나면 Bloom(1976)이 명명한 완전학습이 이루어질 것이다.

2. 완전학습

완전학습은 더욱 정확한 의미로 완전학습모형(또는 더욱 정확하게는 완전학습모형)이다. 완전학습모형에서는 교사가 충분한 수업을 제공하며, 학습자들이 각 과제를 숙달하여 완벽히 할 때까지 다음 단계로 넘어가는 것이 허용되지 않는다. 학생 간 개인차는 Carroll에 의해 예측되었던 것처럼 각 학생들이 요구하는 교수 시간의 양이다. 일부 학습자는 과제를 숙달하기 위하여 보충 수업을 필요로 하지만 일부 학습자는 그렇지 않다. 완전학습모형이 적용되려면 수업이 개별화되어야 한다. 개별화 수업이나 소집단 수업이 적용될 수 있다.

모든 학습자에게 수업을 실시한 후, 교사는 모든 학습자가 모든 학습목표를 달성했는지를 확인하기 위하여 평가를 실시하여야 한다. 하나 혹은 그 이상의 목표를 달성하지 못한 학습자에게는 추가 보충수업과 재평가가 이루어진다. 만약 다시 실패한다면, 통과할 때까지 계속 보충수업과 재평가가 반복된다. 그 결과 모든 학습자는 모든 목표를 성취하게 되며 이론적으로 최종평가에서도 차이가 나타나지 않는다. 완전학습모형을 적용하기 위해서 교사는 학습자별로 학습단원마다 필요한 교수 시간을 다양하게 구성할 수 있어야 한다.

1976년 Bloom은 완전학습과 비완전학습의 효과를 비교하는 수많은 논문을 발표하였다. 초기 유사한 능력을 가진 두 집단의 학습자들이 동일한 교사에게 동일한 교과를 배웠다. 완전학습 집단에게는 목표달성 정도에 대한 평가를 실시한 후 필요한 경우 학습자에게 피드백과 교정 도움을 제공하였다. 비완전학습 집단에게는 평가 후에 어떤 도움도 제공하지 않았다. 첫 번째 평가를 실시한 결과 두 집단의 성취수준은 비슷하였으나 완전학습 집단의 경우 과제가 진행될 때마다 더욱 우수할 것이라고 예측되었다. 그림 12-3은 이러한 예측이 얼마나 적중하였는지를 잘 보여준다.

완전학습모형은 숙달지향 교실 분위기를 형성하는데 초점을 둔다. 완전학습을 달성하는데 세 가지 주요 접근법이 있다: (1) 활동적 과정으로 학습을 촉진하기, (2) 학습에 대한 열정 보이기, (3) 긍정적인 교사-학생 관계 형성하기가 그것이다(Anderman, Patrick, & Ryan, 2004). 선행연구들은 완전학습모형이 전통적 강의교수법보다 더욱 효과적이며(Ironsmith & Eppler, 2007), 지식 전이에 더욱 긍정적 효과(Lee & Kahnweiler, 2000)가 있음을 보여주고 있다. 이

그림 12-3 Bloom의 완전학습모형

그림 12-3 Bloom의 완전학습모형

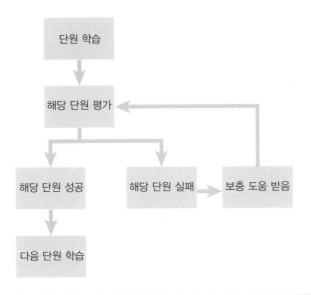

는 교사와 학습자 간에 학문적 성공에 대한 높은 기대를 가져온다(Zimmerman & Dibenedetto, 2008). 완전학습모형으로 교육을 받을 때 현직 교사들은 긍정적인 태도를 보였으며, 이 모형을 자신의 수업에 적용하려는 의지를 보였다(Verdinelli & Gentile, 2003).

최근 컴퓨터의 사용이 완전학습의 성공적 적용에 유의미하게 기여하여 왔다(Motamedi & Sumrall, 2000). 컴퓨터 중재수업이 전통적 방식 수업보다 학업성취도를 더욱 향상시키는 것으로 나타났다(Tuckman, 2000). 학습자의 숙달을 강조하고 다양한 기법을 사용하는 것은 교사가 학습을 도울 수 있는 강력한 접근법이다.

 Ⅴ 발견학습

Jerome Bruner(1960; 1961)에 의해 사용된 발견학습은 종종 '탐구학습'으로 언급된다. 발견학습 교수법은 학생들로 하여금 교과 구조를 스스로 파악하고 발견하도록 자극하는 문제상황을 제공한다. 즉, 발견학습은 단순히 학생들로 하여금 그들이 원하는 것을 하게 하는 것이 아니라 문제해결의 형식을 취한다(Klahr & Simon, 1999). "지식의 구조"는 사실이나 상세한 정보가 아니라 핵심 개념, 관계 그리고 해당 교과의 조직을 말한다. 교사는 학습환경을 배열하고 특수한 자료와 과제를 소개함으로써 학습 가능성을 높이는 것이다. 따라서 발견학습 접근법과 직접교수모형은 서로 대립되는 개념은 아니다. Bruner가 설명식 수업이라고 말했던 직접교수법은 알아야 할 필요가 있는 것을 학습자에게 직접 말해주는 것으로 주로 행동적 접근을 취한다. 발견학습법은 학습목표나 지식의 구조를 학생 스스로 파악할 수 있도록 필요한 환경을 조성해주는

🔖 발견학습
스스로 교과의 구조를 파악할 수 있도록 자극해주는 문제상황을 제공하는 교수법

것이다. 이에 발견학습은 좀 더 인지적 접근법이다.

Mayer(2003)은 교수에 있어 세 가지 안내 수준을 제시하였다.

● 순수한 발견: 학생들은 최소한의 교사 도움만으로 해결할 수 있는 문제를 제공받는다.
● 안내된 발견: 학생들은 해결할 문제와 문제를 해결할 수 있는 단서를 제공받는다.
● 설명식: 학생에게 최종 답이 직접 제시된다.

📙 **순수한 발견**
최소한의 안내만으로도 해결할 수 있는 문제를 제공받아 이루어지는 발견

📙 **안내된 발견**
문제를 해결할 수 있는 단서를 제공받아 이루어지는 발견

📙 **설명식**
문제에 대한 최종 답이 직접 제공되는 교수법

1. 발견을 위한 교수

Bruner에 의하면 발견학습법은 구체적인 것에서 일반적인 것으로, 사실과 관찰로부터 더욱 일반적인 원리와 이론으로 나아가는 귀납적 추론을 기반으로 한 학습을 가능하게 한다. 사실상, 발견학습은 학습자를 이론가처럼 행동하게 한다. 단순히 교사의 설명을 듣는 것보다 연구 과제와 환경을 통해 탐구 기회를 제공할 때 학습은 더욱 의미 있을 수 있다.

Bicknell-Holmes와 Hoffman(2000)은 발견학습을 구성하는 다섯 가지 학습 설계를 제시하였다. (1) 사례기반학습, (2) 잠재학습, (3) 탐구학습, (4) 성찰학습, (5) 자극기반학습이 그것이다. 그들은 수업에 발견학습 활동을 점진적으로 적용시켜 갈 것을 권장하였다. Borthick과 Jones(2000)은 문제 인식, 문제해결방법 탐색, 적절한 정보 탐색, 해결 전략 개발, 선택된 전략 실행으로 발견학습 단계를 설명하였다. Gijlers와 de Jong(2005)은 사전 지식이 발견학습 과정에 영향을 미침을 발견하였다. 즉, 더 많은 선수학습 요소를 갖춘 학습자는 그렇지 못한 학습자보다 발견학습의 결과를 더욱 잘 설명해주었다.

발견학습은 학생들이 무언가를 그들 스스로 알아내려고 하는 상황에 있을 때 일어난다. 실험실은 학생들이 발견을 할 가능성이 높은 장소이다.

교사는 발견학습을 촉진시키기 위하여 학습자가 결론을 내리고 일반화할 수 있는 현상에 대한 예시와 접근 기회를 제공할 필요가 있다. 구체적인 사실들이 마치 실험실 연구처럼 학습자 스스로 연구 중인 현상에 대한 관찰로부터 나올 수 있으며 이를 통해 일반적 원리를 도출할 수 있다.

교사들은 순수한 발견에 비교하여 안내된 발견의 장점을 알기 원할 수 있다. 교수의 안내는 학습자 스스로 내적 발견을 할 수 있는 수준에 도달할 때까지 더욱 효과가 있을 수 있다. 교사는 진행 방법에 대하여 질문이나 제안을 할 수 있다(Schunk, 2004). 그러나 학습자가 학습 자료에 대한 사전 경험이나 배경 지식을 일부 이미 가지고 있거나 몇몇 활동 중심의 예시를 제공받는다면 인지적 부하를 줄이는데 도움이 된다(Tuovinen & Sweller, 1999).

발견학습 과정을 확대시키는 또 다른 방법은 의사소통이 발견의 필수적 요소가 될 수 있기 때문에 학습자들로 하여금 협동적으로 작업하게 하는 것이다(Saab, van Joolingen, & hout-

학생의 발견은 교실 밖의 상황에서도 일어날 수 있다. 현장학습은 종종 학습자로 하여금 직관을 사용하도록 자극한다.

Wolters, 2005). 발견은 교실을 벗어나서 이루어질 수 있다. 학습자들이 문제해결에 참여하고 그들의 직관을 사용할 수 있는 현장학습이나 다른 학교 밖 활동에 의해서 발견이 촉진될 수 있다.

2. 자신의 선호하는 교수법 발견하기

방금 최신의 최고 성능 컴퓨터 소프트웨어 패키지를 구입해서 집에 왔다고 상상해보자. 사용법을 익히기 위해 아래 제시된 네 가지 방법 중 어떤 방법을 선택할 것이며, 그 이유는 무엇인가?

1. 완전학습모형에 따라 여러 영역으로 나누어 알려주며 각 영역에 대한 테스트를 통해 완벽히 숙지하지 못하였으면 다시 돌아가서 확인할 수 있는 소프트웨어 사용법이 담긴 디스켓을 활용한다.

2. Reiser와 Dick 모형을 적용한 교수설계자에 의해 제작된 잘 구조화된 설명식 매뉴얼을 읽고 따라해 본다.

3. 직접 교수를 하는 교수자의 비디오테이프를 보고 제시된 "과제"를 해 본다.

4. 사용법을 발견할 수 있는 실험 소프트웨어를 설치하고 사용법을 잘 몰라 혼란스러울 때마다 도움말 메뉴를 찾아보거나 친구에게 도움을 청한다.

13 | 학습의 평가

학습 목표	주요 내용
1. 내용의 윤곽을 파악하고 수업 목표 수립과 절차를 서술하고, 이러한 것이 교사로 하여금 학생의 학습을 증진시켜주는 평가에 어떻게 도움이 되는지 말할 수 있다.	평가 단계 • 내용 윤곽 파악 • 수업 목표 수립 • 평가 유형 선택
2. 적용, 분석, 종합, 평가와 같은 고차적 사고 과정이 질 높은 논문형 문제를 만들 때 어떻게 사용하는지 안다.	논문형 문항의 구성 • 적용력 측정 문항 • 분석력 측정 문항 • 종합력 측정 문항 • 평가력 측정 문항
3. 논문형 문항 채점시 준거에 따른 방법과 전체적 방법을 구분하고 실제 채점시 이를 중요시한다.	논문형 문항 채점 체제 • 준거에 따른 채점 • 논문 채점의 신뢰도 높이기
4. 선택형 문항과 서술형 문항의 장단점을 안다.	단답형 문항 구성 • 완성형 문항 • 선다형 문항 • 기타 선택형 문항 • 배합형 문항
5. 수행평가의 특징을 알고 수행평가 준거에 따라 단계를 세분하여 거기에 적용할 수 있다.	수행평가 • 수행평가 구성하기 • 수행평가의 채점 • 포트폴리오평가
6. 검사의 내용타당도를 평가하는 절차를 알고 타당도를 높이거나 낮추는 요인에 대하여 말할 수 있다.	평가의 타당도의 확인 • 검사의 타당도 확인 방법 • 타당도 낮추는 요인
7. 채점의 신뢰도를 높이는 방법을 안다	평가의 신뢰도 확인 • 신뢰도 낮추는 요인 • 더 신뢰도가 높은 검사 만들기

I 평가의 단계

일반적으로 평가는 4단계를 거친다. 1단계는 내용의 윤곽을 파악하는 것이다. 2단계는 수업 목표를 수립하는 것이다. 수업 목표는 학습자가 학습하여야 할 개념이나 기술이 무엇이며 그것을 어떻게 확인할 수 있는지 정확하게 확인해줄 수 있는 것이어야 한다. 이처럼 평가는 수업 목표와 직접적으로 관련되어 있다(Niemi, Baker, & Sylvester, 2007). 3단계는 수업 목표와 학생의 특정 학습을 가장 적절하게 반영할 수 있는 평가 유형을 결정하는 것이다. 4단계는 검사의 신뢰도와 타당도를 평가하고 특정 집단의 학생에게 평가가 불리하지 않도록 하는 것이다. 질 높은 평가를 하는 것은 교사의 중요한 책무 중의 하나이며 잘 가르치기 위해서 교사는 학생들이 수행한 것에 대하여 믿을 수 있고 타당한 정보를 가지고 있어야 한다.

1. 내용 개요 파악

📌 평가
학생이 무엇을 학습하였는지 판단하는 데에 도움을 주기 위한 하나의 진단 도구

평가의 구성은 수업 목표를 수립하는 것으로부터 시작한다. 많은 교사들은 평가를 구성하는 것을 학생들에게 가르칠 단원의 내용 개요를 파악하는 것으로 이해한다. 내용의 개요를 파악한다는 것은 평가할 개념, 기술, 아이디어의 목록을 만드는 것이다. 내용 개요 파악은 일반적으로 수업 계획 이전에 반드시 필요하다. 내용 개요를 파악하면 검사 구성도 쉬워진다. 그것은 내용 개요를 파악하면 무엇을 측정해야 하는지 계획을 수립하기가 용이하기 때문이다. 내용 개요에는 전통적으로 가르쳐 온 기본 기술 이외에도 고차적 사고력이 요구되는 내용도 포함시켜야 한다(Wiggins & McTighe, 2008).

첫 번째는 평가할 때 포함시켜야 할 과, 단원, 단원 군과 같은 수업의 하위 조각을 정하는 것이고, 두 번째는 그 수업의 조각에서 취급되는 내용을 확인하는 것이다. 이 내용은 가능한 간략하게 요약하여야 한다. 이것이 평가의 지침이 되기 때문이다. 내용의 개요 파악은 평가의 질을 높이는 데에 중요할 뿐만 아니라 분류표를 작성할 때도 사용된다. 표 13-1은 그 예이다.

표 13-1   삼국의 성립과 통일 내용의 개요

삼국의 건국 시기
삼국의 지리적 위치
삼국을 건국한 인물
삼국 문화의 특징
삼국의 관계
삼국의 통일 과정

2. 수업 목표의 설정

수업 목표는 가르친 개념, 아이디어, 기술을 어떻게 측정할 것인지에 대한 구체적 정보를 제공해 주며, 또한 문항 유형의 선택, 문항 구성, 채점을 할 때 도움이 된다.

수업 목표란 수업을 통해 획득한 의도한 결과나 학습자의 능력으로서 관찰가능하거나 측정 가능한 방식으로 진술된다. 수업 목표가 측정 가능하면 검사는 구성에 유용한 지침이 될 수 있다.

내용 개요를 파악한 다음 두 번째 할 일은 내용 개요에 적절한 행위 동사를 덧붙여 의도한 학습자의 행위를 나타내는 목표 목록을 만드는 것이다. 이렇게 함으로써 단원이나 과에 포함되어 있는 개념, 아이디어, 기술을 측정 가능하고 관찰 가능한 형태로 세분할 수 있게 된다. 다음은 표 13-1에 있는 내용 개요에 행위 동사를 배치한 것이다.

- 삼국의 건국시기 말하기
- 삼국을 지도에서 각각 가리키기
- 삼국을 건국한 인물 말하기
- 삼국의 문화의 차이를 비교하기
- 삼국의 관계 설명하기
- 삼국이 통일된 과정 순서 나열하기

행위 동사는 학생이 수행할 것으로 기대되는 행위를 정확하게 나타내는 것이어야 한다. 이외에 수업 목표에는 목표 행동을 수행하는 데에 필요한 조건, 행동의 정확성의 정도가 포함되어야 하는데, 검사를 구성할 때 이 두 요소를 행위 진술과 결합시킨다(Mager, 1984).

3. 검사 유형의 선택

평가 과정의 세 번째 할 일은 가장 적절한 검사 유형을 결정하는 것이다. 어떤 경우에는 전통적 지필 평가가 적합할 것이고 어떤 경우에는 수행평가가 더 나을 것이다. 여기서는 먼저 전통적 평가에 대하여 먼저 살펴보고 그 다음에 수행평가에 대하여 살펴볼 것이다. 전통적 평가는 지필 검사와 같은 시험으로서 대부분 공립학교에서 실시해 왔다.

전통적 평가를 한다고 하면 어떤 형태의 문항을 사용하며 얼마나 각 유형별 문항 수를 얼마로 할지를 결정하여야 한다. 검사 문항은 일반적으로 응답자가 써서 답하는 반응 구성형 문항(서답형)과 응답자가 답을 선택하는 반응 선택형 문항(선택형)으로 대별할 수 있다. 서답형에는 단답형, 논문형, 완성형의 세 가지 종류가 있고 선택형에는 선다형, 진위형, 배합형이 있다.

검사에 몇 문항이 포함되어야 하는지에 대한 일정한 방식은 없고 측정할 목표의 수, 문항 형태, 검사 시간, 피검자의 연령에 따라 다르다. 적어도 목표당 2개 문항이상이어야 한다. 많으면 많을수록 정확성은 커지기 때문에 가능한 목표 당 문항수를 많이 한다. 중요한 목표는 수업 시간을 더 많이 투여하므로 당연히 평가할 때에도 중요한 목표에 대한 문항 수가 덜 중요한 목표에 비하여 더 많아야 한다. 각 목표의 중요성에 대하여 가중치를 부여하고 이에 비례하여 문항

📌 수업 목표
수업에서 얻은 결과나 학습자의 능력을 관찰가능한 방식으로 서술한 것

📌 전통적 평가
일반적으로 공립학교에서 실시하는 지필평가

📌 반응 구성형 문항
응답자가 답을 생성하여 응답하는 문항

📌 반응 선택형 문항
응답자가 답을 선택하여 응답하는 문항

평가는 교실 안팎 모두에서 일어날 수 있으며 평가 형태는 목표에 부합하여야 한다.

수가 배정되어야 한다.

선택형 문항은 각 목표에서 행위 동사를 사용하기 때문에 더 쉬울지도 모른다. "이름을 댄다.", "열거한다."와 같은 행위동사는 완성형 문항에서 주로 간단한 답을 요구한다. "확인한다.", "구분한다.", "인지하다."와 같은 동사는 선택형이나 배합형 문항에서 여러 선택지 중에서 정답을 고르도록 하는 것을 요구한다. "분류한다."와 같은 동사는 범주화를 요구하며 일반적으로 둘 중에서 선택하는 형태를 취한다. 서술하거나 분석하거나 해석하는 문항은 길게 답을 하는 것이 요구되며 주로 논문형 문항에서 사용된다. 선택형 문항은 출제자가 답지를 구성하지만 서답형은 출제자가 답하여야 할 방향만 제시하고 답은 응답자가 쓰는 점이 다르다. "보여주다.", "구성하다."와 같은 동사는 실제 수행을 요구한다. 이러한 목표는 학생들이 계산을 하거나 신체적 동작을 나타내 보이는 것을 요구한다. 이러한 평가를 소위 수행평가라고 한다.

검사 목표에는 어떤 유형의 문항을 사용하여야 할지에 대한 정보가 이미 내재되어 있다. 행위 동사를 요약한 것과 그것을 측정할 문항의 종류는 표 13-2와 같다(역자가 표로 대체하였음).

표 13-2	문항 유형에 반영되는 다양한 학습 증거
문항 유형	**학습 증거**
완성형	이름을 말하다. 진술하다. 열거하다.
선다형, 배합형	밝혀라. 구분하라. 인지하라.
양자택일형	분류하라.
논문형	서술하라. 분석하라. 해석하라.
수행평가	예증하라. 구성하라.

만약 문항 유형이 목표 내의 행위 동사를 반영하고 있지만 교사가 바라는 수행 형태를 반영하지 못하면 수행을 반영할 수 있도록 목표를 재진술하여야 한다. 검사 목표와 그것을 측정할 문항은 행위, 조건, 채점 준거 측면에서 아주 부합하여야 한다.

논문형 문항

논문형과 단답형 문항은 블룸의 교수목표 분류학에 제시된 고차적 인지과정을 측정하는데에 사용할 수 있다(Bloom et al., 1956). 즉 지식이나 이해 수준을 측정하려면 선다형 문항이 더 좋고, 적용력, 분석력, 종합력, 평가력을 측정하려면 논문형 문항이 더 낫다. 논문형은 문장으로 써서 답하는 반응의 범위가 넓은 검사형태이다. 블룸의 교수목표 분류학에서의 고차적 수준 각각에 대하여 논문형 문항을 구성하는 기술에 대하여 소개한다.

논문형 문항
응답을 문장으로 써서 답하는 검사

1. 적용력 측정 문항

적용력은 이미 배운 규칙이나 형태를 새로운 사태나 맥락에 응용하는 것을 의미한다. 적용력 평가 문항의 일반적 목표는 다음과 같다.

구체적 해결책이 없는 어떤 문제 상황이 주어졌을 때 어떤 개념이나 규칙을 사용하여 그 문제의 해결책을 제시한다.

적용력을 측정하는 문항의 예를 들면 다음과 같다.

● 여름 방학 캠프에서 당신은 100명의 10대 남학생과 15명의 운영진이 먹을 식사 메뉴를 계획하고 준비하여야 한다. 1일 세끼 5일간 식사 준비를 할 때 비용과 영양가를 모두 고려하여야 한다. 당신은 비용과 영양가를 기초하여 어떤 식단을 짤 것인지 설명하시오.

적용력을 측정하는 논문형 문항에 잘 답하기 위해서는 자신의 논리로 설명할 때 체계적인 과정을 가지는 것이 종종 도움이 된다. 따라서 교사는 학생들에게 다음과 같은 요령을 일러두는 것이 바람직하다.

1. 문제에서 유사한 요소를 찾게 한다.
2. 문제를 유사한 맥락에서 재구성하게 한다.
3. 문제 유형을 분류하게 한다.
4. 적합한 개념이나 규칙을 선택하게 한다.
5. 문제 해결을 하기 위한 개념이나 규칙을 사용하게 한다.

문항을 제작하기 위하여 해결하거나 생각해야 할 문제가 포함된 구체적 사태를 선정하고 확인한다. 문제는 출제자가 이전에 보지 못한 것이어야 하며 문제의 해결은 출제자가 이미 가르친 적이 있는 지식이나 내용을 통해 할 수 있어야 한다. 구체적 사태는 전적으로 새로운 것이거나 이전의 것에 새로운 요소를 추가한 것으로 할 수도 있다. 적용력 문항을 출제하기 위하여 구체적 사태를 어떻게 결정할지 다음 중 하나를 시도해 볼 수 있다.

1. 허구적 상황
2. 이후 수업에서 다루어질 사태
3. 이전의 것이지만 새로운 시각에서 본 사태

일반적으로 이전의 것에 대하여 새로운 시각에 직면하도록 하는 것이 일반적으로 좀 더 용이하다. 문제 사태와 문제 이외에 종종 문제에 응답의 구체적 방향을 부가할 수도 있다. 다음과 같은 것이 그 예이다.

고차적 사고기술

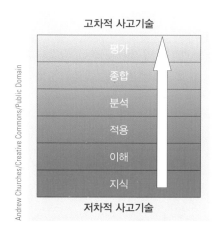

저차적 사고기술

Bloom의 목표분류학은 학생들이 보여주는 사고형태를 나타낸 것으로 교사가 이용할 수 있는 하나의 도구이다.

적용
학습한 원리나 형태를 새로운 사태나 맥락에 응용하는 과정

1. 단어나 쪽의 수
2. 구체적 응답 포인트
3. 설명에 포함시켜야 할 조건
4. 해결책 수
5. 수행 평가의 구체적 조건(예, 명확성 등)
6. 문항의 배점이나 응답 시간

2. 분석력 측정 문항

분석력이란 자료를 구성 요소로 분리하는 과정이다. 즉 요소(가정, 가설, 사실, 결론, 지지하는 서술 등), 관계성(원인과 결과, 계열, 가정과 결론, 세부 아이디어와 주 아이디어 등), 조직의 원리(형태, 모양, 자료와 관점과의 관련성, 목적, 편파성), 문항의 예는 다음과 같다.

- 햄릿 왕은 당초 그렇게 해야 함에도 불구하고 극 막바지까지 왜 클라우디스 왕을 죽이지 않았는지 네 가지 이유를 말해보시오. 그렇게 답한 이유는 무엇인가?

분석 문항을 작성할 때 분석, 비교, 대조하게 될 정보나 경험, 그 정보나 경험의 측면이나 요소를 결정하여야 한다. 정보나 경험은 일반적으로 글로 제시하거나 보여주거나 들려주며, 학생들에게 자신이 듣거나 본 것에 대하여 요소, 관계성, 조직 원리 측면에서 분석하라고 요구한다. 아마 학생들은 분석을 어떻게 하는지 알고 있으며 이미 그 정보나 경험을 획득한 상태이지만 문항에 제시된 정보나 경험을 분석해 보지 않은 것이어야 한다. 분석할 줄 안다는 것은 고차적 사고를 한다는 증거이다.

적용력 측정 문항과 마찬가지로 분석력 측정 문항에서도 학생들이 응답할 구체적 내용, 이유, 설명을 요구할 수 있다. 이렇게 함으로써 학생들이 단순히 기계적으로 분석하였는지 여부를 파악할 수 있다. 이러한 응답 지시가 없으면 학생들은 교사가 의도한 대로 분석 과정을 증명하지 않고 단순한 답만 제시할 수 있다.

3. 종합력 측정 문항

종합
요소를 결합하여 하나의 독특한 전체로 구성하는 과정

종합력이란 요소를 결합하여 하나의 전체를 형성하는 과정을 말한다. 종합의 결과는 다음과 같은 것이 될 수 있다.

1. 정보를 제공하고, 묘사하고, 설득하고, 인상 깊게 하고, 즐거움을 제공하려는 데에 목적을 둔 하나의 독특한 의사소통(이야기나 시와 같은 것),
2. 하나의 계획이나 행동 제안(수업계획이나 문제해결 계획 같은 것)
3. 일단의 관계추론(학습이론과 같은 것)

종합력은 하나의 창의적이고 발명적 과정이다. 그러기 때문에 독특한 검사 조건이 있다. 다음과 같은 점에 유의할 필요가 있다.

1. 창조적 과정에 적합한 조건을 제공하라. 따라서 시간제한을 두지 않는다든지 통제를 하지 않거나 최소한의 제한만 가한다.
2. 하나 이상의 수행의 예를 요구한다. 이것은 종합력 기술은 문제마다 다르기 때문이다.
3. 검사 실시의 전형적 형태에서 벗어나라. 예를 들면 시간, 장소, 자료 제한 등을 가하지 않는다. 창의적 수행을 측정하도록 한다.
4. 결과를 평가할 때 판단을 잘 내려야 한다.

종합력은 중요한 인지 기술이기 때문에 비록 측정하는 것이 어렵더라도 측정하려고 노력해야 한다. 그러기 위해서는 문제를 친숙한 범위를 넘어서 내, 학생들이 특별한 해결책을 내도록 하여야 한다. 특히 학생들에게 창조적으로 쓰도록 하고 이론을 생성하거나 독특한 장치를 설계하거나, 새로운 절차를 고안하도록 하는 등 종합할 기회를 제공하여야 한다. 문제는 학생들이 이전에 해결책을 접해보지 못한 것이어야 한다.

4. 평가력 측정 문항

평가력이란 아이디어, 작품, 해결책, 방법, 특정 목적을 위한 자료의 가치를 판단하는 과정이다. 그 판단은 양적일 수도 있고 질적일 수도 있다. 평가는 전형적으로 형성 평가 아니면 총괄 평가이다. 형성 평가는 단원의 수업 내에서 이루어진다. 교사는 형성 평가를 통하여 수집한 정보를 바탕으로 자신의 수업을 어떻게 조정할 것인지를 결정한다. 학생들에게도 이러한 정보를 제공하여 그들에게 가장 중요하다고 생각하는 곳에 노력을 더 기울이도록 하는 것 역시 중요하다(Stiggins & Chappuis, 2008). 총괄 평가는 단원 학습이 끝나거나 수행을 종합할 때 실시한다. 총괄 평가를 할 때에는 학생들이 결정하거나 이들에게 주어진 준거나 표준을 사용한다. 이러한 준거나 표준은 작품, 아이디어, 특정 해결책 등의 정확성, 효과성, 경제성, 만족 정도를 판단하는 데에 사용한다. 이 때 두 종류를 판단하는 데 다음과 같다.

1. 논리성, 정확성, 일관성, 증거, 명확성과 같은 내적 증거 측면에서 판단한다.
2. 타인의 작품과의 비교, 목적 일치성, 주어진 규칙이나 표준의 응용, 알려진 사실과의 합치성 등과 같은 외적 증거 측면에서 판단한다.

평가력 측정의 논문형의 예를 들면 다음과 같다.

● 당신은 출판사로부터 막 3학년 교과서를 우편으로 받았습니다. 이 교과서를 타인에게 추천할 정도로 좋은지 여부를 평가하시오.

최소한 네 가지 서로 다른 평가 방법을 제공하여야 한다. 평가력 논문형 문항

"스타와 함께 춤을"이라는 TV 프로그램에 대하여 판단하는 것과 마찬가지로 학생들도 자신이 공부한 것에 대하여 정직하게 평가할 수 있다는 것은 중요한 일이다.

을 작성할 때에는 학생들이 광범한 지식을 가지고 이해하고 있다고 기대할 수 있는 문제를 선택하여야 한다. 학생들은 평가 준거에 대하여 알고 있어야 하고 이 준거를 적용할 수 있는 기술을 갖추고 있어야 한다. 문항은 학생들이 적절한 평가 준거를 알고 있고 사용할 수 있는지 여부를 측정한다. 문항은 구체적 내적 준거나 외적 준거를 적용할 작품이나 아이디어를 선정하고 학생들에게 그것에 대하여 평가하라고 주문한다.

Ⅲ 논문형 문항의 채점

논문형 검사는 채점자가 사전에 무엇으로써 채점할지를 정해 놓지 않으면 안 된다. 준거 목록이나 모범 답안이 있으면 답안에 사전에 결정된 요구조건이 포함되어 있는지 판단이 가능하다. 예를 들면 분석력을 측정하는 문항에서는 학생들은 주어진 대상이나 경험의 요소, 요소간의 관계성을 결정하고 그 결정이 어떻게 이루어졌는지, 아니면 그것이 무엇을 의미하는지를 설명하여야 한다. 채점자는 사전에 어떤 요소가 답안에 포함되어야 하는지, 요소를 추출하기 위하여 어떤 추론을 하여야 하는지, 요소가 서로 어떻게 관련되어야 하는지, 이러한 관련성은 결론과 어떻게 관련되어야 하는지 결정하여야 한다. 학생들에게 추상화 한 점을 주고 예술가는 무엇을 말하려고 하는지, 그 작품의 어떤 요소때문에 그러한 결론을 내렸는지 물었다고 치자. 채점자는 우선 어떤 답안이 수용될지, 어떤 요소가 설명을 할 때 인용되어야 할지를 결정해야 한다. 달리 말하여 논문형 문항을 신뢰롭게 채점하기 위해서는 사전에 어떤 답이 수용될지를 결정해야 할 뿐만 아니라 그 답안을 지지하는 근거가 무엇이며 어떻게 설명하여야 하는지도 결정해 두어야 한다.

1. 논문형 문항의 채점 준거

논문형 문항 평가의 준거는 내용 준거, 과정 준거, 조직 준거 세 가지가 있다. 내용 준거는 답안에 포함되어야 할 정보, 지식, 사실을 말한다. 논문형이 지식을 측정하는 것은 아니지만 어느 정도는 제시되어야 한다. 채점 이전에 어떤 내용이 포함되어야 하는지 결정해 두어야 한다. 채점자는 필수 지식과 선택 지식을 확인할 수도 있다. 후자는 응답자가 쓴 답안의 특정 방향에 의존한 지식이다. 과정 준거는 답안의 정확성이나 실현가능성, 답안의 근거, 결론 도출에 사용된 논리 측면에서 사용된다. 만약 문제해결 문제라면 다음 6단계가 권장된다.

1. 문제의 정의
2. 대안책의 생성
3. 준거에 대한 대안책의 가중치 결정
4. 최선책의 선정

5. 해결책의 문제에 적용

6. 해결책의 문제 적합성 정도

달리 말하면 논문형은 주어진 해결책의 정당성, 해결책을 발견하는 과정에 이상의 문제해결 단계가 적용되었는지의 여부에 따라 판단된다.

조직 준거는 논문형 답안이 조직되거나 구성되는 방식에 관한 것이다. 논리적인지, 도입, 논의, 결론이 포함되어 있는지 아니면 두서가 없는지 등에 관한 것이다. 논문형은 답안에 일관된 구조가 있을 때 채점이 훨씬 용이하다. 응답 지시 내용은 응답의 조직성이 채점시 고려된다는 것을 가리킨다. 공정하게 채점하기 위해서는 구체적 절차를 마련하고 동일한 준거에 의하여 채점되어야 한다(Marzano, 2002). 창의성과 독창성도 고려하여야 한다. 그러기 위해서는 이 요소 역시 평가 절차에 포함시켜 두어야 한다.

2. 논문형 문항 채점 신뢰도 높이는 방법

논문형 채점의 신뢰도는 문항 자체가 아니라 채점에 달려 있다. 그렇기 때문에 채점이 체계적이고 일관성 있게 이루어져야 한다. 채점을 할 때에는 여러 가지 요인이 영향을 준다. 채점의 시각, 과거 학생들의 능력에 대한 채점자의 기대, 채점 전 피검자의 이름의 인지 여부 등이 수없이 많다. 채점자의 무의식적 편견이나 기대가 채점의 일관성에 영향을 줄 때 채점의 신뢰도는 낮아진다.

채점 신뢰도를 보장하기 위해서는 응답한 것으로 기록해 두어야 한다(Tuckman, 1988). 즉 모든 문항에 응답한 것이나 일부는 두 번 읽기도 해야 한다. 신뢰도를 높이기 위하여 두 번 읽어야 할 최소한의 문항 수의 비율은 20%이다. 사전에 채점의 준거나 모범 답안이 마련되면 채점은 더 빨라진다. 무엇을 찾아야 하고 서로 준거마다 가중치가 다르다는 것을 알면 더 효율적으로 채점할 수 있다.

채점의 신뢰도를 높이기 위해서는 첫째, 채점하기 전애 학생들의 이름을 가려 이전의 학생의 수행에 대한 기대의 영향을 줄일 수 있다. 둘째, 이상적 답안, 조직성, 창의성, 문제 해결, 근거 등에 대한 핵심의 수 측면에서 답안의 반응 핵심을 구성한다. 점수가 세분되면 될수록 시간 변동이나 학생에 관계없이 채점의 일관성은 높아진다. 이러한 준거를 학생들이 잘 알면 알수록 학생들이 답안을 더 잘 쓰고 채점도 더 쉬워진다.

> **익명채점**
> 편파성을 줄이기 위하여 익명하에 채점하는 과정

Ⅳ 단답형 문항의 구성

1. 완성형 문항

완성형 문항은 단문의 질문 형태의 문항으로서 단어나 구로 자유롭게 답을 쓰는 것이다. 간혹 문장 내에 단어나 구가 들어갈 자리를 비워두기도 한다.

(1) 장 · 단점

완성형 문항은 일반적으로 쉽지만 간혹 채점이 힘이 든다. 구체적 사실을 한두 단어로 기술하여 재생(회상)하도록 하는 것이 가장 바람직하다. 출제자가 너무 함정을 만들거나 너무 약삭빠르면 문제가 모호해지고 정답이 여럿 나올 수 있어 채점이 어려워지고 문제가 주관적이 될 수 있다는 점에 유의할 필요가 있다.

(2) 문항의 작성

효과적 문항 구성의 규칙은 다음과 같다.
1. 오직 하나의 정답이 나오도록 문항이 명확하고 분명하며 응답 범위가 좁아야 한다.
2. 정답을 분명하게 하기 위하여 문항에 너무 많은 정보를 싣지 않는다.
3. 정답을 짧게 하고 가외 말을 포함시키지 않는다.
4. 비워두는 부분은 정확히 응답자가 기억할 것으로 예상되는 것이어야 한다.
5. 괄호는 진술문의 끝 부분 가까이에 둔다.

다음은 완성형의 예문이다. 어느 것이 적합한지 판단해 보라.

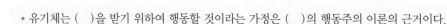

- 유기체는 (   )을 받기 위하여 행동할 것이라는 가정은 (   )의 행동주의 이론의 근거이다.
- 유기체는 강화를 받기 위하여 행동할 것이라는 가정은 (   )의 행동주의 이론의 근거이다.
- 스키너의 행동주의 이론은 유기체는 (   )을 받기 위하여 행동할 것이라는 가정에 근거하고 있다.
- 스키너의 (   ) 이론은 유기체는 강화를 얻기 위하여 행동할 것이라는 가정에 근거하고 있다.

위에서 가장 최적의 문항은 세 번째 문항이다. 완성형 문항을 구성하는 가장 좋은 방법은 먼저 누락된 것이 없이 완전하게 진술하는 것이다. 그런 다음 그 진술문에서 측정하고자 하는 목표를 언급하고 답의 본질을 대표하는 한 단어 또는 한 구절을 빼 버리는 것이다.

© Mike Baldwin / Cornens
BRAIN

ⓐ UP
ⓑ DOWN
ⓒ ALL OF
    THE ABOVE
ⓓ NONE OF
    THE ABOVE

Mike Baldwin/Cartoonstock.com

선다형 문항은 가장 일반적 형태이다. 당신은 이 그림에서 제시한 것보다 더 재치있게 선다형 문항을 작성할 것인가?

2. 선다형 문항

가장 널리 사용되는 선택형은 선다형이다. 선다형 문항은 완성형과 유사하다. 다만 완성형의 괄호대신에 답지를 제공하는 것이 다르다. 일반적으로 진술문을 제시하고 답을 기억하여 쓰는 것이 아니라 정답을 오답 또는 오답지와 비교하여 구분하여 찾아내는 방식이다.

(1) 장·단점

선다형 문항의 가장 큰 장점은 채점과 결과 분석이 쉽고 잠재적 이해력을 측정하기 위하여 사용할 수 있다는 점이다. 그 외에 학생들이 흔히 범하기 쉬운 오해나 사고의 오류를 정답과 구분할 수 있는지를 확인하는 데 유용하다. 학생이 자주 틀리는 내용을 답지로 구성함으로써 학생들에게 이를 구분하도록 요구할 수 있다. 이와 달리 다음과 같은 단점도 있다.

1. 문항 작성이 쉽지 않다. 그 이유는 정답지만 구성해야 하는 것이 아니라 그럴듯한 오답지도 구성해야 하기 때문이다.
2. 오답지가 완전한 오답이 아니면 정답이 둘 이상이 될 가능성도 있다.
3. 오답지가 너무 명백하면 누구나 정답을 쉽게 알 수 있다.
4. 학생들이 추측하여 정답을 맞힐 수 있다.

(2) 문항 진술

선다형 문항을 작성하는 유용한 기법은 목표에 근거하여 어떤 사실이나 지식을 기술하는 것으로부터 시작한다. 이것은 완성형 문항을 작성하는 것과 같다. 만약 수업 목표가 다음과 같다고 하면 지식 형태의 진술문은 다음과 같이 될 수 있다.

> 수업 목표: 세 개의 분수를 제시하면 최소 공배수를 말할 수 있다.
> 진술문: $\frac{1}{2}$, $\frac{1}{3}$, $\frac{1}{6}$의 분모의 최소 공배수는 12이다.

그 다음은 위 진술문을 아래와 같이 문항 형태로 바꾼다.

> $\frac{1}{2}$, $\frac{1}{3}$, $\frac{1}{6}$의 최소공배수는 (   )이다.

정답지를 12로 만들고 나머지는 오답지로 만든다. 오답지를 만들 때는 학생들이 오류를 범하기 쉬운 내용으로 오답지를 만들어야 한다. 이 문제의 경우 학생들은 공배수와 최소공배수를 구분하지 못하는 경우가 있으므로 24를 오답지로 생각해 볼 수 있다. 또 두 분수의 최소공배수로 잘못 생각하는 경우도 있으므로 8을 오답지로 생각해 볼 수 있다. 마지막으로 최소공배수를 세 분모 중에서 가장 큰 것으로 생각하는 경우도 있으므로 6을 오답지로 생각해 볼 수 있다. 결국 다음과 같은 선다형 문항을 만들 수 있다.

● 선다형
학생이 여러 답지 중에서 최선답을 선택하는 형식의 문항

● 문항 진술문
질문이 들어 있는 진술문

세 분수 $\frac{1}{2}$, $\frac{1}{3}$, $\frac{1}{6}$의 최소공배수는 얼마인가?

1) 6   2) 8   3) 12   4) 24

선다형 문항을 구성할 때 유의할 점은 다음과 같다.

1. 목표를 확인한다.

2. 목표에 적합한 사실을 서술한다.

3. 일반적으로 학생들이 오류를 범하기 쉬운 것을 오답지로 만든다.

4. 학생들이 실수하기 쉬운 내용을 오답지로 만든다.

3. 기타 선택형 문항

진위형 문항, 양자택일 문항, 분류 문항, 배합형이 있다.

(1) 진위형

진위형은 응답자가 맞고 틀린 것을 판단하는 문항이다. 다음과 같은 예가 여기에 해당한다.

대한민국의 수도는 서울이다   예   아니오
대한민국의 정치제도는 내각책임제이다.   예   아니오

진위형은 흔히 출제하기가 용이하다. 적어도 사실에 대한 인지여부를 측정하는 경우에는 가장 적합하다. 진위형 문항 출제에서 어려운 점이 있다면 그것은 오답 문항을 만드는 일이다. 특히 사실 중 어느 부분을 틀리게 구성하여야 하는지를 결정하는 것이 쉽지 않다. 이것은 선다형 문항의 오답지를 만드는 것처럼 학생들이 잘못 생각하기 쉬운 것을 진술문에 포함시켜야 한다. 오답 문항을 선다형의 오답지와 마찬가지로 생각해야 한다. 예를 들면 다음과 같은 사실이 있다고 하자.

일본 천황이 1945년 8월 15일에 중국과 한국, 미국 등과 벌인 모든 전쟁에서 항복한다고 선언하면서 한국은 나라를 되찾았다.

위 진술문 내용 중에서 학생이 잘못 알기 쉬운 것 중에서 중요한 부분을 어떤 것으로 할지를 결정하여야 한다. 만약 1945년 8월 15일로 하였다면 다음과 같이 다시 틀린 진술문을 구성한다.

일본 천황이 1948년 8월 15일에 중국과 한국, 미국 등과 벌인 모든 전쟁에서 항복한다고 선언하면서 한국은 나라를 되찾았다.

　　진위형 문항의 가장 큰 문제는 추측해서 맞힐 확률이 50%라는 점이다. 4지 선다형보다 약 2배나 더 크다. 게다가 진위형은 오개념이 하나인 반면 4지 선다형은 3개나 되어 비교된다.

(2) 양자택일 문항

　　양자택일 문항은 계열상으로는 4지 선다형과 유사하지만 선택지가 정답과 오답 둘이다. 그러나 어떤 경우에는 아래의 예처럼 정답과 오답이 여러 개일 수 있다.

> **남자와 관련이 있으면 "남", 여자와 관련이 있으면 "여"를 쓰시오.**
> 로미오(　), 이순신(　), 유관순(　), 논개(　)
>
> **홀수 번호에 ○표 하시오.**
> 3, 5, 6, 20, 41
>
> **우리나라 광역시에 ○표 하시오.**
> 부산(　), 청주(　), 울산(　), 서울(　), 대전(　)

　　이 문항은 어떤 범주에 속하는 것과 속하지 않는 것을 구분할 수 있는지를 확인하는 데에 유용하다. 대부분의 단답형 문항과 마찬가지로 양자택일문항 역시 사실적 지식을 평가하는데 가장 유용하지만 추측해서 맞힐 가능성이 높다.

　　양자택일문항에는 분명히 적합하거나 적합하지 않은 분류목을 포함시키는 것이 중요하다. 즉 분류목이 명료하고 다른 분류목과의 혼선이 없고, 분류 용어가 그 범주의 표본이든지 아니든지 하여야 한다.

　　다른 단답형 문항을 작성하는 것과 마찬가지로 목표를 확인하는 것부터 시작한다. 그런 다음 예와 같이 사실을 서술한다.

> 예) 물에 사는 포유동물에는 고래, 돌고래, 수달, 바다표범이 있다.

　　그런 다음 바다에 살지만 포유동물이 아니거나 포유동물과 헷갈리는 동물을 오답항으로 선정한다. 상어, 개구리, 뱀장어, 물뱀이 그 예가 될 수 있다. 다음과 같이 문항을 만들 수 있다.

> **다음 중에서 포유동물에 ○표 하시오.**
> 수달, 돌고래, 뱀장어, 상어, 개구리, 바다표범

　　주의할 점은 정답지이든 오답지이든 범주의 각 선택지는 각각 두 범주를 구분하는 것이 수업 목표인 것을 기초로 하여 만들어야 한다는 것이다. 만약 수업 목표가 포유동물과 물고기를 가르치는 것이라면 오답지는 물고기만 선정하여야 한다.

4. 배합형

　　배합형은 두 종류의 목록을 제시하고 두 목록에 들어 있는 각 항목끼리 짝 짓게 하는 형태의 문항이다. 종종 구성하기 가장 어려운 선택형 문항이다. 진술문이 여러 개이고 선택지가 여러 개이며 각 선택지는 다른 선택지의 오답지인 셈이다. 가장 큰 단점은 응답자가 정답을 맞혀 가면 점차 오답지의 수가 줄어든다는 점이다. 이렇게 되면 추측하여 맞힐 확률이 점차 높아진다. 문항 작성하는 것 역시 추가적 단서 없이 짝을 짓는 것만큼이나 복잡하다. 배합형의 예를 들면 다음과 같다.

진술문	위인
• 우리나라 최초로 화약 무기를 제조한 사람 (　　)	• 장영실
• 우리나라에서 해시계를 발명한 과학자 (　　)	• 지석영
• 우리나라 최초로 종두법을 발견한 의학자 (　　)	• 정약용
• 우리나라 거북선을 제조한 사람 (　　)	• 이순신
	• 최무선

배합형 문항
두 개의 정보 목록을 제시하고 학생에게 각 목록의 항목을 서로 연결시키게 하는 평가 형태

　　배합형 문항을 구성할 때에는 각 요소는 하나의 범주에 속하는 것이 되도록 하여야 하고, 위의 예문에서 진술문은 모두 우리나라에서 최초로 무엇인가를 발명하거나 발견한 내용 범주이고 선택지는 모두 각 진술문에 해당하는 인물 범주이다. 또한 각 진술에 정확히 맞는 하나의 선택지만 존재하도록 구성하여야 한다. 이외에 오답지는 상호 관련이 있는 듯해야 하며 진술문보다 선택지 수가 더 많아야 한다.

V 수행평가

수행평가
산물을 생성하거나 제시함으로써 학습한 것을 보여주는 평가 형태

　　학생들이 어떤 산물을 만들어 내거나 편지를 쓰거나, 기계를 고치거나, 책꽂이를 만들거나, 국기를 그리거나 하는 것 등은 모두 수행평가를 할 때 포함시킬 수 있는 활동이다. 수행평가는 어떤 경우에는 종이와 펜으로도 이루어지지만(편지 쓰기 등), 더 다양한 도구가 많이 사용된다 (생물학 실험실에서의 슬라이드와 같은 실험 도구나 책꽂이 만들기에서의 대패 등). 수행평가는 그 행위 자체만으로 이루어지기도 하지만 어떤 경우에는 논술이나 단답형 검사와 연계하여 이루어지기도 한다. 개별적으로 이루어지기도 하고 집단으로 이루어지기도 한다. 수행평가는 학생들의 복잡한 기능을 평가할 수 있어서 교사에게 유용하고, 학생들에게 그 기능에 대한 흥미를 불러일으키는 데에 도움이 된다. 그것은 그 기술과 개념은 학생들이 학교 밖 생활의 실제 과제와 아주 유사하기 때문이다. 대부분의 수행평가는 다음과 같은 특징이 있다.

　　1. 손으로 직접 해 보이거나 문제를 해결해보게 한다(실제 해보게 함).

2. 어떤 과정의 종국에 가시적 결과물을 제출케 함.

3. 과정에 초점을 둠(결과뿐 아니라 결과에 이르는 과정도 중시함).

4. 수행할 때 학생들은 특정 인지적 심리운동적 기술을 사용하게 함.

5. 학생 스스로 평가하게 함.

6. 범주형태의 준거를 사용하여 학생들에게 피드백을 제공함.

로봇을 조립하는 것처럼 수행평가는 학생이 알고 있는 것을 직접 해보이도록 하는 것이다.

1. 수행평가의 구성

수행평가의 1단계는 바람직한 수행결과를 구체화하는 것이다. 이것은 수행에 요구되는 목표를 작성한다는 의미이다. 다음은 수행평가의 예이다.

1. 자신의 느낌을 꼴라쥬로 나타내 보세요.

2. 빵을 만드는 과정을 보여 보시오.

3. 피아노 튜닝 절차를 보여주세요.

2단계는 수행 조건을 구체화하는 것이다. 이것은 사태나 상황을 제공하는 것이며 학생들은 주어진 조건하에서 바람직한 수행을 한다. 위의 검사 상황에 대한 수행 조건 제공의 예는 다음과 같다.

1. 여러 권의 잡지, 종이, 가위, 풀을 준다.

2. 밀가루 과일, 설탕과 같은 재료, 식품 계량 기구, 조리 기구, 오븐 등을 준다.

3. 튜닝이 안 된 피아노, 소리 굽쇠를 준다.

3단계는 어떻게 할 것인지 구체적으로 지시한다. 위의 활동에서의 예는 다음과 같다.

1. 작품을 보여주세요.

2. 남김없이 사용하세요.

3. 만든 빵은 맛을 보세요.

표 13-3	수행평가 구성 단계	
단계	**교사의 행동**	**예**
1단계	기대하는 수행결과를 구체화한다.	학생은 경사판, 지렛대, 도르래를 사용하여 그 효과를 보여줄 수 있는 창의적 과학 과제를 구안한다.
2단계	조건을 구체적으로 제시한다.	과학과제를 세 겹 정도의 포스터로 제시한다.
3단계	어떻게 해야 하는지 구체적으로 조건을 제시한다.	학생은 세 겹 포스터를 준비하고 자신의 결과에 대하여 질문을 받고 대답한다.
4단계	과정을 세분화하고 준거를 마련한다.	가설의 질, 데이터 수집의 타당성, 데이터에 근거한 결과 해석, 향후 과제 제시의 질, 과제 결과 설명의 명확성

4. 창의성 10점, 정확성 10점입니다.

5. 꼴라쥬는 벽에 전시하여야 합니다.

6. 30분 이내에 과제를 완성하세요.

만약 다른 특별한 요구 조건이 있으면 어떻게 해야 하는지 구체적으로 제시한다. 4단계는 수행 과정을 세분화하고 수행 세부 항목 형태로 준거를 준비한다. 수행 세부 항목은 수행과 산물의 판단 근거로서 채점할 때 사용한다. 이 과정은 표 13-3에 요약되어 있다.

2. 수행평가의 채점

수행평가의 채점은 수행 세부 항목에 따라 한다. 그러나 수행 세부 항목을 사용하더라도 채점의 오류가 발생할 수 있다(Meier, Rich, & Cady, 2006). 수행평가 채점의 최종단계는 과정을 구체화하고 준거를 마련하는 일이다. 준거는 수행 과정이나 결과를 관찰할 수 있는 모든 특징을 적은 목록인 수행 세부 항목 형태로 마련되어야 한다. 수행 세부 항목은 교사가 무엇을 보고 채점하며 어디에 어느 정도 점수를 주어야 할지를 알도록 해 준다. 채점 과정을 이와 같이 세분하여 채점하면 신뢰도가 높아진다. 세부 채점 준거를 사전에 마련하고 각 세부 항목의 충족 정도에 따라 점수를 부여하면 된다.

달리 말하면 수행 세부 항목은 과제를 수행하는 과정을 평가하는 행동 목록이다. 수행 세부 항목을 작성하기 위해서는 수행 행동을 세부 요소로 분리하고 그것을 목록으로 만드는 것이다. 그런 다음 이것을 채점 기준으로 하여 체크리스트상에서 확인한다.

4학년이 '나무'라는 단원을 학습한 후에 수행 과제가 그 지역의 나무와 나뭇잎을 그리고, 그 나무가 생태계와 인간의 삶의 질에 기여하는 점, 산림 보호를 위한 제언을 하는 것이라면 수행 세부 항목의 예를 표 13-4와 같이 들 수 있다.

효과적인 교사란 학생들이 전자 포트폴리오를 만들도록 하는 것처럼 창의적으로 수업 공학을 사용하는 사람이다.

🌐 **수행 세부 항목**
수행의 질을 판단하기 위하여 수행과정이나 결과의 특징을 세분화한 행동 목록

표 13-4   나무 단원에 대한 수행 세부 항목

준거	배점	취득 점수
최소한 3종의 나무를 그리고 이름을 붙인다.	10	
나무의 유형을 서술한다.	10	
나무의 가치를 서술한다.	5	
나무 보호방법을 서술한다.	5	
깔끔성	5	
만점 = 35점		
취득 총점 =		
백분점수(취득점수/만점×100 =		
논평:		

수행 세부 항목을 사용하여 각 준거를 충족한지를 확인하여 평가한다. 결국 수행 세부 항목은 수행평가를 하기 위한 준거를 세분하는 일종의 기법이다.

3. 포트폴리오 평가

포트폴리오 평가는 일정 기간 학생들의 작품을 수집하여 평가하는 과정이다. 작품집(포트폴리오)에는 학생들이 목표를 어떻게 달성하였는지에 대한 증거가 되는 다양한 산물이 포함된다. 학생 산물은 학생들이 산출한 것이면 어떤 것도 해당한다. 작문, 프로젝트, 실험 분석 자료, 그림, 사진, 기록물 등과 같은 것을 들 수 있다. 작품집은 학생의 산물을 단순히 보관하는 것이 아니라 학생의 학습을 보여주기 위한 것이다. 작품집을 구성하는 방식은 매우 다양하다. 유치원 교사라면 유아들의 산물을 모두 교실에 보관할 수 있을 것이다. 전자 형태의 산물도 있을 수 있으며 이러한 것은 인터넷을 통하여 부모도 접근이 가능하다(Fahey, Lawrence, & Paratore, 2007). 형태야 어떻든 모든 산물은 명확한 수업 목표를 반영하는 체계적인 평가의 일부여야 한다(Niguidula, 2005).

포트폴리오 평가는 일반적으로 두 가지 평가 목적 중에서 하나를 달성하게 해 준다. 즉 학습 목표와 관련하여 학생의 최상의 업적을 강조하거나 학습 목표에 비추어 어떻게 달성하였는지를 보여주는 것이다(Nitko & Brookhart, 2007). 교사나 학생이나 평가를 효과적으로 사용하기 위해서는 반드시 포트폴리오 평가의 목적을 정하고 제출할 산물을 선정하고 평가하는 표준을 마련하여야 한다(Linn, Miller, & Gronlund, 2005).

어떤 것을 포함시키고 어떤 것을 배제할 것인지는 교사와 학생이 함께 주의 깊게 생각하여야 한다. 학생들에게 작품 활동을 통해 무엇을 학습하였는지, 자신들의 작품이 어떻게 바뀌었는지 그 방법에 대하여 생각할 기회를 주는 것이 중요하다. 연구자들은 학생들에게 작품 표지에 자신이 해당 작품을 선정한 이유, 작품 소개, 작품 해설, 개선 가능한 부분 등에 대하여 적도록 권장하고 있다(Linn, Miller, & Gronlund, 2005).

포트폴리오 평가
일정기간 동안의 학생 작품을 수집하여 그것으로써 하는 평가

학생 산물
학생이 학습 활동으로 생성한 일체의 산물

Ⅵ 평가의 타당도

평가는 학생 또는 학생의 수행에 대하여 중요한 판단을 하기 위하여 사용된다. 평가 결과는 학생이 어떤 기술과 내용을 학습하였는지 결정하기 위하여, 또한 과제를 추가로 부과하거나 점수를 매기기 위하여 사용된다. 교사라면 누구나 잘못된 결과를 근거로 중요한 결정을 하려고 하지 않는다. 교사는 가능한 최상의 평가를 하여야 하며 그러기 위해서는 평가 결과를 검토하고 개선해 나가야 한다. 교사는 평가 결과로써 학생을 평가하기도 하지만 자신이 평가한 것에 대한 평가도 하여야 한다.

완벽한 평가는 없다. 만약 시험이 너무 어렵다면 학생들이 학습을 저평가하는 오류를 범하여 점수를 낮게 매기기 쉽고, 반대로 너무 쉽게 내면 점수 인플레이션을 초래하기 쉽다. 문항을 출제하는 데에는 기술과 실제가 요구되기 때문에 학습한 것과 무관한 것, 문항이 모호한 것, 답이 둘 이상인 것, 정답이 모호한 문항을 출제할 수 있다. 좋지 못한 문항으로 된 검사는 교사로 하여금 오판을 하게 할 수 있다. 검사를 확인하는데 주요한 두 준거는 타당도와 신뢰도이다.

1. 타당도의 확인 방법

질 높은 검사의 첫 번째 준거는 타당도이다. 타당도란 검사가 측정하여야 할 것을 측정하고 있는지, 검사 결과에서 얻은 데이터를 사용하여 검사 목적에 근거한 결론을 내릴 수 있는지에 관한 것이다. 따라서 타당도는 검사가 타당하냐 아니냐에 관한 문제가 아니라 검사 결과를 가지고 내린 결론이 합당하냐 아니냐에 관한 문제이다(Popham, 2006b). 평가에서 측정하기로 되어 있는 것을 어떻게 판단하여 타당도를 결정하는가? 그것은 학생들이 배우고 평가받아야 할 수업 목표에 근거하여 검토하여야 한다. 수업 목표, 수업, 평가는 그림 13-1에서 보는 바와 같은 관련이 있다.

평가는 수업 목표에 적합해야 한다. 그것은 평가는 수업 목표를 측정하여야 하기 때문이다(Sireci, 1998).

타당도는 검사의 문항이 수업 목표에 부합하느냐의 정도이다. 문항을 수업 목표와 나란히 비교하면 검사 문항이 각 수업 목표를 잘 측정하고 있는지, 수업 목표가 각 문항에 부합하는지를 알 수 있다.

이러한 식으로 타당도를 확인하기 위해서는 구체적으로 다음과 같은 네 가지 사항을 고려하여야 한다.

1. 문항은 행위 동사로 진술된 구체적 수업 목표를 실제 행동으로 보여주는 것을 요구하는 방식으로 출제되어야 한다. 예를 들면 수업 목표의 행위 동사가 "확인한다(identify)"라고 한다면 문항은 선다형 문항과 같은 정답을 고르는 형태를 사용하고, "서술한다(describe)"와 같은 것이라면 논문형 문항, "보여준다(demonstration)" 또는 "구성한다(construct)"와 같은 것이라면 수행평가 형태로 출제하여야 한다.

2. 특정 수업 목표를 측정하는 문항은 그 목표에 해당하는 내용을 망라하여야 한다. 즉 검사 문항은 측정하는 목표와 내용이 일대일 대응이 되도록 해야 한다. 예를 들면 수업 목표에

⊙ **타당도**
평가가 당초 의도했던 것을 측정하는 정도

그림 13-1   **수업 목표, 수업, 평가의 관계**

사실, 개념, 기술, 원리 등이 들어 있다면 문항에도 이들을 각각 측정하는 것이 있어야 한다. 수업 목표에 "포유동물을 확인한다."라는 것이 있다면 포유동물을 확인하는 문항을 구성해야지 어류를 확인하거나 헷갈리기 쉬운 포유동물과 어류를 구분하도록 하는 문항을 출제해서는 안 된다.

3. 문항에서는 수업 목표에서 요구한 대로 조건을 제시하고 채점 준거도 요구한 것을 사용하여야 한다. 수업 목표에는 조건(condition)과 달성 수준(degree)이 포함되어 있다. 여기서 조건이란 학생이 목표를 수행하는 데에 제공되어야 하는 재료와 정보를 말하고, 달성 수준이란 수행을 평가하는 방법을 말한다. 즉 평가 문항에는 수업 목표에서 학생들에게 "주어진" 조건이 제공되어 있어야 하며 채점 역시 수업 목표에서 제시된 준거에 따라 이루어져야 한다는 것이다. 만약 수업 목표에 "어류와 어류 형태의 포유동물의 목록을 주면"이라고 되어 있으면 평가 문항에도 이 목록이 제시되어야 한다.

4. 문항의 수는 수업 목표의 중요성과 비례하여야 한다. 모든 수업 목표가 똑같이 중요한 것은 아니다. 수업 목표의 중요도에 따라 수업 시간의 양도 달라진다. 따라서 수업 목표의 비중과 문항 수가 비례하도록 출제하여야 한다.

이상의 네 가지를 고려하여 문항출제표를 작성한다. 이 표에 문항에서 측정하여야 할 개념, 기술이 무엇인지, 각 개념과 기술을 평가하는데 몇 문항을 출제할 것인지를 나타낸다. 학생들에게 이 표를 사전에 제시하여 수업이나 평가 전에 학생들이 어디에 중점을 두어 학습하고 평가 준비를 하여야 하는지를 알도록 해 주어야 한다.

만약 사회과목에서 아프리카 사막에 관한 단원에 대하여 다음 7개 수업 목표를 가지고 학습하였다고 하자.

1. 사막의 위치
2. 사막의 이름
3. 사막에서 자라는 식물
4. 사막에서 사는 동물
5. 사막에서 사는 사람들이 기본 욕구를 충족시키는 방법
6. 사막에서 성인의 역할
7. 사막에서 사는 사람들의 문화

아프리카 사막이라는 단원을 평가하기 위하여 목표와 평가 문항을 대응시켜 문항출제표를 그림 13-2와 같이 만들 수 있다. 하나는 타당도가 높은 예이고 나머지 하나는 낮은 예이다.

그림 13-2의 타당도가 높은 예에서는 모든 목표의 내용이 측정되었고, 모든 문항이 목표를 측정하였으며, 모든 문항이 목표에서 요구하는 행위, 조건, 준거에 적합하며, 목표의 중요도에 비례하여 문항 수가 출제되었다. 반면 타당도가 낮은 예에서는 2번 목표가 문항으로 출제되지 않았고, 4번 문항은 목표에 적합한 문항이 1개밖에 없으며, 목표 3은 문항이 1개 더 많이 출제된 반면 목표 5와 6은 1개 문항씩 적게 출제되었다.

그림 13-2 문항출제표의 두 가지 예

타당도가 높은 예

단원 목표, 아프리카 지도 제공		중요도(수업시간 기준)					
		1	2	3	4	5	6
1	주요 3대 사막 위치 표시	✳	✳				
2	사막 이름 기억하여 쓰기	✳	✳				
3	토착 식물 확인하기	✳	✳				
4	토착 동물 확인하기	✳	✳				
5	사람의 기본 욕구를 충족하는 방법 서술하기	✳	✳	✳			
6	성인의 역할 서술하기	✳	✳	✳			
7	아프리카 문화에 대하여 서술하기	✳	✳	✳			

타당도가 낮은 예

단원 목표, 아프리카 지도 제공		중요도(수업 시간 기준)					
		1	2	3	4	5	6
1	주요 3대 사막 위치 표시	✳	✳				
2	사막 이름 기억하여 쓰기	✕	✕				
3	토착 식물 확인하기	✳	✳	✳			
4	토착 동물 확인하기	✳	△				
5	사람의 기본 욕구를 충족하는 방법 서술하기	✳	✳	✕			
6	성인의 역할 서술하기	✳	✳	✳	✕		
7	아프리카 문화에 대하여 서술하기	✳	✳	✳			

✳ 목표를 측정하는 하나의 문항이나 문항의 점수
✕ 문항에서 측정이 누락된 목표
△ 잘못 측정된 목표

2. 타당도 저해 요인

(1) 가르치지 않은 것 측정

성취도 검사에서 두 극단적인 형태는 시험보기 위하여 가르치는 것과 가르치지 않는 것에 대하여 시험을 보는 것이다. 타당한 성취도 평가란 가르친 것을 평가하고 가르친 내용과 수업 목표가 일치하는 것을 평가하는 것이다. 그러나 수업 목표에 근거하여 평가를 한다 하더라도 어떤 점에서 검사는 가르친 내용과 관계없는 문항이 출제되기도 한다. 왜냐하면 학생들은 자신이 학습한 것을 새로운 자료에 전이하거나 적용할 수 있는 능력을 보여주어야 하기 때문이다. 학습은 검사 이전에 일어난 것이지만 학습된 것을 보여주어야 하는 검사 문항은 새로운 것이어야 한다.

교사들은 종종 시험에서 깜짝 놀랄만한 문항을 만들고 싶은 충동을 느낀다. 그러나 이러한 것에 너무 집착하면 가르친 것과 무관한 문항을 만드는 결과를 초래한다. 평가 문항은 진부하지 않고 창의적이어야 하며 학생들에게 사전에 검사 문항을 알려주어서는 안 된다. 그렇지만 학생들의 수업 경험이 검사에서 다루어질 학습 재료와 기술에 직접적으로 투영되어야 한다. 그렇지 않으면 검사의 내용타당도가 있다고 할 수 없다.

(2) 가르친 것 측정하지 않음

가르치지 않은 것을 검사한다는 것은 수업에서 다룬 것과 다르거나 다루지 않은 것을 평가하는 것을 말한다. 가르치지 않은 것을 평가하는 것은 가르친 것을 평가하지 못한 것을 의미한다. 수업 목표조차 측정하지 않으면 검사 목표가 무엇이든 의미가 없다. 이를 방지하기 위한 방법은 수업 목표에 따라 검사 문항을 출제하는 것이다.

(3) 검사 편파성

종종 외견상 검사 문항이 수업 목표를 측정하지만 실제로 그 기능을 하지 못하는 경우가 있다. 수업 목표가 읽기, 중류 계층의 문화 이해, 외적 흥미 등일 때 그러하다. 만약 수업의 목표를 초월하는 어떤 맥락으로 서술된다면 검사 결과는 편파성을 띠게 된다. 검사 편파성이란 피검자가 검사 목적과 관계없이 가지고 있는 지속적인 특징 때문에 검사에서 불이익을 받는 현상을 말한다. 예를 들면 도시의 거리를 사용하는 문항은 시골 학생들에게는 불리하다. 불필요하게 많은 단어를 사용하거나 관계없는 기술 용어를 사용하면 어휘력이 낮은 학생에게 불리하다. 따라서 교사는 문항을 출제할 때 일반적 맥락에서 모든 학생이 이해할 수 있는 간단한 언어를 사용하여야 한다.

> 🌑 **검사 편파성**
> 피검자가 평가 목적과 무관한 어떤 특징으로 인해 검사에서 불이익을 받는 현상

표 13-5는 검사의 타당도를 높이기 위하여 기억해야 할 주요 사항을 요약한 것이다.

표 13-5 검사 타당도를 높이는 방법
학생의 학습을 평가하고 검사의 질을 평가하기 위하여 평가를 한다.
완벽한 평가는 없으며 오류는 피할 수 없다는 것을 인정한다.
평가는 수업 목표와 연결한다.
평가는 가르친 것에 한하여 한다.
평가에 편파성을 없앤다.

Ⅶ 검사의 신뢰도

만약 검사의 신뢰도가 낮으면 수업에 잘 참석하고 주의를 집중하고 과제를 잘 하고 시험 준비를 잘한 학생은 그렇지 않은 학생보다 점수를 더 잘 맞지 못할 수 있다. 평가를 통해서 건설적 학습 행동과 그렇지 않은 것을 구분시켜 주지 못한다면 교육 과정에 암운이 드리워질 것이다. 이처럼 타당도 이외에 좋은 평가에서 요구되는 또 하나의 준거가 바로 신뢰도이다.

신뢰도는 측정의 일관성과 정확성의 정도이다(Tuckman, 1988). 측정의 질과 관계없이 측정은 학습자가 지니고 있는 정도만큼 반영하는 방식으로 이루어져야 한다. 달리 말하면 평가는 가능한 진실이나 실제 양에 근접하여야 한다.

기술적으로 말하면 평가의 신뢰도는 측정 점수와 진점수 또는 실제 점수 간의 일치된 정도이다. 그러나 진점수를 알 수 없기 때문에 직접적으로 일치성을 알기는 어렵다. 이러한 문제를 극복하는 한 방법은 동일한 검사를 동일한 대상에 대하여 반복적으로 실시하여 검사 점수가 서로 얼마나 다른지를 알아보는 것이다. 그러나 이 방법은 분명히 실현 가능성이 낮다. 완벽한 평가는 없다. 이것은 모든 진점수를 측정할 수 있는 검사는 없다는 것을 의미한다. 그러나 평가 결과를 더 신뢰롭게 할 수 있는 요인이 무엇인지는 알 수 있다. 그러면 이것을 이용하여 좀 더 나은 평가를 할 수 있다.

1. 신뢰도에 영향을 주는 요인

(1) 검사 문항 수

문항의 수와 피검자의 수가 많으면 많을수록 검사의 신뢰도는 높아진다. 한 문항 검사는 열 문항 검사보다는 덜 정확할 것이다. 주어진 시간 내에 학생이 할 수 있는 문항 수에는 제한이 있지만 주어진 범위 내에서 교사는 문항 수를 늘려 신뢰도를 높일 수 있다.

(2) 문항 곤란도

너무 쉬운 문항과 어려운 문항은 좋지 않다. 어떤 문항이 그 자체만으로도 답을 할 수 있는 것이라면 모든 학생은 그 답을 맞힐 것이다. 이러한 문항으로 만든 검사는 신뢰도가 낮다. 교사는 학생이 문항 자체만으로 정답을 알 수 있는지 그 모습을 잘 알 수 없다. 문항이 너무 어려운 경우도 마찬가지이다. 예를 들면 정답이 하나 이상일 것 같은 경우 학생들은 추측을 해서 정답을 쓴다. 이러할 경우 측정 결과는 학생이 알고 있는 정도를 정확하게 나타내주지 않는다. 보통 정도 어려운 고차적 사고를 측정하는 논문형 검사나 너무 쉽거나 어려운 문항이 아닌 검사를 함으로써 신뢰도를 향상시킬 수 있다.

(3) 검사 조건

검사실이 덥거나 시끄럽거나 조명이 좋지 않은 경우 측정의 정확성은 떨어진다. 검사 조건은 일관되고 가능한 편안해야 한다.

(4) 채점의 조건

논문형 검사와 같이 판단에 의하여 채점을 하는 경우 결과의 정확성에는 많은 요인이 영향을 준다. 피로 등에 의한 채점자의 채점의 비일관성, 피검자에 대한 편견, 채점 준거의 변동 등은 신뢰도를 낮추는 원인이 된다. 채점 준거와 모법 답안을 미리 준비하고 여러 명이 채점함으로써 이러한 오류를 줄일 수 있다.

2. 신뢰도를 높이기 위한 방법

신뢰도를 높이기 위하여 다음과 같은 점에 노력해야 한다.
1. 문항 수를 충분히 한다.
2. 문항 작성 원리에 충실한다.
3. 쉬운 문항이나 어려운 문항을 피하고 중간 수준의 문항을 출제한다.
4. 일관성 있는 방식으로 검사하고 검사 환경을 편안하게 한다.
5. 판단에 의하여 채점을 할 경우에는 채점 기준을 사전에 마련하고 두 번 이상 채점하며, 학생의 이름을 가리고 채점한다.

평가는 학생에게 너무 쉬워도 너무 어려워도 안 되고 도전적인 것이어야 한다.

14 | 표준화 검사와 성적 부여

학습 목표	주요 내용
1. 피검자의 권리를 확인하고 표준화 검사와 평가에서 교사가 유의해야 할 점을 분석한다.	표준화 검사 • 성취도 검사와 적성 검사 • 피검자의 권리 • 표준 검사 사용시 주의할 점
2. 준거지향평가와 규준지향평가, 측정 점수를 이해하고 해석하는 도구로서 평균, 중앙치, 최빈치, 범위, 표준편차에 대하여 설명한다.	검사 점수의 해석 • 준거지향검사 해석 • 규준지향검사 해석 • 기술 통계
3. 정상분포곡선의 요소를 설명하고 정상분포곡선상에서의 사례의 비율을 안다.	정상분포곡선 • 정상분포 모형 • 평균과 표준편차
4. Z점수, T점수, 스테나인 점수, NCE점수, SAT점수, 백분위 점수, 학년점수에 대하여 서술한다.	표준점수의 종류 • Z점수 • T점수 • 스테나인 점수 • NCE점수 • SAT점수 • 백분위 점수 • 학년점수
5. 해석, 표준검사 점수 평가를 하는 절차를 보여준다.	표준화 점수로의 변환 • 검사 점수를 다른 점수로 변환 • 점수 보고
6. 다양한 성적 표기에 대하여 평가하고 학생을 공정하게 평가하는 접근을 선택한다.	성적의 의미 • 성적 표기 방법 • 성적 표기의 공정성과 신용
7. 학교 표준화 검사의 전국적 특징의 시사점에 대한 토론을 한다.	표준화 검사의 전국적 경향 • FERPA: Family Educational Rights and Privacy Act • NCLB: Public Law 107-110 • NAEP: The national Assessment of Education Progress
8. 표준화 검사를 준비하고 검사 불안을 줄이기 위한 방법에 대하여 토론한다.	표준화 검사에 대한 준비시키기 • 검사 불안 • 검사 불안 줄이기

I 표준화 검사

표준화 검사는 공적 검사로서 전국적으로 사용되며 교사들이 실시하고 정해진 일정한 방식으로 해석된다(Popham, 2002). 표준화 검사 결과는 학생의 학업성취도를 향상시키고 그것을 근거로 하여 중요한 교육적 결정을 하는데 유용하다는 것을 기억하는 것이 중요하다.

1. 성취도 검사와 적성 검사

표준화 검사는 대부분 성취도 검사이다. 성취도 검사는 학생이 학교에서 무엇을 성취하였는지를 알아볼 목적으로 만든 검사이다. 또 다른 표준화 검사로 지능검사와 적성검사가 있다. 적성검사는 학생의 정신적 능력을 확인하여 교육 사태에서의 수행을 예측할 목적으로 만든 것이다. 표준화 성취도 검사의 내용은 학교에서 학생이 배우는 내용과 딱 맞지는 않다. 그것은 표준화 검사는 전국적으로 적용해야 하기 때문에 검사 내용이 모든 교사가 실시하는 검사 내용과 일치할 수가 없다. 표준화 검사는 가공적이고 이상적인 국가 교육과정에 맞추어야 하기 때문에 개개 교육과정과 중복되기는 하지만 완전히 일치할 수는 없다(Freeman, Kuhs, Porter, Floden, Schmidt, & Schwille, 1983). 그러나 표준화 검사와 미국의 주정부 학습 목표 간의 관련성을 높이기 위한 노력을 하는데, 그 중의 하나가 표준화 검사를 컴퓨터 적응검사로 하는 것이다.

컴퓨터 적응검사는 컴퓨터를 사용하여 검사를 하기 때문에 검사의 응답지가 자동적으로 학생이 배운 교육과정에 맞게 조정되어 질문이 제공된다. 대표적인 예가 북서부교육평가협회(Northwest Evaluation Association)에서 만든 MAP(Measures of Academic Profress: 학업향상 측정도구)이다. 이 검사 점수는 이전에 획득한 점수와 비교하여 학업 성장을 결정한다.

표준화 검사는 전문가들에 의하여 부단히 개정을 거쳐왔기 때문에 교사가 출제한 것에 비하여 신뢰도가 더 높다. 대부분 신뢰도가 .90에서 .97 사이에 분포한다. 표준화 검사는 실시 지침은 구조화되어 있고 실시 절차는 검사와 마찬가지로 표준화되어 있다. 따라서 실시 절차가 구체적으로 제시되어 있다.

많은 표준화 검사는 규준을 사용하여 점수를 해석한다. 표준화 검사는 모집단을 대표하는 규준 집단을 표집하여 이들에게 검사를 실시한다. 규준 집단의 원점수를 규준 점수로 전환한다. 이러한 검사는 일반적으로 상업 목적을 가진 검사 회사에서 실시하며, 검사 규준은 검사 회사에서 작성한 검사 요강에 제시되며 이것을 기초로 하여 개인의 검사 결과를 해석한다.

2. 피검자의 권리

표준화 검사 결과를 사용하여 학생들의 성취도를 개선하려고 하면 윤리적으로 검사를 받는 학생을 준비하여야 하고, 검사를 적절한 방식으로 실시하여야 하며, 학생이나 학생의 보호자가 그 결과를 의미 있게 해석할 수 있도록 결과를 바르게 해석하여야 한다. 가장 중요한 방법 중의 하나는 검사를 사용하는 교사가 직업 윤리와 지침에 따라 이 세 과정을 확실히 이행하는 것이다. 미국심리협회(APA)에서는 피검자의 권리를 제정하였는데 검사자는 피검자의 권리를 확실히 준수하여야 한다. 표 14-1에 그 권리가 간략하게 요약 제시되어 있다.

3. 표준화 검사의 유의점

일부 교사나 학부모는 미국의 학생들이 지나치게 많은 검사를 받는다고 우려한다. 그럼함에도 미국 사회에서는 학교에서 표준화 검사를 사용하는 것을 지지한다(Phelps, 2006).

한 연구에서는 표준화 검사를 덜 사용함으로써 학생들의 학습 환경이 향상되었다는 것을 보여주는(Dagenhart, O'Connor, Pretty, & Day, 2005) 다른 시각도 있다. 더욱이 유아교육협회(Association for Childhood Education Internation: ACEI)에서는 초등학년에서는 표준화 검사 사용을 반대하고 있다(Solley, 2007). Wolf(2007)같은 연구자는 자주 시험을 보면 학습이 향상되고 장기적 삶의 결과가 좋아진다고 주장한다. Cantoy와 Tut(2005)는 대부분의 시간을 학습 평가 준비에 투입한 학생일수록 검사 점수가 더 높다는 것을 발견하기도 하였다.

어쨌든 표준화 검사를 실시하고 결과를 해석하는 것은 중요한 일이며 조심스럽게 이루어질 필요가 있다. 학생에게 미치는 잠재적 영향 때문이다. 검사가 학생의 강점과 약점을 진단해주는 데에 도움이 되지만 몇 가지 논란이 있다는 것도 인정해야 한다.

표준화 검사는 교사가 집중해야 할 교육과정의 폭을 좁게 만들 잠재적 위험성이 있다. 이러한 현상은 교사가 평가할 수업 목표에만 관심을 갖고 다른 목표에 무관심할 때 발생한다. 어떤

표 14-1	미국심리협회(APA: 1999)의 권리

1. 피검자는 자신의 권리와 의무를 알 권리가 있다. 일반적으로 검사의 권리와 책임은 검사자가 피검자에게 알려주어야 한다.

2. 피검자는 나이, 능력, 인종, 성, 국적, 민족, 종교, 성적 지향성, 기타 다른 특징과 관계없이 정중하게 대접받을 권리, 존중받을 권리, 공정하게 대접받을 권리가 있다.

3. 피검자는 검사 이용과 자신에게 적합한 전문적 표준에 맞는 측정 도구로 검사받을 권리가 있다.

4. 검사 전에 검사의 목적, 특징, 검사 결과의 통보 여부, 검사의 이용 계획에 대하여 피검자는 알 권리가 있다.

5. 피검자는 검사 전에 검사 시기, 결과 통보 시기, 검사 비용이 있을 경우 검사 비용에 대하여 알 권리가 있다.

6. 피검자는 훈련받은 검사자에게 검사를 받고 해석을 들을 권리가 있다.

7. 피검자는 검사를 받는 이유, 검사가 선택할 수 있는지의 여부, 검사를 완성하지 않으면 어떻게 되는지를 알 권리가 있다.

8. 피검자는 적절한 시간 이내에 일반적으로 이해할 수 있는 언어로 검사 결과를 언어 또는 문장으로 통보받을 권리가 있다.

9. 피검자는 법이 허용하는 범위 내에서 비밀을 보장받을 권리가 있다.

10. 피검자는 검사 절차에 대하여 관심을 표명할 수 있으며 그 관심을 나타내는 데에 사용될 절차에 대한 정보를 받을 권리가 있다.

보스턴 공정검사 기구에서는 편파적인 검사나 학생의 교육적 질을 향상시키지 못하는 검사를 사용을 중단하고 타당한 표준화 검사를 사용하라고 촉구하고 있다.

🌐 고등학교 졸업자격고사
검사결과에 따라 중요한 결과가 수반되는 표준화 검사

연구자는 표준화 검사 때문에 교사들이 학문적 목표는 강조하고 정서적 사회적 목표는 소홀히 한다고 지적한다(Barrier-Ferreria, 2008). 이러한 편협화 현상은 학교 전반적으로 일어난다. 표준화 검사는 영어나 수학과 같은 과목에서만 중점적으로 시행되지만 역사나 예술 같은 영역에서는 소홀히 되기 때문이다.

평가는 가르치는 내용에도 영향을 준다. 한 연구에서 영국, 터키, 독일, 싱가포르, 일본, 중국에서 실시하는 검사를 분석한 것과 중국, 한국, 싱가포르, 일본을 분석한 또 다른 결과를 보면 이들 국가는 평가가 기억과 내용 암기에서 벗어나는 쪽으로 이동하고 있는 반면 미국의 표준화 검사는 이 수준이 낮아지는 쪽으로 움직이고 있는 것 같다는 것을 발견하였다(Rotberg, 2006; Zhao, 2006). 많은 교육자들은 수업 시간의 상당 부분을 평가 준비에 사용하며 이 때문에 학생과 함께 할 수 있는 창의적 활동을 줄인다는 것을 안다(DelGuidice, 2008). 표준화 평가에 대비하여 학생에게 준비시켜주어야 할 탐구에 기반한 학습활동을 구안하려는 교사들은 국가나 주정부의 내용 표준에 들어 있는 개념이나 기술에 대하여 아주 잘 이해하고 있어야 한다(Hammerman, 2005).

표준화 검사는 문화가 다르거나 영어를 사용하지 못하는 학생들에게는 공정하지 못한 문제도 있다. 부모가 미국 이민자인 학생의 수는 2005년에 1천 2백만이었는데 2020년에는 약 1천 8백만으로 껑충 뛸 것으로 예상된다(Fry, 2008). 가장 규모가 큰 소수 민족은 라틴계 민족이며 이들 중 60% 이상이 멕시코 이민자이다(Cabrera & Cabrera, 2008).

표준화 검사는 학생에 대하여 중요한 결정을 할 때 종종 이것만 부적합하게 사용되기도 한다. 예를 들면 고등학교 졸업자격을 줄지 여부를 결정할 때 사용되기도 하는데 이것을 고등학교 졸업자격고사라고 한다. 이 검사는 일종의 표준화 검사로서 평가 결과에 따라 중요한 결과가 수반된다.

표준화 검사는 종종 뜻하지 않은 결과를 초래하기도 하는데, 검사 불안이나 심지어 신체 증상을 보이는 학생도 있다. 2006년에 초등학생의 약 9%가 가려움증을 경험하였지만 표준화 검사 이외에 의학적 원인은 발견되지 않은 적이 있다(Halvorson, Crooks, LaHart, & Farrwll, 2008).

어떤 연구자들은 표준화 검사 결과가 공교육에 특정 사업을 허가하는데 정치적으로 이용되기도 한다는 것을 제시하고 있고(Shaker & Heilman, 2008), 표준화 검사 결과를 발표하여 정치인들이 학교 행정가, 교사, 기타 학교 종사자에 대하여 교육적 의사결정을 할 때 더 많은 영향을 주어 이들을 더 통제하기 쉽게 만들기도 한다(Graham & Neu, 2004). 표준화 검사를 광범하게 사용할 정치적 의도가 있든 없든 표준화 검사 때문에 지역 학교 체제의 통제력이 뺏겨 주 정부나 연방 정부의 손으로 넘어가는 경향이 있다(Hursh, 2005).

비록 교사의 표준화 검사 점수와 수행의 질과 직접적 연관이 있다는 것을 지지하는 자료가 미미하기는 하지만 어떤 주정부에서는 표준화 검사를 교사 자격의 일부로 사용하기도 한다(Guisbond & Neill, 2004). 표 14-2는 표준화 검사의 잠재적 위험성을 나타낸 것이다.

표 14-2	표준화 검사의 잠재적 위험성
표준화 검사는 교사로 하여금 교육과정을 좁게 운영하게 하거나 가르칠 내용을 좁힐 위험성이 있다.	
표준화 검사는 문화가 다른 학생이나 영어를 사용하지 않는 학생에게 불리할 수 있다.	
표준화 검사는 종종 이 점수만으로 중요한 결정을 하는 것처럼 부적절하게 사용된다.	
표준화 검사는 정치적으로 사용되어 학교 등에 의사결정력을 부적절하게 변경시키는 위험성이 있다.	
교사 제작 표준화 검사는 소수의 교사에게만 가능하다.	

PRAXIS는 일반적으로 사용되는 예비 교사용 기본 기술 평가이다.

Ⅱ 검사 결과 해석의 필요성

검사 점수는 수치에 불과하다. 따라서 검사 점수의 의미를 알기 위해서 어떤 기본 정보를 사용하지 않으면 학생의 수행 결과에 대하여 알 수 있는 것이 별로 없다. 검사 해석이란 검사 점수가 전해주는 의미를 교사에게 이해하도록 도와주는 과정이다. 검사 점수는 정확하게 해석하여 피검자의 특징이나 능력에 대하여 가리키는 것이 무엇인지 결정하여야 한다. 학생이 검사에서 얻은 점수를 원점수라고 한다. 원점수는 검사에서 바르게 반응한 문항의 수를 나타낸다. 학생이 대수학에서 60점이라는 원점수를 받았다면 이 점수로는 잘한 것인지 못한 것인지, 능력이 있다는 것인지 아니면 숙달하였다는 것인지, 평균에 해당하는지 아닌지, 수용할 수준인지 아닌지 등에 대하여 알 수가 없다. 따라서 원점수를 의미를 부여할 수 있는 비교 점수와 관련지을 필요가 있다. 여기에는 두 가지 참조체제가 있다. 하나는 준거지향참조이고 나머지 하나는 규준지향참조이다.

준거참조평가는 사전에 마련한 준거에 따라 원점수를 평가하는 과정이고 규준지향평가는 이전에 검사를 한 집단의 점수와 비교하여 평가하는 과정이다.

원점수
검사에서 정답을 한 수

1. 준거지향검사의 해석

준거지향평가는 사전에 마련된 준거나 정답을 한 내용의 비율에 따라 해석하는 것을 의미한다. 준거지향평가는 학생이 특정 교육목표(지역 또는 주 정부 교육과정)에 비추어 얼마나 잘 수행하였는지를 가리킨다(Bond, 1996). 평가 결과를 통해 학생이 교육과정을 얼마나 잘 학습하였는지를 알 수 있고, 교육과정에서 어떤 부분을 보충해야 하는지를 알 수 있다. 대부분의 평가는 준거지향평가이다(한국은 초등학교는 준거지향평가이나 중학교부터는 규준지향평가에 가까움). 교사들이 흔히 사용하는 준거지향평가 기법은 백점 만점 점수이다.

만점을 알고 학생이 취득한 점수를 알면 구할 수 있다. 50점 만점에 40점을 얻었으면 백점 만점 점수는 80점이다. 규준지향검사를 주나 전국 수준에서 표준화할 수도 있는데, 이러한 검사는 고등학교 졸업 자격시험이나 교사 자격 시험 형태로 이루어질 수 있다. 준거지향평가는 검사

준거지향평가
검사 점수를 사전에 마련된 준거나 응답자가 정답한 내용의 비율 측면에서 해석하는 과정

백점 만점 점수
검사에서 정답을 맞힌 문항 수의 백분율

● 통과 점수
표준화 규준지향검사를 합격하기 위하여 취득해야 할 점수

에서 측정하는 능력이 어느정도인지에 대한 정보를 제공해 준다. 준거지향검사를 해석할 때에는 평가 전문가, 교사, 사업가, 주의 지도자가 모여 통과(합격) 점수를 정한다. 통과 점수란 검사에 합격하기 위하여 통과하여야 할 점수이다. 통과 점수는 주관적이기 때문에 신중하게 정해서(Bracey, 2008) 결손 어린이와 같은 특정 집단에 불이익이 가지 않도록 하여야 한다.

교사 제작 검사와 준거지향검사는 다른 학생과 점수를 비교하지 않고 모든 학생을 합격시킬 수 있는 이점이 있다. 그러나 주 단위나 연방 정부 단위에서 실시하는 규준지향평가는 해석을 할 때에 아주 주의해야 한다. 가장 큰 이유는 주 단위나 연방 정부단에서 실시하는 검사는 모든 학생들이 동일한 내용을 동일한 시기에 배운 것을 측정하지 않기 때문에 사전에 마련한 준거에 따라 절대적으로 해석하기 어렵기 때문이다. 교사 제작 검사 역시 무심코 가르치지 않은 내용을 검사에 포함시킬 수 있다. 또 하나의 문제점은 어떤 검사이든 타당도와 신뢰도가 완벽하지 않다는 점이다.

2. 규준지향평가의 해석

● 규준지향평가
피검자의 점수와 다른 집단의 검사 점수를 비교하여 해석하는 평가

● 규준
어떤 하나의점수를 비교할 점수 군

어떤 검사에서는 피검자의 점수를 다른 집단의 점수와 비교하여 해석하기도 한다. 규준지향평가가 그것이다. 이 평가에서는 개인의 점수를 비교할 집단의 점수인 규준과 비교하여 해석한다. 이 평가는 종종 검사 결과를 기준으로 서열을 정할 때 사용한다(Notar, Herring, & Restauri, 2008)

규준이란 검사 점수를 해석하는데 사용되는 점수의 무리이다. 검사 점수를 규준 점수와 비교하여 해석한다. 규준 점수는 검사가 상업적으로 사용되기 이전에 마련되며 검사 사용자는 원점수를 다양한 규준 점수로 변환할 수 있는 규준표를 검사제작 회사로부터 입수할 수 있다.

규준을 만들기 위하여 검사 개발자는 규준 집단이라는 피검자를 대표하는 대규모 집단에게 검사를 실시한다. 여기서 만들어진 규준 집단의 점수와 개인의 점수를 비교하여 해석한다. 규

규준지향평가는 현재 검사를 받은 사람의 점수를 이전에 검사를 받은 사람들의 집단의 점수와 비교하는 평가이다.

표 14-3	준거지향평가와 규준지향평가의 비교	
	준거 지향	규준 지향
정의	특정 내용을 학습한 정도를 평가할 의도로 마련된 평가	피검자의 검사 결과를 다른 집단의 결과와 비교할 의도로 마련된 평가
검사 제작자	교사나 검사 회사	검사 회사
검사 점수의 형태	교사 제작 검사인 경우는 보통 백점만점 점수이고, 주정부나 연방정부가 제작한 경우에는 통과 점수를 기준으로 특정 기술의 합격 불합격 형태로 제시함.	표준 점수로 표시됨. T점수나 NCE점수
해석 시 유의점	모든 학생이 배우지 않은 내용을 평가할 때, 교사가 무심코 가르치지 않은 내용을 평가하였을 때 해석에 유의하여야 함.	검사 점수를 비교할 규준집단의 학생이 최근 사람이어야 하며 규준집단이 비교할 학생과 인구통계학적으로 유사하여야 한다.

준 집단은 연령, 학년, 지역, 이종, 사회 계층 등으로 구분된다. 개인의 검사 점수를 규준집단점수와 비교하기 때문에 규준 집단은 최근에 표집된 것이어야 한다. 보통 현재 기준으로 7년 이내의 것이어야 한다(Bond, 1996). 표 14-3은 준거지향평가와 규준지향평가를 비교한 것이다.

3. 기술 통계치

평가 정보를 해석하기 위한 기술 통계에서 두 핵심 개념을 이해할 필요가 있다. 기술 통계는 정보나 데이터를 서술하는데 도움이 된다. 기술통계치에서 두 개의 핵심 개념은 집중경향치와 변산도치이다.

교사는 수업의 질을 평가하고 학습 향상을 시키기 위하여 기술 통계를 사용할 필요가 있다.

(1) 집중경향치

집중경향치에는 평균이나 중앙치 등이 있다. 집중경향치는 평균이나 전형적 점수를 나타내 준다. 집중경향치에는 평균치, 중앙치, 최빈치의 세 종류가 있다.

평균치는 집중경향치의 대표적 수치로서 집단의 평균을 의미한다. 평균치는 집단의 각 사례가 취득한 점수를 모두 합하여 사례수로 나눈 값이다. 평균치를 해석할 때 가장 유의할 점은 최고 점수와 최하 점수가 평균에 주는 영향이 매우 크다는 점이다. 이 때문에 학급이 어떤 개념을 얼마나 잘 이해하였는지에 대한 결론을 잘못 내릴 수 있다.

집중경향치의 두 번째 유형은 중앙치이다. 중앙치는 어떤 집단 내에서 중간 서열에 있는 사례의 점수이다. 중앙치는 점수를 순서대로 배열하여 중간 순위에 있는 사례의 점수를 찾으면 된다. 사례수가 짝수이면 중간에 해당하는 두 사례 점수의 평균을 구하면 된다. 중앙치는 평균치에 비하여 평균치와 달리 극단적 점수의 영향을 덜 받는다. 세 번째 집중경향치는 최빈치이다. 최빈치는 어떤 집단에서 가장 많이 일어난 점수를 말한다. 즉 가장 많은 사람이 공통적으로 가지고 있는 점수이다. 가장 빈도가 높은 점수가 둘일 때 이를 이중 최빈치라고 하고 셋 이상일 때 다중 최빈치라고 한다.

(2) 변산도치

변산도치 역시 학생들의 평가 결과를 해석하는 데에 중요한 역할을 한다. 변산도치는 학생들의 자료를 이해하는데 필요한 기술통계의 두 번째 핵심 아이디어이다. 변산도치는 집단의 각 사례의 점수가 서로 차이가 나는 정도를 의미한다. 변산도치에는 범위, 사분위편차, 표준편차의 세 종류가 있다.

범위는 학생의 점수의 흩어진 정도를 가장 간단하게 알아볼 수 있는 방법이다. 범위는 집단에서 최고 점수와 최저 점수 간의 차이이다. 사분위편차는 집단에서 서열 1/4에 해당하는 사례의 점수와 서열 3/4에 해당하는 사례의 점수의 차를 2로 나눈 값이다. 표준편차는 역시 어떤 집단에서 학생들의 점수의 흩어진 정도가 어느 정도인지를 나타내주는 통계치이다. 표준편차는 변산도치 중에서 가장 널리 사용되며 각 사례가 평균치로부터 평균적으로 어느 정도 떨어져 있

기술 통계
정보를 기술하는 데에 관심을 갖는 통계 영역

집중경향치
어떤 데이터의 중간값으로서 평균 중앙치, 최빈치 세 종류가 있다

평균치
어떤 집단의 점수의 평균

중앙치
어떤 점수 집단에서 중간 순위에 해당하는 점수

최빈치
어떤 점수 집단에서 가장 많은 사례가 갖는 공통 점수

표준편차
일종의 변산도치로서 집단이 평균치로부터 떨어져 있는 거리

표 14-4	기술통계치 요약
개념	학생 수행 분석에 사용하는 방법
평균치	모든 점수를 합하여 사례 수로 나눈다.
중앙치	점수를 크기대로 배열한 후 중간 순위의 점수를 찾는다.
최빈치	집단에서 가장 많이 출현하는 점수를 찾는다.
표준편차	각 개인의 점수가 평균치로부터 평균적으로 얼마나 떨어져 있는지를 본다.

는지를 보여준다. 표 14-4는 기술통계치를 요약한 것이다.

정상분포곡선

이 절에서는 규준지향평가의 정보를 이용하고 해석할 때 필요한 정보를 제공한다. 규준지향 검사를 해석하기 위해서는 정상분포곡선에 대하여 알아야 한다. 정상분포란 어떤 집단의 검사 점수에 대해 예상되는 이상적인 분포를 말한다. 많은 측정치는 정상분포 또는 종을 엎어놓은 듯 한 분포를 이룬다.

1. 정상분포

정상분포 곡선은 그림 14-1에서 보는 모양과 같다. 완전 대칭이며 평균치는 분포의 정중간 에 위치한다. 대칭이라는 것은 곡선의 반이 완전히 같다는 것을 의미한다.

2. 평균과 표준 편차

그림 14-1에서 보는 바와 같이 정상분포에서는 대칭이기 때문에 오른쪽에 3개의 표준편차 왼쪽에 3개의 표준편차가 위치하고 있다. 평균에서 1 표준편차 사이에 사례의 약 34%가 속한 다. 평균에서 −1 표준편차 사이에도 전체 사례의 34%가 속한다. 따라서 ±1 표준편차 사이에 는 전체 사례 수의 약 68%가 속하게 된다. 1 표준검사 점수에서 2 표준편차 사이에는 전체 사 례의 약 14%가 속한다. 왼쪽도 마찬가지이다. 점수의 표집이 독립적이고 무선적이면 그 점수의 분포는 정상분포를 이룬다.

그림 14-1 정상 분포곡선상의 표준점수

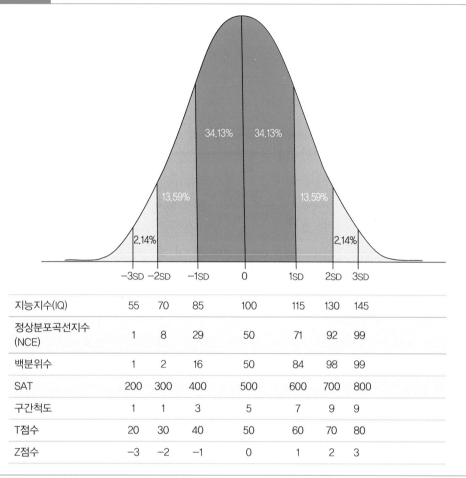

	−3SD	−2SD	−1SD	0	1SD	2SD	3SD
지능지수(IQ)	55	70	85	100	115	130	145
정상분포곡선지수 (NCE)	1	8	29	50	71	92	99
백분위수	1	2	16	50	84	98	99
SAT	200	300	400	500	600	700	800
구간척도	1	1	3	5	7	9	9
T점수	20	30	40	50	60	70	80
Z점수	−3	−2	−1	0	1	2	3

 검사 점수의 종류

1. Z점수

　가장 기본적 규준지향점수는 Z점수이다. 이 점수는 평균이 0이고 표준편차가 1인 점수이며 원점수가 집단의 평균보다 얼마나 더 크고 작은지를 나타낸다. 따라서 원점수가 평균이면 Z점수는 0이다. 평균이 2 표준편차 아래에 있다면 Z점수는 −2점이다. 만약 평균치보다 3 표준편차 위에 있다면 Z점수는 3점이 된다.

　어떤 학급의 평균이 70점이고 표준편차가 15점이면 70점을 받은 학생은 Z점수 0점과 같고, 85점을 받은 학생은 Z점수 1점이다. 55점을 받은 학생은 Z점수 −1점이다.

소설가 Amy Tan은 SAT언어 영역에서 평균 이하의 점수를 받았지만 "The Joy Luck Club"이라는 소설을 계속 썼다. 학생들이 표준화 검사에서 측정할 수 있는 것 이상의 그 어떤 능력을 학생들은 지니고 있다.

🔊 T점수
평균 50점 표준편차 10점으로 한 표준점수

🔊 스테나인 점수
평균을 5점으로 하고 표준편차를 2점으로 한 준거지향 평가에서 사용하는 표준점수

2. T점수

T점수는 평균을 50으로 하고 표준편차를 10으로 하는 표준점수이다. 따라서 자신의 점수가 평균치와 같은 사람은 T점수가 50이 된다. 만약 얻은 점수가 1 표준편차만큼 크면 T점수는 60점이 된다. 2 표준편차만큼 크면 T점수는 70점이 된다. 1 표준편차마다 T점수는 10점씩 차이가 난다. 따라서 평균보다 2 표준편차만큼 작으면 T 점수는 30점이 된다. 피검자의 점수가 항상 해석하기 좋은 위치에 있는 것은 아니다. 이러한 경우에는 Z점수에 해당하는 위치의 비율을 Z 점수의 정상분포 점수표에서 찾아서 확인하면 된다.

3. 스테나인 점수

스테나인 점수는 평균을 5로 하고 표준편차를 2점으로 한 표준점수이다. 스테나인은 "standard"와 "nine"의 합성어이다. 그림 14-1에서 보는 바와 같이 최저 1점에서 최고 9점사이에 분포한다. 이 점수는 해석이 용이하기 때문에 대부분의 공식 검사에 사용된다. 9개의 점수가 정상분포상에 분포하기 때문에 해석이 용이하다는 장점이 있다. 스테나인 점수는 교사가 교육과정을 계획할 때 도움이 되지만 정확하지 않다. 그러나 스테나인 점수는 학생의 성취를 정확하게 측정해준다고는 할 수 없다.

평균 수준의 점수를 얻은 학생의 스테나인 점수는 5점이고 1 표준편차 위에 속하는 학생은 7점이고 1 표준편차 아래에 속하는 학생은 3점이다. 평균에서 2 표준편차 위에 속하는 학생은 9점이고 2 표준편차 아래에 속하는 학생은 1점이다. 평균에서 3 표준편차를 넘어도 스테나인 점수는 9점이다. 한국의 수능 등급은 스테나인 점수를 거꾸로 적용한 것이다. 스테나인 9점이 수능 1등급에 해당한다.

4. NCE점수

🔊 NCE점수
평균을 50점으로 하고 표준편차를 21점으로 한 표준점수

NCE는 Normal Curve Equivalent 점수의 약자이다. NCE점수는 평균을 50으로 하고 표준편차를 21로 한 표준점수이다. NCE 점수는 최하 1점에서 최고 99점 사이에 분포한다. 만약 점수가 평균에서 1 표준편차 위에 속하면 NCE 점수는 71점이 되고, 2 표준편차 위에 속하면 92점이 된다. 마찬가지로 평균에서 1 표준편차 아래에 속하면 NCE 점수는 29점이 되고 2 표준편차 아래에 속하면 8점이 된다. 3 표준편차 이상이면 모두 99점이 되고 3 표준편차 이하이면 모두 1점이 된다.

5. SAT점수

🔊 SAT점수
교육평가국(national test service)에서 실시하는 대학 입학 시험

SAT(scholastic assessment test)는 미국의 많은 대학에서 입학 목적으로 사용한다. 검사의

평균은 500점이고 표준편차를 100으로 한 표준점수이다. 검사는 언어 부분과 수리 부분으로 되어 있으며 두 점수를 합하면 전체 평균은 1000점이고 전체 표준편차는 200점이다. 따라서 만약 SAT 전체 점수가 1000점이면 그 학생은 다른 학생과 비교하여 중간 수준이라는 것을 의미한다. Z점수 1점이 상위 14%에 속하는 학생의 SAT점수는 1200점이다. 전체 SAT점수 800점은 하위 16%에 해당하며 이 점수는 미국의 대부분의 대학의 입학에서 요구하는 최고 점수이다.

6. 백분위 점수

　백분위 점수는 종종 "%ile"로 표기하기도 하는데 특정 피검자보다 점수를 같거나 적게 얻은 사람이 전체 사례 수에서 차지하는 백분율이다. 만약 75%ile를 얻었다면 전체 사례 수의 75%에 해당하는 사람보다는 점수가 더 높다는 것을 의미한다. 다른 표준 점수와 마찬가지로 규준 집단을 어느 집단으로 하느냐에 따라 백분위 점수는 달라진다. 우리나라에서는 대도시, 중소도시, 농어촌, 전국이라는 규준 집단을 사용한다. 백분위 점수와 백점 만점 점수(% correct)는 다르다는 것을 기억하는 것이 중요하다. 백분위 점수는 다른 사람의 점수와 비교하여 얻은 점수이지만 백점 만점 점수는 만점에서 절대 평가 점수가 차지하는 백분율을 나타낸 것이다. 백분위 점수는 규준지향평가이지만 백점 만점 점수는 준거지향평가이다.

> **백분위 점수**
> 피검자와 점수가 같거나 더 적은 사람이 전체 사례 수에서 차지하는 백분율

7. 학년점수

　GES라고 하는 학년점수는 개인의 점수를 학년 집단으로 구성된 규준 집단과 비교하여 산출한 점수이다. 학년점수는 학교 학년과 월로 나타낸다. 1년을 10개월로 분할한다. 따라서 학년점수 6.5이면 자신의 검사 점수가 평균적으로 5개월을 공부한(6학년의 1/2) 평균적 6학년 학생과 같다는 의미이다. 학년 점수는 교사나 학부모가 검사 점수 해석에 도움을 주기 위하여 고안되었다. 그러나 이 점수가 항상 말 그대로 표시되지 않기 때문에 잘못 해석될 수도 있다. 점수가 아주 낮거나 높으면(±2 표준편차 이상) 규준 집단에서 비교할 상대가 없기 때문에 진정한 학년 점수를 계산할 수 없다. 이럴 경우에는 학년 척도를 더 올리거나 낮추어 추정한다. 따라서 3학년이 수학에서 학년점수 6.5를 받을 수도 있고, 6학년이 언어 과목에서 9.2를 받을 수도 있다. 그렇다고 3학년이 6학년 수학을 반드시 할 수 있다거나 6학년이 9학년의 언어를 할 수 있다는 것을 의미하는 것은 아니다. 그것은 검사에서 6학년 문제가 포함되지 않았을 뿐만 아니라 설령 포함되었다 하더라도 더 학년이 높은 학생들이 이들과 동일한 검사를 한 것이 아니기 때문이다. 따라서 학년점수를 해석할 때에는 조심하여야 한다. 학년점수도 동일 학년과 비교하여 얻은 점수라는 사실에 유의해야 한다. 어떤 학생의 학년점수가 아주 낮거나 높다고 하여 그 학생이 그에 해당하는 학년에 있어야 한다거나 그 학년에 걸맞는 수행을 하고 있다는 것이 아니라는 것이다. 만약 5학년이 9학년 내용을 할 수 있는지를 알고 싶으면 9학년 검사를 하여야 한다.

> **학년점수**
> 어떤 점수를 학년으로 구성된 규준 집단의 수행과 비교한 점수

V 점수의 변환

어떤 점수를 다른 형태의 점수로 변환할 줄 아는 것은 중요하다.

1. 검사 점수의 변환

검사 점수는 여러 형태로 표기되기 때문에 학부모가 자녀의 점수를 모두 잘 이해하는 것은 아니다. 이러할 때 교사는 특정 점수를 변환하여 학부모에게 설명해 줄 필요가 있다. 특정 점수를 다른 점수로 변환할 수 있는 능력은 정산분포 곡선의 성질을 완전히 이해하고 다양한 점수 형태에서 고정된 평균과 표준편차를 기억하고 있느냐에 달려 있다.

2. 점수의 보고

표준화 검사 점수를 개인에게 보고할 때에는 개별 점수 보고서 형태로 제공된다. 이 보고서에는 규준 집단이나 사전에 정해진 표준과 비교하여 수행이 어떠하였는지에 대한 정보가 보고된다.

전통적으로 학생들은 그림에서 보는 것처럼 문자나 수치로 표기된 성적을 받는다. 그러나 점차 표준 방식 성적이라는 성적 부여 방식이 점차 인기를 끌고 있다.

VI 성적 표기 방식

성적 표기(grading)는 학생의 수행에 대한 어떤 결정을 내리는 과정이다(Tomlinson, 2005). 성적은 학생, 보호자, 교사, 학교에 피드백 형식으로 제시된다. 성적 표기는 학교급에 따라 다르다. 이것은 초등학교보다는 중학교에서 좀 더 요구되는 경향이 있다(Randall & Engellhard, 2009). 성적 표기는 여러 방법이 있다.

성적 표기를 성공적으로 하기 위해서는 먼저 학생의 성적을 학생 자신이나 가족에게 명확하고 공정하게 알려줄 수 있는 성적 통지 체제를 마련하여야 한다. 교사는 학생이나 학부모가 학습 목표와 학생의 성적 간의 관계를 분명하게 볼 수 있도록 하여야 하며, 학기 초에 이러한 내용을 학생과 학부모에게 알려주고 학급 회의나 교사 학부모 간담회 등을 통해 주기적으로 상기시켜주는 것이 필요하다. 학생이나 학부모는 학생의 성적에 완전히 접근할 수 있어야 한다. 어떤 학교에서는 웹을 통해 성적 열람을 할 수 있도록 한다. 유의해야 할 점은 학생이 학교에서 활동한 것마다 모두 성적을 표기하는 것은 아니라는 것이다. 성적 표기를 하지 않음으로써 학생들은 최종 성적에 영향을 주지 않으면서 학습할 기회를 얻고 실패도 경험해볼 수 있다. 어떤 학습 활동은 성적을 표기하지 않음으로써 학생은 필요한 개념이나 기술을 학습해 왔는지를 결정할 수 있고, 교사는 수업을 어떻게 조정할 것인지 결정할 수 있다(Tolminson, 2005). 성적은 가끔 동기로 작용하므로 이를 이용하는 것에도 유의해야 한다(Winger, 2005).

1. 성적 표기

　성적 표기를 반대하는 사람도 있지만(Kohn, 1994), 대부분의 학교에서는 점수 성적 체제나 문자 성적 체제의 두 형태가 있다. 점수 성적 체제에서는 학생이 보여줄 수 있는 내용이나 기술의 비율에 해당하는 수치를 사용한다. 예를 들면 준거의 3/4을 성취한 학생에게는 75%라는 수치를 부여한다. 문자 성적 체제에서는 학교마다 교사가 학생이 취득한 점수에 해당하는 준거를 가지고 있는데 그것은 언어로 되어 있다. 대부분 90% 이상이면 A, 80-89%이면 B, 70-79%이면 C, 65-69%이면 D, 64% 이하이면 F를 사용한다. 예를 들면 학생이 10문제 중에서 8문제를 맞히면 80%를 받게 되며 이것은 준거 B에 해당한다.

　이 두 성적 체제는 전통적 성적 표기 방식이다. 어떤 사람은 이 두 방식의 의미에 의문을 제기하고 표준에 근거한 성적 체제를 제안한다(Scriffiny, 2008). 표준 성적 체제는 학생에게 수업 목표에 비추어 자신이 성취한 정도를 알려주는 방식이다. 표 14-5는 두 전통적 성적 체제와 표준 성적 체제를 비교한 것이다.

　또 하나의 성적 표기 체제는 법률이나 의학 분야의 고급 프로그램에서 사용되는데 정상분포곡선 점수(grading on a curve)이다. 정상분포곡선점수 체제에서는 수행의 상대적 위치에 따라

＠ 점수 성적 체제
학생이 개념이나 기술을 성취한 백분율에 해당하는 수치를 성적으로 사용하는 체제

＠ 문자 성적 체제
학생이 취득한 점수에 해당하는 학교의 문자 준거를 성적으로 사용하는 체제

＠ 표준 성적 체제
수업 목표에 견주어 학습한 정도로써 성적을 부여하는 방식

＠ 정상분포곡선점수
학생의 상대적 점수에 따라 성적을 부여하는 방식

표 14-5 **전통적 성적 체제와 표준 방식 성적 체제의 비교**

전통적 성적	표준 방식 성적	
	학습 목표	현재 수준
쪽지시험1: 85%	목표1: 수학개념을 명확하게 전달함	진전 중임
쪽지시험2: 61%		
쪽지시험3: 100%	목표2: 수학 개념이나 내용을 실제 생활 맥락에서 적용함	충분함
쪽지시험4: 86%		
쪽지시험 평균: 83%	목표3: 각도기를 사용하여 각을 정확히 측정함	매우 잘함
시험1: 78%	목표4: 예각, 직각, 둔각의 이름을 앎	충분함
발표1: 81%	목표5: 원의 지름, 반지름, 원주를 앎.	충분함
프로젝트1: 74%		
현재평균: 79%	목표6: 평행선과 수직선 간의 차이 서술	진전 중임
현재등급: C		
비고: 쪽지 시험 평균, 시험 평균, 발표 평균, 프로젝트 평균을 각각 25%씩 반영하여 최종 등급 매겼음	비고: 이 목표는 중학교 수학 수업에 적합한 목표임	

성적을 부여한다. 이 성적 체제에서는 수행 정도에 따라 석차를 매긴다. 또래보다 낮은 점수를 받은 사람은 낮은 성적을 받는다. 그러나 이러한 방식은 대부분 고등학생때까지는 적합하지 않다. 성적 때문에 학생들이 서로 불편해지기 때문이다. 이 접근에서는 A나 B를 받을 수 있는 사람이 많아 한 사람이 많은 다른 사람에 비하여 월등히 잘해야 한다. 이 때문에 불필요한 경쟁이 발생하고 심시어 학습 과정에서 이탈하는 학생까지 생길 수 있다. 이렇게 되면 교사는 학급에 있는 모든 학생이 학습을 할 수 있도록 할 수 없다.

또 하나의 방법은 계약 체제를 사용하여 성적을 매기는 것이다. 계약 성적 체제에서는 A, B, C 성적을 받는데 요구되는 준거를 구체적으로 제시하고 학생으로 하여금 준거에 근거하여 자신이 어떤 성적만큼 공부할 것인지 선택하게 한다. 학생, 보호자, 교사가 계약서에 서명하고 학생이 선택한 목표에 대하여 진전 정도를 점검한다.

교사나 학교가 어떤 성적 체제를 선택하든 그것은 명확해야 하고 학생이나 보호자에게 적절하게 설명하고 이들과 공유하는 것이 중요하다. 수업 요목을 사용하여 이러한 의사소통을 할 수도 있다. 학기 초 학부모를 대상으로 한 설명회 기간에 자료를 배부하면 도움이 될 것이다. 학교 홈페이지에 탑재하는 것도 좋을 것이다. 성적이 어떻게 부여되는지에 대하여 분명히 하는 것도 중요하며, 학생이나 학부모가 학생의 진전이 어떠한지 점검하도록 허용하여야 한다.

2. 성적 부여의 공정성과 신용

교사가 학생의 성적을 다룸에 있어서 오류를 범하는 것은 흔히 표준을 적용할 때 공정하고 일관성 있게 하지 못하거나 학생을 신용하지 못하기 때문이다. 성적 부여의 공정성을 확보하기 위해서는 성적 부여는 진실과 믿음에 기초한 도덕 차원이라는 것을 잊어서는 안 된다(Zoeckler, 2007).

어떤 학생이든 편파적으로 성적을 받아서는 안 된다. 편파성을 줄이기 위한 전략 중의 하나는 익명으로 채점하는 것이다(Malouff, 2008). 즉 교사가 채점할 학생의 이름을 가리고 한다. 학생들은 일반적으로 교사가 적절하게 수업 목표를 수립하고 성적 부여 절차를 분명하고 일관성 있게 할 때 교사에게 만족한다. 교사만이 학생의 성적을 매기는 학습 공동체의 유일한 사람은 아니다. 학생들은 가끔은 소위 동료 평가를 할 때 서로의 학업에 대하여 점수를 매길 수 있다. 동료 평가의 이점 중의 하나는 교사의 잠재적 업무 부담을 줄여준다는 것이다. 이 때문에 교사는 절약된 시간을 수업 계획에 더 투여할 수 있다. 또 하나의 이점은 타인의 관점, 서로 다른 이해 방식과 잠재적 오류를 접할 기회가 있다는 것이다. 가장 부정적인 것은 이 과정에서 학생들이 당황할 수 있다는 점이다. 동료 평가가 법적 문제는 없지만 동료 앞에서 당황스러운 경험을 한다는 윤리적 문제는 피할 수 없다. 다른 방식의 성적 체제를 생각해 볼 수 있는데 그것은 다름 아닌 자기 평가(self-grading)이다. 이 방법은 학생은 자신의 시험지를 스스로 채점하고 점수를 큰 소리로 교사에게 말하지 않고 교사가 은밀히 학생에게서 성적 정보를 받는다. 예를 들면 성적 표기장을 들고 교실을 돌아다닌다. 이 방법의 장점은 학생이 직접 자신이 어느 부분에서 틀렸는지를 알 수 있고, 자신의 생각이나 문제를 명확히 해줄 질문을 바로 할 수 있을 가능성이 있다는 점이다.

🔵 계약 성적 체제
학생들에게 미리 성적의 준거를 제시하고 자신이 어떤 성적을 받을 수 있을 만큼 공부할 것인지 계약서를 작성하여 성적을 선택하게 하는 방식

🔵 자기 평가
학생이 스스로 자신의 시험지를 채점하고 성적은 교사가 은밀히 확인하는 방법

표 14-6	0점이 있는 성적과 없는 성적의 비교
0점이 있는 성적	0점이 없는 성적
72%	72%
67%	67%
0%	65%
79%	79%
77%	77%
평균 59%	평균 72%
문자 성적: F	문자 성적: C

편파성이 없다하더라도 교사 역시 간혹 학생들의 학업 노력을 약화시킬 가능성이 있다. 예를 들면 매번 숙제를 할 때 교사가 문자 성적을 부여할 때 학생은 낙담할 수 있다(Wormeli, 2006). 숙제를 늦게 제출할 때 점수상 감점을 적게 부여하는 것이 권장된다. 성적 부여가 학생을 얼마나 낙담시키는지에 대한 또 다른 예는 학생이 숙제를 제출하지 않았을 때 0점을 주는 것이다. 표 14-6은 숙제를 내지 않았을 때 학생 성적에 미치는 영향을 보여준다.

0점을 주면 문자 성적은 두 단계 정도 낮아지며 통과 등급을 받는 것이 어려워진다. 이러한 문제점을 해소하기 위하여 흔히 사용하는 방법은 0점을 주는 것이 아니라 미제출로 처리하여 그 과제를 완성하게 하는 것이다. 교사는 이 방법이 제때 낸 사람에게는 불공평하고 학생들이 차라리 숙제를 늦게 제출하고 명목뿐인 감점을 감수할지도 모른다고 염려한다.

신임 교사가 범하는 또 하나 일반적 실수는 공개함으로써 학생 성적을 타인과 공유하는 일이다. 이것은 부적절한 것일 뿐만 아니라 규정(Buckley Amendment)을 어기는 일이다. 또한 교사는 학생의 업적을 사회나 워크숍에 제시할 때에는 반드시 학생이나 보호자의 허락을 받아야 한다. 교사들은 간혹 허락 없이 학생의 사진을 웹 사이트에 올리는 오류를 범하기도 한다.

Ⅶ 표준 검사를 위한 학생의 준비

대부분의 학생들은 시험 기간이나 시험 전에 어느 정도 불안을 느낀다. 이것은 시험 공부를 하게 하는 동기로 작용하기도 한다. 스트레스가 해가 없고 오히려 활동에 도움이 될 때 유스트레스(eustress)라고 한다. 불행하게도 모든 스트레스가 적응적인 것은 아니다. 어떤 경우에는 너무 심하여 시험이 방해를 받기도 한다. 이러한 부정적 스트레스를 디스트레스(distress)라고 한다.

> 📌 **유스트레스**
> 해가 없고 오히려 수행에 도움이 되는 스트레스

> 📌 **디스트레스**
> 스트레스가 너무 심하여 시험에 방해를 주는 스트레스

1. 시험 불안

시험 볼 때 시험 불안 때문에 심하게 고생하는 학생을 만나는 일은 그리 어렵지 않다. 시험 불안은 복통이나 두통으로 나타나기도 할 것이다. 어떤 경우에는 시험 보기 직전에 걱정을 말이나 많은 질문으로써 표현하기도 한다. 시험 불안은 시험에 영향을 주는 긴장감이나 불편감이다.

지나친 시험 불안은 시험 점수와 부적 상관관계에 있다(Tobias, 1985). 어떤 연구에서는 시험 불안은 시험 상황을 하나의 위협적인 것으로 지각하는 것에 대한 반응이라고 주장한다. 학생의 지각은 사실 현실이므로 교사가 학생과 시험 불안에 대하여 토의하고 시험 상황을 어떻게 지각할 것인지 아는 것은 중요한 일이다(Sarason, 1980).

또 한 연구(Geen, 1980)에서는 시험 불안이 세 가지 측면에서 부정적 영향을 준다는 것을 발견하였다. 첫째 집중하는 능력에 부정적 영향을 준다. 집중하여야 할 것에 집중하지 않고 쓸데없는 생각에 집중한다. 둘째는 문제에 정답을 하는지, 오답을 하는지를 지각하는 것에 대한 반응에 부정적 영향을 준다(자신이 정답을 했다고 믿으면 몰두를 덜하고 오답을 했다고 믿으면 몰두를 더 한다). 시험을 치는 동안 일어나는 신체 반응에 부정적 영향을 준다(평상시보다 더 생리적 각성에 민감하다. 예를 들면 심박이 빠르고, 메스꺼움, 가슴 압박, 홍조가 더 심해진다).

2. 시험 불안 낮추기

학생의 시험 불안을 줄이기 위해서 교사는 무엇을 할 수 있는가? 우선 학생들에게 늘 하던 대로 시험 준비를 하고 시험을 보도록 한다. 시험 준비를 몇 주 동안 할 수도 있는데, 여기에는 학습 자료 읽기, 시험 절차와 문항 유형 등의 문제가 포함될 수 있다. 또한 시험 조건, 시간과 유사한 상황에서 예비 시험 보기 등도 포함될 수 있다. 단 벼락치기 공부를 하게 해서는 안 된다.

어떤 준비는 시험 보기 수 분 전에 할 수도 있다. 그 중 하나가 시험장에 너무 일찍 또는 너무 늦게 도착하지 않도록 하는 것이다. 시험장 자리는 자신이 좋아하는 것을 맡아야 하며, 악착같은 급우는 피해서 앉는 것이 가장 중요하다. 시험의 각 영역마다 이용할 시간이 얼마인지 점검하고 패배적인 생각을 하거나 다른 학생에게 주의를 기울이지 않아야 한다. 또한 시험치는 동안 자신을 비난하지 말고 어떤 어려움도 극복할 수 있고 통제할 수 있다고 생각해야 한다. 교사는 학생의 시험 결과를 보고 이후 시험에 대비하여 노력한 것과 사용한 전략에 대하여 검토를 하여야 한다.

학생들의 시험 불안을 줄이기 위하여 Drummond(2004)는 다음과 같은 사항을 권장하고 있다.

1. 문제의 지시문을 이해하였는지 반드시 물어본다.
2. 시험 환경을 가능한 편안하게 하고 좌석 공간을 충분히 확보하며, 조명이나 실내 온도를 적절하게 유지한다. 감독자는 학생들에게 친절히 대해 주지만 검사 절차는 꼭 준수하도록 안내한다(표준화 검사 시).
3. 압박을 경감하기 위하여 시험을 어떻게 볼 것인지에 대한 수업을 하고 시험보는 연습을 하고 안내 책자나 자원 목록을 학생에게 제공한다.

찾아보기

참고문헌

[본 QR코드를 스캔하시면, 교육심리학(제1판)의 참고문헌을 참고하실 수 있습니다.]